ALAIN DEMURGER

DIE VERFOLGUNG DER TEMPLER

ALAIN DEMURGER

DIE VERFOLGUNG DER TEMPLER

CHRONIK EINER VERNICHTUNG 1307–1314

Aus dem Französischen
von
Anna Leube und Wolf Heinrich Leube

C.H.Beck

Titel der französischen Originalausgabe
La persécution des templiers. Journal (1305–1314),
erschienen bei © 2015, Éditions Payot & Rivages

Mit zwei Karten (© Peter Palm, Berlin,
gefertigt nach den Karten der Originalausgabe)

Für die deutsche Ausgabe:

Gesetzt aus der Palatino LT: Janß GmbH, Pfungstadt
Druck und Bindung: CPI – Ebner und Spiegel, Ulm
Umschlaggestaltung: Geviert, Grafik & Typografie, Christian Otto
Umschlagabbildungen: Kreuz © shutterstock; Detail aus *Grandes Chroniques de France*. Ms. Sloane 2433 C, fol. 18 v, Verbrennung von Templern wegen Sodomie u. Ketzerei in Anwesenheit Philipps IV. (1307–1314), franz. Buchmalerei (Paris?), um 1410/20. London, British Library
© akg-images/Britsh Library
Gedruckt auf säurefreiem, alterungsbeständigem Papier
(hergestellt aus chlorfrei gebleichtem Zellstoff)
Printed in Germany
ISBN 978 3 406 70665 3

www.chbeck.de

INHALT

EINFÜHRUNG

13

Der Templerorden (1120–1307) 13
Der Templerprozess (1307–1314) 17
Wie kann man die Templeraffäre erklären? 24

1. VORSPIEL (1305–1307)

27

Das Gerücht von Agen 27
Lyon, November 1305 30
Die «Maulwürfe» des Guillaume de Nogaret 32
Was gegen die Gerüchte spricht 36
Poitiers–Paris, 1306–1307: die Wege kreuzen sich 39
Der Brief vom Sankt-Bartholomäus-Tag (24. August 1307) 44

2. 13. OKTOBER 1307: DIE VERHAFTUNG

47

Maubuisson (September 1307) 47
13. Oktober, früher Morgen in der Ballei von Caen 53
13. Oktober 1307. Gefangen im Tempel von Paris 57
Auf der Flucht 60

3. DER KÖNIG UND DIE INQUISITION (OKTOBER–NOVEMBER 1307)

65

Troyes (15. und 18. Oktober 1307) 65
Paris (19. Oktober – 24. November 1307) 67

Sénéchaussée Beaucaire und Nîmes (8.–15. November 1307) 71
Anderswo in Frankreich 73
Die Folter 76

4. NOTRE-DAME DE PARIS (?), 24. ODER 26. DEZEMBER 1307

83

Die Geständnisse von Jacques de Molay 83
Die Reaktion des Papstes 88
Jacques de Molay und die Kardinäle 90
Die Verteilung der Templer von Paris im ganzen Land (24. Januar–12. Februar 1308) 95

5. DIE MACHTPROBE (JANUAR–JUNI 1308)

101

Poitiers. Die Flucht des Kammerherrn (13. Februar 1308) . 102
Paris. Das Gutachten der Universität (März 1308) 104
Pierre Dubois 106
Tours. Die Generalstände (Mai 1308) 109
Bertrand de Languissel, Bischof von Nîmes, und die Templer 111
Guillaume de Plaisians in Poitiers (Mai–Juni 1308) 114

6. DER KOMPROMISS: POITIERS-CHINON (JUNI–AUGUST 1308)

117

Templer vor dem Papst: Poitiers, 28. Juni–2. Juli 1308 117
Faciens misericordiam 124
Chinon (17.–20. August 1308) 131

7. CLERMONT (JUNI 1309): DIE DIÖZESANKOMMISSIONEN

137

Die Einsetzung der Diözesankommissionen (August 1308–Frühjahr 1309) 137

Die Kommission von Clermont (Juni 1309) ... 142
Weitere Kommissionen im übrigen Frankreich ... 145
Nîmes, August 1310 bis August 1311 ... 149
Pressionen und Drohungen ... 153

8. DER SCHLEPPENDE ANFANG DER PÄPSTLICHEN KOMMISSION (AUGUST–NOVEMBER 1309)
157

Paris, 8. August 1309 ... 157
Bazas, September bis Oktober 1309 ... 160
Paris, Bischofspalast, November 1309 ... 162
27. November: Ponsard de Gizy ... 166
26. und 28. November: Jacques de Molay ... 169
Erneuter Aufschub ... 171

9. DIE PÄPSTLICHE KOMMISSION BEI DER ARBEIT
175

Die Kommissare ... 175
Die Versammlungsorte ... 180
Sitzungsgelder ... 182
Ziele und Arbeitsmethoden ... 187

10. DER AUFSTAND DER TEMPLER (FEBRUAR–MAI 1310)
191

Alle in Paris: Februar 1310 ... 191
Die Zusammensetzung der Listen der Ordensbrüder ... 194
Die Gefängnisse von Paris ... 197
28. März. In den Gärten des Bistums ... 201
Der Rundgang durch die Gefängnisse ... 206
Die «Denkschriften» bzw. Eingaben zur Verteidigung des Ordens ... 211
Die Sprecher der Templer ... 218

11. DAS KONZIL VON SENS UND DIE ZERSCHLAGUNG DES AUFSTANDS (11.–12. MAI 1310)

221

Der Wind dreht sich ... 221
Das Konzil von Sens am 11. und 12. Mai ... 224
Die Templer auf dem Konzil von Sens ... 227
Der Scheiterhaufen vom 12. Mai ... 229
Rückfällig oder nicht? ... 232
Nach dem 12. Mai ... 237

12. ZWISCHENSPIEL: IN DEN KERKERN VON SENLIS (JUNI 1310–1312)

241

Von den Gefängnissen in Paris in die Gefängnisse in Senlis ... 241
Die Haftbedingungen ... 246
Flucht aus Plailly ... 250
Die Gesamtkosten der Haft ... 251

13. PARIS 1311. DIE ZWEITE PHASE DER VERHÖRE

255

Wiederaufnahme der Arbeit: 17. Dezember 1310 ... 255
Im Karren auf Frankreichs Straßen ... 257
Die Verhöre: der Rückfall in die Ketzerei ... 262
Bart und Mantel ... 267

14. DAS KONZIL VON VIENNE UND DER FEUERTOD VON JACQUES DE MOLAY (1311–1314)

271

Der Abschluss der päpstlichen Untersuchungen ... 271
Das Konzil von Vienne und die Verteidigung der Templer ... 274
Die Aufhebung des Templerordens ... 279
Was wurde aus den Templern? ... 283
Jacques de Molay auf dem Scheiterhaufen (März 1314) ... 286

SCHLUSS

293

Philipp der Schöne . . . 294
Clemens V. . . . 295
Die päpstliche Kommission . . . 297
Henri de Harcigny oder Der Widerstand der Templer . . . 299

ANHANG

1 Ein Identifizierungsproblem: Thiers-sur-Thève (Diözese Senlis) . . . 307
2 Die seltsame Diözese Vienne an der Grenze zu den Argonnen . . . 309
3 Die Anklagepunkte . . . 312
4 Stammdiözese der Templer, die vom 6. Februar bis 2. Mai 1310 in Paris vorgeladen waren . . . 318
5 Die bei den Provinzialkonzilien von Sens und Reims anwesenden Templer . . . 320
6 Liste der Templer, die auf die Verteidigung des Ordens verzichten (19. Mai 1310) . . . 323
7 Die Templer, die in Paris von Oktober bis November 1307 und vor der päpstlichen Kommission 1311 verhört wurden . . . 325
8 Liste der in der Ballei von Senlis inhaftierten Templer (1310–1312) . . . 327
9 Die Präsentation der Templer vor der Kommission in Paris und ihre Verhöre (April–Mai 1310 und 17. Dezember 1310–Mai 1311) . . . 334

Abkürzungen . . . 343
Anmerkungen . . . 345
Bibliographie . . . 386
Personenregister . . . 393
Ortsregister . . . 403

VERZEICHNIS DER TAFELN UND KARTEN

Tafel 1: Flüchtige Templer, die in den Vernehmungen erwähnt werden ... 62
Tafel 2: Verteilung der Templer des Tempelbezirks von Paris (25. Januar–11. Februar 1308) ... 97 f.
Tafel 3: Erwähnte Versammlungen der Diözesankommissionen ... 146
Tafel 4: Die Diözesankommission von Nîmes (Juni–Juli 1310) ... 151
Tafel 5: Versammlungsorte der Kommission in Paris (1309–1311) ... 182
Tafel 6: Arbeitssitzungen und Vertagungen der päpstlichen Kommission ... 183
Tafel 7: Anwesenheit der Kommissare bei Sitzungen ... 183
Tafel 8: Ankunft der Gruppen vor der Kommission von Februar bis Mai 1310 ... 192 f.
Tafel 9: Geographische Aufteilung ... 194
Tafel 10: Haftorte der Templer 1310 in Paris ... 198
Tafel 11: Die am 12. Mai verbrannten Templer ... 231
Tafel 12: Inhaftierungsorte in der Ballei Senlis (1310–1312) 244
Tafel 13: Kosten für die Haft der Templer in der Ballei Senlis ... 253

Karte 1: Orte, aus denen die Templer zur Verteidigung des Ordens gekommen waren ... 190
Karte 2: Die Gefängnisse der Templer im Stadtbereich von Paris (1310) ... 199

«Für mich ist die Vernichtung der Templer ohne Frage eine Verschwörung gegen eine ganze Gesellschaft. Diese Barbarei ist umso entsetzlicher, als sie mit Hilfe des Justizapparates ins Werk gesetzt wurde. Es handelte sich hierbei nicht um einen jener Wutausbrüche, die plötzliche Rache oder die Notwendigkeit, sich zu verteidigen, zu rechtfertigen scheinen; es war der wohlüberlegte Plan, einen allzu reichen und allzu stolzen Orden zu vernichten. Zweifellos gab es unter den Ordensrittern einige liederliche Jugendliche, die eine ordentliche Abreibung verdient hatten, aber ich werde niemals glauben, dass ein Großmeister und so viele Ritter, unter denen sich Fürsten befanden, sämtlich ehrwürdig aufgrund ihres Alters und der geleisteten Dienste, sich der absurden und sinnlosen Schandtaten schuldig gemacht haben sollen, deren man sie anklagt. Ich werde niemals glauben, dass ein ganzer Orden gläubiger Männer in Europa die christliche Religion aufgegeben hat, für die sie in Asien und Afrika kämpften und für die sogar etliche unter ihnen in türkischen und arabischen Gefängnissen schmachteten, weil sie lieber im Kerker starben als ihrem Glauben abzuschwören.

Und ich bin überzeugt von der Aufrichtigkeit der über achtzig Ritter, die im Tode Gott als Zeugen ihrer Unschuld anriefen. Wir zögern nicht, ihre Ächtung auf eine Stufe mit den verhängnisvollsten Geschehnissen einer Zeit der Ignoranz und der Barbarei zu stellen.»

VOLTAIRE, *Des conspirations contre les peuples ou des Proscriptions*, hrsg. von Ulla Kölving, in: *Cahiers Voltaire*, Revue annuelle de la Société Voltaire, Ferney-Voltaire, 1 (2002), S. 137.

EINFÜHRUNG

Der Prozess gegen die Templer oder besser die «Templeraffäre» beschäftigt die Nachwelt noch immer, weil sie so ungeheuerlich ist: Dieser internationale, mächtige religiöse Orden mit seiner militärischen Ausrichtung, der direkt dem Papst unterstellt war, wurde vom französischen König Philipp IV. dem Schönen der Ketzerei angeklagt. Am 13. Oktober 1307 wurden die Templer im französischen Königreich verhaftet und eingekerkert, ihre Güter beschlagnahmt und unter königliche Zwangsverwaltung gestellt. In den folgenden Oktober- und Novembertagen 1307 machten sie nach Verhören und unter der Folter verstörende Geständnisse: Bei ihrer Aufnahme in den Orden verleugneten sie Christus, traten das Kreuz des Herrn mit Füßen oder bespuckten es, gaben sich obszönen Praktiken und der Sodomie hin; ihre Priester weihten die Hostien nicht bei der Messe; ihre Zusammenkünfte fanden nachts und im Geheimen statt etc.

Dies ist der Ausgangspunkt der Templeraffäre.

Der Templerorden (1120–1307)

Zu Beginn fanden sich einige Ritter zusammen, die es sich zur Aufgabe gemacht hatten, die heiligen Stätten von Jerusalem, der Stadt Christi, und die in der Folge des ersten Kreuzzugs (1095–1099) gegründeten lateinischen Staaten zu verteidigen: das lateinische Königreich Jerusalem, die Grafschaft Tripolis, das Fürstentum Antiochia und die Grafschaft Edessa, wobei letztere bald wieder von der Bildfläche verschwand. Diese Staaten brauchten Männer, Waffen und Geld, um sich gegen die muslimischen Reiche in dieser

Region zu wehren, die bald nach dem Überraschungserfolg des ersten Kreuzzuges reagierten und die Rückgewinnung verlorenen Terrains in Angriff nahmen. Im Lauf des 12. und 13. Jahrhunderts kam die Unterstützung – in Form stetiger Kreuzzugsexpeditionen – aus dem Abendland, aber auch aus eigenen Mitteln der lateinischen Staaten selbst, die über Heere nach abendländischem Vorbild verfügten. Doch dies reichte nicht aus. Ein paar christliche Ritter scharten sich um Hugues de Payns, einen Ritter aus der Champagne, und stellten sich in den Dienst der Domherren vom Heiligen Grab. In der Überzeugung, keine Zeit verlieren zu dürfen, wollten sie sich zu einem religiösen Orden zusammenschließen und sich unter der Führung eines Meisters einer Ordensregel und dem Gelübde des Gehorsams, der Keuschheit und der Armut unterwerfen. Im Jahr 1120 wurden sie von König Balduin II. von Jerusalem und vom Patriarchen der Heiligen Stadt anerkannt. Noch fehlte ihnen die Bestätigung durch die Römische Kirche und den Papst. Diese war nicht selbstverständlich, denn ihr Vorhaben war neu und geradezu revolutionär: die Gründung eines neuen religiösen Ordens, dessen Bestimmung nicht wie beim benediktinischen Mönchtum und seiner zisterziensischen Variante in der Meditation und Kontemplation lag, sondern vielmehr in der Aktion und, noch weitergehend, in der militärischen, also gewaltsamen Aktion, bei der man tötete und getötet wurde.

Diese Anerkennung erfolgte im Januar 1129 auf dem Konzil von Troyes unter der Leitung eines päpstlichen Legaten und in Anwesenheit des Zisterzienserabtes Bernhard von Clairvaux (des späteren heiligen Bernhard). Rasch fand der Orden Anhänger im niederen und mittleren Adel, und auch die Mächtigen wurden auf ihn aufmerksam. Eintritte in den Orden und Schenkungen häuften sich und sicherten ihm die ökonomischen Mittel und menschlichen Ressourcen, die zur Erfüllung seiner Mission an der «Front» notwendig waren: Schutz der Pilger, die nach Jerusalem wallfahrten, und Verteidigung der Kreuzfahrerstaaten.

Die aragonesischen, kastilischen und portugiesischen Herrscher, die auf der Iberischen Halbinsel die Reconquista vorantrieben und gegen die nach dem Zerfall des Kalifats von Cordoba entstandenen muslimischen Kleinreiche kämpften, begriffen rasch die Bedeutung, die der Templerorden gewinnen konnte, und stifteten ihm immer mehr Burgen und Ländereien mit dem Auftrag, diese zu verteidigen, sie aber vor allem mit Mannschaften auszurüsten und zu bewirtschaften.

Der Orden verdankte seinen Namen der Tatsache, dass er sein Hauptquartier in Jerusalem an der Stelle errichtet hatte, an der man den einstigen Tempel Salomos vermutete. In Wahrheit handelte es sich um den Standort von Salomos Königspalast, über dem die arabischen Eroberer die al-Aqsa-Moschee gebaut hatten. Die genaue Bezeichnung des Ordens lautete: Orden «der armen Kampfgefährten Christi und des salomonischen Tempels» *(pauperum commilitonum Christi Templique Salomonici)*, abgekürzt Templerorden. Ab den 30er Jahren des 12. Jahrhunderts entwickelte sich der Orden beträchtlich und machte eine umfassende Organisation erforderlich.

Das konkrete Umfeld des Templers ist das Haus *(domus)*; die Häuser sind zusammengefasst in Komtureien, diese wiederum in Provinzen: französisches Königreich, Provence, Poitou-Aquitaine, Auvergne, England, Deutschland, Italien, Sizilien, Aragón, Kastilien und Portugal. An der Spitze des Ordens stehen ein Meister oder Großmeister sowie ein knappes Dutzend Würdenträger wie Marschall, Seneschall, Drapier (Haushofmeister des Ordens), Turkopolier (Befehlshaber der leichten berittenen Bogenschützen nach Türkenart) etc.

Der Orden umfasst drei Kategorien von Ordensbrüdern: die Ritter, die allein zum Tragen des weißen Mantels mit dem roten Kreuz berechtigt sind, dann die Knappen und die Priester oder Kaplane. Die zahlreichen Knappen sind unterteilt in waffentragende, kämpfende Knappen einerseits und dienende Ordensbrüder andererseits, die zur Arbeit, zur Bewirtschaftung der Güter und zu handwerklichen Tätigkeiten bestimmt sind.

Nach dem Vorbild der Templer entstanden noch andere geistliche Ritterorden im Heiligen Land und in jenen Gebieten Europas, in denen die Christen auf «Ungläubige» trafen, das heißt Muslime (in Spanien) und Heiden (Slawen und Preußen im Baltikum): zum Beispiel die iberischen Orden von Calatrava, Alcantara, Avis und Santiago oder auch die deutschen Orden an den Grenzen der preußischen Territorien. Der Deutsche Orden, am Ende des 12. Jahrhunderts im Heiligen Land gegründet, fasste rasch Fuß in Preußen und in Livland. Eine Besonderheit war der Orden des heiligen Johannes vom Spital zu Jerusalem, kurz Hospitaliter- oder Johanniterorden genannt. Noch vor dem ersten Kreuzzug war in Jerusalem ein Hospital gegründet worden, in dem Pilger beherbergt, verpflegt und bei Bedarf auch medizinisch versorgt wurden. Mit dem Erfolg des Kreuzzuges wurden die Johanniter zur Zentrale eines Netzes von Häusern im Okzident. Zunächst als Hospitaliterorden anerkannt, wandelte er sich im Verlauf des 12. Jahrhunderts zu einem militärischen Verband und wurde zu einem den Templern ebenbürtigen Orden, zu seinem Partner und Rivalen.

Anfangs gelang es den Lateinern im Heiligen Land dank ihrer Tatkraft und einer aktiven Militärstrategie, ihre muslimischen Gegner in Schach zu halten, die zunächst noch untereinander zerstritten waren. Um das Jahr 1160 gab es zwar die Grafschaft Edessa nicht mehr, doch erlebten die anderen lateinischen Staaten ihre größte Ausdehnung. Aber dann verbünden sich die Muslime: Nûr-al-Dîn (gestorben 1176) vereinigt Nordsyrien und Damaskus, sein Nachfolger Saladin führt sein Werk fort und setzt sich in Ägypten durch. 1187 werden die Lateiner bei Hattin vernichtend geschlagen und müssen Jerusalem aufgeben. Das Königreich besteht nur noch aus ein paar Landfetzen mit Tyrus als Stützpunkt. Von diesem Hafen aus brechen die Lateiner auf, um Akkon zu belagern. Unterstützt von den Teilnehmern des dritten Kreuzzuges, dessen Galionsfigur der englische König Richard Löwenherz ist, erobern sie nach und nach die Küste zurück und errichten erneut das Königreich Jerusalem, allerdings in verringertem Umfang: ein langer Küstenstreifen, dessen Hauptstadt Akkon wird. Jerusalem bleibt in der Hand Saladins und seiner Nachfolger aus der Dynastie der Ayyubiden. Die Grafschaft Tripolis und das Fürstentum Antiochia bestehen mit verkleinertem Territorium weiter.

Das Kräfteverhältnis zwischen Lateinern und Muslimen verkehrt sich vollständig. Dies führt dazu, dass die geistlichen Ritterorden dank der ihnen im Okzident zur Verfügung stehenden Mittel eine wachsende politische und militärische Rolle spielen und zu den eigentlichen Herren des lateinischen Orients werden. Sie sind die Herren beeindruckender Festungswerke wie des Krak des Chevaliers der Hospitaliter, des Château Pèlerin der Templer, die auszurüsten und zu unterhalten allein sie in der Lage sind; von ihnen hängen nun Verteidigung und Überleben der lateinischen Staaten ab. Sie bestehen bis zum Jahr 1250. In diesem Jahr übernehmen die Mameluken (Armeeeinheiten aus ursprünglich türkischen Sklaven) die Macht in Ägypten. Als sie auch noch das muslimische Syrien erobern, läutet die Totenglocke für die Kreuzfahrerstaaten.[1] Die Offensiven der Mameluken werden zwar manchmal von Persien aus durch Attacken der Mongolen gebremst, brechen aber Stück für Stück Teile der lateinischen Gebiete heraus, und eine Festung nach der anderen fällt. 1291 geht Akkon verloren, und in der Folge werden die letzten Rückzugsgebiete der Lateiner an der Küste aufgegeben. Diese ziehen sich nach Zypern zurück, von wo aus sie durch ein Bündnis mit den Mongolen das Heilige Land zurückzuerobern hoffen. Templer und Hospitaliter haben ihre *couvents*, das heißt ihren Hauptsitz und den militärischen Apparat, auf die Insel verlegt. Die Hoffnung, Jerusalem zurückzugewinnen, haben sie noch nicht aufgegeben.

In Zypern besteigen Ende 1306 Jacques de Molay, der Großmeister der Templer, und Foulques de Villaret, sein Kollege von den Hospitalitern, das Schiff nach Frankreich, um sich mit Papst Clemens V. zu besprechen, der sie ausdrücklich dazu einberufen hat: Ein neuer Kreuzzug soll vorbereitet und ein Zusammenschluss der beiden Orden ins Werk gesetzt werden.

Für Jacques de Molay wird dies eine Reise ohne Wiederkehr sein.

Der Templerprozess (1307–1314)

Ich beabsichtige nicht, hier die Geschichte des Templerprozesses neu zu schreiben. Es gibt bereits zahlreiche Werke darüber, und ich verweise den Leser auf das Buch von Malcolm Barber, das vollständigste von allen.[2] Mein Ziel ist ein anderes, und wenn ich im Untertitel «Chronik» schreibe, deute ich damit meine Absichten und auch die Grenzen des Werkes an: Ich möchte erzählen, wie sich das alltägliche Leben der Templer in Frankreich während einer Affäre, die sich über fünf Jahre hinzieht, ganz konkret abgespielt haben kann, beginnend mit der Verhaftung im Jahr 1307 bis zur Auflösung des Ordens auf dem Konzil von Vienne im Jahr

1312, auch wenn sich für die hohen Würdenträger des Ordens die Verfahren noch zwei Jahre bis zur Hinrichtung von Jacques de Molay und Geoffroy de Charnay im März 1314 hinziehen. Ebenso wenig versuche ich, die Gründe für diesen Prozess zu erklären oder die tendenziöse Debatte über Schuld oder Unschuld der Templer aufzugreifen oder ein weiteres Mal die Auseinandersetzung zwischen dem Papst und dem französischen König nachzuzeichnen, die im Zentrum der Affäre steht. Um mein Vorhaben verständlich zu machen, muss ich allerdings die entscheidenden Elemente, die im Hintergrund stehen, kurz beschreiben. Bevor die widerstreitenden Positionen der Historiker dargestellt werden, bietet sich eine kurze Zusammenfassung der verfügbaren Quellen und Dokumente an.

DIE PROZESSPROTOKOLLE Schriftliche Zeugnisse sind reichlich vorhanden, sowohl in den päpstlichen als auch in den französischen Archiven und anderswo. Unter diesen Dokumenten sind die Vernehmungsprotokolle vom Prozess gegen die Templer im Zuge der verschiedenen Verfahren von entscheidender Bedeutung, jedoch mit Vorsicht zu interpretieren. Zahlreiche historiographische Debatten drehen sich um die Frage, wie beweiskräftig diese Art von Quellen ist. Ich werde sie jeweils parallel zum zeitlichen Verlauf der Gerichtsverfahren präsentieren.

Die erste Phase (Oktober bis November 1307) betrifft nur Frankreich. Am 13. Oktober werden die Templer in Frankreich verhaftet und von den Vollzugsbeamten des Königs und den Inquisitoren verhört. Wir verfügen über die Protokolle aus Paris, Caen, Cahors, Carcassonne und Nîmes und stellen fest: Überliefert sind uns nur sehr wenige Aussagen von Templern.

Zu keinem Zeitpunkt ist der Papst über Absichten und Vorgehen des französischen Königs unterrichtet worden. Er protestiert und reagiert am 22. November 1307, indem er die Verhaftung aller Templer im gesamten Okzident und auf Zypern anordnet. Auf diese Weise hofft er, das Heft des Handelns wieder in die Hand zu bekommen. Nach einer heftigen Auseinandersetzung mit Philipp IV. dem Schönen und seinen Ratgebern setzt er die Vernehmung von zweiundsiebzig Templern durch (ein Teil dieser Protokolle ist erhalten) und erwirkt (im Juli / August 1308) die Einleitung eines doppelten Verfahrens: eines gegen die Templer als Einzelpersonen und ein zweites gegen den Orden als Ganzen. Das erste wird im Rahmen der Diözesen von bischöflichen Kommissionen, denen auch Inquisitoren angehören, durchgeführt werden, das zweite auf Ständeebene von päpstlichen Kommissionen. Auf diese erste Phase folgen die Urteile, die gegen die Einzelpersonen auf Konzilien in den erzbischöflichen Provinzen, gegen den Orden auf einem ökumenischen Konzil ergehen werden. In den französischen Archiven verfügen wir über die Ermittlungen der Diözesen Clermont (Juni 1309) und Nîmes (August 1310 und 1311), ein weiteres Dokument ist so verstümmelt, dass man es weder zeitlich noch örtlich einordnen kann. Wahrscheinlich stammt es aus dem Dauphiné und einem Teil der Provence – Regionen, die damals nicht zum französischen Königreich gehörten; außerdem ist die Ermittlungsakte der Diözese Elne im Roussillon zu nennen, die damals zum Königreich Mallorca gehörte.

Außerhalb Frankreichs wurden beide Verfahren oft parallel durchgeführt, und wir besitzen mehr oder minder vollständige Vernehmungsprotokolle für Zypern, England, Italien, die iberischen Königreiche und für Deutschland. Diese Verfahren begannen nicht vor 1310 oder 1311.

In Frankreich kam der Prozess gegen den Orden im November 1309 nur schwer in Gang und dauerte mit einigen mehrmonatlichen Unterbrechungen bis Mai 1311. Die Zeugenaussagen der Templer kennen wir dank zweier Manuskripte (das eine wird in der Bibliothèque Nationale in Paris, das andere in den Archiven des Vatikan verwahrt), die mit Abstand die ausführlichsten und genauesten sind, die wir besitzen: Außer den Verhörprotokollen von 224 Templern und sechs Zeugen, die dem Orden nicht angehörten, enthalten sie zahlreiche wertvolle Informationen über die Begleitumstände der Sitzungen und die Versuche der französischen Templer im Frühjahr 1310, sich zur Wehr zu setzen.[3]

Bevor die Frage der Zuverlässigkeit dieser Zeugenaussagen angeschnitten werden kann, ist zunächst festzuhalten: 1. Folter wurde systematisch angewendet, um Geständnisse zu bekommen. 2. Die päpstliche Kommission hat in Paris 224 Templer verhört, jedoch haben 650 Templer vor der Kommission ihren Willen bekundet, den Orden zu verteidigen; dabei traten sie immer entschlossener und häufig im Kollektiv auf und übergaben den Kommissaren Denkschriften, die mit Argumenten untermauert waren. Dieser Widerstand wurde durch den Gewaltstreich des Erzbischofs von Sens (dem der Bischof von Paris nachgeordnet war) abrupt gebrochen, der am 11. Mai 1310 das Konzil seiner Kirchenprovinz einberief, um das Urteil über die einzelnen Templer seiner Provinz zu fällen: Am 12. Mai wurden 54 Templer als Ketzer verbrannt. Am 19. Mai zogen 44 (von über 600) ihre Verteidigung des Ordens zurück. Einige von diesen sind unter den 224, deren Aussagen wir besitzen. Von den anderen wissen wir nichts. Man hat sich also vor Schlussfolgerungen zu hüten, die allein auf den Aussagen beruhen, von denen wir die Protokolle haben, denn dies hieße, eine (wahrscheinliche) Mehrheit der Templer außer Acht zu lassen, deren Haltung nicht eingeschätzt werden kann.

Diese Dinge muss man berücksichtigen, wenn man nun zunächst die Glaubwürdigkeit der Zeugenaussagen der Templer abwägen und danach die Gründe und Ursachen der Templeraffäre erforschen will.

SIND DIE GESTÄNDNISSE DER TEMPLER GLAUBWÜRDIG? Drei Positionen sind denkbar: 1. Sie sagen die Wahrheit. 2. Alles ist frei erfunden. 3. Sie rechtfertigen nicht den Prozess gegen die Templer, aber es steckt ein Kern Wahrheit darin.

Mit anderen Worten, auf die Frage: «Sind die Templer schuldig?» wird der Historiker antworten: «ja», «nein» oder «nein, aber ...».

Ist die Antwort also «ja», besteht die Anklage zu Recht; die vernommenen Templer konnten ihre skandalösen Praktiken nicht verheimlichen, und ihre Geständnisse sind ernst zu nehmen. Es gibt allenfalls Nuancen zwischen einem Pierre Dupuy, einem Autor des 17. Jahrhunderts und treuen Royalisten, für den eine Infragestellung der Sache des Königs nicht in Frage kam, und einem Jean Favier oder einem Joseph R. Strayer, Historikern der jüngsten Zeit, die einräumen, dass zwar nicht von Häresie gesprochen werden kann, es jedoch viel Schlendrian innerhalb des Ordens gab und er nicht von ungefähr so wenig populär war. Philipp der Schöne hatte leichtes Spiel, als er Anklage erhob. Die Folter war damals gängige Praxis, und niemand kam auf den Gedanken, ihre Anwendung in Frage zu stellen (was, wie wir noch sehen werden, nicht stimmt).[4]

Die Vorstellung, dass die in der Anklage angeprangerten Praktiken das Ergebnis der Verderbtheit der Ordensbrüder und der Fahrlässigkeit der Anführer waren, passt hervorragend zu der Idee von der Unpopularität des Ordens, die von vielen Historikern ungeachtet der geschichtlichen Realität aufgegriffen wurde: Der Orden kämpfte nicht mehr, er verwaltete nur noch sein Vermögen; er kümmerte sich nicht mehr um das Heilige Land und hatte sein Hauptquartier von Zypern nach Paris verlegt; seine Mitglieder pflegten den Müßiggang und trieben sich wie Lotterbuben in Kaschemmen und Bordellen herum. Jonathan Riley-Smith hat diese These aufgegriffen und praktisch mit «ja» die Frage beantwortet, die einem seiner beiden Artikel als Überschrift dient: «Were the Templars guilty?»[5] Dieser Autor, im Übrigen ein bedeutender Historiker der Kreuzzüge und des Johanniterordens, stellt den Ausschweifungen des Templerordens die guten Sitten, die zur gleichen Zeit die Führung der Hospitaliter charakterisierten, gegenüber. Dieser für die Templer unvorteilhafte Vergleich wird von einem anderen großen Historiker der Hospitaliter, Anthony Luttrell, übernommen, der im Übrigen nicht auf den Prozess eingeht.[6] Bei ihm findet sich auch das bei Historikern der Hospitaliter weit verbreitete, doch nie ernsthaft diskutierte oder gar verifizierte Thema vom Gegensatz zwischen dem beschränkten und nur mäßig intelligenten Tempelmeister Jacques de Molay und dem brillanten und raffinierten Hospitalitermeister Foulques de Villaret. Angeblich erklärt sich daraus zum Teil das Verhängnis des Tempels im Jahr 1307. Das ist allerdings ein wenig zu einfach!

Ist die Antwort «nein, aber ...», ist das Verfahren ein vom König und seinen Beratern ins Werk gesetzter Prozess. Die Anklagen wegen Ketzerei, die in den Haftbefehlen enthalten sind und in den vom Papst angeordneten Verfahren wieder auftauchen, sind dem von den Inquisitoren im Lauf des 13. Jahrhunderts entwickelten Katalog entnommen. Dieser Katalog war auch von Nutzen bei den anderen Prozessen, die Philipp der Schöne gegen Papst Bonifatius VIII. und gegen die Bischöfe Bernard Saisset oder Guichard de Troyes angestrengt hatte; die Anwendung der Folter wird in diesem Leitfaden ausdrücklich empfohlen, und sie wurde auch angewendet, um die diesen Listen entsprechenden Geständnisse der Templer zu erhalten. Das ist alles richtig ...

Aber boten die Templer nicht dadurch eine offene Flanke für Kritik und Diffamierung, dass sie in ihrem Orden sinn- und geschmacklose Praktiken zuließen wie schikanöse Aufnahmeriten, die an sich nicht ketzerisch waren, jedoch dem König von Frankreich hinreichend Stoff bieten konnten, um daraus eine Anklageschrift zu zimmern, die im Übrigen frei erfunden war?

Viele Historiker des Templerordens – und auch ich – haben mit einigen Nuancierungen diesen Standpunkt eingenommen: die Verleugnung Christi, das Bespucken des Kreuzes (oder das Herumtrampeln auf dem Kreuz), die obszönen Küsse, der Rat, Sodomie zu treiben, all das wurde als plausibel anerkannt. Nahezu alle Templer haben im Übrigen diese Verfehlungen gestanden: Ja, man hatte verleugnet, aber mit dem Mund, nicht mit dem Herzen; ja, man hatte gespuckt, aber nicht auf das Kreuz, sondern daneben; den Rat, Sodomie zu praktizieren, hatte es gegeben, aber er wurde nie in die Praxis umgesetzt.[7] Anne-Marie Chagny-Sève weist Vorwürfe als unbewiesen zurück, bei denen es um die Anbetung einer Katze geht, um das Weglassen von Wörtern bei der Segnung der Hostie, um die Empfehlung, Homosexualität zu üben oder Götzen zu opfern, doch sie fügt hinzu: «Trotzdem bleiben die Verleugnung und das Bespucken des Kreuzes problematisch.»[8]

Handelt es sich um vereinzelte individuelle Praktiken oder um kollektives, durch die Ordensstatuten bestimmtes Handeln, wie die Templer behaupten? In den Statuten findet sich nichts Derartiges, was Barbara Frale zu der Vermutung führt, es habe einen *codice ombra*, einen Initiationskodex, gegeben, der diskret, wenn nicht gar geheim, wie ein Auswuchs in den Ablauf des an sich völlig orthodoxen Aufnahmerituals eingeführt wurde und dazu diente, den Neuling gleich beim Eintritt in den Orden einer Prüfung zu unterziehen. Ein solches Ritual, das ausschließlich für die Aufnahmezeremonie erwähnt wird, hätte demnach neben Glaubensbekenntnissen und religiösen Riten bestehen können, die dem katholischen Glauben entsprachen.

Ich verhehle nicht, dass mir diese Sicht eingeleuchtet hat und dass ich die Vorsicht, die ich in meinem Buch *Die Templer. Aufstieg und Untergang* (1991) bewies, außer Acht ließ und mir diese Interpretation in den Werken *Der letzte Templer* (2002) und *Les Templiers* (2005) zu eigen gemacht habe.

Dieses «nein, aber ...» lässt indessen manche Frage offen. Geheimhaltung der ordensinternen Beratungen (Versammlung der Kapitel, Aufnahmezeremonien) war angebracht und im Übrigen nicht auf den Orden beschränkt. Wenn blasphemische Riten wie die Verleugnung Christi und das Bespucken des Kreuzes allgemeine Praxis waren, wie soll man dann glauben, sie wären außerhalb des Ordens unbekannt geblieben, hatten doch zahlreiche Templer zum Beispiel angegeben, sie hätten in den Tagen nach der Aufnahme bei Ordenspriestern, aber auch bei Weltgeistlichen und Brüdern der Bettelorden, Franziskanern und Dominikanern, ja sogar beim Papst die Beichte abgelegt? Alan Forey hat diese Frage zu Recht gestellt (und sie verneint): Wie hätte all dies jahrzehntelang verborgen bleiben können, ohne eine Reaktion hervorzurufen?[9] Und zudem wird, wenn man die Position des «nein, aber ...» vertritt, die Frage der Folter teilweise unterschlagen: Die Orte, wo Geständnisse abgelegt wurden, entsprechen genau jenen, an denen man die Folter anwendete. Niemand bestreitet das. In Frankreich, wo sie von Beginn des Prozesses an allgemein angewendet wurde, hätte sie doch bei den Angeklagten dazu führen müssen, dass sie sich zu realen Praktiken bekannten und nicht einem vorgefertigten Schema folgten; in diesem Fall hätten viele Ordensbrüder gestanden, ohne dass man sie hätte foltern müssen. Außerhalb Frankreichs, wo die Folter nicht zur Anwendung kam, gab es keine Geständnisse; wie passt dies zur allgemein üblichen Praxis eines *codice ombra*? Die Erklärung, die ich für diese Ungereimtheit gab, dass nämlich die Templer außerhalb Frankreichs in Kenntnis dessen, was mit ihren Brüdern im Reich der Kapetinger geschehen war, es unterlassen hätten, durch die Leugnung eines «Initiationsritus» das Räderwerk ins Stocken zu bringen (und dies umso mehr, als sie in ihrem Land keine Folter zu befürchten hatten), erscheint mir im Nachhinein ziemlich schwach.

Das «nein, aber ...» oder, um eine Formulierung von Julien Théry aufzugreifen, das «ich weiß wohl, aber dennoch ...» ist nicht aufrechtzuerhalten.

Also ist die Antwort «nein», an den Geständnissen ist nichts Wahres dran, und es ist – mit den Worten des erwähnten Autors – «illusorisch, zu glauben, man könnte in den Protokollen das Wahre vom Falschen trennen», und «nichts außer der Verhaftung und den erpressten Geständnissen erlaubt es, die Templer für schuldig zu halten».[10] Für Sean Field, der den Fall des Templers Mathieu de Cressonessart untersucht, ist klar, dass «die Historiker, wie genau sie auch Zeugenaussagen wie die vorliegende lesen, nie etwas anderes finden werden als eine vorbestimmte ‹Wahrheit›, die völlig von den königlichen Imperativen bestimmt ist».[11]

Dieses unwiderrufliche «nein» ist freilich nicht neu, sondern war die Haltung einer Anzahl von Historikern im 19. Jahrhundert, die sich auf die Veröffentlichung der Quellen des Prozesses stützen konnten. (Michelet allerdings teilte diese Haltung nicht.) Und es ist die Position zahlreicher heutiger Historiker des Tempels, die sie mit soliden Forschungen und Studien begründen: Malcolm Barber, Helen Nicholson, Alan Forey, Julien Théry u. a. Ich schließe mich ihnen an und denke, dass ich in diesem Buch weitere Elemente hierzu beitragen kann, die nicht aus den Prozessakten stammen und diese Position stützen.

Wie kann man die Templeraffäre erklären?

Jeder kennt die Wendung «Wo Rauch ist, da ist auch Feuer». Wenn die Argumente ausgehen, ist das auch ganz praktisch. Die Historiker, wie auch andere Menschen (ich jedoch nicht!), erliegen dieser Versuchung gelegentlich und vergessen dabei zu fragen: «Wer hat das Feuer entzündet?»

Die Antwort ist eindeutig: der König von Frankreich und seine Berater. Nicht in der Geschichte oder den tatsächlichen oder mutmaßlichen Schwächen des Ordens findet man die Ursachen seines Sturzes. Ich zitiere noch einmal Julien Théry:

> Das Schicksal des Tempels wurde besiegelt durch eine Geschichte, die nicht seine eigene, sondern die der französischen Monarchie war, und zwar die Geschichte der Konfrontation zwischen Philipp dem Schönen und dem Papsttum, die Geschichte der bei dieser Gelegenheit geschaffenen besonderen Beziehungen zwischen Gott, Frankreich und seinem «Allerchristlichsten König».[12]

In dieser Hinsicht brauche ich dem nichts hinzuzufügen, was ich in den *Templern* dargelegt habe: «Durch das Aufdecken der Gründe des Königs kann man hoffen, zu einer rationalen Erklärung des Templerprozesses zu gelangen.»[13] Man muss von den finanziellen Erwägungen absehen (die erhofften Gewinne sind nur ein Nebeneffekt) und den Schlag gegen die Templer in den Kontext der Auseinandersetzung des Königs mit dem Papsttum unter dem Pontifikat von Bonifatius VIII. (1295–1303) und deren Folgen stellen. Der französische König klagte sogar den Papst der Häresie an und wollte ihn durch ein Konzil verurteilen und absetzen lassen. Bonifatius VIII. wurde angegriffen und eine Zeitlang in seiner Residenz in Anagni festgehalten, bevor er wenig später starb (1303). Die Templeraffäre war nicht von langer Hand geplant; der König hat die sich ihm bietende Gelegenheit ergriffen, um auf Papst Clemens V. (1303–1314) Druck auszuüben mit dem Ziel, von ihm die nachträgliche Verurteilung von Bonifatius VIII. zu erwirken und damit seinen in Anagni verübten Anschlag zu rechtfertigen. Ich betone die Gelegenheit, denn wie man sehen wird, bringt der König die Gerüchte gegen die Templer nicht auf, sondern er nutzt sie, um die Affäre von A bis Z zu inszenieren. Man muss nämlich genau unterscheiden: Das Gerücht ist eine Realität, sein Inhalt jedoch nur eine Lüge. Im gesamten Verlauf der Templeraffäre ist die nachträgliche Verurteilung von Bonifatius VIII. das Hauptanliegen des Königs und daher auch des Papstes, der freilich von einer solchen Verurteilung nichts wissen will.

Die Aktion von Anagni und ihre Folgen zu bereinigen ist allerdings nur eines der Motive für den Angriff des französischen Königs auf den Templerorden. Andere haben zu tun mit den Glaubensvorstellungen, der Frömmigkeit und den mystischen Neigungen des Königs und seiner engsten Berater. Bei ihrer Analyse stützte ich mich auf die Studien von Robert-Henri Bautier und Malcolm Barber; Ersterer war bemüht, die Persönlichkeit des Königs zu erfassen, der zweite versuchte herauszufinden, was das «Weltbild» Philipps des Schönen war.[14]

Die Mystik des Königs hatte die Reinigung des Reiches des Allerchristlichsten Königs zum Ziel; die Mittel hierzu waren die Ausweisung der Juden im Jahre 1306 und die Zerschlagung des Templerordens 1307. Die Studien von Julien Théry, Sébastien Nadiras und anderen zur Weltanschauung des Königs an der Wende zum 14. Jahrhundert erbrachten neue Einsichten, die diesen Erklärungsansatz stützten.[15] Es ging nicht allein darum, Druck auf Clemens V. auszuüben, um von ihm den Freispruch in der Anagni-Affäre zu erreichen, sondern auch darum, den König von Frankreich, den «Engel Gottes» nach den Worten seines treu ergebenen Beraters Guillaume de Nogaret, zu einem «Papst in seinem Reich» zu machen. Durch seinen Angriff auf die Templer stellte Philipp der Schöne nicht nur die Oberhoheit des Papstes in Frage, die er über die Bischöfe und den Klerus Frankreichs zu haben glaubte, er machte ihm auch das Recht streitig, in Glaubensdingen (in diesem Fall die «Häresie der Templer») einzuschreiten und zum Wohle der gesamten Christenheit zu handeln. Schließlich wollte er das französische Königreich nach dem Vorbild der Kirche zu einem mystischen Körper machen, dessen Haupt er, Philipp, wäre, während die Kirche des Reiches ein Glied in gleicher Weise wie die anderen sein sollte. Lange vor Ludwig XIV. betrieb Philipp einen Gallikanismus.

Ein Jahr nach der Vertreibung der Juden erfolgte der Angriff auf die Templer mit der Anklage, Christus durch ihre Verleugnung ein zweites Mal zu kreuzigen und das Kreuz seines Martyriums zu besudeln. Der Orden der Tempelritter musste verschwinden, damit die neue Allianz zwischen König, Christus und Volk geschmiedet werden konnte.

All dies war dem Templer an der Basis reichlich fremd. Am 13. Oktober fiel ihm der Himmel, den er sich durch seine tapferen Taten im Dienste der Kirche und Jerusalems verdient zu haben glaubte, auf den Kopf. Ihm möchte ich in diesem Buch nachgehen und zeigen, wie sich seine Verfolgung im Alltag darstellte.

1

VORSPIEL (1305–1307)

Das Gerücht von Agen

Bruder Ponsard de Gizy war vor 1298 in den Orden eingetreten. Er stammte aus der Picardie und war der Neffe von Raoul de Gizy, auch er ein Templer, der Karriere im Dienst des Königs als Steuereinnehmer in der Champagne und in der Brie[1] gemacht hatte. Zum Zeitpunkt der Verhaftung der Templer war Ponsard in der Position eines Komturs von Payns in der Nähe von Troyes (der Komtur des Dorfes, aus dem der Gründer des Templerordens Hugues de Payns stammte). Er wurde im Templerbezirk von Paris festgesetzt und ist keiner der Templer, die im Oktober und November 1307 von den Inquisitoren verhört wurden, doch man weiß, dass er vor den Bischof von Paris zitiert wurde, nachdem er schwer gefoltert worden war.[2] Am 27. November 1309 erscheint er vor der päpstlichen Kommission, die mit der Ermittlung gegen den Orden beauftragt worden ist. Als einer der ersten Beschuldigten, die vor dieser Kommission aussagen, erklärt er die Vorwürfe gegen den Templerorden für falsch und übergibt den Kommissaren eine kurze eigenhändige Stellungnahme. Darin zeigt er an:

> Die Verleumder, die Falschaussagen gegen die Brüder des Templerordens vorgetragen und ihnen schändliche Taten unterstellt haben: der Mönch Guillaume Robert, der sie der peinlichen Befragung unterworfen hat, Esquieu de Floyrac de Biterris, zweiter Prior von Montfaucon, Bernard Pelet, Prior von Mas d'Agen, und Gérard de Boyzol, ein Ritter, der nach Gisors gekommen ist.[3]

Mit diesem Vorgehen wandte Ponsard de Gizy das einzige Mittel an, das den Angeklagten im Verfahren der Inquisition zu Gebote stand: ihre Ankläger als ihre Feinde und damit als böswillig auszuweisen. Die Identifizierung der vier «Verleumder» war lange unsicher, ist heute jedoch geklärt.[4] Guillaume Robert ist nicht, wie lange angenommen wurde, Guillaume de Paris, Großinquisitor von Frankreich, sondern ein Mönch aus Saint-Martin de Bergerac. Bernard Pelet, der von einer Familie aus dem niederen Adel in der Gegend von Buzet-sur-Baïse abstammt, ist tatsächlich Prior von Mas-Agenais und Rat des Königs von England (der, wir erinnern uns, zugleich Herzog von Guyenne ist). Esquieu de Floyrac oder Floyran, Prior von Montfaucon – einer Dependance von Saint-Martial de Limoges –, stammt nicht aus Bézier im Languedoc, sondern aus dem Agenais.[5] Floyrac ist auch der Name eines Ortsteils in Agen, und Mitglieder seiner Familie waren Domherren von Agen. Gérard de Boyzol wird zum einen in Verbindung gebracht mit Géraud de Lavergne, dem Komtur von Andrivaux (Périgueux), der, als er in Cahors verhört wird, erklärt, mit dem Tode bedroht worden zu sein, weil er als Erster die Geheimnisse des Tempels gelüftet hatte,[6] zum anderen mit Gérard de Caus, gelegentlich auch de Basoez genannt, da er Komtur von Bastit oder Basoez bei Cahors war. Diese letztere Zuschreibung ist zwar verlockend, scheint mir jedoch von zwei Fakten in Frage gestellt: Gérard de Caus wird erstmals am 22. November 1309 der päpstlichen Kommission vorgeführt; er kam eher zufällig, um sich über den Stand der Dinge zu informieren, und nicht wirklich in der Absicht, den Orden zu verteidigen;[7] und am 27. (desselben Monats) erscheint Raoul de Gizy, bezichtigt Gérard de Boyzol der Verleumdung und bezeichnet ihn als einen der vier Verantwortlichen für die Tragödie des Ordens. Wenn Gérard de Boyzol Gérard de Caus wäre, so scheint mir, hätten die Kommissare ihn bestimmt erneut zur Aussage vorgeladen und ihn in jedem Fall Raoul de Gizy gegenübergestellt. Im Übrigen wurde Gérard de Caus, der im Oktober 1307 in Paris verhört wurde, am 25. Januar 1308 nach Corbeil verlegt und dort zusammen mit dem Großmeister festgesetzt:[8] Der Gérard du Cancer in diesem Dokument ist nämlich niemand anders als Gérard du Caus, wie aus einem auf den 9. Juni 1307 in Poitiers datierten Brief von Jacques de Molay hervorgeht, der von Gérard du Cancer, dem Komtur von Bastit, unterzeichnet ist.[9]

Die vier «Verleumder» stammten demnach alle bis auf Boyzol aus derselben Gegend Aquitaniens, die an das englische Guyenne grenzt, was der englische König selbst bestätigt. Eduard II., der von Bernard Pelet über die Sachlage unterrichtet war, schreibt am 30. Oktober 1307 an den König von Frankreich: «Da diese Dinge unglaublich erscheinen, haben wir unseren Seneschall von Agen, von wo diese Gerüchte ihren Ausgang nahmen, angewiesen, vor uns zu erscheinen.»[10] Ein weiterer Text, eine Klage zugunsten des Tempels vom Anfang des Jahres 1308, siedelt die Entstehung dieser Gerüchte ebenfalls in der Grenzregion zu Guyenne an.[11]

Esquieu de Floyrac, einer der vier, rühmte sich, die Affäre dem König von Frankreich enthüllt zu haben. Das wird deutlich in den Auskünften, die er in einem Brief an König Jakob II. von Aragón vom 29. Januar 1308 gibt:

> Dem durchlauchtigsten und allermächtigsten Fürsten [...] Jakob, König von Gottes Gnaden von Aragón, Valencia, Sardinien und Korsika, Graf von Barcelona, von Esquieu de Floyran (Floyrac), Diener des ausgezeichneten Herrn König von Frankreich [...]. Obgleich Eure königliche Majestät weiß, dass ich derjenige bin, der die Umtriebe der Templer dem Herrn König von Frankreich offenbart hat, so wisset, mein Herr, dass Ihr als Erster auf der ganzen Welt in Lérida, in Gegenwart von Bruder Martin Derecha, Eurem Beichtvater, von diesen Taten erfahren habt. Da Ihr, mein Herr, damals meinen Worten nicht uneingeschränkt Glauben schenken wolltet, habe ich sie vor dem Herrn König von Frankreich wiederholt; dieser hat über die Taten Erkundigungen eingezogen und sie für sein Reich sonnenklar bestätigt gefunden, dass auch der Papst vollkommen von dieser Affäre überzeugt ist, wie auch die anderen Fürsten, so der König von Deutschland, der König von England und König Karl und die anderen Fürsten.
>
> [...]
>
> Mein Herr, erinnert Euch, dass Ihr beim Abschied in Lérida versprochen habt, wenn die Umtriebe der Templer sich als wahr herausstellten, mir 1000 Livres Rente und 3000 Livres in Silber aus ihren Besitztümern zu geben. Jetzt, wo die Wahrheit ans Licht gekommen ist, denkt daran, Euer Versprechen zu halten.[12]

Der stolzgeschwellte Esquieu ist dabei ganz auf seine Geschäftsinteressen bedacht! Er erwähnt nicht, wann er diese Schritte unternommen hat, aber es liegt nahe, dass sie um die Jahresmitte 1305 erfolgten und dass sich König Philipp der Schöne ab dem Zeitpunkt, zu dem er diese Informationen erhielt, für die Templer zu interessieren begann. Aus dem Vermerk auf dem Brief geht hervor, dass Esquieu belohnt wurde, nennt er sich doch selbst Diener des Königs von Frankreich: Sein Schreiben an den König von Aragón wurde in Boulogne-sur-Mer verfasst, wo er seinen Dienst im Gefolge des französischen Königs versieht, der sich zu den Feierlichkeiten anlässlich der Hochzeit seiner Tochter Isabella mit König Eduard II. von England auf den Weg gemacht hat.[13]

Lyon, November 1305

In der Tat bringt König Philipp die Templerfrage erstmals bei der Krönung von Papst Clemens V. in Lyon ins Gespräch.

Erzbischof Bertrand de Got von Bordeaux wurde am 25. Juni 1305 nach dem extrem langen Konklave von Perugia zum Papst gewählt. Er war zwar ein französischer Papst, aber Untertan des Herzogs von Guyenne und Königs von England, dessen Prokurator er vormals gewesen war.[14] Das Konklave war gespalten zwischen den Kardinälen, die dem König von Frankreich nahestanden, und jenen, die das Werk Bonifatius' VIII. fortzusetzen gedachten. Diese Spaltung erklärt, warum das Konklave so lange gedauert hat (fast ein ganzes Jahr) und ein Mann gewählt wurde, der nicht dem Heiligen Kardinalskollegium angehörte.

Einige florentinische Chronisten des 14. Jahrhunderts wie Villani und Agnelo di Tura verbreiteten in Italien die Ansicht, der König von Frankreich habe ein Komplott geschmiedet, um gegen den italienischen Klan der Anhänger von Bonifatius VIII. einen «französischen» Papst auf den Heiligen Stuhl zu bringen.[15] Nach dieser Lesart soll ein Treffen in Saint-Jean-d'Angély die Allianz zwischen Philipp dem Schönen und Bertrand de Got besiegelt haben. Letzterer habe sich als Gegenleistung für die Unterstützung der dem König verpflichteten Kardinäle im Konklave dafür eingesetzt, fünf Forderungen des Königs zu erfüllen: 1. Aufhebung aller Kirchenstrafen gegen die Parteigänger des Königs, die in den Anschlag von Anagni verwickelt waren; 2. die *damnatio memoriae*

(Ächtung und nachträgliche formelle Verurteilung) Bonifatius' VIII.; 3. fünf Jahre lang die Erhebung des Zehnten beim Klerus von Frankreich zur Finanzierung des Flandernkrieges; 4. die Ernennung neuer, dem König von Frankreich gewogener Kardinäle; 5. und zu guter Letzt eine Geheimklausel, die der König erst später offenbaren würde.

Diese mysteriöse Klausel gab natürlich Anlass zu mancherlei vorschnellen Interpretationen: So meinten einige Historiker, sie habe die Forderung nach der Verhaftung der Templer und der Vernichtung ihres Ordens enthalten; allerdings hat dieses Treffen, das nicht genau datiert ist – aber in den Mai des Jahres 1305 gelegt werden könnte –, niemals stattgefunden, wie bereits im 19. Jahrhundert nachgewiesen worden ist, denn die Wege der beiden Protagonisten haben sich nie gekreuzt. Das Tagebuch der Pastoralbesuche des Erzbischofs Bertrand de Got verzeichnet zwischen dem 17. Mai 1304 und dem 22. Juni 1305 keinen Aufenthalt in Saint-Jean-d'Angély,[16] und König Philipp hat Paris und die Île-de-France zwischen Januar und Juli 1305 nicht verlassen. Eine Begegnung während des Konklaves und vor dessen Abschluss ist also ausgeschlossen. Im Laufe des Sommers hat der König die Île-de-France nur verlassen, um sich nach Loches zu begeben, wo er sich Ende August aufhält; im Anschluss daran kehrt er nach Paris und dann nach Fontainebleau zurück. Von hier bricht er Anfang November nach Lyon auf, wo er am 8. November eintrifft.[17]

Bertrand de Got war kein Italiener. Nach seiner Wahl zum Papst kam er niemals nach Rom, sondern verlegte die päpstliche Residenz vielmehr nach Avignon, wo beinahe siebzig Jahre lang Päpste residierten. Das führte verständlicherweise zu Irritationen bei den Italienern, die die Realität kurzerhand leugneten und durch freie Erfindung ersetzten. Zu erwähnen ist freilich, dass weder Villani noch Agnelo di Tura in Erfahrung zu bringen versuchten, was es mit dieser «mysteriösen Affäre» auf sich haben könnte.

Die Wahl Clemens' V. war also ein Kompromiss zweier rivalisierender Parteien im Kardinalskollegium. Der Papst war nicht der Mann des Königs von Frankreich; dass dieser ihn danach dazu machen wollte, steht auf einem anderen Blatt.

Die «aufkeimende» Templeraffäre wird also erst bei der Krönung Clemens' V. in Lyon (am 14. November) zum ersten Mal angesprochen, nicht vorher. Philipp der Schöne unterrichtet den Papst über die Anschuldigungen gegen die Templer und verlangt eine Untersuchung. Der Papst erwähnt dies in einem Brief vom 24. August 1307, in dem er dem französischen Souverän mitteilt, er habe auf Drängen des Templermeisters und seiner Brüder eine Ermittlung angeordnet. «Wir können nicht glauben, dass du vergessen hast, was du uns in Lyon und Poitiers über die Angelegenheit der Templer mitgeteilt hast.»[18] Außerdem erinnert er an die Rolle, die dieses Treffen für die Bekanntmachung der Affäre in der Bulle *Faciens misericordiam* vom 12. August 1308 gespielt hat.[19] Und auch der König bezieht sich auf diese Unterredung von Lyon in einem Brief an den König von Aragón vom 16. Oktober 1307.[20] Der Templer Jean Thaiafer de Gène, kein Verteidiger des Ordens, erklärt in einem Verhör vom 14. April 1310 vor den päpstlichen Kommissaren, er habe von verschiedenen Weltgeistlichen gehört, «dass die vorgenannten Verfehlungen in Lyon verbreitet wurden, als der jetzige Papst dort mit dem König zusammentraf».[21]

Clemens V. schenkt diesen Gerüchten keine besondere Beachtung; er hört dem König zu, zieht jedoch zunächst keine Konsequenzen aus diesen Enthüllungen. Er steht in enger Beziehung zu den Templern, insbesondere zu jenen, die in seinem Dienst stehen wie beispielsweise die Kammerherren *(cubiculaires)* und die Hausdiener *(chambriers)* oder jene, die wie Hugues de Pairaud als Visitator von Frankreich häufig mit ihm zusammentreffen. Ganz sicher sind die durch das Gerücht aufgeworfenen Fragen zwischen ihnen zur Sprache gekommen.

Die «Maulwürfe» des Guillaume de Nogaret

Der König und seine Räte sind aktiver. Sie sind noch unentschlossen, was sie mit dem Dossier anstellen sollen, doch sie nähren die Gerüchte und lassen unauffällig Nachforschungen anstellen und «Maulwürfe» in den Orden einschleusen. Jean Bourgogne, der Gesandte des Königs von Aragón an der Kurie von Poitiers, berichtet seinem Herrn in einem ausführlichen Protokoll über das vom Papst für den 29. Mai 1308 einberufene Konsistorium: dass der König die

Verhaftung der Templer verfügt habe, dass in verschiedenen Teilen des Königreichs ein Dutzend Männer in den Orden einträten, die «unerschrocken tun, was man ihnen sagt, und dann wieder den Orden verlassen»; sie berichteten dem König, dass die Anschuldigungen gegen die Templer begründet seien. Es ist sicherlich zwecklos, deren Spur auffinden zu wollen: Als guter Polizist schützte Guillaume de Nogaret seine «verdeckten Ermittler», die nicht unter den im Jahr 1307 Verhafteten zu finden sein dürften.[22]

Dagegen verwendeten die Beamten des Königs Aussagen von abtrünnigen Templern, die den Orden aus den unterschiedlichsten Gründen vor der Verhaftung verlassen hatten, sowie Templern, die zwar im Orden verblieben waren, aber einige Enthüllungen den königlichen Behörden oder den Bischöfen gegenüber vorbrachten, auch dies zeitlich vor den Verhaftungen. Später, im Jahr 1310, legten die vier Tempelritter, die sich bereit erklärt hatten, den Orden zu verteidigen – Pierre de Bologne und Renaud de Provins, beides Priester, Guillaume de Chambonnet (Chamborand) und Bertrand de Sartiges, Ritter –, der päpstlichen Kommission eine Denkschrift vor, in der die gegen den Orden erhobenen Anklagen zurückgewiesen wurden; zudem wurden jene angegriffen, «die diese ungerechten Lügen unserem Herrn Papst und unserem allergnädigsten König eingeflüstert haben; dies sind falsche Christen oder wahre Ketzer, [die] [...] als ruchlose Gerüchtemacher abtrünnige oder flüchtige Brüder ausfindig gemacht haben, die wegen ihrer Verbrechen aus dem Orden ausgeschlossen worden waren [...]. Sie haben sie verleitet und alle, die sie ausfindig machen konnten, unter Druck gesetzt und aus diesen Lügen eine Akte zusammengestellt, um sie unserem Herrn König vorzulegen.»[23]

Unter den verhörten Templern lassen sich einige dieser Apostaten oder versprengten Templer ausmachen, die möglicherweise den Beamten des Königs behilflich gewesen waren, diese Akte noch vor den Verhaftungen anzureichern. Barthélemy *Bocherii* war 1270 in den Orden eingetreten und hatte ihn 1301 verlassen, wegen seiner «Leichtfertigkeit», wie er anfangs bekennt, um dann auf die ketzerischen Praktiken des Ordens zu sprechen zu kommen, zu dem er jedoch 1303 wieder zurückgekehrt ist.[24] Guillaume de Soromina, der 1303 in den Orden aufgenommen wurde, trat ein Jahr danach wieder aus, wurde aber sogleich wieder aufgenommen, und ihm wurde unter der Auflage verziehen, Stillschweigen zu bewahren.[25] Es gibt keine Hinweise auf Kontakte zwischen diesen beiden und den Agenten des Königs oder den «Maulwürfen».

Andere wiederum berichten über solche Kontakte.

Der Ordensknappe Jean de Vaubellant (Valbellant), der 1291 oder 1293 in den Orden eingetreten war, wurde am 7. November 1307 von den Inquisitoren, danach am 15. Februar 1311 von den päpstlichen Kommissaren noch ein zweites Mal verhört.[26] Bei seiner ersten Befragung sagte er nichts Besonderes aus; erst bei der zweiten gesteht er, aus dem Orden zwei Jahre vor den Verhaftungen, also 1305, ausgetreten zu sein. Als er erfuhr, dass er deswegen exkommuniziert worden war, bat er um Wiederaufnahme, die ihm auf dem Generalkapitel von Paris am 24. Juni 1307 auch gewährt wurde. Zur Buße musste er den Regeln entsprechend ein Jahr lang auf dem Boden sitzend auf dem ausgebreiteten Mantel sein Essen einnehmen. Mittlerweile hatte er die Verfehlungen des Ordens vor dem Inquisitor von Poissy angezeigt, was er aber den Brüdern nach seiner Rückkehr verschwieg. Ob er in dieser Zeit seines Sinneswandels manipuliert wurde oder nicht, ist nicht entscheidend: Seine Beichte vor dem Inquisitor konnte von Nutzen sein. Allerdings bleibt festzuhalten, dass er 1310, also ein Jahr vor seinen Bekenntnissen vor der päpstlichen Kommission im Jahr 1311, zusammen mit fünf anderen verhafteten Templern als Verteidiger des Ordens auftrat, ja, sogar der Wortführer der kleinen Schar war.[27]

Der Bruder Kaplan Jean de Fouilloy, der als Erster am 19. Oktober 1307 verhört wurde, war 1304 in den Orden aufgenommen worden; nachdem er Christus verleugnet und gegen seinen Willen auf das Kreuz gespien hatte, suchte er angeblich in Paris den Notar Boniface Lombard auf und fragte, ob er den Orden wieder verlassen könnte; er meldete diesen Schritt dem Offizial des Bischofs von Paris (dem Leiter der bischöflichen Gerichtsbarkeit); nach seinen Angaben existierte darüber eine Akte mit dem Siegel des bischöflichen Offizialats vom Dienstag nach Sankt Lukas im Jahr 1304. Der Kaplan legte vor dem Bischof die Beichte ab, der ihm eine Buße auferlegte und die Absolution erteilte. Das war alles.[28] Welchen Schluss soll man aus dieser Aussage ziehen? Muss man in ihm einen jener unzufriedenen Templer sehen, von denen die «Maulwürfe» des Königs ihre Informationen bezogen?

Der Fall des Jacques de Troyes zeigt recht deutlich die Ungereimtheiten, Widersprüche und Unglaubwürdigkeiten in den Aussagen sowie die Schwierigkeit, das «Wahre vom Falschen» zu unterscheiden. Am 9. Mai 1310 sagt er vor der päpstlichen Kommission gegen den Orden aus. Er gibt an, in den Orden dreieinhalb Jahre vor den Verhaftungen aufgenommen worden zu sein (tatsächlich nicht einmal ganz drei Jahre, nämlich an Allerheiligen 1304); er habe Christus verleugnet, auf das Kreuz gespien, er habe die religiösen Gelübde, darunter das der Keuschheit, abgelegt. Aber, fügt er hinzu, das habe nichts genützt, denn aus Liebe zu einer Frau habe er den Orden ein Jahr vor den Verhaftungen verlassen. Im Laufe seiner Vernehmung berichtet er, er habe bereits vor seinem Eintritt in den Orden allerlei Dinge über die schlimmen Praktiken der Templer gehört. Angeblich wurden diese von einem aus Outremer [der Gesamtheit der vier Kreuzfahrerstaaten] zurückgekehrten Ritter «schon vor fünfhundert Jahren» *[sic]* eingeführt.[29] Am Ende kommt er noch einmal auf sein Apostat zu sprechen: Nicht so sehr wegen einer Frau, sondern aus Abscheu vor dem Orden habe er diesen verlassen; solange er Mitglied gewesen sei, hätte er nämlich jede Frau haben können, die er wollte; und er fügt hinzu, er glaube, viele hätten dem Orden den Rücken gekehrt wegen der Freveltaten, die gang und gäbe gewesen seien. Freilich habe er nichts davon geglaubt, sonst wäre er ja nicht in den Orden eingetreten. Es ist nicht davon die Rede, dass er wieder eingetreten ist, jedenfalls nicht vor seiner Verhaftung im Oktober 1307.

Er gehört nicht zu den Templern, die 1307 verhaftet und verhört wurden; vor der päpstlichen Kommission erscheint er in Laienkleidern. Die Vermutung liegt nahe, dass die Schergen des Königs von Frankreich (vor oder nach der Verhaftung der Templer?) an ihn «herangetreten» sind und ihn zur Aussage genötigt haben. Offenkundig hatten die Beauftragten des Königs Druckmittel, die sie leicht bei solchen Personen einsetzen konnten: Die weltliche Macht unterstützte die Kirche bei der Auffindung und Bestrafung der Abtrünnigen; im Tausch gegen eine belastende Aussage konnte man schon einmal ein Auge zudrücken. Bei Jacques de Troyes ist dies allerdings nur eine Hypothese.

Freilich ist in allen diesen Fällen, in denen Tempelherren in ihren Aussagen «enthüllten», sie seien vor dem Prozess abtrünnig geworden und hätten den Orden verlassen, Misstrauen angebracht. Es ist nämlich recht bequem, die eigene Haltung mit den schlimmen Praktiken des Ordens zu rechtfertigen – aber ist das der wahre Grund? Aus einem religiösen Orden auszutreten oder ihm zu entfliehen, weil man sich nicht wohl fühlt, kommt in der mittelalterlichen Welt der Mönche nur allzu häufig vor.[30] Sicherlich fühlten sich manche zum Mönchtum berufen, aber wie viele wurden dazu gezwungen und nicht nach ihrer Meinung gefragt, weil ihre Familien entsprechende Vereinbarungen getroffen hatten? Die Flucht, wenn auch riskant, war ein Versuch, einem Leben zu entkommen, das man sich nicht ausgesucht hatte. Auch das Motiv «*chercher la femme*» spielte oft eine Rolle. Manche wie Jacques de Troyes (zumindest teilweise) und Jean le Bourguignon (Bergonhons) haben dies auch zugegeben: Letzterer erscheint vor der päpstlichen Kommission in Laienkleidung zusammen mit einer Gruppe aus Poitiers; als einziger weigert er sich, den Orden zu verteidigen, weil er ein Jahr vor der Verhaftung wegen einer Frau abgeschworen hat.[31]

Kurzum, wir wissen nichts Gesichertes über die «Maulwürfe», wir haben nur die kleinen Leute, die alles Mögliche auf dem Kerbholz haben und daher bereitwillig das aussagen, was die Ankläger hören wollen.

Was gegen die Gerüchte spricht

Die Aussagen der meisten in Frankreich verhörten Templer bieten uns das Bild eines Ordens, der durch «Ketzerei» bis ins Innerste korrumpiert und verkommen ist. Diese schwarze Legende des Tempels ist nicht glaubwürdig, auch wenn sie ein Historiker wie Jonathan Riley-Smith wiederbelebt hat.[32] Kann man nicht vielmehr, ausgehend von denselben Aussagen, objektive Fakten finden, die in die entgegengesetzte Richtung weisen?

Die Templer müssen sowohl im Jahr 1307 vor den Inquisitoren oder den königlichen Beamten als auch in den Jahren 1310–1311 vor den päpstlichen Kommissaren zunächst Fragen zu ihrer Person beantworten: Name, Diözese, Tag und Ort ihres Eintritts in den Orden, Namen ihres Rezeptors und der Ordensbrüder, die bei der

Aufnahmezeremonie dabei waren etc. Dann folgt ein Verhör zu den Anklagepunkten. Es gibt keinen plausiblen Grund, die Antworten auf die Fragen zur Person in Zweifel zu ziehen, diese sind das Stück Wahrheit, auch wenn das Folgende falsch ist. Allenfalls lassen sich ungenaue Angaben oder Gedächtnislücken nicht ausschließen, Namen können vergessen, Sachverhalte verwechselt oder Daten falsch erinnert werden. So konfus die Aussage von Jacques de Troyes sein mag, er ist jedenfalls Jacques, gebürtig aus Troyes, ungefähr 24 Jahre alt, in den Orden eingetreten knapp drei Jahre vor seiner Verhaftung (also 1303/1304), Ordensknappe und 1307 Seneschall des Templerhauses von Villers bei Troyes.[33] Diese Angaben, die man als objektiv ansehen kann, erlauben es, ein ganz anderes Bild des Ordens zur Zeit seiner Schwierigkeiten zu zeichnen als jenes, das die Geschichtsschreibung vermittelt.

Überprüft man alle Angaben, so liefern die Verhörprotokolle aus dem französischen Reich die Namen von 2330 Templern, die sich auf zwei Kategorien verteilen: diejenigen, die im einen oder anderen Verfahren von 1307 bis 1311 persönlich anwesend waren (insgesamt 1160), und ungefähr ebenso viele (1170), die vorgeladen waren, aber nicht erschienen sind. Diese Zahlen sind präzise und das Ergebnis einer systematischen Erhebung der Namen mit dem Ziel einer prosopographischen Studie, die vor langer Zeit begonnen wurde und bald abgeschlossen sein wird.[34] Die Zahl von 1160 namentlich erfassten und persönlich anwesenden Templern ist eine Mindestanzahl, denn viele nicht erschienene Templer tauchen namentlich gar nicht auf: Flüchtige, die erwähnt, deren Namen aber nicht genannt werden; Ordensbrüder, die vergessen wurden, weil man sie nicht verhört hatte oder weil sie nicht bereit gewesen waren, im Jahr 1310 zur Verteidigung des Ordens nach Paris zu kommen. Auch zwischen den 1160 Templern muss unterschieden werden: denjenigen, die verhört, und denjenigen, die nicht verhört wurden, oder genauer, von denen kein Verhörprotokoll vorliegt, weil entweder keines existiert, oder aber, weil es verloren gegangen ist. Wir verfügen also über 290 Verhöre von 1307 (aus dem königlichen Inquisitionsverfahren), über 45 Verhöre von 1308 (vor dem Papst in Poitiers und Chinon), 69 Verhöre von 1309 (aus dem bischöflichen Verfahren von Clermont) und 224 Verhöre von 1310–1311 (aus dem Prozess gegen den Orden insgesamt).[35] Macht insgesamt 628 Verhöre, wobei allerdings zu berücksichtigen ist, dass einige Templer zwei- oder gar dreimal verhört wurden. Das heißt, die Anzahl der Templer, von deren Aussage sich zumindest ein Teil erhalten hat, ist ungefähr fünfzig Prozent höher als die Zahl der namentlich bekannten Templer. Die überwiegende Mehrheit der 659 Templer, die von Februar bis März 1310 zur Verteidigung des Ordens erschienen sind, taucht in den Vernehmungsprotokollen gar nicht auf.

Nur mit einer sorgfältigen Analyse der Angaben in den Verhören ist es möglich, nicht bei einer simplen Unterscheidung zwischen namentlich Bekannten, die aussagen, und namentlich Bekannten, die nicht aussagen, stehen zu bleiben und einige Aufschlüsse über ihre Laufbahn zu erhalten: Beispielsweise ist schon das Datum der Aufnahme in den Orden höchst bedeutsam, um etwas über ihre Rekrutierung zu erfahren.

Da eine gedankenträge Geschichtsschreibung ohne nähere Überprüfung wiederholt hat, der Tempel habe an Popularität verloren, er sei korrupt und nutzlos geworden und einzig mit der Verwaltung seines Vermögens befasst, hat sie schließlich selbst daran geglaubt und das auch so vermittelt. Als Beweis führt sie ins Feld, dass gegen Ende des 13. und zu Beginn des 14. Jahrhunderts immer weniger Neuaufnahmen in den Orden verzeichnet werden, und zwar, wohlgemerkt, wegen seines schlechten Rufes, seiner wachsenden Unpopularität und weil er fahnenflüchtig geworden sei: «Der Templerorden ist tot, weil er Jerusalem aufgegeben hat.»[36] Das ist falsch, denn er hat seine Mission bis in die letzten Monate seiner Existenz erfüllt. Die in Frankreich erstellten Verhörprotokolle von 1307 und von 1310–1311 liefern die Aussagen von 327 Templern, die bis auf zwei Ausnahmen den Tag ihrer Aufnahme in den Orden angeben.[37] 125 haben sich im Jahr 1300 und danach zum Orden bekannt, also 38,4 Prozent; davon wurden 38, also 11,7 Prozent, in den Jahren 1305, 1306 und 1307 aufgenommen. Von «immer weniger Neuaufnahmen» kann also nicht wirklich die Rede sein!

1310 wurden 76 Templer, ganz überwiegend Ritter, auf Zypern vernommen. 36 von ihnen waren in einem französischen Templerhaus aufgenommen worden. Von diesen 36 wurden 25 nach 1300 registriert, zwei oder drei im Jahr 1305. Diese Angaben sowie Quellen, die nichts mit dem Prozess und dem Orden zu tun haben, zeigen, dass sich der Tempel auch nach dem Fall von Akkon im Jahre 1291 für das Heilige Land eingesetzt hat. Die Historiographie hat zumeist das bedeutende Unternehmen teils übersehen, teils für unwichtig erachtet, das im Rahmen des Zusammenschlusses aller Kräfte des lateinischen Orients von Zypern aus in Verbindung mit den Mongolen des Khanats von Persien gestartet wurde: Um die Wende zum 14. Jahrhundert wurden Hunderte kämpfender Brüder nach Zypern entsandt, was zum Beispiel für das Jahr 1300 von den Zusammenkünften der Generalkapitel der französischen Provinzen in Paris bestätigt wird und was auch die Aufnahmen in Marseille in den Jahren 1302–1303 belegen.[38]

Diese Templer, die in Frankreich aufgenommen, aber in Zypern verhört wurden, legten keinerlei Geständnis ab, gaben nichts zu. Es war die Folter in dem Land, in dem der Prozess stattfand, die den Unterschied machte, nicht das Land, in dem die Templer rekrutiert worden waren.

Poitiers–Paris, 1306–1307: die Wege kreuzen sich

Während der König und seine Räte ihre Dossiers gegen die Templer füllten, war dem Papst daran gelegen, zwei Vorhaben zu verwirklichen: die Vorbereitung eines neuen Kreuzzuges und den Zusammenschluss der geistlichen Ritterorden.

Vorbedingung für einen Kreuzzug war der Friede zwischen den Herrschern. Clemens V. arbeitete daher an der Lösung der Konflikte beziehungsweise daran, dass sie nicht offen ausbrachen. Die Angelegenheiten von Sizilien und Aragón schienen seit dem Frieden von Caltabellotta (1302) geregelt, der die Aufteilung des Königreiches Sizilien bestätigte, zu der es durch den Aufstand der Sizilianer gegen die angevinische Dynastie (die sogenannte Sizilianische Vesper) gekommen war. Das Haus Anjou behielt Süditalien und den Titel eines Königs von Sizilien; das Haus Aragón bekam das eigentliche Sizilien zugesprochen, das in Trinakrien umbenannt wurde.

An den Grenzen von Guyenne war der Krieg zwischen dem französischen König und dem König von England nahezu zum Stillstand gekommen. 1307 stirbt Eduard I., sein Sohn, Eduard II., folgt ihm auf den Thron. Frankreich und England lassen sich unter der Ägide des Papstes auf einen Friedensprozess ein, der zu Beginn des Jahres 1308 zu der mit großem Pomp in Burgund gefeierten Vermählung von Eduard II. mit Isabella, der Tochter Philipps des Schönen, führt. Auch im französisch-flämischen Konflikt kommt es allmählich zu einer Entspannung. Nach der vernichtenden Niederlage von Courtrai im Jahre 1302 wird Philipp wieder Herr der Lage und erzwingt im Vertrag von Athis-sur-Orge (Juni 1305) Gebietsgewinne und Entschädigungszahlungen. Dennoch bleibt der Friede brüchig und wird auch nicht lange halten.[39]

Im Heiligen Römischen Reich geht es in dieser Zeit in erster Linie um die Wahl zum Kaiser oder vielmehr zum König. Am 5. September 1299 hatten Philipp der Schöne und Albert von Österreich, König des Deutschen Reiches, einen Friedensvertrag geschlossen. Allerdings verzichtete Philipp nicht darauf, bei der Wahl einen französischen Fürsten zu favorisieren: Beim Tod Alberts 1308 betreibt er, vergeblich, die Kandidatur seines Bruders Karl von Valois.

Kurzum, zwischen 1306 und 1307 kann sich Clemens V. berechtigte Hoffnungen machen, zu einem Kreuzzug aufrufen zu können. Um dies zu besprechen, fordert er am 6. Juni 1306 die Meister der beiden großen geistlichen Ritterorden der Templer und der Hospitaliter auf, im selben Jahr an Allerheiligen ins Abendland zu kommen; bei diesem Anlass soll außerdem die Frage des Zusammenschlusses der beiden Orden erörtert werden. Der Papst hatte beide Meister aufgefordert, hierzu vorab eine Denkschrift zu liefern.[40]

Jacques de Molay verlässt also Zypern im Oktober 1306, wenig später folgt Foulques de Villaret, der Großmeister der Hospitaliter. Jedenfalls können die beiden Meister nicht an Allerheiligen ankommen; sie sind zeitlich im Verzug, und der erklärt sich nicht durch die letzte Entscheidung des Papstes, von der sie erst bei ihrer Ankunft in Frankreich Kenntnis erhalten: Der Heilige Vater ist erkrankt und hat das Treffen auf später verschoben. Höchstwahrscheinlich landet Jacques de Molay Ende Dezember oder Anfang Januar in Marseille. Zu dieser Zeit gibt der Papst wieder seine Audienzen und bestimmt den Mai als neuen Termin für die Zusammenkunft mit den Großmeistern; auch der König und seine Räte werden anwesend sein. Man darf annehmen, dass Jacques de Molay nach seiner Landung in Frankreich von den Gerüchten über den Templerorden und von den Forderungen des Königs an den Papst erfahren hat.

Tatsächlich kommt Philipp nicht nach Poitiers, um vor allem über den Kreuzzug und die Vereinigung der beiden Orden zu diskutieren. Nicht, dass er daran kein Interesse hätte: Er hat überhaupt nichts gegen einen Kreuzzug, insbesondere, wenn er die Besteuerung des Klerus, die der päpstliche Stuhl unweigerlich beschließen wird, nach eigenem Gutdünken verwenden kann. Zur Fusion der beiden Orden hat er einige Vorschläge im Gepäck, die jedoch weder für den Papst noch für die Orden selbst und noch weniger für die anderen europäischen Souveräne annehmbar sind: ein neuer, vereinigter Orden unter der Führung eines einzigen Meisters, eines Königs oder Königssohnes. Was für Aussichten! Er kommt nach Poitiers, um Druck auf Clemens V. auszuüben, damit dieser das Verfahren der *damnatio memoriae* Bonifatius' VIII. endlich in Gang bringt und sich entschließt, gegen die Templer vorzugehen.

Jean Bourgogne, ein sehr wertvoller Informant, Prokurator von König Jakob II. von Aragón bei der römischen Kurie in Poitiers, schickte seinem Herrn einen Brief, der auf den 14. Mai datiert ist.[41] Er informiert ihn über die «ungehörigen» Forderungen von König Philipp: Dieser verlange die Heiligsprechung von Papst Coelestin V., der abgedankt hatte und dem Bonifatius VIII. auf dem Apostolischen Stuhl gefolgt war, und bestehe auf der postumen Verdammung des Letzteren. Aber darüber hinaus weiß Jean Bourgogne kaum etwas, und er äußert sich nicht über die letzte Unterredung zwischen Papst und König an ebenjenem 14. Mai. Er kündigt an, dass «der Meister der Tempelritter bald eintreffen wird; er wird ebenso erwartet wie der Meister des Hospitals des Johannes von Jerusalem, und der Papst, so wird hartnäckig behauptet, soll sich um die Vereinigung der beiden Orden bemühen und beabsichtigt, dies mit den beiden Meistern zu tun.»[42] Demnach ist der König, der Poitiers am 16. Mai verließ, den beiden Ordensmeistern nicht begegnet. Dafür sind einige seiner Räte noch geblieben, wie Jean Bourgogne in einem anderen Brief vom 26. Juni berichtet: Guillaume de Nogaret und Guillaume de Plaisians hätten verlangt, ein Verfahren gegen Bonifatius VIII. einzuleiten.[43] Dagegen sagt Jean Bourgogne kein Wort über die Templer und über die Forderungen des Königs an den Papst. Offenbar weiß er nicht alles. Das war jedoch das

Thema in Poitiers zwischen Papst und König. Man erinnere sich nur an die weiter oben zitierten Texte zum Treffen in Lyon im Jahre 1305: Von der Angelegenheit war die Rede sowohl in Lyon im November 1305 als auch in Poitiers im Mai 1307.

Nach Quellen, die dem französischen Hof nahestanden, soll der König vom Papst außerdem die Verhaftung der Templer gefordert haben.[44] Der Papst lehnte ab. Im Protokoll des Konsistoriums von Poitiers im darauffolgenden Jahr am 29. Mai 1308, das von Jean Bourgogne verfasst ist, ist vermerkt, dass der Papst als Antwort auf die heftige Rede von Guillaume de Plaisians diese Behauptung zurückwies: «Der Papst hat auch gesagt, dass in dieser Angelegenheit ihre Verhaftung durch den König niemals in Schreiben des Papstes verfügt worden ist.»[45]

Jacques de Molay kam erst nach dem 16. Mai und nach der Abreise des Königs (in Poitiers) an. Am 9. Juni schickt er einen Brief an Jakob II. von Aragón, ausgefertigt «in Poitiers, im Hospital, in dem damals Bruder Jacques de Molay weilte».[46] Im Anschluss daran begibt er sich nach Paris zur Versammlung des Generalkapitels der Provinz Frankreich am 24. Juni; vor dem 4. August kehrt er nach Poitiers zurück und verbringt dort den ganzen Sommer.[47] Möglicherweise kam es in der zweiten Julihälfte 1307 zu einem Treffen mit dem König, und vielleicht hat Jacques de Molay, vom König befragt, bei der Gelegenheit eingeräumt, dass Würdenträger des Ordens und auch er selbst manchmal Brüdern die Beichte abgenommen hätten, was ja nur den Kaplanbrüdern gestattet war. Laut Guillaume de Plaisians kam der Großmeister zum König und «erklärte einige Statuten seines Ordens, unter anderem, dass die Brüder im Kapitel manchmal aus Furcht vor der Buße, die ihnen auferlegt werden könnte, ihre Sünden nicht gestehen wollten, und dass er selbst im Kapitel ihnen die Absolution erteilt habe, obwohl er als Laie nicht im Besitz der Schlüssel war» – so berichtet es Jean Bourgogne.[48]

Was zu dieser Zeit, im Juli / August 1307, in den Köpfen der drei Protagonisten – des Großmeisters, des Königs und des Papstes – vor sich ging, wissen wir nicht. Das ist ja das Drama des Historikers: Natürlich, es gibt die Dokumente, aber was wissen wir darüber hinaus? Versuchen wir trotzdem, mehr zu erfahren.

Seit er in Poitiers ist, hat Jacques de Molay den Papst und verschiedene Templer getroffen, die Funktionen an der päpstlichen Kurie ausüben; auch Hugues de Pairaud hat er gesehen, den über die Lage im Königreich gut informierten Visitator des Ordens in Frankreich; außerdem hatte er Gelegenheit, sich wenig später mit dem König ins Benehmen zu setzen. Er begreift zweifellos, dass die Situation ernster ist, als er dachte, und dass etwas unternommen werden muss. Ganz selbstverständlich wendet er sich an den Papst, den Beschützer und Schirmherrn des Ordens.

Für den König von Frankreich besteht nun keinerlei Zweifel mehr: Die Templer sind allesamt Ketzer, die Häresie, also der Templerorden, muss ausgemerzt werden. Zunächst rechnet er noch mit dem Papst, denn er braucht ihn für die andere wichtige Angelegenheit, die ihm Sorgen bereitet: den Prozess um die *damnatio memoriae* Bonifatius' VIII. Aber zur Not würde er nicht zögern, im Alleingang zu handeln. Inzwischen erhöht er den Druck auf den Papst und schickt ihm Emissäre, um ihn über die neuen «Sachverhalte» zu informieren, über die er verfügt (vermutlich dank der eingeschleusten «Maulwürfe»). So zitiert der Pontifex in einem Brief vom 24. August 1307, von dem gleich die Rede sein wird, die Informationen, die ihm «durch den Prior Eures neuen Klosters in Poissy» übermittelt wurden.[49] Weiterhin wird im Protokoll des Konsistoriums vom 29. Mai 1308 von Jean Bourgogne festgehalten, dass der Papst Geoffroy du Plessis zitiert, den apostolischen Notar, aber zugleich Kanzlist des Königs und von diesem geschickt, sich mit den Templern zu befassen[50] – diese Figur wird eine bedeutsame Rolle als Vermittler zwischen Papst und König im weiteren Fortgang der Affäre spielen.

Clemens V. ist sich seinerseits ziemlich sicher, dass die vom König gegen die Templer vorgebrachten Anschuldigungen falsch sind, auch wenn ihn einige der Informationen verunsichert haben (dies wird er in seinem Brief vom 24. August 1307 schreiben). Freilich ahnt er, dass der Druck des Königs sich verschärfen wird und er den Templerorden dafür benutzen wird, die *damnatio memoriae* Bonifatius' VIII. zu erlangen. Dies lehnt der Papst jedoch kategorisch ab. Die Falle ist aufgestellt.

Noch hat sich keiner bewegt; jeder weiß zwar, dass man sich bewegen muss, aber wer den ersten Schritt tut, riskiert, das Spiel zu verlieren.

Der Brief vom Sankt-Bartholomäus-Tag (24. August 1307)

Als Erster handelt Jacques de Molay. Wieder zurück in Poitiers nach seinem kurzen Aufenthalt in Paris und sicherlich aufgeschreckt durch seine Unterredung mit dem König, bei der er einige Unregelmäßigkeiten im Ordensbetrieb einräumen musste (vor allem in der Frage der Sündenvergebung, wovon noch die Rede sein wird), wendet sich der Großmeister an den Papst, was dieser anerkennt, als er seinen Bitten am 24. August 1307 stattgibt:

> Da der Meister der Tempelritter und mit ihm etliche Komture ebendieses Ordens in deinem Königreich und andernorts erfahren haben, so haben sie versichert, wie sehr ihr Ansehen verschiedentlich bei Euch, uns und anderen weltlichen Herren gelitten habe aufgrund der bereits erwähnten Dinge, so haben sie inständig gebeten, nicht nur einmal, sondern bei verschiedenen Gelegenheiten, wir möchten die Wahrheit über die gegen sie vorgebrachten – in ihren Augen ungerechten – Anschuldigungen herausfinden. Wenn sie für unschuldig befunden würden, wie sie behaupten, müssten wir sie freisprechen, wenn sie aber für schuldig erkannt würden, was sie nicht glauben, würden wir sie verurteilen.[51]

In dieser Form gibt Clemens V. in seinem Brief an den König von Frankreich vom 24. August 1307 die Anfrage des Großmeisters vom August wieder. Sein Brief beginnt mit der Mitteilung, er müsse sich einer langwierigen ärztlichen Behandlung bis in den September hinein unterziehen und sei deshalb nicht in der Lage, seine Gesandten vor Oktober zu empfangen. Danach erinnert er Philipp an ihre Gespräche über die Templer in Lyon und Poitiers und an seine diesbezügliche Skepsis. Doch auf der Grundlage der Mitteilungen des Königs und der Informationen, die ihm von anderer Seite zugetragen worden seien (er spricht von seltsamen Gerüchten), habe er sich, nicht ohne starke Bedenken, entschließen müssen, nach dem Gebot der Vernunft zu handeln. Daraufhin teilt er dem König die Bitten Jacques de Molays mit, die seine Entscheidung, eine Untersuchung einzuleiten, beschleunigt hätten.

Zur Begründung dieser Entscheidung führt der Papst sowohl die mehrfachen Interventionen des Königs als auch die Beharrlichkeit des Großmeisters an. Philipp der Schöne würde es zu schätzen wissen! Die Sache kommt also in Gang, doch angesichts der einzuhaltenden Verfahrensregeln und der Verzögerung durch die Krankheit des Papstes würde sie wohl kaum richtig Fahrt aufnehmen.

Hat Clemens V. Informationen erhalten, die zuverlässiger sind als die phantastischen Gerüchte von Esquieu de Floyrac oder die von den Emissären des Königs kolportierten Anschuldigungen? Es geht offenbar nicht um Jacques de Molay, der sich den ganzen Sommer in Poitiers aufhält. Um Hugues de Pairaud vielleicht? Der Templer Matthieu d'Arras wird am 10. November 1307 vernommen und berichtet:

> Besagter Ordensbruder Hugues de Pairaud, der sich in der Woche kurz nach Sankt Remigius an die römische Kurie [in Poitiers] begeben hatte [15. Januar 1307], teilte ihm mit, der Orden sei besagter Vorkommnisse wegen beim Papst und beim König verleumdet worden und er [Hugues de Pairaud] wolle wenn möglich seine Haut retten und es auch den anderen sagen; und dann verlangte er [Matthieu d'Arras], er solle ihm die diesbezüglichen Briefe zeigen, andernfalls er ihm nicht glauben würde; und er sagte, das tue er nicht, weil das dem Meister nicht gefalle.[52]

Ist Hugues de Pairaud dieser hochrangige Tempelritter, den Clemens V. zitiert, ohne ihn namentlich zu nennen, und zwar einmal in der Bulle *Pastoralis praeminentiae* vom 22. November 1307 und dann noch ein zweites Mal in der Bulle *Faciens misericordiam* vom 12. August 1308? Ist er es, der den Papst über die seltsamen Rituale des Ordens vertraulich informiert hat? Nichts deutet darauf hin, dass der Papst schon vor den Verhaftungen etwas darüber wusste, und noch weniger, dass das Treffen zwischen Hugues de Pairaud und Clemens V. vom französischen König eingefädelt worden wäre und im Sommer 1307 stattgefunden hätte.[53] Hugues de Pairaud war im Mai und Juni 1307 an der Seite Jacques de Molays in Poitiers; Ende Juni nimmt er zusammen mit ihm teil am Generalkapitel in Paris. Kehrte er anschließend wieder nach Poitiers zurück, wie Jacques de Molay? Dafür gibt es keinen Beleg, doch im Oktober ist er dort: Während Jacques de Molay in die Hauptstadt reist, um am 12. Oktober den Feierlichkeiten anlässlich der Bestattung Katharinas von Courtenay, der Gemahlin Karls von Valois, beizuwohnen, bleibt Hugues de Pairaud «auf Verlangen des Königs» an der Seite des Papstes; er wird dann am 13. Oktober zusammen mit einem guten Dutzend anderer Templer verhaftet und am folgenden Tag in der Burg von Loches eingesperrt.[54] Am 9. November legt er in Paris sein Geständnis ab.

Pierre Dupuy erwähnt die Beichte eines gewissen Guillaume de Chanteloup, eines Kammerdieners des Papstes, der seinem Herrn die Schandtaten der Templer offenbart haben soll. Pierre Dupuy ist ein ernstzunehmender, allerdings gegen die Templer eingestellter Historiker des 17. Jahrhunderts, der zahlreiche Dokumente zitiert, von denen manche – wie das eben erwähnte – inzwischen verschwunden sind. Von diesem Templer ist allerdings nirgends sonst die Rede, weder bei den Bediensteten des Papstes noch bei den verhafteten, vernommenen und während des Prozesses genannten Templern. Vorsicht ist also geboten.[55]

Als jedoch die Affäre in Gang gekommen ist und die Templer verhaftet sind, hält Clemens V. seine schützende Hand über die Templer an seinem Hof. Er stimmt einer seriösen und gründlichen Untersuchung zu, erst dann will er entscheiden und, falls notwendig, verurteilen.

Diese «Agenda» passt Philipp dem Schönen überhaupt nicht.

2

13. OKTOBER 1307: DIE VERHAFTUNG

Maubuisson (September 1307)

Philipp der Schöne verlässt Poitiers am 16. Mai 1307 und erreicht über das Poitou, Loches, das Berry, Montargis, Auxerre und Fontainebleau nach gemächlicher Reise die Île-de-France. Er lässt Paris links liegen und hält sich stattdessen in der Nachbarschaft auf: in Crécy-en-Brie, Tremblay, Vincennes. Wenn es eine Begegnung mit Jacques de Molay gegeben hat, dann in der zweiten Julihälfte in einem der genannten Orte. Auch im August verkehrt der König nur in einem relativ kleinen Umkreis: Verberie, Domont, Saint-Germain-en-Laye, Poissy, Saint-Denis. Vom 28. August an hält er sich dann einen Monat lang in Pontoise und der nahe gelegenen Abtei von Maubuisson auf. Es ist vielleicht nicht von ungefähr, dass die wichtigsten Entscheidungen, die die Templeraffäre in Gang setzen, in dieser von Blanca von Kastilien gegründeten Zisterzienserabtei getroffen werden; hier ist die Erinnerung an ihren Gemahl Ludwig den Heiligen, der 1294 kanonisiert worden war, gegenwärtig. Jean de Joinville, sein alter Kreuzzugsgefährte, vollendet gerade seine Chronik *Das Leben Ludwigs des Heiligen*, die Königin Johanna von Navarra, die 1305 verstorbene Gemahlin Philipps des Schönen, in Auftrag gegeben hatte. Jean de Joinville steht dem König nicht nahe: 1309 widmet er sein Werk lieber dem Thronerben, dem künftigen König Ludwig X., damals noch König von Navarra.

In Maubuisson ist der König natürlich nicht allein: Die Familie, der Hof, die Räte begleiten ihn auf seinen Reisen. Während des ganzen Mittelalters zieht die Regierung durch das Land, je nach Gutdünken des Königs und je nachdem, wo sich die Jagdgebiete befinden. Bei der Ankunft an diesen Orten ist Philipp bereits im Besitz des päpstlichen Briefes vom 24. August 1307. Wir wissen nicht, wann der Entschluss gefallen ist, die Templer ohne die Zustimmung des Papstes zu verhaften, also auf die Gefahr hin, einen schweren Rechtsbruch zu begehen. Der Rat tritt zusammen, es wird diskutiert, man hält Rücksprache. Doch ist alles vor dem 14. September entschieden. Auf diesen Tag, den Tag der Kreuzerhöhung (auch dies ist kein Zufall), sind die beiden Schreiben datiert, die sofort in Umlauf gebracht werden, denn Abschriften müssen bereits vorgelegen haben: Das erste, auf Lateinisch verfasste, ist der Haftbefehl für die Templer in Frankreich; das zweite ist eine Auflistung der praktischen Instruktionen, die von den mit der Verhaftung der Templer beauftragten Männern einzuhalten sind – und ist auf Französisch geschrieben.[1]

Ich fasse ihren Inhalt zusammen:

Im Haftbefehl drückt der König als erstes seine Bestürzung und seinen Schmerz aus, die ihn erfasst hätten, als er von den ungeheuerlichen Verbrechen der Templer erfahren habe, die Gott verlassen und sich von ihm losgesagt hätten. Diese Elenden, die Christus ein zweites Mal kreuzigten, würden sich im Orden offen dazu bekennen, den Herrn zu verleugnen, indem sie auf sein Kreuz spuckten, obszöne Handlungen begingen und sich der Sodomie hingaben. Anfangs habe der König den Gerüchten nicht glauben wollen, da er Zweifel an der Lauterkeit der Motive der Ankläger gehegt habe, doch dann habe er sich den Tatsachen beugen müssen. Er habe mit dem Papst gesprochen, Prälaten und Barone befragt, seinen Rat konsultiert. Um seinen Verdacht zu überprüfen, habe er Guillaume von Paris, dem Inquisitor ketzerischer Perversion, die Aufgabe übertragen, eine Untersuchung über diese in Umlauf befindlichen Gerüchte durchzuführen. Da diese Untersuchung seinen schweren Verdacht bestätigt habe, habe der König die Verhaftung aller Templer in seinem Reich und die Beschlagnahme ihrer Güter beschlossen. Die Baillis und Seneschalle seien also beauftragt, die Templer in ihrem jeweiligen Amtsbereich festzunehmen und ihre Güter einzuziehen. Dabei seien die dem Haftbefehl beigefügten Anweisungen zu befolgen. Ausgefertigt ist das Schreiben in der Abtei Sainte-Marie [Maubuisson] bei Pontoise am Tag der Kreuzerhöhung im Jahr des Herrn 1307.

Dieses Resümee ist absichtlich neutral gehalten, dahinter verschwindet die schwülstige Rhetorik des Textes. Hier dennoch zwei Beispiele:

Zu Beginn heißt es: «Ein bitteres, beklagenswertes [...], abscheuliches Verbrechen, eine ekelerregende Schandtat [...], etwas ganz und gar Unmenschliches, ja mehr noch, etwas außerhalb der Menschheit Stehendes [...].»

Und weiter: «Daher bricht der Zorn Gottes über diese Söhne des Unglaubens herein. Diese niederträchtige Sippschaft hat den Quell des lebendigen Wassers verlassen, seine Glorie aufgegeben und verehrt stattdessen das Goldene Kalb und opfert Götzenbildern.»

Diese Formulierungen muss man ernst nehmen. Nicht nur Guillaume de Nogaret und Guillaume de Plaisians, die beiden königlichen Räte, die für die Affäre zuständig sein werden und wahrscheinlich auch die Autoren des Schreibens sind, pflegen diese Sprache (in der Rede von Guillaume de Plaisians 1308 in Poitiers werden sogar noch heftigere Töne angeschlagen werden): Das ist die Rhetorik aller Texte, die von der königlichen Kanzlei in ihrem Einsatz für die Verherrlichung des Königs und des französischen Königtums verfasst werden. Diese Texte sind es, die die Templeraffäre erklären. Sie werden immer wieder aufgegriffen, und die Vorstellungen, die sie transportieren, werden in den flammenden Reden verbreitet, die landauf landab während aller Phasen des Geschehens gehalten werden.

Die Anweisungen, die dem Haftbefehl beigefügt sind, bringen uns wieder zu den ganz konkreten Polizeiaktionen zurück, mit deren Hilfe das angekündigte Programm durchgeführt werden soll: auf einen Schlag sämtliche Templer des Königreichs festsetzen, ungeachtet dessen, dass ein Teil von ihnen vermutlich unschuldig ist: «In Anbetracht der ungeheuren Schwere der Angelegenheit und da die Wahrheit anders nicht vollständig ans Licht gebracht werden kann [...], ist es notwendig, dass sie geprüft werden wie das Gold im Schmelztiegel und gereinigt werden durch die unumgängliche Prüfung, ob auf Schuld oder Unschuld zu erkennen ist.»

Sofort nach ihrer Ankunft am Zielort sollen die Boten den Baillis und Seneschallen den Haftbefehl übergeben nebst Anweisungen und mit der Auflage strengster Geheimhaltung. Diese sollen in aller Stille Erkundigungen einziehen über Bestand und Personal der

Ordenshäuser in ihren Balleien und Sénéchausséen. Notfalls sollen sie ihren Besuch mit dem Vorwand einer bevorstehenden Steuererhebung für alle Kirchengüter begründen; zur Irreführung können sie auch die Niederlassungen anderer Orden aufsuchen.

Frühmorgens am Tag des Zugriffs soll der Bailli oder der Seneschall[2] so viele Notabeln *(prudhommes)* und Sergeanten wie nötig zusammentrommeln, um in sämtlichen Templerhäusern gleichzeitig die Verhaftung der Ordensmitglieder und die Beschlagnahme der Güter vorzunehmen; vor Ort soll gleich noch das Inventar des Besitzstandes erstellt werden. Das Ackerland und die Weinberge haben unangetastet zu bleiben, mit ihrer Bewirtschaftung sollen «redliche und wohlhabende Personen» betraut werden. Die in strenger Einzelhaft gehaltenen Templer sind unverzüglich zu vernehmen, und zwar bevor sie den Inquisitoren überstellt werden. Bei Bedarf ist die Folter anzuwenden. Es soll ihnen mitgeteilt werden, dass König und Papst über ihre Verbrechen informiert sind; bekennen sie diese, sollen sie begnadigt werden, andernfalls werden sie zum Tode verurteilt.

Eine Liste der Hauptanklagepunkte soll erstellt werden, die die Templer zugeben sollen: Verleugnung Christi, Speien auf das Kreuz, obszöne Küsse, Sodomie, Tragen eines Bandes, mit dem zuvor ein Götzenbild berührt wurde, das während der Kapitel angebetet wurde, Unterlassung der Hostienweihe durch die Ordenspriester während der Messe etc. Danach sollen die Aussagen jener sorgfältig vermerkt werden, die «besagte Vergehen und insbesondere die Verleugnung Unseres Herrn Jesus Christus gestehen».

Besonderes Augenmerk wird auf die Verleugnung Christi gelegt, die allein schon genügt, um die Templer als Ketzer zu brandmarken. Die Folter, deren Anwendung praktisch sofort erfolgen soll, hat nicht die Wahrheitsfindung als solche zum Ziel, sondern soll die Wahrheit ans Licht bringen, die die Ankläger hören wollen – diese Wahrheit oder der Tod. In den ersten Stunden nach der Festnahme soll ein Verhör durch die Beamten des Königs erfolgen, erst danach werden die Häftlinge den Inquisitoren vorgeführt. Und schließlich werden nur die Aussagen festgehalten, die mit den Anschuldigungen übereinstimmen.

Diese Texte enthalten eine glatte Lüge: Papst und Kirche stünden hinter der Entscheidung des Königs. «Wer mit dem Bailli oder dem Seneschall zum vorbestimmten Tag ausgesandt wird [...], wählt wichtige Notabeln der Gegend aus [...] und teilt ihnen unter Eid und im Geheimen ihre Aufgabe mit und erklärt, dass der König vom Papst und von der Kirche darüber in Kenntnis gesetzt wurde.» Es geht weniger darum, die Templer zu überzeugen, als vielmehr diejenigen, die die Agenten des Königs am Morgen des 13. Oktober rekrutieren, um sie verhaften zu lassen.

Die Kommissare machen sich sogleich mit den Haftbefehlen und den Anweisungen auf, um die Baillis und Seneschalle ins Vertrauen zu ziehen. Jeder von ihnen erhält eine Liste mit Namen. In den Archiven sind nur drei davon erhalten: eine zu Händen des Bailli von Amiens, eine zweite für Bertrand Jourdain de l'Isle, den Seneschall von Beaucaire, und eine für Pierre de Hangest, Bailli von Rouen.[3] Um diesen Maßnahmen Nachdruck zu verleihen, richtet der König am 20. September von Pontoise aus ein Schreiben an alle Prälaten und Barone des Reichs, in dem er sie über die Entsendung von Emissären informiert, die den Auftrag haben, ihnen verschiedene Angelegenheiten auseinanderzusetzen. Einzig der Brief an die Ballei Amiens ist erhalten: Jean de Picquigny, Jean de Varenne und der Bailli von Amiens werden beauftragt, diese Informationen in der Ballei weiterzugeben.[4]

So viel zur Rolle des Königs, als es darum geht, die Affäre ins Rollen zu bringen. Dabei ist dem König und seinen Räten völlig bewusst, dass ihr Vorgehen unbedingt durch eine kirchliche Autorität legitimiert werden muss. So erklären sich die Bemühungen, den Papst mit ihrer Entscheidung in Verbindung zu bringen; doch da dies offenkundig gelogen ist, muss mit dieser Behauptung vorsichtig umgegangen werden. Noch einmal zum Haftbefehl: Angeblich ist der König erst zur Tat geschritten, nachdem Guillaume de Paris, der Großinquisitor von Frankreich, die Untersuchung durchgeführt hatte: «den Aufforderungen des Inquisitors folgend, der um unseren Beistand ersucht hat». Guillaume de Paris ist ein Ordensbruder der Dominikaner und Doktor der Theologie; dieses Amt hat er seit 1303 inne, wenn nicht schon vorher; außerdem ist er seit dem 15. Dezember 1305 der Beichtvater des Königs. Seine Ernennung zum Großinquisitor ist Sache des Papstes, und auch wenn sie vor dem Pontifikat Clemens' V. erfolgte, so kann dieser nicht jegliche Verantwortung für das Handeln des Inquisitors von sich weisen. Reicht die Autorität von Letzterem aus, das Vorgehen des Königs zu decken, und muss Clemens V. dafür die Verantwortung übernehmen?

Nein. Guillaume de Paris ist nämlich nicht dazu ausersehen, sich speziell um die Templeraffäre zu kümmern. Er ist «ganz allgemein» mit der Verfolgung von Häresie beauftragt. Um gegen die Templer vorzugehen, müsste er ein besonderes Mandat haben. Dieses hat er aber nicht, er hat es nicht vom Papst erbeten, und der hat es ihm auch nicht erteilt. Noch am 26. September weiß Clemens V. nichts von dem Verfahren, das vom König am 14. September eingeleitet wurde; an diesem Tag ist es vielmehr er, der den König bittet, ihm neue Informationen mitzuteilen, sofern er über solche verfügt. In den Augen des Papstes gibt es noch keine Templeraffäre, für ihn sind sie keine Ketzer, also gibt es auch keine spezifische Häresie, die zu verfolgen wäre. Folglich kann es keinen speziellen Auftrag des Papstes an Guillaume de Paris geben.

Daran soll es nicht scheitern. Guillaume de Paris kann Philipp dem Schönen nichts verweigern. Am 22. September versammelt sich der Königliche Rat erneut in der Abtei von Maubuisson. Zwei Entscheidungen fallen: Zum einen werden Guillaume de Nogaret die Siegel übergeben; es hieß, er sei der Nachfolger von Gilles Aycelin, dem Erzbischof von Narbonne, der angeblich seine Zustimmung zur Verhaftung der Templer verweigert habe, doch das wurde bestritten.[5] Zum andern schreibt der Großinquisitor an die Inquisitoren von Toulouse (seit 16. Januar 1307 ist Bernard Gui im Amt)[6] und von Carcassonne (Geoffroy d'Ablis, im Amt seit 1303)[7] und verlangt von ihnen, die Häresie der Templer aufzudecken und zu verfolgen und die besten Aussagen an den König zu schicken.[8] Ton und Vokabular dieses Briefes sind denen des Haftbefehls zum Verwechseln ähnlich, so dass man die Handschrift von Guillaume de Nogaret oder von Guillaume de Plaisians darin erkennen wollte. Auch hier waltet die gleiche Vorsicht: Ermittlungen nur gegen Personen, die unter schwerem Verdacht stehen, nicht aber gegen den Orden (es wird angedeutet, dass dies nur der Papst als Schirmherr des exemten Ordens kann). Einziges Ziel dieses Schreibens ist die Mobilisierung der Inquisitoren im Süden Frankreichs im Sinne von Philipps Vorhaben.

Im gesamten Königreich arbeiten von nun an Beamte des Königs und Inquisitoren Hand in Hand.

13. Oktober, früher Morgen in der Ballei von Caen

Folgen wir dem «Fortsetzer» der Chronik von Guillaume de Nangis:

> Am Freitag nach Saint-Denis, dem 13. Oktober, wurden bei Tagesanbruch sämtliche Templer, deren man im französischen Königreich habhaft werden konnte, plötzlich – und auf einen Schlag – ergriffen und in verschiedene Gefängnisse gesperrt, auf Befehl und Anordnung des Königs. Unter den Festgenommenen war auch der Großmeister des Ordens, der im Haus der Templer in Paris gefangen genommen wurde.[9]

Der Bailli von Caen, Jean de Verretot, hat wie alle seine Kollegen den Haftbefehl bekommen. Er ist in die für Freitag, den 13. Oktober, angesetzte Operation eingeweiht.

Gemäß den beigefügten Instruktionen soll er die Templerhäuser seiner Ballei unauffällig beobachten.[10] Es gibt fünf Hauptkomtureien in seiner Ballei: Baugy, Bretteville-le-Rabet, Voismer und Courval in der Diözese Bayeux sowie Louvagny, eine Dependance von Frémeaux in der Diözese Sées. Am Tag des Zugriffs nimmt sich der Bailli persönlich das Haus von Baugy vor; begleitet wird er von dem Ritter Richard de Bretteville und fünf Sergeanten. Nach Bretteville, Courval und Voismer schickt er die beiden königlichen Beamten Hugues du Chastel und Gautier de Bois Gilout, Vicomte von Caen, um das Unternehmen zu leiten; diese zwei beauftragen einen gewissen Raoul Gloi und einige andere, die in Bretteville tätig werden sollen. In Voismer führen der königliche Beamte Jean du Chastel und sechs weitere namentlich genannte Personen die Operation durch; nach Courval schicken sie Thomas Alapenne, einen anderen Beamten aus der Vicomté Caen, zusammen mit dem Stellvertreter des Vicomte von Vire, einem Beamten aus derselben Vicomté, zwei Knappen, einem Sergeanten des Königs und einem Bürger aus Vacy. In Louvagny, wo nur ein einziger Templer lebt, leitet Enguerrand de Villers, Ritter des Königs, die Aktion.[11]

13 Templer wurden verhaftet, einer in Louvagny und jeweils drei in den anderen Häusern; Gautier de Bullens ist Ritter, die übrigen zwölf sind Knappen. 24 namentlich genannte und andere Personen wurden für diese in den fünf Häusern gleichzeitig durchgeführte Operation aufgeboten. Für die Verhaftung der Templer in der Kom-

turei von Payns in der Champagne wurden dagegen vierzig Mann unter der Führung von Jean de Villarcel, den der Bailli von Troyes abgeordnet hatte, in Marsch gesetzt.[12] In der Ballei Amiens musste der Bailli Denis d'Aubigny, unterstützt von Renaud de Picquigny, angesichts der großen Zahl von Templerhäusern in seinem Bezirk in gleicher Weise vorgehen wie der Bailli von Caen: Er vertraute seinen Gehilfen die Durchführung der eigentlichen Aktion an und musste massenhaft Sergeanten, Ritter und Beamte des Königs sowie weitere Notabeln der Ballei mobilisieren.[13]

Der Bailli von Caen hatte nicht nur die Aufgabe, die Männer festzunehmen, er musste außerdem die Güter beschlagnahmen, sie inventarisieren und Verwalter benennen, die den Betrieb aufrechterhielten. Die Verhafteten verpflichtete er zur Mitarbeit an der Bestandsaufnahme. Dies war vermutlich nicht überall in Frankreich der Fall. In Baugy sind die drei Templer bei der Inventarisierung dabei: Aubin Langlois, Raoul de Pérouse und Guillaume Le Raure. Auch in Bretteville-le-Rabet und in Courval wird so verfahren, wahrscheinlich auch in Voismer, auch wenn das Protokoll dies nicht erwähnt. Am Ende der Inventarliste jedes Hauses sind die Namen derer aufgeführt, «die im Hause verbleiben», also der Leute, die von den Templern zur Geschäftsführung und Bewirtschaftung ihrer Ländereien angestellt worden waren. Ihre Aufgaben werden einzeln genannt: Kuhhirt, Rinderhirt, Fohlenhirt, Schweinehirt, Zeugwart, Müller usw. 25 werden in Baugy aufgeführt, zwölf in Bretteville-le-Rabet, 13 in Courval und vier in Louvagny. Diese «Männer des Tempels», die zwar keine Templer sind, aber dennoch von deren Privilegien teilweise profitieren, bleiben weiterhin vor Ort, um das Gut zu bewirtschaften. Unter diesen wählen der Bailli und seine Gehilfen einen Mann aus, der künftig die Leitung der unter königlicher Zwangsverwaltung stehenden Güter innehat: In Bretteville-le-Rabet wird Richard Mauduit, «Prévôt der Templer, zum Treuhänder des Königs unter dem Befehl des Monseigneur Hugues [de Chastel] über die genannten Dinge und alle ihre Ländereien». Anders in Courval: Hier werden der Knappe Guillaume Canteil und der Bürger Pierre de la Baille, die zu dem vom Bailli für die Verhaftung der Templer aufgebotenen kleinen Trupp gehörten, mit der Verantwortung für die Güter betraut; in Baugy «wurde Bertin du Coisel, Sergeant [des Königs] an besagtem Ort, befohlen,

Sorge für alle Dinge im Haus zu tragen, damit sie pfleglich behandelt werden»; unterstützt wird er dabei von vier Einwohnern aus der Umgebung.[14]

Diese Ernennungen geschehen unter Zeitdruck und sind vorläufig. Als später die Verwaltungsstrukturen eingerichtet sind, die den Betrieb der beschlagnahmten Güter im ganzen Königreich sichern, werden auf der Ebene der Balleien und Sénéchausséen Kommissare ernannt. Die Leitung der Templerhäuser der Balleien Caen und Cotentin obliegt zwei Kommissaren (deren Namen für das Jahr 1309 bekannt sind)[15], die für jedes Haus einen Verwalter bestimmen.[16]

In Sainte-Eulalie du Larzac in der Provinz Rouergue wird der Burgherr von Najac mit der Verwaltung des Bezirks Rouergue betraut; doch am 3. Januar 1308 besetzt der Seneschall Pierre de Ferrières die Stelle mit zwei neuen Verwaltern: Garnier de Moissac, einem Notar des Königs, und Arnaut Durant aus Sainte-Eulalie; diese Ernennung geht einher mit einer Bestandsaufnahme der Güter der Komturei von Payns am 27. Januar 1308.[17] Aus den Abrechnungen der Komturei von Payns im Zeitraum der Zwangsbewirtschaftung geht hervor, dass 27 ständige Landarbeiter beschäftigt waren (die der Verwalter Jean de Hulles auf dem Gut behalten hatte); dazu kamen bedarfsweise befristete Arbeitskräfte.[18]

Nach meiner Kenntnis gibt es keine Protokolle, die ausschließlich die Verhaftung von Ordensbrüdern vermerken. Im Falle der Templerhäuser in der Ballei von Caen ist dem Leser sicherlich aufgefallen, dass wir es mit Protokollen von Inventarisierungen von Gütern zu tun haben und man über Verhaftungen von Ordensbrüdern nur deshalb etwas erfährt, weil sie zu dieser Arbeit mit herangezogen wurden. Die entsprechenden Protokolle aus der Provence, die Anfang 1308 erstellt wurden, bieten das gleiche Bild. In den danach angefertigten Protokollen ist von Verhaftung gar keine Rede mehr. Nur im Inventar von Toulouse vom 27. Dezember 1313 wird anlässlich der Übergabe der Güter an die Hospitaliter beiläufig erwähnt, dass acht Templer, die 1307 festgenommen worden waren, immer noch im neuen Saal des Stadtpalais gefangen gehalten werden.[19]

Wir sind also auf die Zeugnisse der Templer selbst angewiesen, um etwas Licht in Ort und Umstände ihrer Verhaftung zu bringen und so vielleicht, wenn auch bruchstückhaft, Aufschlüsse hierüber aus ihren Aussagen zu bekommen.

In Dormelles im Gâtenais nimmt der königliche Prévôt von Château-Landon die Verhaftung von Herbert de Colombe, Thibaud de Taverny und Pierre de Beaumont vor.[20] Der Tempelritter Guillaume de Vernège erwähnt Jean de Fontenay, der in Issoudun verhaftet wurde, und Clément de Saint-Hilaire, verhaftet in La Bruyère, beides Häuser der Diözese Bourges.[21] Geoffroy de Thatan wird in Molendines festgenommen, einer Dependance von Île-Bouchard in der Touraine.[22] Laut Étienne de Nérac, Aufseher im Haus der Minoriten von Lyon, hat Barthélemy Chevrier, Bürger von Lyon und Oberaufseher über die Weine des Königs von Frankreich, «ausgestattet mit Vollmacht und Mandat des Herrn König, die Templer zu verhaften, den besagten [nämlich Étienne de Nérac selbst] am Tag der Verhaftung zum Zeugen zu berufen, und unter den Festgenommenen befand sich auch jener Weltgeistliche, dessen Name ihm nicht bekannt ist ...» Dieser Unbekannte hatte verschlossene Briefe des Marseiller Meisters der Überfahrt für den Großmeister bei sich.[23] Ein besonderer Fall ist Aymeri Chamerlent. Gewöhnlich hielt er sich im Templerhaus von Crabannat (Gemeinde Fénier, Creuse) in der Diözese Limoges auf, doch dort befand er sich zum Zeitpunkt der Verhaftungen nicht, da er krank bei seinen Eltern war; er wurde also nicht mit den anderen festgenommen. Als er von den Verhaftungen erfuhr, begab er sich aus Sorge um seine Rettung an die römische Kurie in Poitiers, wo der Papst gerade residierte. Dort wurde er verhaftet: Ende Juni 1308 erschien er zusammen mit 72 Templern vor dem Papst, und Anfang 1310 befand er sich immer noch dort in Haft.[24]

Andere Dokumente, die nicht direkt mit dem Prozess zusammenhängen, können herangezogen werden. Das Protokoll der Beratungen der Konsuln von Cahors erwähnt die Verhaftungen vom 13. Oktober folgendermaßen: «Allen soll kundgetan werden, dass im Jahr des Herrn 1307 alle Templer in der ganzen Welt verhaftet worden sind» (Text auf Lateinisch). Und weiter, jetzt auf Französisch: «Es soll bekannt gemacht werden, dass im Jahre des Herrn 1307 am Freitag vor dem Fest des Evangelisten Sankt Lukas [also am 13. Oktober – der Feiertag fiel auf den 18.] zur Zeit der Herrschaft des illustren Fürsten Philipp, durch die Gnade Gottes König von Frankreich, und im Pontifikat des Papstes Clemens alle Templer verhaftet und ihre Güter eingezogen worden sind, namentlich Meister Atho de Sauvagnac, Ritter des Tempels, Komtur des Hauses La Chapelle, zusammen mit seinen Gefährten der Diözese Cahors ...»[25] Die königliche Polizei war nur auf königlichem Gebiet tätig. Der Herzog der Bretagne wachte über seine Vorrechte. Jedenfalls ist mangels Archivmaterial nicht klar, was mit den in der Bretagne verhafteten Templern geschah; dass es welche gab, ist unstrittig.[26] In Burgund wurde Étienne de Dijon, ein 72-jähriger Priester des Hauses von Dijon, von den Männern des Herzogs von Burgund verhaftet.[27] Am 9. November 1307 schrieb Jean, Herzog von Brabant, an den französischen König:

> Hochverehrte Herren, wir teilen Eurer Hoheit mit, dass wir wohl verstanden haben, was Ihr uns aufgetragen habt in der Sache der Templer. Wir antworten Eurer Hoheit, dass wir die Templer, die sich auf unserem Boden befinden, festgenommen haben und sie gefangen halten, ihre Güter haben wir eingezogen, genau wie Ihr uns befohlen habt.[28]

Erwähnen wir noch zum Schluss das Beispiel einer Verhaftung, bei der Gewalt im Spiel war: In Arras stürmten die mit der Festnahme beauftragten Sergeanten das Haus der Templer und erdrosselten die Hälfte der Ordensbrüder; wer ihrem Furor entkommen konnte, wurde in Arras eingekerkert.[29] Waren die Schergen etwa auf Widerstand gestoßen?

13. Oktober 1307. Gefangen im Tempel von Paris

Die Templer wurden noch am Tag ihrer Festnahme inhaftiert. So wurden auch die dreizehn Templer der Diözese Caen verhaftet, nachdem sie aufgefordert worden waren, den Bestand ihrer Häuser zu inventarisieren, und in die königliche Burg von Caen gesperrt. Fünf Templer des Hauses von Saint-Etienne de Renneville, die Pierre de Hangest, der Bailli von Rouen, festgenommen hatte, wurden in das Gefängnis in Pont-de-l'Arche verbracht, wo dann Bruder Thomas vom Haus von Sainte-Vaubourg dazu kam. Der Komtur dieses Hauses, Philippe Agate, vormals Komtur von Renneville, wurde ins benachbarte Gefängnis von La Roche-d'Orival verlegt.[30] Als Knappe war er im Jahr 1281 in den Orden eingetreten; dort spielte er eine wichtige Rolle, und im weiteren Verlauf des Prozesses war er stets an der Seite der kleinen Gruppe der Würdenträger des Ordens. War das vielleicht der Grund, warum er in La Roche-d'Orival getrennt von den übrigen Templern der Ballei Rouen gefangen gehalten wurde?

In der Île-de-France wurden die gefangenen Templer großenteils im Tempel von Paris zusammengelegt. Dort, so heißt es, nahm am frühen Morgen des 13. Oktober Guillaume de Nogaret persönlich die Verhaftung des Großmeisters und der übrigen anwesenden Templer vor.[31] Jacques de Molay befand sich seit wenigen Tagen in Paris; er hatte Poitiers verlassen, um am 12. Oktober bei den Feierlichkeiten anlässlich der Bestattung von Katharina von Courtenay zugegen zu sein. Er logierte demnach im Tempel.

Die Gefangenen wurden aber auch noch an anderen Orten untergebracht, zum Beispiel in Pariser Patrizierhäusern, wie aus einem wertvollen Dokument hervorgeht, das drei oder vier Monate nach der Verhaftung verfasst wurde.[32] Im Januar/Februar 1308 beschlossen die königlichen Behörden, alle in Paris gefangenen Templer bis auf hundert, die im Tempel verblieben, auf andere Stellen zu verteilen. Ich werde noch auf die Aspekte dieses Dokuments zurückkommen, welche die Verlegung und ihre Motive behandeln, zunächst nur so viel: Die Verlegungen verliefen in beiden Richtungen. Einerseits wurden Häftlinge aus dem Tempel an andere Orte außerhalb von Paris verlegt, andererseits wurden Templer, die in Paris, aber nicht im Tempel gefangen gehalten wurden, eben dorthin gebracht.

So verbrachte am 5. Februar 1308 «Monseigneur H. de la Selle alle Templer, die in den Häusern von Barbel [Barbeau] und Pruylli [Preuilly] waren, achtundfünfzig an der Zahl, in den Tempel von Paris». Leider erfahren wir die Namen dieser Templer nicht. Die genannten Häuser sind beides Patrizierhäuser, Letzteres war wohl der Sitz des Abbé von Preuilly (eine Zisterzienserabtei in der Diözese Meaux, nahe Provins). Und am 12. Februar 1308 «wurden alle Templer, die im Bischofspalais in Châlons gefangen waren, in den Tempel von Paris überführt». Sechs Sergeanten bewachten die Templer im Hôtel von Preuilly, zwölf die im Hôtel von Barbeau und weitere zwölf die im Bischofspalais von Châlons.

Indirekt bekommen wir hier Hinweise auf die Dauer der Haft und auf die dadurch verursachten Kosten. Die Sergeanten erhalten

10 *deniers tournois* (in Tours geprägte Münzen) pro Tag, die Wachmannschaften im Hôtel von Barbeau werden für 88, die im Hôtel von Preuilly für 69 Tage bezahlt; wenn man den 4. Februar, den Vorabend der Verlegung, als letzten «Arbeitstag» der Bewacher annimmt, so entspricht das dem Zeitraum vom 9. November bis zum 4. Februar für die Ersteren, vom 28. November bis zum 4. Februar für die Letzteren. In diesem Fall wären sie nicht in Paris, sondern in anderen Templerhäusern der Île-de-France verhaftet worden, von wo sie eben am 9. beziehungsweise am 28. November nach Paris gebracht worden wären. Da ihre Namen nicht genannt werden, ist unklar, ob sie zu den 138 Templern gehören, die zwischen dem 19. Oktober und dem 24. November im Tempel von Paris vernommen wurden.

Auf jeden Fall zeigt das Dokument, dass im fraglichen Zeitraum in Paris mehr Templer eingekerkert waren als verhört wurden (zumindest nach der Anzahl der vorhandenen Verhörprotokolle zu schließen): Es gibt 235, nicht berücksichtigt sind dabei diejenigen, die im Bischofspalais in Châlons eingesperrt sind, von denen 137 namentlich genannt werden. Unter den Erstgenannten gehören 58 (oder 59) zu den 138 Templern, die verhört wurden und deren Namen in den Aufzeichnungen genannt sind. Daraus folgt, dass mindestens 97 in Paris inhaftierte Ordensbrüder entweder nicht verhört oder in keinem Protokoll vermerkt wurden (also 235–138); und weiter, dass 78 (oder 79) vernommene Templer nicht bei den 137 verhafteten, nicht namentlich genannten Templern auftauchen (137–58/59), also doch auch zu den 98 nicht genannten gehören können.

Die Verhörprotokolle der Sénéschaussée von Beaucaire und Nîmes betreffen 66 Templer, die in Aiges-Mortes (45), Nîmes (15) und Alès (6) inhaftiert sind.[33]

In manchen Protokollen tauchen noch weitere Orte auf: Gisors, wo Gillet de *Encreyo* eingesperrt war; Montreuil-sur-Mer (Jean de Pollencourt, Gilles de Rotangi und mehrere andere); Sens (Jean de Couchy [*Cochiaco*], Laurent de Beaune, Simon de Corbone, Gaubert de Silhi, Simon de Lyons en Santerre [*Lechuno in Sanguine Terra*]; Montargis (Pierre de Loison); Mâcon (Guillaume La Gayte, Geoffroy de Montchausit); Niort (Humbert du Puits, Mathieu de l'Étang); Saint-Jean-d'Angély (Guillaume Chandelier, Pierre de Montignac); Saintes (Hugues Raynaud); Tours (Guillaume de Plessis [*Plexeyo*]).[34]

Jean Quentin gibt an, in der Abtei von Povomaco inhaftiert und in Sens verhört worden zu sein; dabei könnte es sich um die Abtei von Pontigny handeln.[35] Sechs Templer kommen am 9. März 1311 aus dem Gefängnis von La Rochelle zum Verhör nach Paris; es ist allerdings nicht sicher, ob sie dort seit ihrer Festnahme im Oktober 1307 auch inhaftiert waren.[36] Dasselbe gilt auch für einige oben aufgeführte Orte (La Rochelle, Saintes), denn sicherlich gab es Verlegungen und Umverteilungen, wie für die Île-de-France nachgewiesen ist. Auch die Burgen von Najac in der Rouergue und von Domme im Périgord dienten als Gefängnisse für die Templer aus dem Süden. Es gab natürlich noch viele andere, war doch das Netz der Templerhäuser in manchen Regionen außerordentlich dicht: in der Picardie, der Champagne, in Burgund, in der Auvergne, im Poitou-Aquitaine. Doch das Quellenmaterial ist lückenhaft, und gesicherte Namen haben wir nicht.

Der Schatzmeister des Pariser Templerhauses (bis zu diesem Zeitpunkt zugleich Schatzmeister des Königs) wurde in Rouen verhaftet, wo er sich in königlichem Auftrag aufhielt, und offenbar noch am gleichen Tag in den Tempel von Paris verbracht.[37] Hugues de Pairaud, der Visitator des Ordens, wurde in Poitiers verhaftet, dann zunächst auf die Burg von Loches und von dort nach Paris gebracht.[38] Zweifellos gab es für die Gefangenen Zwischenstationen wie zum Beispiel Loches: Geoffroy de Tathan wurde in der Nähe von L'Île-Bouchard festgenommen und anschließend ins Gefängnis von Loudun und von dort nach Chinon verlegt, wo er vom Bailli der Touraine vernommen wurde.[39]

Die gut geölte Maschinerie der königlichen Verwaltung funktionierte freilich nicht immer: Der Ordensritter Giraud Béraud aus der Diözese Limoges wurde nach seiner Festnahme mit gefesselten Händen auf einem Wagen von Ort zu Ort gekarrt.[40]

Auf der Flucht

Wie viele Templer haben sich der Verhaftung entzogen? Nur wenige, heißt es. Das darf bezweifelt werden. Ein Schriftstück aus der königlichen Kanzlei vermerkt «die Namen der Brüder, die entflohen sind».[41] Aufgeführt sind die burgundischen Ordensbrüder Richard de Moncler und Clairembaud de Conflans, beide «zurückgekehrt nach Deutschland und in die Grafschaft Montbéliard [Mömpelgard]»; Renaud de la Folie, Guillaume de Lins (oder Lurs), Komtur von Villemoison (im Département Yonne),[42] und Hugues de Chalon, Komtur von Épailly. Außerdem genannt werden Hugues Daray, Bruder Baraus, Komtur von Puy,[43] Geraudon, «Sohn des Monseigneur Geraud de Châteauneuf, flüchtig nach Grusignan in der Grafschaft Veneci»,[44] Adam de Valencourt,[45] Pierre de Bouche (oder Boucli), «der nach Deutschland geflohen ist».[46] Noch zwei weitere bedeutende Würdenträger des Ordens waren entkommen: Humbert Blanc, Komtur der Auvergne, der zum Zeitpunkt der Verhaftungen in England weilte (wo er später festgenommen wird), und Gérard de Villiers, der Meister von Frankreich, der mit vierzig bewaffneten Ordensbrüdern floh.

Zwölf Namen, zu denen die vierzig anonymen Brüder kommen, die mit ihrem Meister Frankreich verlassen hatten.

Eine Nachlese in den während des Prozesses gemachten Angaben ergibt 22 weitere Namen (vgl. Tafel 1). Insgesamt sind also 34 namentlich genannte Templer der Verhaftung entgangen. Acht wurden allerdings doch gefasst: Renaud de la Folie, Humbert Blanc, Adam de Vallencourt, Pierre de Bouche oder Boucli, Renaud Beaupoil, Jean de Chali, Pierre de Modies und Pierre de Sornay.

Am besten dokumentiert sind die Fälle von Pierre de Sornay und Renaud de la Folie. Ersterer, der am 22. November 1309 von der päpstlichen Untersuchungskommission vernommen wurde, war drei Monate vor der Verhaftung in den Orden aufgenommen worden und fünfzehn Tage davor geflohen. Wie wir sehen werden, wurde er kurz vor seiner Vernehmung am 22. November aufgegriffen.[47] Renaud de la Folie ereilt dieses Schicksal erst 1312, nach dem Konzil von Vienne, unter Umständen, die später noch zur Sprache kommen werden.[48]

Nicht allen ist also die Flucht geglückt; erfolgreich waren die, die in ihr Heimatland (ihren «Zufluchtsort») in Grenznähe zum Königreich gelangen konnten. Ihnen kam die Hilfe von Verwandten oder Freunden zugute: Hervorzuheben wären hier die Beziehungen zwischen Pierre de Modies, Foulques de Milly und Hugues de Chalon und der Umstand, dass Jean de Milly zusammen mit Pierre de Modies flüchtete. Malcolm Barber vermutet eine konzertierte Aktion.[49]

Fraglos gab es noch zahlreiche weitere Flüchtige, viele Templer tauchten unter, wie die Dokumente bezeugen, die sich auf die Vorladung der Templer der Diözese Clermont im Mai/Juni 1309 beziehen: Am 28. Mai wurden die Brüder, die geflohen waren, sich versteckt hatten oder einfach abwesend waren, aufgefordert, sich zu stellen.[50]

Tafel 1

Flüchtige Templer, die in den Vernehmungen erwähnt werden

Guy d'Arzac	M. II, 123, 222
Jean Atger	M. II, 147
Renaud Beaupoil	M. II, 267*
Bertrand, aus *Belda* im Périgord	M. II, 180**
Bernard de Bort	M. II, 159
Humbert de *Cayneyo*	M. I, 575, 628
Jean de Chali	M. II, 263***
Humbert de Charnier	M. II, 241
Robert de Charnier	M. II, 241
Renaud de Dompierre	M. II, 32–34
Guillaume Gatz	M. I, 509
Aymeri George	M. II, 143–146
Déodat Hugo	M. II, 157
Pierre de Lagny	M. I, 362; M. II, 1
Hugues de *Lata Petra* (de la Depère)	M. II, 179
Gérard de Laon	M. I, 250
Foulques de Milly	M. II, 266****
Pierre de Modies	M. II, 266*****
Pierre de Sornay	M. I, 30
Humbert Valhant	M. II, 114

Dazu kommen zwei Templer, die laut Jean de Chali nicht verhaftet wurden und auch nicht geflüchtet waren: Janserandus, Priester und Gemeindepfarrer von Bure, und Hugues de Frey, Knappe, von denen der Zeuge annimmt, dass «sie am Leben und nicht verhaftet worden sind» (M. II, 264).

* Versteckte sich nach der Verhaftung der anderen im lothringischen Haus von Villencourt.

** Floh aus dem Gefängnis.

*** Entkam bei der Festnahme der anderen Brüder, wurde aber laut Pierre de Modies ein Jahr danach ergriffen.

**** Foulques de Milly entkam während der Verhaftung der Mitbrüder.

***** Pierre de Modies wird zusammen mit Johannes de Chali ein Jahr danach verhaftet; er war beim Zugriff auf die anderen geflohen.

Die Würdenträger des Ordens, die sich absetzen konnten, hatten unterschiedliche Schicksale. Humbert Blanc hatte anscheinend nicht vorgehabt zu fliehen, als er nach England reiste; dort wurde er verhaftet. Gérard de Villiers, der mit vierzig bewaffneten Brüdern aufgebrochen war, hatte etwas läuten hören und seine Flucht rechtzeitig geplant. Die *Fantasy History* griff seinen Fall auf und konnte sich dabei auf die Aussage des Templers Jean aus der Stadt Châlons(-en-Champagne) berufen, der gehört hatte, Gérard de Villiers sei mit fünfzig Pferden auf 18 Schiffen in See gestochen.[51] Das ist schon eine ganze Menge. Der Zeuge gab an, dass sich der Flüchtige in Genua aufgehalten habe, wo er angeblich im Sommer 1308 versuchte, eine Flottenexpedition zur Befreiung der Templer des Königreiches Zypern auf die Beine zu stellen, doch in der Chronik von Amadi, die zum Beweis dieser Behauptung bemüht wird, steht nichts dergleichen.[52] Aus der Liste der Flüchtigen, erstellt von der königlichen Kanzlei, geht weiterhin hervor, dass Hugues de Chalon (sur-Saône), der Neffe von Gérard de Villiers, gemeinsam mit Richard de Moncler (ebenfalls flüchtig) und ihren Komplizen der Templersekte die Ermordung des Königs geplant hätten.[53] Wo? Wann? Und wie? Das werden wir wohl nie wissen. Über Hugues de Chalon erfahren wir schließlich auch noch – durch ebendiesen Jean aus der Stadt Châlons –, dass er auf seiner Flucht angeblich den Schatz von Hugues de Pairaud mitnahm. Auch hier herrscht Irrtum und Verwirrung: Einen Schatz von Hugues de Pairaud gibt es wohl, aber Hugues de Chalon hat damit nichts zu tun.

Bevor wir darauf näher eingehen, hören wir ein letztes Mal unseren Gewährsmann Jean aus der Stadt Châlons, der etwas höchst Interessantes mitteilt: «Die Mächtigen des Ordens, die die sich ankündigende Verwirrung kommen sahen, sind geflohen.» Dies sagt er unmittelbar bevor er Gérard de Villiers und Hugues de Chalon erwähnt. Wenn Letzterer mit dem Schatz von Hugues de Pairaud geflohen ist, dann, so will unser Zeuge andeuten, hat der Großvisitator von Frankreich etwas geahnt und es seinem Neffen überlassen, zu retten, was noch zu retten war. In der Tat versuchte Hugues de Pairaud, einen Schatz in Sicherheit zu bringen, doch der war höchst bescheiden, wie man im Schlusskapitel dieses Buches sehen wird.[54]

Wenn Hugues de Pairaud etwas ahnte, dann auch Jacques de Molay; darauf komme ich ausführlich in einem der folgenden Kapitel zu sprechen und werde insbesondere die Frage erörtern, ob der Großmeister der Falle hätte entrinnen können.[55] Sicher konnte sich keiner der beiden vorstellen, mit welcher Brutalität der Souverän vorgehen würde.

Die vom König ausgehende Bedrohung, die im Sommer 1307 über dem Templerorden schwebte, wurde von der Führungsspitze der Templer ziemlich klar erkannt. Jacques de Molays Forderung nach einer Untersuchung hängt damit zusammen. Dies erklärt auch die verschiedenen Initiativen wie etwa den Versuch Hugues de Pairauds, seinen Schatz zu verbergen, oder die Vorbereitungen von Gérard de Villiers und Hugues de Chalon zur Flucht (denn die erfolgte am Morgen des 13. Oktober 1307 keineswegs spontan) oder die Haltung von Jacques de Molay, der sich ganz und gar im Recht fühlte, als er sich nach Paris geradewegs in die Höhle des Löwen begab. Dagegen war die Art, wie die Bedrohung am Morgen des 13. Oktober Wirklichkeit wurde, für die Templer und den Papst, ihren natürlichen Beschützer, eine böse Überraschung.

3
DER KÖNIG UND DIE INQUISITION (OKTOBER–NOVEMBER 1307)

In den Augen des Königs lag die «Ketzerei der Templer» klar auf der Hand, da gab es nichts zu beweisen, die Templer sollten schlicht und einfach ihre Verbrechen gestehen. Und alles musste schnell über die Bühne gehen und zur Aufhebung des Ordens führen. Die Mittel, die das Inquisitionsverfahren seit ungefähr 1230 zur Verfolgung der Ketzerei bot, wurden unmittelbar nach der Verhaftung angewendet, und zwar in erster Linie die Folter.

Die Anweisungen, die den Baillis und den Seneschallen gesandt und an die Stellen weitergeleitet wurden, welche die Verhaftungen vorzunehmen hatten, forderten dazu auf, die Templer noch am gleichen Tag einer ersten Vernehmung zu unterziehen, um sie anschließend der Inquisition zu übergeben. Kein einziges Dokument aus den Archiven gibt Aufschluss über etwas, das man heute als «Untersuchungshaft» bezeichnen würde und das gekennzeichnet ist durch Drohungen, Pressionen und Folter.

Troyes (15. und 18. Oktober 1307)

Die ersten Verhöre, von denen wir wissen, finden in Troyes statt: Drei Templer, Jean de Genèfle, Nicolas de Serre und Raoul de Gizy, werden am 15. und 18. Oktober vorgeführt.[1] Am 15., dem Sonntag nach Saint-Denis, werden die beiden ersten in Isle-Aumont in der Nähe von Troyes von Jean de L'Isle vernommen, dem Prior des Dominikanerklosters von Troyes, der von Guillaume de Paris, dem Großinquisitor von Frankreich, beauftragt war. Jean de Genèfle stammt aus der Diözese Liège (Lüttich), Nicolas de Serre aus der Diözese Troyes; Jean de Genèfle wurde in Serre-les-Monceaux verhaftet, Nicolas de Serre in Villiers-les-Verrières, beides Templerhäuser der Diözese Troyes. Sie gestehen, Christus verleugnet und auf das Kreuz gespien zu haben, obszöne Küsse gegeben und bekommen sowie den Rat erhalten zu haben, sich fleischlich mit anderen Ordensbrüdern zu vereinigen, falls man sie dazu aufforderte. Beide waren von Raoul de Gizy in den Orden aufgenommen worden, Nicolas de Serre erst vier Monate zuvor. Die Vernehmung findet im Beisein eines zweiten Dominikanerbruders und zehn weiterer Männer statt; einer von ihnen ist Guy de Villars-Montroyer, Ritter des Königs und früherer Bailli von Chaumont. Auf Geheiß des Bailli Pierre de Juneau hat er die Aufsicht in allen Belangen, die mit den Verhaftungen in der Ballei Troyes zu tun haben.

Drei Tage danach werden die beiden Templer erneut vorgeführt, diesmal dem Bailli von Troyes im Hôtel du Petit Boulancourt, das den Zisterziensern der Abtei von Boulancourt gehört. Das Protokoll vermerkt in denselben Worten, doch in leicht verkürzter Form, ihre Geständnisse vom 15. Oktober. Am gleichen Tag verhört der Inquisitor, ebenfalls in Troyes, jedoch auf der Burg, den Ordensbruder Raoul de Gizy, der dieselben Verbrechen gesteht wie die beiden anderen. Anwesend sind außerdem drei Dominikanerbrüder sowie Guy de Villars-Montroyer und sein Kanzlist.

Warum drei Verhöre stattfanden, bleibt unklar. Einerseits gab es genügend andere Templer, die in der Ballei Troyes verhaftet und an Ort und Stelle vernommen wurden: Lambert de Cormelles sagt am 5. März 1311 vor der päpstlichen Kommission aus, dass er vom Prior des Dominikanerklosters von Troyes (nämlich Jean de l'Isle) im Auftrag von Guillaume de Paris, dem Großinquisitor von Frankreich, verhört worden sei;[2] doch von einem Protokoll fehlt jede Spur. Andererseits werden diese drei Templer in den darauffolgenden Tagen nach Paris verlegt, wo sie erneut den Inquisitoren vorgeführt werden, und bei dieser Gelegenheit kommt zudem Jean de l'Isle nach Paris und nimmt an den Sitzungen teil. Beide Male, in Troyes und in Paris, stellen die Inquisitoren die gleichen Fragen; wozu diese Wiederholung? Bemerkenswert sind die Beziehungen der drei Männer untereinander: Raoul de Gizy hat die beiden anderen in den Orden aufgenommen und ist kein x-beliebiger Templer. Von ihm ein rasches Geständnis zu erwirken, konnte sich für die weiteren Verfahren als interessant erweisen. Halten wir jedenfalls fest, dass weder Jean de Tour, der in Rouen verhaftete Schatzmeister des Tempels von Paris, noch Hugues de Pairaud, der in Poitiers festgenommene Visitator, einem Verhör vor Ort unterzogen wurde – zumindest soweit belegt ist. Und das Verhör in Paris erfolgt ziemlich spät, nämlich erst im Lauf des Monats November. Folglich muss diese Frage offenbleiben.

Außer den Verhörprotokollen von Troyes sind die folgenden bekannt:

Ort	Anzahl der Templer	Datum
Pont-de-l'Arche und Roche-d'Orival	7	18. Oktober
Paris	138	19. Oktober–24. November
Caen[3]	13	28.–29. Oktober
Cahors	44	31. Oktober–27. November
Idem	7	2.–3. Januar
Carcassonne	7	8.–13. November
Aigues-Mortes	43/45[4]	8.–11. November
Nîmes	15	16. November
Bigorre	6	21. Dezember

Dazu kommen noch zwei deutsche Templer, die auf dem Weg in ihre Heimat verhaftet und in Chaumont verhört werden, bevor man sie wieder auf freien Fuß setzt.[5]

Paris (19. Oktober – 24. November 1307)

138 Templer wurden in Paris von Inquisitoren vernommen, wobei nur ganz selten ein Vertreter des Königs zugegen war. Die Kommission tagte im Tempel von Paris, außer am 23. Oktober, als sie ins Dominikanerkloster umzog; die Sitzung fand im Zimmer des Großinquisitors von Frankreich statt, der Dominikaner war.[6] Er führte persönlich den Vorsitz vom 19. bis 27. Oktober, dann am 7., 10. und

17. November. War er abwesend, übertrug er die Leitung der Ermittlungen zumeist (vierzehnmal) Nicolas d'Ennezat, doch bisweilen auch Guillaume de Sainte-Euverce, dem Prior des Pariser Dominikanerklosters, oder Durand de Saint-Pourçain oder Laurent de Nantes, allesamt Dominikaner. Vier oder fünf weitere Personen und Schreiber assistierten dem Vorsitzenden, beinahe alle waren Dominikaner des Pariser Klosters. Insgesamt nahmen 32 Brüder dieses Ordens an mindestens einer, sieben an mindestens drei Sitzungen teil. Die allermeisten kamen aus dem Pariser Kloster oder waren Klosterschüler. Jean de l'Isle, Prior des Klosters von Troyes, war zweimal zusammen mit Felix de Fayo, einem anderen Ordensbruder, anwesend. Mindestens einmal waren sieben Augustiner (ein anderer Bettelorden) und fünf Geistliche *(chanoines)* dabei, darunter Renaud d'Aubigny, Chorherr aus Bourges, der an sieben Sitzungen teilnahm. Guillaume de Choques, ein Pariser Bürger aus der Entourage des Königs, war bei zehn Vernehmungen anwesend; Hugues de la Celle, Lehnsmann *(chevalier)* des Königs, war bei drei, zwei Beamte des Königs waren je einmal bei Vernehmungen zugegen (Renaud de Royat, Schatzmeister, und Simon de Montigny, Bailli von Orléans). Die Verhöre der «Stars» des Tempels riefen die «Crème» des Dominikanerordens auf den Plan. Beim Verhör von Geoffroy de Gonneville, Meister von Aquitanien, waren Guillaume de Paris, Nicolas d'Ennezat, Laurent de Nantes und Durand de Saint-Pourçain anwesend.[7]

Die Chorherren und die Brüder des Augustinerordens nahmen an den ersten Verhören nicht teil. Kein einziger Minoritenbruder (Franziskaner) war an den Sitzungen beteiligt. Die «Männer des Königs» fehlen fast vollständig, die einzige Ausnahme bildet Guillaume de Choques, der Pariser Bürger, der mit der Verwaltung der Besitzungen des Tempels befasst war.

Die Kommission tagte in diesem Zeitraum an 21 Tagen, einschließlich der Sonntage 22. Oktober, 12. und 19. November; in den Tagen um Allerheiligen, vom 27. Oktober abends bis zum 2. November morgens, wurden die Anhörungen unterbrochen. Die Anzahl der verhörten Templer schwankt zwischen einem (zweimal) und 21 (am Vorabend von Allerheiligen), doch ist der Grund für diese Schwankungen unklar. Bei zehn Sitzungen waren zwischen fünf und acht Templer zugegen, bei sieben anderen waren es vier und weniger, bei weiteren vier waren es über zehn. Die Aufzeichnungen der einzelnen Verhöre sind kurz; sie sind etwas ausführlicher bei denen der hochrangigen Templer wie Jacques de Molay, Hugues de Pairaud, Geoffroy de Gonneville, Raoul de Gizy etc. Die Ermittler hielten sich an die Vorgaben des Königs: Nach einer kurzen Anhörung zur Person (Name, Alter, Stellung, Ort und Tag der Aufnahme in den Orden, Zeugen) wird der Beschuldigte befragt zur Verleugnung Christi, zum Bespeien des Kreuzes, zu den obszönen Küssen und der Praxis der Sodomie sowie zum Götzendienst. Rainier de Larchant und Guillaume d'Herblay geben an, einen Götzen in Gestalt eines Kopfes gesehen zu haben;[8] Raoul de Gizy, der bei seiner ersten Vernehmung in Troyes davon nicht gesprochen hatte, räumt dieses Mal ein, ihn gesehen zu haben.[9]

134 Templer haben alle diese Verbrechen oder zumindest einen Teil davon gestanden, und zu diesen gehörten sämtliche Würdenträger des Ordens. Nur vier Angeklagte haben nichts zugegeben: Jean de Châteauvillars, Henri de Harcigny, Jean (genannt Jean de Paris) und Lambert de Thoisy. Ihre Protokolle sind auffallend kurz: Da sie nichts gestanden haben, sind sie nicht von Interesse. Sind sie vor der Befragung gefoltert worden und haben der Folter widerstanden? Das ist am wahrscheinlichsten. Im Übrigen wurde ihnen nicht wie allen anderen die Frage gestellt: Sind sie der «peinlichen Befragung» *(tourments)* unterzogen worden, damit sie die Wahrheit sagten?

Jean de Châteauvillars, 30 Jahre alt, war 1303 in Mormant in der Diözese Langres in den Orden aufgenommen worden.[10] Er taucht, anders als die drei anderen, in den weiteren diversen Verfahren der Jahre 1311–1312 nicht mehr auf.

Henri de Harcigny, 40 Jahre alt, stammte aus der Diözese Laon und war erst am 2. Februar 1307 in Seraincourt aufgenommen worden;[11] er ist auch bekannt unter anderen Namen und mit anderer Schreibweise: Li Abès, Antinhi, Archeim, Hintengentis etc. Am 10. Februar 1310 trat er als Verteidiger des Ordens auf, und seine Spur lässt sich bis ins Jahr 1312 verfolgen, wie wir noch sehen werden.

Jean genannt de Paris, Sohn einer gewissen Isabelle d'Orléans, war bei seiner Aufnahme am 29. Juni 1299 während eines Generalkapitels 24 Jahre alt;[12] er wurde zusammen mit Henri de Harcigny inhaftiert und erschien mit ihm in Paris, um den Orden am 10. Februar 1310 zu verteidigen – sie waren übrigens auch zusammen in Haft im Haus von Penne Vayrie. Danach verliert sich seine Spur.

Lambert de Thoisy, 40 Jahre alt, war 1294 in Uncey-le-Franc, Diözese Autun, in den Orden eingetreten; bei der Aufnahmezeremonie war sein Onkel Renaud de Thoisy, Templer seit 1286, anwesend. Am 5. Februar 1308 wurde er vom Pariser Tempel nach Conflans (wahrscheinlich handelt es sich um eine Residenz in der Nähe von Vincennes und eher nicht um den Ort Conflans-Sainte-Honorine am Zusammenfluss von Seine und Oise) und anschließend nach Montlhéry verlegt; von dort aus wurde er zur Vernehmung nach Paris gebracht und sagte am 10. Februar 1310 zugunsten des Ordens aus.[13] Über sein weiteres Schicksal wissen wir nichts.

Sind diese vier, die 1307 nichts gestanden haben, bei ihrer Verteidigung des Ordens geblieben? Von Jean de Châteauvillars ist darüber nichts bekannt; für Henri de Harcigny scheint es festzustehen; bei den beiden anderen ist es denkbar. Andere Ordensbrüder, die im Pariser Tempel oder anderswo eingesperrt waren und nicht verhört wurden oder von denen keine Protokolle überliefert sind, haben im Oktober und November in Paris zweifellos ein Geständnis verweigert. Thibaud de Plomion zum Beispiel, der im Januar 1312 in Senlis zusammen mit Henri de Harcigny in Haft war, sich aber nicht wie dieser schuldig bekannte, wurde im Tempel festgesetzt, jedoch nicht verhört; auch er trat 1310 zur Verteidigung des Ordens auf.[14] Möglicherweise wurde er nicht verhört, weil den Inquisitoren klar war (da die Folter nicht den erwünschten Erfolg gebracht hatte), dass sie kein Geständnis aus ihm herauspressen würden?

Diese vier vom Standpunkt der Anklage «negativen» Verhöre konnten die verheerende Wirkung der 134 anderen natürlich nicht wettmachen. Sicherlich musste aber auch die Gefahr vermieden werden, dass die Zahl der Verteidiger des Ordens anstieg, indem den Inquisitoren Männer vorgeführt wurden, die nach ihrer Verhaftung kein Geständnis unter der Folter abgelegt hatten. Dies könnte erklären, warum nicht alle in Paris inhaftierten Templer vernommen wurden.

Sénéchaussée Beaucaire und Nîmes (8.–15. November 1307)

In diesem Bezirk beauftragte der König seinen Lehnsmann Oudard de Maubuisson und Guillaume de Saint-Just, Generalleutnant des Seneschalls Bertrand Jourdain de l'Isle, mit der Durchführung der Untersuchungen. Guillaume hatte zusammen mit Hugues de la Celle, ebenfalls königlicher Lehnsmann, die Verhaftung der Templer in der Sénéchaussée vorgenommen.[15]

Die beiden Kommissare begeben sich zunächst nach Aigues-Mortes, wo 45 Templer gefangen gehalten werden. Den beiden zur Seite gestellt sind Pierre Jean, Notar des Königs in der Sénéchaussée, Barthélemy de Clusel, Richter in Aigues-Mortes, der Adlige Guillaume de *Limeriis,* Burgherr und Provinzvikar, Adam de Montreno, Lehnsmann des Königs und Provinzvikar von Bagnols, sowie Maître Mathieu de Mantina, Prokurator des Königs in der Sénéchaussée.[16] Nur Vertreter des Königs in diesem Bezirk, keine päpstlichen Inquisitoren – und das wird im Text ausdrücklich vermerkt.[17] Die viertägigen Verhöre finden vom 8. bis zum 11. November im Hôtel du clavaire royal von Aigues-Mortes statt.[18] Zu den oben erwähnten Kommissaren, die Oudard de Maubuisson beigeordnet waren, kommen am 9. November außerdem der Untervikar von Nîmes, Pierre d'Auriac, und zwei Minoritenbrüder hinzu, am 11. des Monats Ritter Hugues de *Scosia,* Stellvertreter des Bailli von Velay, der dem Seneschall von Beaucaire unterstellt ist, in Villeneuve-de-Berg, sowie der Burgherr von *Mota.* Anwesend sind 44 Templer, nicht 45, aber nur 43 Zeugenaussagen werden aufgenommen. Der mit der Abfassung der Protokolle betraute Schreiber hat nur die erste Aussage ausführlich wiedergegeben, nämlich die von Bertrand Arnaud, bei den folgenden begnügte er sich mit dem Namen des Zeugen und ein paar Angaben zu ihrem *curriculum vitae*: dem Templerhaus, in dem er in den Orden aufgenommen worden war, seinem Amt, seinem Status. Die Angaben Bertrand Arnauds sind die Musterantworten, die nur ergänzt werden, wenn ein neuer Tatbestand vorliegt: Dies trifft auf neun Aussagen zu. Am 12. November sind die Vernehmungen abgeschlossen, und Oudard de Maubuisson versammelt alle examinierten Templer und fordert sie auf, ihre Erklärungen zu bestätigen, was sie dann auch einhellig tun; sie geloben, fernerhin fest im Glauben der heiligen Römischen Kirche zu bleiben. Ein Notar setzt eine Urkunde auf.

Daraufhin – noch immer im Hôtel du clavaire – beruft Oudard de Maubuisson Déodat Catalan und Pierre Fabre und lässt sich die «fünfundvierzig» Templer noch einmal vorführen. Déodat Catalan ist Prior, Pierre Fabre Lektor der Dominikaner in Nîmes, beide sind von Guillaume de Paris zu Inquisitoren in der Diözese Nîmes bestellt (der Bestallungsbrief des Großinquisitors von Frankreich ist dem Protokoll beigefügt). Die Aussagen der Templer werden in ihrer Muttersprache verlesen.[19] Sie bestätigen sie vor den Inquisitoren, die sie ermahnen und unter Androhung von Kirchenstrafen auffordern, innerhalb der nächsten acht Tage die Verfehlungen anzuzeigen, die sie zu gestehen versäumt hätten. Ein Mönch aus dem Kloster Psalmodi und zwei Minoritenbrüder vervollständigen die Zeugenliste in dieser neuen Urkunde.

Am 16. November begeben sich Oudard de Maubuisson und Guillaume de Saint-Just nach Nîmes, um die dort inhaftierten 15 Templer im königlichen Hôtel zu vernehmen. Die ersten acht, die alle zum Kloster Saint-Gilles gehören, werden noch am selben Tag in Gegenwart von Pierre Jean und Mathieu de Mantina vernommen, die bereits in Aigues-Mortes dabei waren, sowie von dem Juristen Guillaume de Romans und Jacques de *Mosderio*; besonders hervorzuheben ist die Anwesenheit von Pons *Plancuti*, einem Templer, der zuvor in Aigues-Mortes verhört worden war. Natürlich übernehmen alle umstandslos das Geständnis von Pons de Castelbon, der als Erster verhört wird. Da Guillaume de Saint-Just andernorts beschäftigt ist, wartet Oudard de Maubuisson auf seine Rückkehr, um die fünf übrigen Templer aus dem Kloster von Puy sowie die beiden aus dem Kloster Jalès zu verhören. Tags darauf, am 17. November, wiederholen die Kommissare des Königs das Zeremoniell von Aigues-Mortes, bestellen die 15 Templer und die Inquisitoren ein und tragen ihnen das Gleiche vor.[20]

Die sechs in Alès inhaftierten Templer werden aus uns unbekannten Gründen nicht verhört.

In Aigues-Mortes wie in Nîmes legten alle Templer das gleiche Geständnis ab: Verleugnung Christi, Bespeien des Kreuzes, obszöne Küsse, Sodomie (empfohlen, jedoch nicht praktiziert). Die Versammlungen hätten im Geheimen stattgefunden und die Brüder

Bändchen auf dem Hemd getragen, sie hatten jedoch nie von Götzenbildern gehört und demnach auch nie daran gedacht, dass ein solches mit den Bändchen in Berührung gekommen sei. Diese Angaben und die Tatsache, dass das Verfahren von Beginn an von den Leuten des Königs gesteuert wurde, machen die Hypothese von Barbara Frale über die mutmaßliche Rolle der Großinquisitoren des Südens – unter ihnen Bernard Gui, Inquisitor von Toulouse – bereits in den Anfängen des Prozesses im Languedoc hinfällig.[21] Es gab wohl Verhöre in Toulouse, aber sie hinterließen keine dokumentierten Spuren; ich gehe daher nicht auf Bernard Gui ein. Sowohl in Aigues-Mortes als auch in Nîmes sind die Inquisitoren nichts als Komparsen der königlichen Beamten.

Nîmes, Paris: Das war nicht die gleiche Situation. In Nîmes präsentierten die königlichen Beamten den Inquisitoren Templer, die vollständige Geständnisse abgelegt hatten; in Paris führten sie den Inquisitoren Templer vor, die man soweit gebracht hatte, dass sie Geständnisse ablegten. Der Unterschied ist nur ein formaler, kein inhaltlicher: In beiden Fällen wurde, wie man sehen wird, gefoltert.

Anderswo in Frankreich

In der Normandie sowie in anderen Regionen im Süden von Frankreich spielten sich die gleichen Szenen ab.

In Pont-de-l'Arche wurden am 18. Oktober sechs Templer aus Renneville von Pierre de Hangest, dem Bailli von Rouen, verhört. Außerdem anwesend waren fünf Ritter – der Sire d'Oisneval, Guillaume d'Oisneval, Jean de Tonneville, Raoul du Plessis und Guillaume de Houdetot –, dann noch der Vicomte de Pont-de-l'Arche, Jean Larchevêque, Kammerherr des Königs, und etliche andere. Thomas Quentin wird als erster vernommen und gesteht die Verleugnung Christi, das Bespeien, die obszönen Küsse und die Sodomie; er «glaubt, eine Schnur, die er über seinem Hemd hatte, sei um ein Bild gelegt worden, das man ihm zuvor gezeigt hatte. Die anderen sagen das gleiche aus». Noch am selben Tag begeben sich der Bailli, Robert d'Oisneval, Jean de Tonneville und Raoul du Plessis auf die Burg von La Roche-d'Orival, um dort Philippe Agate zu verhören, der das gleiche Geständnis ablegt. Kein Schreiber, kein Inquisitor wird erwähnt.[22]

In Caen findet das Verhör am 28. und 29. Oktober im Saal des kleinen Schlosses unter Leitung der Inquisitoren und der Kommissare des Königs statt. Der Subprior und der Lektor des Dominikanerklosters von Caen sind vom Großinquisitor Frankreichs beauftragt worden, die königlichen Kommissare sind Hugues de Châtel und Enguerrand de Villers. Zeugen, Schreiber und königliche Beamte, von denen acht namentlich genannt werden, sind ebenfalls zugegen. Die 13 in Caen festgesetzten Templer werden zu den Artikeln in den Anweisungen des Königs befragt. Drei Anläufe brauchen die königlichen Ermittler, um die gewünschten Geständnisse zu erwirken:

> Weil wir von den Templern nicht die Wahrheit über die Verfehlungen, die in den Artikeln aufgeführt sind, erfahren konnten, obwohl sie zweimal geschworen haben und von uns so sorgfältig wie möglich geprüft worden sind, haben wir, Subprior (etc.) jenen Templern, die alles geleugnet haben, gezeigt, wie sie ihre Seele retten könnten [...].[23]

Zwölf von ihnen ließen sich überzeugen und legten ein Geständnis ab, aber der letzte, Jean Pesnée, gestand erst unter der Folter, wie wir in diesem Kapitel noch sehen werden.

In Cahors erfolgten die Verhöre in zwei Etappen: 44 Templer wurden den Ermittlern zwischen dem 30. Oktober und dem 27. November, sieben weitere am 2. und 3. Januar 1308 vorgeführt. Beide Male tagte die Kommission im Haus von Raymond La Barda, dem Bailli des Königs in Cahors. Für die erste Gruppe nimmt der Subprior der Dominikaner von Cahors, Barthélemy de Gandeire, den Angeklagten den Schwur ab. Neben ihm sind außer drei weiteren Inquisitoren der Dominikaner der Seneschall des Quercy und des Périgord, Jean d'Arrabloy, sowie der bereits erwähnte Bailli von Cahors und der Prior von Montfaucon in der Diözese Périgueux zugegen.[24] An manchen Tagen nimmt auch der königliche Burgherr von Lauzerte oder ein Verwandter des Bailli, Pierre La Barda, an den Sitzungen teil.[25] Am 2. und 3. Januar leitet der Seneschall Jean d'Arrabloy das Verhör, ihm zur Seite stehen ein Beamter des Königs, Hugues Magon, der Vertreter des Seneschalls, Guillaume de Vassinhac, Prévôt von *Fagia* (Diözese Limoges), und Hugues Morel, Prior von Montfaucon; Inquisitoren sind keine anwesend.[26] Alle Angeklagten waren geständig.

Aus Carcassonne sind nur die Verhöre von sechs Templern bekannt, obwohl deutlich mehr Ordensbrüder inhaftiert waren: Die Gruppe der Templer, die 1310 aus Carcassonne kam, um den Orden zu verteidigen, zählte 28 Namen.[27] Am 8. November leiten auf der königlichen Festung von Carcassonne Jean de *Alneto*, der Seneschall von Carcassonne und Béziers (1305–1309), und zwei von Geoffroy d'Ablis, dem Inquisitor von Carcassonne, eingesetzte Dominikaner die Ermittlungen; ihnen beigeordnet sind vier Schreiber und Pierre Peytavin (oder Poitevin), der Stellvertreter des Seneschalls. Am 9., 12. und 13. November kommen noch weitere Personen hinzu: der Generalleutnant des Seneschalls Lambert de Thury, der Richter der Krone von Saulx Aimeri du Cros sowie der Burgherr von Cabaret Jean le Boc. Im Protokoll sind die Inquisitoren nur noch als Zeugen benannt. Die sechs Beschuldigten werden zu den üblichen Punkten befragt, doch überdies – und das macht ihre Aussagen außergewöhnlich – zu dem Götzen, den gesehen zu haben sie zugeben.[28]

Ein Vergleich dieser Verhöre mit denen von Paris und Nîmes lässt keine besonderen Charakteristika erkennen; stets sind den Vertretern des Königs Inquisitoren beigeordnet. Allein die Untersuchung von Renneville und Sainte-Vaubourg erfolgt ohne Inquisitoren, und darin ähnelt sie der von Nîmes. Sämtliche Templer außer den vieren von Paris haben ein Geständnis abgelegt; nur in Caen gab es Widerstand.

Die Ermittlungen von 1307 gab es nicht nur in Orten, wo Verhörprotokolle erhalten sind; die Templer, die 1310–1311 vor der päpstlichen Kommission aussagten, erwähnten noch etliche andere: In Amiens erklärt Baudouin de Saint-Just, kurz nach seiner Verhaftung und Folter von Dominikanern befragt worden zu sein.[29] In Troyes müssen, abgesehen von den allerersten Verhören zwischen dem 15. und dem 18. Oktober, noch weitere geführt worden sein, denn Lambert de Cormelles aus der Diözese Soissons versichert, er sei vom Prior der Dominikaner von Troyes (Jean de l'Isle) verhört worden.[30] Auch Mâcon ist zu erwähnen, wo Gérard de Passage vom Bailli der Folter unterzogen wurde, ebenso Sens, wo der Bailli

Gautier de Bure befragte.[31] Geoffroy de Thatan, der im Templerhaus von Molendines verhaftet und in Loudun eingesperrt worden war, verlegte man schließlich nach Chinon, wo er vom Bailli der Touraine vernommen wurde.[32] Jean de Janville, ein Lehnsmann des Königs und einer der beiden für die Bewachung der Templer in Nordfrankreich Verantwortlichen, sowie der Seneschall von Poitou verhörten Jean Bertaud in Saint-Maixent und Humbert du Puits im Kloster *Bovini* von Poitiers und unterzogen sie der Folter.[33] Dieselben Ermittler finden wir auch in Lusignan, wo sie die Geständnisse Humberts von Comborn, des Komturs der Komturei Paulhac im Limousin, im Beisein zweier Dominikaner aufnehmen. Zunächst legte der Zeuge ein spontanes Geständnis ab, dann widerrief er; nach der Folter bestätigt er seine anfänglichen Aussagen.[34] Bevor Adémar d'Esparre nach Poitiers gebracht wurde, um vor dem Papst auszusagen, war er in Toulouse von den Inquisitoren und (oder) den königlichen Beamten vernommen worden.[35] Zwei weitere Aussagen können keinem bestimmten Ort zugeordnet werden: Jean de Villiers-le-Duc wurde von Guillaume de Marcilly und Hugues de la Celle, Lehnsmännern der Krone, verhört und mehrfach der Folter unterzogen, Humbaud de la Boyssade aus der Diözese Limoges wurde von Dominikanern vernommen, vielleicht in Limoges.[36]

Die Folter

Die Historiker des Templerprozesses im 19. und 20. Jahrhundert hatten oft eine lockere Art, mit dem Thema der Folter umzugehen: Natürlich ist Folter etwas Unschönes, aber wir sind nun einmal im Mittelalter, da ist es normal. Und sie wunderten sich, dass der Widerstand der «heldenhaften Templer» unter der Folter so leicht zu brechen war! Die monumentale *Geschichte der Inquisition* von Henry C. Lea nimmt teilweise eine andere Sicht ein, doch man wird den Eindruck nicht los, dass die Templer, wären sie völlig unschuldig gewesen, dies laut und deutlich gesagt hätten.[37] Heute sehen wir die Dinge anders, und wir gehen ganz anders an den Prozess gegen die Templer heran.

Die Verhöre von Caen liefern wertvolle Informationen über die

Anwendung der Folter. Das Protokoll liegt, wie Sean L. Field gezeigt hat, in zwei teilweise deutlich voneinander verschiedenen Fassungen vor. Die von einem Notar aufgesetzte lateinische Version berichtet über drei Verhöre von dreizehn in der Burg von Caen inhaftierten Templern, die am Samstag, den 28., und Sonntag Morgen, den 29. Oktober, stattfanden. Es sind die Ritter des Königs, die das Verhör durchführen, während die anwesenden Dominikaner sich zurückhalten. Doch sie unterzeichnen alle gemeinsam mit dem Notar das Dokument. In dieser Fassung wird die Folter nicht erwähnt. In der französischen Version werden die drei Verhöre zusammengefasst, doch beschäftigt sie sich mit den Vorgängen vor der Verhaftung am 13. und dem Erscheinen vor den Kommissaren am 28. Oktober. Zweimal wurden die Templer von den Beamten des Königs befragt und haben geleugnet, obwohl ihnen vor Augen geführt wurde, welche Vorteile sie hätten, wenn sie ihre Irrtümer bekennen würden, was zahlreiche Templer vor allem in Paris, wo die Verhöre am 19. des Monats begonnen hatten, bereits getan hatten. Als ihre Argumente nichts fruchteten, bedrohten sie sie mit der Folter, was prompt Wirkung zeigte, denn als die dreizehn am 28. Oktober vor den versammelten Kommissaren erscheinen, gestehen sie. Alle außer einem, Jean Pesnée. Vor den Augen der Inquisitoren ordnen die königlichen Beamten an, ihn zu foltern: «An besagtem Samstag gefoltert, wollte er immer noch nichts bekennen. Tags darauf erneut verhört, bekannte er seine Irrtümer auf die gleiche Weise wie die anderen.» Nachdem er am 28. abends gefoltert worden war und man ihm angedroht hatte, erneut gefoltert zu werden, wenn er weiterhin leugnete, gab Jean auf. Kann man ihm das verdenken? Sagte er die Wahrheit, lieferte er sich seinen Henkern aus, wenn er log, das heißt, wenn er die Wahrheit der Henker anerkannte, rettete er seine Haut.

Warum die beiden Fassungen? Die erste, die lateinische, ist das amtliche Protokoll. Es wurde von einem Notar beglaubigt und ist daher eine öffentliche Verlautbarung, die im Laufe des Verfahrens zitiert werden kann. Was zählt, sind die Geständnisse und nicht die Art und Weise ihres Zustandekommens. Die französische Fassung wurde von den königlichen Beamten für den König und seine Räte erstellt als Beweis, dass seine Anweisungen, die den Haftbefehlen beigefügt waren, genauestens befolgt worden waren: Die Kommissare «werden die Wahrheit gewissenhaft und falls nötig mittels Folter erforschen ...»[38]

Die Anwendung der Folter bei der Verfolgung von Häretikern war seit der Bulle *Ad extirpanda*, mit der Papst Innozenz IV. am 15. Mai 1252 gegen die Ketzer wetterte, zugelassen. Sie war erlaubt *citra membri diminutionem et mortis periculum* (wenn Verstümmelung und Tod vermieden wurden). Papst Alexander bestätigte sie im Jahr 1259.[39] In der weltlichen Justiz war sie üblicher, was mit der Entwicklung des Inquisitionsverfahrens zusammenhängt, die auch die kirchliche Rechtsprechung berührte. Das Ermittlungsverfahren stellte das Geständnis *(confessio)* «an die erste Stelle in der Hierarchie der Beweismittel».[40] Doch war die Anwendung der Folter an strenge Bedingungen geknüpft: Gegen den Beklagten musste ein dringender Verdacht vorliegen, seine Schuld so gut wie feststehen; sie war nur anzuwenden bei Kapitalverbrechen, auf die eine Körperstrafe stand. Schließlich durfte nur maßvoll Gebrauch davon gemacht werden, und sie durfte keine bleibenden körperlichen Spuren hinterlassen (was die Anwendung von Feuer im Prinzip ausschloss).

In den Verfahren wegen Ketzerei musste sie unter Aufsicht der Inquisitoren selbst erfolgen. Im Templerprozess kam sie massiv zum Einsatz, in der üblichen Praxis blieb sie indessen die Ausnahme und war nicht repräsentativ, wie Jean-Marie Carbasse gezeigt hat.[41]

Philipp der Schöne war sich bewusst, dass er ein Risiko einging, als er die Templeraffäre lancierte. Er war zwar gedeckt durch die Inquisition, aber ohne die Unterstützung durch den Papst zählte das nichts. Der König musste also sehr bald die Geständnisse der Templer erwirken, um sein Vorgehen zu rechtfertigen und die Kritiker zum Schweigen zu bringen. Der im Haftbefehl erhobene «schwere Verdacht» war praktisch schon der Beweis ihrer Schuld, und die Anwendung der Folter zielte nur darauf ab, diese zu bestätigen.

In Paris verlangte man von den Templern anzuerkennen, dass ihr Geständnis ohne irgendeine Form von Druck zustande gekommen war: «Aufgefordert zu sagen, ob er aus Furcht vor der Folter oder dem Gefängnis oder etwas anderem die Unwahrheit gesagt oder Falsches in seine Aussage gemischt habe, verneinte er dies.» Das war aber nur reine Formsache, und es ist nicht einmal sicher, ob diese Frage überhaupt gestellt wurde: Die Beschuldigten haben die Protokolle weder gelesen noch unterzeichnet.[42] Mit derlei Vorsichtsmaßnahmen gab man sich in Caen nicht ab, wo die Protokolle eine realistische Sicht auf die Vorgänge erlauben.

Gegen den Einsatz der Folter wurde von den Templern dennoch Einspruch erhoben, aber erst später und nicht vor den Gerichten des Königs: Dies kommt 1308 vor dem Papst in Poitiers zur Sprache und 1310–1311 vor der päpstlichen Kommission in Paris. In der Aussage von Gillet de *Encreyo* (Ecci) vor den Inquisitoren am 10. November 1307 steht davon nichts, aber am 8. Mai 1310 sagt er vor den Kommissaren des Papstes aus, dass er kurz nach seiner Festnahme von den Inquisitoren verhört und der «peinlichen Befragung» unterzogen worden sei.[43] In etwa dreißig Aussagen zwischen 1310 und 1311 wird die Anwendung der Folter bezeugt. Von den 42 Templern, die 1308 vor dem Papst standen und von denen die Verhörprotokolle erhalten sind, sagten acht aus, gefoltert worden zu sein, und vier, sie hätten gestanden, um der Folter zu entgehen; drei weitere führen die harten Haftbedingungen an.[44] Guillaume de Limoges wurde nicht gefoltert, gibt aber an, dass einige seiner Freunde gefoltert wurden.[45]

Greifen wir zwei Fälle auf. Jean de Cugy erklärt, Pierre, der Komtur des Pariser Tempels, habe ihm acht Tage vor der Verhaftung befohlen, nichts auszusagen, doch er habe die Folter nicht ausgehalten und alles gestanden. Irrt sich der Zeuge im Datum, oder ist seine Aussage Beweis dafür, dass manche Templer schon vor dem 13. Oktober 1307 geflohen sind?[46] Itier de Rochefort wurde mehrfach gefoltert, obwohl er schon beim ersten Mal alles zugegeben hatte, doch seine Peiniger folterten ihn erneut, weil sie Geständnisse über Dinge erpressen wollten, von denen er gar nichts wusste, insbesondere über den Götzendienst.[47] Dies ist ein gutes Beispiel dafür, was die Ankläger anstrebten: Der Beklagte sollte nicht nur sagen, was er wusste, sondern auch das, was die Folterknechte hören wollten.

Manche Templer schwächten die Rolle der erlittenen Folter etwas ab: Déodat Jafet wurde gefoltert, legte aber kein Geständnis ab; erst danach gab er, nach göttlicher Erleuchtung, die Vorwürfe zu.[48]

Ich habe den Ritter Humbert de Comborn aus dem Limousin erwähnt, dessen Weg einigermaßen verschlungen ist: In Lusignan (Poitou) war er spontan ohne Folter geständig, bevor er widerrief.

Danach wird er der Folter unterworfen und kehrt zu seiner ersten Version zurück.[49]

Ziehen wir Bilanz: 1308 sprachen 15 (von 42) Templern gegenüber dem Papst von Folter; bestimmt dachten sie, bei ihm würden sie nichts riskieren, wenn sie die Fakten aufdeckten. 1310 trauen sich noch manche – vor und nach dem Gewaltstreich des Erzbischofs von Sens vom 11.–12. Mai 1310 – zu sagen, dass sie erst unter der Folter geständig waren: zwölf vor, 14 nach diesem Datum; dazu kommen noch 17 Templer aus Périgueux, die einhellig versichern, dass sie gefoltert wurden. Dieses Mittel scheint vor allem in zwei Phasen des Verfahrens angewandt worden zu sein: kurz nach der Verhaftung und vor den Vernehmungen im Herbst 1307 und dann, bevor die Beschuldigten den Bischöfen vorgeführt wurden – ein genaues Datum kann dafür nicht angegeben werden: 1308 oder 1309? War es 1309, stände es im Zusammenhang mit dem vom Papst in Poitiers angeordneten bischöflichen Verfahren gegen die einzelnen Personen.[50]

Neben den Berichten über die Folter liefern die Aufzeichnungen auch Informationen über Misshandlungen und die Haftbedingungen. Zahlreiche Brüder verbrachten lange Wochen in kalten Zellen bei Wasser und Brot, manchmal angekettet oder mit gefesselten Händen: Aymon de Barbone wurden die Arme so fest auf den Rücken gebunden, dass er blutete; Jean de Bar wurde dreimal gefoltert und zwölf Wochen auf Wasser und Brot gesetzt. Ähnliches widerfuhr Consoline de Saint-Joire, Raymond de Vassignac und Humbert du Puits.[51]

Einige Zeugen beschreiben nur in knappen Worten die erlittene Pein. Gérard de Passage wurden Gewichte an die Hoden und andere Körperteile gehängt, und er wurde beinahe erstickt; Bernard de *Vado* aus Toulouse hatte so viele Quälereien zu erdulden, darunter auch die «Bearbeitung» mit glühenden Kohlen, dass seine Fußsohlen verbrannt wurden und die Fersenknochen nach wenigen Tagen abfielen – zwei seiner Knochen hält er dem Kommissar hin; Aymon de Barbone wurde der Wasserfolter unterzogen.[52] Jean de Cormele schlug man vier Zähne aus, und Jean du Four war nach der Folter ein Jahr lang invalide.[53]

Laut Jean de Sacy sind 25 Templer unter der Folter und an den Martern gestorben, und Robert Vigier nennt drei Ordensbrüder aus seiner Bekanntschaft, die die Misshandlungen nicht überlebt haben.[54]

Die Fortsetzung der Chronik von Guillaume de Nangis gibt eine Art Zusammenfassung in Form einer Bilanz der Verhöre des Jahres 1307, nachdem die Geständnisse aufgeführt worden waren, die Jacques de Molay vor den Magistern der Universität bestätigte:

> Unter Tränen gestehen einige von sich aus einen Großteil oder die Gesamtheit der Verbrechen. Die einen gestehen die Wahrheit der Anschuldigungen, wie es schien, aus Reue, die anderen, weil sie der Folter und verschiedenen Martern unterzogen wurden oder weil man sie mit Drohungen erschreckt oder ihnen die Instrumente gezeigt hat; wieder andere, weil ihnen verlockende Versprechungen gemacht worden waren, andere wiederum, weil sie der Pein und dem Hunger in ihrem Gefängnis nicht widerstanden oder weil sie durch viele andere Mittel dazu gezwungen wurden. Doch eine große Anzahl leugnete alles, und mehrere, die vorher gestanden hatten, stritten bis zum Schluss alles wieder ab. Etliche kamen während der Folter um.[55]

Greifen wir diese allerletzten Bemerkungen auf. Zweifellos erklären sie, warum wir nicht alle Vernehmungsprotokolle der verhafteten Templer besitzen. Die Räte des Königs wollten Geständnisse, keinen Widerruf. Schenkt man jedoch dem Chronisten Glauben, so haben zahlreiche Brüder widerrufen, viele haben nicht gestanden oder hinterher ein Geständnis widerrufen. Das ändert die Sicht auf den Prozess gegen die Templer in Frankreich erheblich.

4
NOTRE-DAME DE PARIS (?),
24. ODER 26. DEZEMBER 1307

An dieser Stelle erhebt sich die Frage nach der Haltung des Großmeisters der Templer in den letzten Monaten des Jahres 1307. Dabei wird auch zur Sprache kommen, mit welcher Methode der König zu Werke ging und wie Clemens V. darauf reagierte.

Die Geständnisse von Jacques de Molay

Erinnern wir daran, dass Jacques de Molay im August 1307 den Papst aufgefordert hatte, eine Untersuchung anzuordnen. Wie andere Würdenträger des Tempels ahnte er von diesem Moment an, dass der König ein Komplott gegen den Orden plante. Aber ein Schlag wie der vom 13. Oktober überstieg dann doch das Vorstellungsvermögen. Als der Großmeister im Morgengrauen im Pariser Tempel festgenommen wurde, hatte er da die Möglichkeit zu fliehen, und wenn ja, die Absicht? Die Antwort findet sich in einem Brief vom November 1307, den ein anonymes Mitglied des päpstlichen Hofes in Poitiers, wahrscheinlich ein Templer, an den Komtur von Ascó in Aragón richtete; er zitiert einen anderen anonymen Informanten, einen Edelmann aus Paris. Laut dieser Auskunft aus zweiter oder dritter Hand soll der Meister «starke und sehr grobe Worte» mit dem König gewechselt haben, und seine Mithäftlinge sollen ihm geraten haben, zu fliehen: «Da Ihr, Herr, entfliehen könnt, sucht Rat bei dem Papst und den Kardinälen», worauf Jacques de Molay entgegnete:

> Dies ist nicht meine Absicht, denn wir alle wissen, dass uns Gerechtigkeit widerfahren wird. Daher sage ich euch, wenn ich in Deutschland, Spanien oder England wäre und wüsste, dass ihr anderen ergriffen worden wärt, käme ich zu euch und ginge mit euch ins Gefängnis. Es ist nicht gut, zu flüchten, da keiner von uns schuldig ist und unser Orden gut und ehrenhaft ist und wir alle Katholiken sind, die wie der Papst, die Kardinäle und alle Christen auf dieser Welt fest im Glauben stehen […].[1]

Weiter sagt der anonyme Berichterstatter, dass der König dem Meister einen Besuch abgestattet habe und es zu einem lebhaften Wortwechsel zwischen den beiden gekommen sei, weil Jacques de Molay den König daran erinnert habe, dass dies nicht der erste Versuch gewesen sei, er habe ja bereits Papst Bonifatius festnehmen lassen. Sicher sollte man die Glaubwürdigkeit dieser Informationen nicht überschätzen, sie aber auch nicht zur Gänze verwerfen. (Der fragliche Brief enthält Angaben, die verifiziert sind.) Es ist nicht auszuschließen, dass Jacques de Molay Verbindungen hätte nutzen können, die es ihm ermöglicht hätten, sich der Verhaftung zu entziehen. Nach seiner Gefangennahme ist das kaum mehr anzunehmen.[2] Denn selbst wenn die Isolierung von Gefangenen unter den damaligen Bedingungen nicht sehr rigoros gewesen zu sein scheint – was noch zu zeigen sein wird –, so war Jacques de Molay doch von den anderen festgenommenen Brüdern getrennt. Ein weiterer Brief vom Komtur von Miravet an den aragonesischen Templermeister vermeldet wichtige Nachrichten, von denen besagter Komtur Kenntnis erhalten hatte; sie stammen von einem glaubwürdigen Zeugen mit Namen Romeu de Bruguera, einem katalanischen Dominikaner und Doktor der Theologie an der Universität von Paris, der den Prior der Dominikaner von Barcelona informiert hatte.[3] Laut diesen Mitteilungen ließ der König alle Ordensbrüder im Tempel festsetzen, «und sie wurden voneinander getrennt. Und so wurde der Meister als Erster der peinlichen Befragung unterzogen und gestand in aller Öffentlichkeit in Gegenwart zahlreicher Prälaten und aller Magister und Rechtsgelehrten der Universität von Paris, dass es im Templerorden schon lange Brauch sei […]». Der Text bricht hier ab, aber sicherlich folgt die Aufzählung der Anschuldigungen gegen den Orden. Halten wir fest, dass diesem Text zufolge Jacques de Molay gefoltert wurde. Wir werden darauf noch zu sprechen kommen.

Am 24. Oktober tritt Jacques de Molay vor Guillaume de Paris und den anderen Inquisitoren auf.[4] Er ist 60, vielleicht 65 Jahre alt. Seit seiner Aufnahme in den Orden 42 Jahre zuvor, im Jahre 1265 in Beaune, hatte er eine lange, unauffällige Karriere im Orient gemacht: Vor seiner Wahl zum Templermeister in Zypern im Jahr 1292 ist sein Name nirgends ausdrücklich erwähnt.[5] Am 24. Oktober gesteht er, dass er bei seiner Aufnahme in den Orden Christus verleugnet und auf das Kreuz gespien habe; es sind die gleichen eingeschränkten Geständnisse, die alle Templer vorbringen werden: Verleugnet hat er nur mit dem Mund, nicht mit dem Herzen, gespien hat er neben das Kreuz. Ein Minimalgeständnis, aber es reichte aus, um den Orden zu diskreditieren. Für die Anklage war es entscheidend, vom Großmeister um jeden Preis ein Geständnis zu erhalten, auch wenn es Einschränkungen enthielt. Daher glaube ich, dass die vom Komtur von Miravet übermittelten Informationen von Romeu de Bruguera zutreffen: Der Großmeister wurde gefoltert, was die Anwendung anderer Druckmittel wie das Versprechen, ihm würde vergeben, wenn …, nicht ausschließt.

Die Berater des Königs verlieren keine Zeit, schon am nächsten Tag lassen sie den Meister sein Geständnis vor einer erlauchten Versammlung aus Klerikern und Doktoren der Universität von Paris bestätigen. Diese öffentliche Vorführung folgt auf zwei vorausgegangene Veranstaltungen der gleichen Art, die von Beginn der Affäre an von der königlichen Propaganda geschickt inszeniert sind.

Bereits am Tag nach der Verhaftung hatte Guillaume de Nogaret in Notre-Dame Theologen und Universitätsdoktoren einberufen, um die Festnahme der Templer zu rechtfertigen und die Hauptanklagepunkte darzulegen.[6] Am darauffolgenden Sonntag ließ der König in den Gärten seines Schlosses «in aller Öffentlichkeit in Gegenwart des Klerus und des Volkes aller Pariser Pfarrgemeinden alle Verbrechen verkünden, deren man sie bezichtigte».[7] Am 16. Oktober informierte er die europäischen Herrscher (den König von Aragón, den König von England usw.) in einem Schreiben über sein Vorgehen und forderte sie auf, in ihren Ländern ebenso zu verfahren. In seinem Brief an Jakob II. von Aragón erinnert ihn Philipp in knappen Worten an seine Begegnungen mit dem Papst in Lyon und Poitiers, an die Anfragen des Großinquisitors von Frankreich und die Gespräche, die er mit Räten, Geistlichen, den Universitätsdoktoren usw. geführt habe, bevor er seine Entscheidung traf.[8]

Zu diesem Zeitpunkt verfügten der König und seine Räte über kein einziges Geständnis, denn die Verhöre hatten noch gar nicht begonnen. Das ändert sich am 25. Oktober. An diesem Tag beruft Guillaume de Nogaret im Templerhaus von Paris eine in der Hauptsache aus Lehrern, Doktoren, Rechtsgelehrten und Studenten der Universität bestehende Versammlung ein: Theologen, aber auch Juristen. Guillaume de Paris, der Großinquisitor von Frankreich, führt den Vorsitz; er lässt Jacques de Molay, Gérard de Caus (Gauche), Guy Dauphin, Gaucher de Liancourt und Geoffroy de Charnay vorführen. Sie alle sind Tempelritter, und alle haben sie in den vorangegangenen Tagen ein Geständnis abgelegt. Er fordert sie auf, ihr Geständnis – *in lingua materna* – zu bestätigen. Geoffroy de Charnay hatte eine lange Karriere in Outremer hinter sich und das Amt eines Drapiers bekleidet, bevor er 1307 zum Meister der Ordensprovinz Normandie gewählt wurde. Gaucher de Liancourt hatte 24 Jahre in Outremer verbracht, 1292 war er Sous-Drapier gewesen und übte seither das Amt eines Komturs in Häusern und Balleien in Frankreich aus. Guy Dauphin und Gérard de Caus waren ziemlich bekannt innerhalb des Ordens. Letzterer stand Jacques de Molay im Juni 1307 in Poitiers zur Seite, wie ein Dokument des Großmeisters mit seiner Unterschrift bezeugt; er wird im Übrigen zusammen mit Jacques de Molay am 25. Januar 1308 nach Corbeil überführt werden, wovon noch am Ende des Kapitels die Rede sein wird.[9] An diesem 25. Oktober sind sie, neben Jacques de Molay, die profiliertesten Templer, die bis dahin ausgesagt und gestanden haben. Sie sind also, anders als man es manchmal behauptet hat, keine Nebendarsteller des Geschehens.[10]

Der Großmeister bestätigte also sein Geständnis und rief die Ursprünge und die Mission des Templerordens in Erinnerung, die diesem Ansehen und Ruhm eingetragen habe, bis ihn die «*inimici humani generis*» (die Feinde des Menschengeschlechts) zu den schrecklichen Verbrechen verleitet hätten, die der «*lucis actor* [der Lichtbringer], dem nichts verborgen bleibt», das heißt, der König von Frankreich, «zu Recht angeprangert» habe.[11] Tags darauf, am

26. Oktober, ließ man vor einer Versammlung, bei der noch mehr Weltgeistliche, Universitätsdoktoren, Theologen und andere, darunter der Großteil der am Prozess beteiligten Inquisitoren, anwesend waren, diejenigen Templer ihr Geständnis bestätigen, die neben Molay und den vier am Vortag Präsentierten bis zu diesem Zeitpunkt verhört worden waren. Vor dieser Sitzung waren am selben Tag Jean de Tour, Schatzmeister des Tempels von Paris, und Jean Le Moine de Cœuvres vor die Inquisitoren bestellt worden.[12] 37 Templer,[13] darunter der Großmeister und etliche Ritter, und alle hatten gestanden! Ein wahres Geschenk des Himmels für den König, der nichts Eiligeres zu tun hatte, als es zu verkünden, wie ein Brief an Jakob II. von Aragón vom 26. Oktober beweist.[14]

Am nächsten Tag, dem 27. Oktober, erstattet Romeu de Bruguera, der deutlich macht, dass er an beiden Versammlungen in seiner Eigenschaft als Doktor der Universität teilgenommen hat, dem König von Aragón darüber Bericht.[15] Er erinnert auch daran, dass er sechs Monate zuvor bei verschiedenen Beratungen anwesend gewesen sei, in denen es darum gegangen sei (um Fragen den Tempel betreffend?). Dies führt uns zurück zum Mai 1307, als sich König und Papst, Papst und Großmeister in Poitiers begegneten. Sollte es also bereits damals Beratungen über den Orden im Bereich der Universität gegeben haben? Auf wessen Initiative? Wohl eher auf die der Räte des Königs als die des Papstes. Romeu legt Wert darauf, Jakob II. anzuzeigen, dass er ihm vorsichtshalber einen Brief ähnlichen Inhalts durch zwei Kaufleute, die sich auf dem Heimweg nach Katalonien befänden, zukommen lasse, und mit Hilfe derselben Mittelsmänner schickt er die gleichen Informationen an das Kloster von Barcelona (es handelt sich wohlgemerkt um das Dominikanerkloster der Stadt). Es ist sicherlich dieser Brief – von der Hand eines glaubwürdigen Mannes und Doktors der Theologie –, den der Komtur von Miravet in seinem Brief an den Templermeister von Aragón zitiert.[16]

Handelt es sich bei dem Geständnis also um das Ergebnis der Folter, ist es schlicht und einfach das Resultat von Erpressung oder geht es um einen subtileren Handel (entgegenkommendere Behandlung im Tausch gegen einen erwiesenen Dienst)? Der Meister soll also in jenen beiden Oktobertagen dazu überredet worden sein, einen Rundbrief an alle inhaftierten Templer zu verfassen und sie darin aufzufordern, seinem Beispiel zu folgen und sich zu den gegen sie erhobenen Vorwürfen zu bekennen.[17] «Es wurde versichert, er habe allen seinen Brüdern in einem Schreiben von eigener Hand mitgeteilt, dass ihn die Reue zu diesem Geständnis getrieben habe und er sie ermahne, ebenso zu verfahren.»[18] So die Aussagen zweier Chronisten, die allerdings die Sicht des Königs unterstützen.

Die Reaktion des Papstes

Am 27. Oktober reagierte Clemens V. mit Nachdruck auf die Initiativen des Königs. Zunächst erinnerte er ihn an die Prärogative des päpstlichen Stuhls und der Kirche: «Niemals haben die Fürsten Angelegenheiten der Religion und insbesondere solche, die Personen aus dem Stand der Kirche betreffen, für ihre Gerichtsbarkeit beansprucht.» Und er klagte Philipp an: «Aber Ihr, lieber Sohn, und es fällt uns schwer, das zu sagen, Ihr habt die Hand ausgestreckt nach den Brüdern und den Besitztümern der Templer [...] und sie sogar eingesperrt.» Zwischen den Zeilen warnt er ihn vor dem Einsatz der Folter: «Ihr seid weiter gegangen und habt denen noch größere Qual zugefügt, die schon beträchtlich unter ihrer Gefangenschaft leiden, eine Qual, die wir wegen des Ansehens der Kirche wie auch wegen des Euren im Augenblick besser nicht ansprechen, wenn Ihr versteht, was ich meine.» Er erinnert ihn an seine Absichten in der Templerangelegenheit und an seinen Brief vom 24. August und wirft dem König vor, die römische Gerichtsbarkeit missachtet zu haben, und dies sei eine «Beleidigung und Ausdruck der Verachtung gegenüber unserer Person und der Römischen Kirche». Da er nicht mehr als notwendig die Liste der Klagen verlängern wolle, kündigt Clemens V. zum Abschluss an, er werde die Kardinäle Beranger Frédol und Étienne de Suisy (Kardinäle seit 1305) nach Paris schicken mit dem Auftrag, den König über seinen Zorn zu unterrichten und von ihm die Zusage zu erhalten, dass er die Templer, die Ordensbrüder selbst wie auch ihre Güter, wieder der Hand der Kirche überantworte.[19]

Der Papst lässt es nicht bei einem Protest bewenden. Er muss das Heft wieder in die Hand bekommen. Sein erstes Ziel ist es, die

Angelegenheit an die Kirche zurückzugeben, worauf man sich vor dem Gewaltstreich des Königs verständigt hatte. Es genügt nicht, die einzelnen Personen und den Besitz der Templer unter den Schutz der kirchlichen Autorität zu stellen, vielmehr muss das ganze Verfahren dem König und den Inquisitoren entrissen werden, die kein spezifisches Mandat des Papstes haben, gegen den Tempel vorzugehen. Dies ist der Sinn der Bulle *Pastoralis praeminentiae* vom 22. November 1307. Darin befiehlt der Papst allen Herrschern und Fürsten der Christenheit, in ihren Ländern die Templer festzunehmen und sie und ihre beschlagnahmten Güter in die Obhut der Kirche zu stellen. Er verhehlt nicht seine Bestürzung über die Geständnisse der Templer und besonders das ihres Großmeisters, aber er ist nicht von vornherein von ihrer Schuld überzeugt: «Aber wenn sich das oben Erwähnte nicht bewahrheitet und sich dies offenbart, wird sich die Unruhe legen, und es wird sich Freude erheben nach dem Willen Gottes, und dies ist so, weil wir die Wahrheit in der Angelegenheit unverweilt erforschen wollen.»[20] Seine Entscheidung teilt der Papst am 17. November dem König von Frankreich mit.[21] Dieses Schreiben führt in gewisser Hinsicht den Brief vom 24. August desselben Jahres fort, der die Einleitung einer Untersuchung ankündigte.

Am 1. Dezember schreibt Clemens V. erneut an Philipp IV. und drückt seine Verwunderung darüber aus, dass der königliche Hof Andeutungen verbreite, der Papst sei über die Verhaftung der Templer unterrichtet gewesen und habe sie gebilligt. Zwar schmeichelt er seinem Eifer, aber er verweist ihn auch in die Schranken und überträgt ihm die volle Verantwortung für sein Vorgehen. Und um dem Ganzen noch mehr Nachdruck zu verleihen, kündigt er ihm die neuerliche Entsendung der beiden bereits nach Paris entsandten Kardinäle an. Denn wie man jetzt sehen wird, war ihre erste Mission im November vergeblich gewesen.[22]

Zwei Dokumente katalanischer Korrespondenten, die von Heinrich Finke veröffentlicht wurden, ermöglichen es, durch Abgleich der zahlreich darin enthaltenen Angaben – trotz einiger Entstellungen und sachlicher Irrtümer, die zur Vorsicht verpflichten – eine ziemlich detaillierte und zuverlässige Chronologie der Beziehungen zwischen Papst und König und dem Großmeister in den beiden letzten Monaten des Jahres 1307 zu erstellen. Der eine Brief ist von

Bernat de Banyuls, Kammerherr von Corneilla (im Roussillon?), an seinen Bruder Arnau gerichtet, Komtur des Templerhauses von Gardeyn, der andere stammt von einem leider anonymen Briefschreiber aus Paris und ist an einen Adressaten in Mallorca gerichtet. Finke datiert die beiden Briefe auf Anfang Februar 1308.[23]

Jacques de Molay und die Kardinäle

Wie der Papst in seinem Schreiben vom 27. Oktober angekündigt hatte, erreichten die beiden Kardinäle Beranger Frédol und Étienne de Suisy Paris Anfang November 1307:

> Nach Übersendung des Inquisitionsprotokolls schickte Clemens V. 2 Kardinäle nach Paris. Informiert vom geheimen Rat und den Inquisitoren, die sagten, die Kardinäle müssten es glauben, denn es sei die *Wahrheit* [Hervorhebung vom Autor], kehrten sie heim. Auf die Frage des Papstes, ob sie die Aussagen aus dem Mund der Templer selbst gehört hätten, erklärten sie: Nein, betonten aber die Glaubwürdigkeit ihrer Zeugen, Magister und Doktoren der Theologie, Juristen und Räte am Hof des Königs von Frankreich.[24]

Am 7. oder 8. November befand sich der Papst in der Nähe von Bordeaux.[25] Laut Bernat de Banyuls erreichte ihn ungefähr acht Tage später eine neue Nachricht: Der König von Frankreich lasse überall verbreiten, der Großmeister und 250 Ordensbrüder hätten die ihnen vorgeworfenen Verbrechen gestanden. Dann folgt eine Überraschung: Zehn der unlängst vom Papst ernannten Kardinäle hätten aufbegehrt und erklärt, sie hätten bisher geglaubt, «dass der Apostel [d. i. der Papst] Herr der ganzen Welt, über Könige und Kaiser erhaben sei, und nun sähen sie, dass der König von Frankreich über ihm stehe; und sie litten darunter, dass durch den Hochmut und den Stolz des französischen Königs die Weltordnung aus den Fugen geraten sei».[26] Und sie drohten damit, ihr Kardinalsamt niederzulegen![27]

Die Bulle *Pastoralis praeminentiae* war eine erste Antwort und eine Mahnung: Alles, was die Templer betraf, unterlag der Zuständigkeit der Kirche und des Papstes. Und was insbesondere die Lage der Templer in Paris und die Glaubwürdigkeit ihres Geständnisses anging, so entsandte der Papst erneut die beiden Kardinäle mit dem gleichen Auftrag, aber mit entschiedeneren Aufforderungen: Falls der König oder seine Räte (denn nur mit Letzteren waren die Kardinäle bei ihrer ersten – vergeblichen – Mission zusammengetroffen) sich den Forderungen des Papstes nicht fügten, drohte ihnen die Exkommunikation. Dies alles stand in dem Brief vom 1. Dezember, den die Kardinäle dem König persönlich zu überbringen hatten.[28]

Unser anonymer katalanischer Informant gibt an, der Papst habe außerdem im Konsistorium erklärt, wenn die vom französischen Hof verbreiteten Geständnisse sich als wahr erwiesen, müssten die Templer verurteilt werden; da er davon jedoch nicht überzeugt sei, seien die beiden Kardinäle beauftragt, die Templer oder zumindest die wichtigsten Vertreter des Ordens, also den Großmeister und andere hohe Würdenträger, selbst zu vernehmen.[29]

Mit diesem Brief des Papstes machten sich die beiden Kardinäle am 1. Dezember auf den Weg.[30] Unser Informant fährt fort:

> In Paris angekommen, hatten sie eine Begegnung mit dem König von Frankreich und übergaben die Briefe des Papstes. Und der König befahl, die Templer den besagten Kardinälen zu übergeben, und man übergab ihnen den Großmeister und viele andere Brüder. Und als sie diese in Gewahrsam hatten, fragten sie den Meister, ob die Geständnisse wahr seien, von denen sie gehört hätten.[31]

Am 24. Dezember teilte der König dem Papst schriftlich mit, er habe die Templer seinen Abgesandten übergeben:

> Heiliger Vater, mit einem Lächeln haben wir die von Euch gesandten Kardinäle Beranger und Étienne empfangen, die Ihr geschickt habt in der Angelegenheit der Templer, die wir auf Verlangen der in unserem Reich qua apostolischer Autorität abgeordneten Inquisitoren festnehmen ließen. Eure Gesandten haben wir freundlich bei uns aufgenommen [...]. Was Ihr nun im Namen der Kirche betreffs der Güter und Männer der Templer äußert, die wir in Eure Hände geben sollen, so stimmen wir zu, dass so verfahren wird, vorbehaltlich unserer Rechte [...]. Wir haben also die Templer Euren Kardinälen überstellt, in Eurem Namen und im Namen der Kirche, ebenso die Güter, die für die Bedürfnisse des Heiligen Landes gestiftet worden waren; wir werden sie

> gewissenhaft bewahren und verwalten lassen, damit sie nicht ihrem Zweck entfremdet und nicht mit unseren Besitztümern durcheinander geraten.[32]

Schenkt man also den Angaben unseres Gewährsmannes Glauben, scheinen König und Papst eine Art Lügenpokerpartie zu spielen. Der außerordentlich freundliche, konziliante Ton des Königs könnte damit erklärt werden, dass er hinter den Worten des Papstes ein Angebot vermutet: nämlich ein Urteil über die Templer zu fällen, wenn sich herausstellen sollte, dass ihre Geständnisse der Wahrheit entsprachen; dazu mussten jedoch die Templer den Kardinälen übergeben werden. Wie soll man glauben, dass der Papst, der soeben die Verhaftung der Templer in der gesamten Christenheit angeordnet hatte, nur einen Monat später ausschließlich auf Grundlage der Pariser Geständnisse (vorausgesetzt, sie waren stichhaltig) über das Schicksal des Ordens entscheiden würde? Wie kann man glauben, dass der König sich mit dem Spatzen abspeisen ließe, statt die Taube zu behalten, und dem Papst Männer und Güter auf Treu und Glauben überließe?[33]

Wie dem auch sei, die Kardinäle sind jetzt jedenfalls in der Lage, die im Pariser Tempel eingesperrten Templer zu vernehmen. Dies tun sie auch, aber wann? In unseren Quellen überschneiden sich mehrere Angaben. Sobald der Großmeister den Kardinälen zur Verfügung steht, fragen diese: Ist es wahr? Er bejaht die Frage und sagt, er werde noch weit mehr preisgeben, wenn ihn die Kardinäle öffentlich auftreten ließen. Geschieht dies vor dem 24. Dezember, also vor dem Brief des Königs? Laut einem Dokument, das seit langem verschollen, aber von Pierre Dupuy untersucht worden ist, hätten die beiden Kardinäle mit Hugues de Pairaud gespeist, der während des Essens sein Geständnis widerrufen habe.[34] Wann war das?

Angeblich hat Jacques de Molay die im Tempel inhaftierten Templer aufgefordert, ihr Geständnis zu widerrufen. Dafür können zwei Zeugen angeführt werden. Jean de Fouilloy, ein abtrünniger Templer, der in Paris am 19. Oktober 1307 als erster verhört wurde, sagt im Juni 1308 vor dem Papst in Poitiers erneut aus: «Auf die Frage, ob er wisse, dass etliche Brüder ihre Geständnisse widerrufen hätten und welche dies wären, erwidert er, das wisse er nicht, aber er habe davon gehört. Befragt, ob er wisse, ob jemand sie dazu ermuntert habe, antwortete er, der Ordensmeister oder ein von ihm Beauftragter habe in die einzelnen Räume Wachstäfelchen geschickt, damit alle, bevor der König und die Kardinäle ankämen, ihre Geständnisse widerriefen.» Zum Inhalt dieser Täfelchen befragt, «sagte er, sinngemäß sei da geschrieben gewesen: ‹Wisset, dass morgen der König und die Kardinäle in dieses Haus kommen; andere Brüder haben ihr Geständnis widerrufen; widerruft Ihr auch das Eure und gebt dem Überbringer diese Briefe zurück.› Auf die Frage, wer diese Täfelchen gebracht habe, nannte er den Bruder, der seinen Angaben nach einen Monat zuvor in den Orden aufgenommen worden war, der sei in das Zimmer von Dauphin [Guy Dauphin, Ordensritter] gekommen.»[35]

Diese Angaben werden von Jean de Châlons bestätigt, von dem bereits im Zusammenhang mit den Templern die Rede war, die sich der Verhaftung entzogen hatten. Auch er wurde in Poitiers vernommen und sagte aus, «ein Ordenspriester namens Renaud hat mehr als sechzig Templer in geheimen Briefen überredet, ihre Beichte zu widerrufen». Auf die Frage, woher er das wisse, antwortet er: «weil er ihm und anderen Brüdern einen Brief auf Pergament geschrieben hat, des Inhalts, wenn sie ihr Geständnis nicht zurücknähmen, wäre dies das Ende des Ordens; [...] und er beteuert, besagter Bruder Renaud habe den Befehl, die Geständnisse zu widerrufen, vom Bruder des Großmeisters bekommen, dem Dekan von Langres».[36]

All dies deutet darauf hin, dass die inhaftierten Brüder im Tempel von Paris, der zu ihrem Gefängnis geworden war, relativ leicht untereinander kommunizieren konnten und der Großmeister selbst, dank eines Ordensbruders, der Domherr in Langres war, von dem wir indes keine andere Spur haben, Kontakte nach außen haben konnte; es scheint auch zu beweisen, dass die Kardinäle mit den Würdenträgern des Tempels frei sprechen konnten. Hugues de Pairaud war gewiss sehr erfreut darüber, die traurige Gefängniskost stehen zu lassen und dafür mit den Eminenzen speisen zu dürfen. Natürlich nur, falls es ein solches Mahl gegeben hat!

Kann man die Hypothese wagen, die beiden Kardinäle hätten bewusst die Revolte der Templer an Weihnachten 1307 unterstützt? So weit würde ich nicht gehen, obwohl sibyllinische Sätze von Guillaume de Plaisians, ausgesprochen im Mai 1308 in Poitiers, eine solche Annahme durchaus stützen könnten. Seiner Ansicht nach ist es kein Zufall, dass der Großmeister und andere ihr Geständnis widerriefen: «Und woher das stammt, weiß der König genau. Denn [jene, die ihr Geständnis zurücknahmen,] wurden von einigen Kirchenleuten darauf hingewiesen, sie sollten standhaft bleiben, denn sie fänden hier [in der Kurie] Unterstützung. Und der König kenne die Unruhestifter genau, die Geld von ihnen bekommen haben, und das würde ans Licht kommen.»[37]

Fest steht jedenfalls, dass die Kardinäle dem Antrag des Großmeisters stattgaben und ihm einen öffentlichen Auftritt in Notre-Dame de Paris verschafften, wie es manchmal heißt, obwohl der Text nur von einer Kirche spricht:

> Daraufhin ließen sie das ganze Volk sich versammeln, und als die Kirche voller Menschen war, ließ man den Meister und [dreißig bis] vierzig Brüder kommen und hieß den Meister auf ein Podium steigen, als sollte er predigen. Und als er oben stand, sprach er: Seigneurs, alles, was der Rat von Frankreich Euch gesagt hat, dass ich und alle Templerbrüder, die hier versammelt sind, und noch zahlreiche andere gestanden haben, das ist alles wahr, wir haben alles gestanden. Er legte seinen Mantel ab, entledigte sich seines Hemdes und entblößte seine Seite und Arme vor allen Leuten und sagte: Seht, man hat uns das sagen lassen, was man hören wollte. Und er zeigte seine Arme her, die ganz zerschunden und zerfleischt waren und aussahen, als seien sie gehäutet worden, und man sah nur noch Knochen und Sehnen, das ganze Fleisch und die Haut waren von Rücken, Bauch und Schenkeln abgezogen. Und er sagte: So wie Ihr mich hier zugerichtet seht, so sind es auch die anderen ohne Ausnahme, und möge Gott und die heilige Mutter Maria verhüten, dass der Orden der Templer seine reine Ordnung verlöre.[38]

Bei diesen Schilderungen kommt es auf das Grundmuster an, mit den «Ausschmückungen», die wohl eher Zutaten der Autoren sind, sollte man sich nicht zu lange aufhalten. Ja, es gab Unterredungen zwischen Kardinälen und Templern; ja, es gab Anweisungen der Würdenträger an die im Tempel von Paris Eingesperrten, ihr Geständnis zu widerrufen. Und es gab diesen zweifellos öffentlichen Widerruf Jacques de Molays, vielleicht aber nicht in dieser theatralischen Form. Der Auftritt des Großmeisters wird indirekt in einem ebenfalls anonymen Text bestätigt, der jedoch von einem dem engen

Kreis der königlichen Räte Nahestehenden stammt. Darin wird an das erste Geständnis des Meisters und seine Bestätigung vor den Magistern der Universität am 25. Oktober erinnert: «und darauf beharrte er zwei Monate und länger», das hieße, bis Ende Dezember 1307.[39] Kann der Tag genauer bestimmt werden? Der 24. Dezember? Auf diesen Tag ist der Brief des Königs an den Papst datiert, in dem der Vorgang nicht erwähnt wird. Sicherlich ist es nicht der 25., der Weihnachtstag. Vielleicht der 26. oder 27.? Der katalanische Autor, der diesen Hergang beschreibt, weist darauf hin, dass die Kardinäle zu diesem Zeitpunkt von der Unschuld der Templer überzeugt gewesen und zum Papst zurückgekehrt seien. Laut diesem Zeugen war der König bereits seit zwei Tagen unterwegs nach Poitiers, als er davon Kenntnis erhielt; daraufhin sei er überstürzt nach Paris zurückgeeilt und habe dem Papst geschrieben. Das Itinerar Philipps verzeichnet keine Spur eines solchen Hin- und Rückwegs; in dieser ganzen Zeit hält er sich in Paris auf und bleibt dort bis Mitte Januar. Im Übrigen ist auch nicht recht einzusehen, warum er hätte umkehren sollen, um dem Papst zu schreiben, wo er doch gerade auf dem Weg zu ihm war!

Wenn die Räte des Königs die Hoffnung gehegt hatten, dass der Papst in der Überzeugung, die Geständnisse der Templer seien echt, bei ihrem Spiel mitmachen und sie sehr schnell aburteilen würde, wurden sie unweigerlich herb enttäuscht. Doch glaubten sie tatsächlich selber daran? Das darf bezweifelt werden.

Die Verteilung der Templer von Paris im ganzen Land (24. Januar–12. Februar 1308)

Jedenfalls ist der König in höchster Alarmbereitschaft. Er darf die Kontrolle über die Templer nicht aus der Hand geben, auf keinen Fall dürfen sie den kirchlichen Behörden überlassen werden. Die Vorbereitungen für die Hochzeit Karls, seines dritten Sohnes, und die seiner Tochter Isabella nehmen ihn im Januar und Anfang Februar in Beschlag. Allerdings muss er Vorkehrungen treffen, um eine Wiederholung der peinlichen Vorfälle beim Besuch der Kardinäle zu vermeiden. Der Tempel von Paris ist kein geeigneter Ort, um die Templer von der Außenwelt abzuschotten – zu viel sickert hier durch! Umso mehr, als außer den Gefangenen und ihren Bewachern auch Guillaume Robert, das ist Guillaume de Paris, der Inquisitor von Frankreich, zusammen mit seinen Leuten hier logiert, dazu noch zahlreiche Sergeanten.[40] Die Entscheidung fällt: Die in Paris inhaftierten Templer werden verteilt. In Abwesenheit des Königs – er ist nach Boulogne-sur-Mer zu den Hochzeitsfeiern seiner Kinder gereist – macht sich die königliche Regierung daran, die meisten der im Templerhaus von Paris Inhaftierten an andere Orte zu verlegen. Diese Maßnahme ist meines Erachtens eine Reaktion auf die Widerrufung des Geständnisses durch Jacques de Molay und einen Teil der im Tempel festgesetzten Templer. Zwei Lehnsmänner des Königs, die bereits bei der Verhaftung dabei gewesen waren, Guillaume de Marcilly und Hugues de la Celle, leiten die Operation, die am 25. Januar beginnt und am 11. Februar beendet ist.[41] Jacques de Molay, P. d'Acre, Gérard de Caus (du Cancer) und Bruder Thibaud [de Basemont], der Finanzverwalter des Pariser Tempels, werden als erste nach Corbeil verbracht.[42] Insgesamt werden 77 Templer auf zwei andere Stellen in Paris und 25 Orte in der Île-de-France, der Normandie, der Picardie und dem Sénonais bis hinunter nach Orléans verteilt. Nicht alle (ich habe es im vorigen Kapitel erwähnt) sind namentlich genannt.

Der königlichen Regierung ging es darum, nicht mehr als höchstens hundert Templer im Pariser Tempelbezirk zu belassen, wobei zu berücksichtigen war, dass die Häftlinge außerhalb des Tempels (in den Hôtels von Barbel, von Preuilly und dem des Bischofs von Châlons) hier neu in Gruppen aufgeteilt werden mussten. Im Stadtgebiet von Paris wurden zwei weitere Orte ausgewiesen, wie die Liste beweist: in Sainte-Geneviève und Saint-Martin-des-Champs.

Um diese Aufgabe zu bewältigen, musste die Administration des Königs ab dem 24. Januar «Ritter, Knappen, Sergeanten zu Fuß und zu Pferd zur Bewachung der Templer in den Festungen außerhalb von Paris [aufbieten], und sie verfügte, dass dies gemäß der unten aufgeführten Anordnung zu geschehen habe».

Neben Guillaume de Marcilly (der zwischen dem 31. Januar und dem 7. Februar in Provins beschäftigt war) und Hugues de la Celle brachten der Prévôt von Paris, der Bailli von Orléans und der Bailli von Sens die Templer persönlich in ihre neuen Gefängnisse.

Freilich keine x-beliebigen, denn bis auf den Bailli von Orléans, der zwei Templer nach Orléans brachte, übernahm Guillaume de Marcilly den Großmeister Jacques de Molay, der Prévôt von Paris kümmerte sich um Hugues de Pairaud und Raimbaud de Caromb, der Bailli von Sens um Geoffroy de Charnay, Gaucher de Liancourt und Guillaume de'Herblay (den jungen Ordensgeistlichen), das heißt die Würdenträger des Tempels, die im Oktober und im November 1307 in Paris verhört worden waren. Natürlich waren diese hochrangigen königlichen Beamten nicht mit der Bewachung der Templer befasst; diese Aufgabe war Bewachern überlassen, von denen sechs namentlich aufgeführt sind und denen jeweils ein oder zwei Junker oder Sergeanten zur Seite gestellt waren (insgesamt acht). In 17 Orten, in denen Templer inhaftiert waren (in Crépy-en-Valois gab es zwei verschiedene), war der für die Überstellung Verantwortliche zugleich für die Bewachung der Gefangenen zuständig. Alle Sergeanten waren beritten, je zwei in Crépy-en-Valois und Creil. In 14 leisteten Fußsoldaten Hilfsdienste.

Tafel 2

Verteilung der Templer des Tempelbezirks von Paris (25. Januar–11. Februar 1308)

	Ort	Anzahl	Namentlich genannt
In Paris:			
	Sainte-Geneviève	6	–
	Saint-Martin-des-Champs	12	11
Umgebung von Paris:			
	Bois de Vincennes	24	10
	Saint-Denis	8	8
	Saint-Maur-des-Fossés	6	6
	Chaillot (Challuel)	6	6
Süden:			
	Corbeil	4	4
	Rochefort-en-Yvelines	1	1
	Montlhéry	2 + 4	2 + 1
	Villeneuve-le-Roi	2	2
	Montereau-fault-d'Yonne	1	1

	Ort	Anzahl	Namentlich genannt
	Chailly	4	–
	Bray-sur-Seine	8	8
	Pers-en-Gâtinais[43]	10	10
	Moret	1	1
	Orléans	2	2
Norden:			
	Dammartin-en-Goële	16	16
	Montmélian	6	6
	Thiers-sur-Thève[44]	6	–
	Nanteuil-le-Haudouin	4	4
	Crépy-en-Valois	4 + 12	4 + 12
	Creil	4 + 4	4 + 4
	Beaumont-sur-Oise	6	6
Westen:			
	Trappes	6	–
	Conflans[45]	6	6
	Goulet	1	1
	Vernon[46]	1	1
Insgesamt:		177	137

Insgesamt sind von den für diesen Umzug verantwortlichen Fußsoldaten, die die Bewachung der Templer übernahmen, 28 namentlich bekannt;[47] hinzu kamen noch 25 weitere Fußsoldaten und Junker, deren Namen nicht genannt sind. Alles in allem haben also 53 Personen diese Transporte begleitet.

Dasselbe Dokument erlaubt auch einen ziemlich genauen Einblick in die Kosten des Unternehmens und in diejenigen für den Unterhalt der Gefangenen. Die Tageslöhnung für einen berittenen Sergeanten betrug vier Pariser Sous, für einen Fußsoldaten zwei. Die häufigste Situation war etwa die folgende: «Zur Bewachung wurden übergeben an Jean Ruffaut, Sergeant zu Pferd, ihm zur Seite ein Soldat zu Fuß, sechs Templer, die zur Burg von Trappes zu führen und dort zu bewachen sind; er erhielt für seinen Dienst sechs Pariser Livres, der Soldat 50 Sous; die Ausgaben für die Templer beliefen sich auf zwölf Livres in harter Währung.» Legt man den angegebenen Tageslohn zugrunde, dann erhielt der Sergeant zu Pferd seinen Lohn für 30, der Fußsoldat für 25 Tage. Da das Dokument nicht datiert ist, liegt die Vermutung nahe, dass es sich um eine nachträgliche Abrechnung handelt. Ich habe keine Erklärung dafür, dass die beiden für unterschiedlich viele Tage entlohnt wurden. Die Gesamtsumme des Lohns, der für die Operation aufgewendet wurde, inklusive einzelner, vom Salär der Sergeanten abweichender Löhne für einige Hilfskräfte, beläuft sich auf 323 Pariser Livres 30 Sous.

Die Versorgung der Templer in ihren neuen Haftquartieren kostete 322 Livres. Auch hier lässt sich nicht sagen, für wie viele Tage Bewachung diese Summe aufgewendet wurde: ebenfalls 25 wie für die Soldaten? Eine Kostenrechnung für die Verlegung von 22 Templern am 5. Februar an drei verschiedene Orte (Pers-en-Gâtinais, Saint-Maur-des-Fossés, Conflans) ergibt durchschnittlich drei Livres je Templer, was, hochgerechnet auf 25 Tage Bewachung, zwei Sous fünf Deniers pro Tag ergibt; das ist viel, wenn man die Summe mit den unendlich genauer angegebenen Kosten vergleicht, die für die Bewachung der Templer in der Ballei Senlis für die Jahre 1310–1311[48] anfielen.

Das Dokument gibt keinerlei Auskunft darüber, wie die Verlegungen durchgeführt wurden. Man kann Rückschlüsse ziehen aus anderen Fällen, wie zum Beispiel den Vorgängen in Senlis in den Jahren 1310–1311, wo die Templer in Ketten auf Karren weggebracht wurden. Angesichts der Entfernung zu Paris war mit einem bis drei oder gar vier Tagen zu rechnen.

Diese Verlegung schließt die erste Phase der Templeraffäre ab. Der König rechnete mit einem schnellen Abschluss, was die Ereignisse am Ende des Jahres 1307 und der Widerstand des Papstes jedoch verhinderten. Die Templer versinken für einige Monate in einer Art Halbdunkel, aber höheren Orts befasst man sich mit ihnen weiter, in Paris wie auch in Poitiers.

Bühne frei für das große Tauziehen zwischen dem Papst und dem König von Frankreich!

5

DIE MACHTPROBE (JANUAR–JUNI 1308)

Auf den Eklat, den Jacques de Molay Ende Dezember 1307 in Paris auslöste, muss Philipp der Schöne reagieren. Die Templer bleiben in der Hand des Königs, in den Gefängnissen des Königs und werden bewacht von Leuten des Königs, wie die Verlegung der Ordensbrüder aus dem Pariser Tempel im Januar/Februar 1308 sowie die Übertragung ihrer Besitztümer zeigt. Aber über den Papst hat er keine Gewalt. In der ersten Hälfte des Jahres 1308 verschwinden die Templer aus der Schusslinie. Der Gegner ist jetzt der Papst. Alle Scheinwerfer sind auf die Machtprobe zwischen Clemens V. und Philipp dem Schönen gerichtet.

Die Feiern zur Hochzeit der beiden Kinder des Königs beschäftigen den Herrscher und seinen Hof in diesen ersten Wochen des Jahres 1308. Mitte Januar heiratet Karl in Hesdin Blanche, die Tochter Othons, des Grafen von Burgund, und seiner Frau Mahaut d'Artois. Am 25. Januar ehelicht Isabella König Eduard II. von England in Boulogne-sur-Mer. Dort hält sich der König bis zum 6. Februar auf. Dennoch verfolgt er die Templeraffäre, wie ein Brief bezeugt, den er am 28. Januar an Jakob II. von Aragón schreibt, um ihn zu seinem Schlag gegen die Templer zu beglückwünschen: zu ihrer Verhaftung in Valencia und zum Kampf gegen diejenigen, die sich in Aragón und Katalonien auf ihren Burgen verschanzt haben. Er nutzt die Gelegenheit, um ihm die verschiedenen Vorkommnisse seit der Verhaftung der Templer in Frankreich in Erinnerung zu rufen: Er verfüge über mehr als fünfhundert Aussagen von Templern, deren Geständnisse er ihm in Kopie übersenden werde. Kein Wort allerdings über den Widerruf des Großmeisters, kein Wort über die Mission der Kardinäle im Dezember.[1]

Vier Etappen werden uns von Poitiers über Paris nach Tours und wieder zurück bringen.

Poitiers. Die Flucht des Kammerherrn (13. Februar 1308)

Der Papst bringt sich alsbald dem König in Erinnerung: An einem Februartag, das Datum ist nicht bekannt, doch ich für mein Teil nehme an, vor dem 13., entschließt sich Clemens V., die Inquisitoren, die bis dahin das Verfahren gegen die Templer geleitet haben, ihrer Befugnisse zu entheben.

Warum vor dem 13. Februar? Weil in der Nacht vom 12. auf den 13. Februar einer der Kammerherren des Papstes in Poitiers, ein gewisser Giacomo da Montecucco, nebenbei Komtur der Lombardei, die Flucht ergriff.[2] Ich erinnere daran, dass am 13. Oktober die Templer mit kurialen Aufgaben in Poitiers nicht verhaftet worden waren. Clemens V. war am 15. Oktober nach Poitiers zurückgekehrt und hatte unverzüglich ein Konsistorium einberufen, auf dem er die Templer, die in seinen Diensten standen, seines Schutzes versicherte und ihnen von einer Flucht dringend abriet. Giacomo da Montecucco antwortete damals dem Papst im Namen aller seiner Brüder, dankte ihm und verteidigte den Orden: «Heiliger Vater, wir fürchten uns nicht, weil Ihr uns verteidigen und Gerechtigkeit wahren wollt und weil wir alle, Brüder des Tempels, gute katholische Christen sind ...»[3] Mit seiner Flucht desavouierte Giacomo da Montecucco den Papst und zog sein Wort in Zweifel. Clemens V. war empört und gab Befehl, den Flüchtigen unbedingt aufzuspüren, ja, er setzte sogar eine Belohnung für seine Ergreifung aus. Vergeblich. Giacomo da Montecucco gelang es, nach Hause zurückzukehren, nach Asti. In Italien hatte die Jagd auf die Templer bis dahin noch nicht begonnen; er entkam allen Maßnahmen, die in der Folgezeit gegen den Orden in die Wege geleitet wurden.[4] Das kam dem Papst höchst ungelegen, der sich nun in der Templeraffäre auf eine riskante Konfrontation mit dem königlichen Lager einließ. Der Bischof von Lérida, den sein Prokurator an der Kurie von dieser Flucht in Kenntnis gesetzt hatte, teilte dies seinerseits dem König von Aragón mit: Der Papst sei aufgebracht gewesen bei der Vorstellung, «der König von Frankreich und die andern Fürsten der Welt könnten fragen, wenn er [der Papst] nicht einmal in der Lage sei, auf einen einzigen Templer aufzupassen, wie er dann zweitausend bewachen könnte».[5] Dies war eine Schlappe für den Papst, der immer noch die Überstellung der Templer in die Obhut der Kirche forderte und – so meine Hypothese – den kühnen Entschluss gefasst hatte, die Vollmachten der Inquisitoren zu widerrufen. Nach dem 13. Februar hätte er dies wohl nicht mehr gewagt.

In der Tat ein kühnes Unterfangen, hätte das doch geheißen, das vom König initiierte Inquisitionsverfahren für ungültig zu erklären. Alles, was Philipp der Schöne und seine Räte seit sechs Monaten unternommen hatten, um die Templer als Ketzer zu entlarven und so ihr Vorgehen zu legitimieren, wäre, zumindest formaljuristisch, zunichtegemacht worden. Später rechtfertigte sich der Papst in Poitiers in der Bulle *Subit assidue* (5. Juli 1308), die den Inquisitoren ihre Vollmachten zurückgab, für seine Entscheidung vom Februar: Die Inquisitoren hatten ohne sein Wissen gehandelt, sie hatten überstürzt ein Verfahren begonnen, das seinen Argwohn erweckte, so dass er wenig geneigt war, ihren Anschuldigungen zu glauben. Vermutlich hatte ihn der Bericht der Kardinäle über ihre Mission in Paris in dieser Haltung bestärkt. Inzwischen hatten jedoch die Aussagen und erneut bekräftigten Geständnisse der 72 Templer, deren Zeuge er in Poitiers gewesen war, einen Sinneswandel bewirkt und die Bestätigung der Befugnisse der Inquisitoren gerechtfertigt (allerdings rügte er ihr eigenmächtiges Vorgehen).[6]

Darauf reagiert Philipp der Schöne mit verschiedenen Maßnahmen, denen eines gemeinsam ist: Sie zielen auf die öffentliche Meinung. Man muss es immer wieder betonen: Der Historiker, der sich mit dem Mittelalter befasst, tut sich schwer, der «öffentlichen Meinung» auf die Spur zu kommen. Doch es gab sie, das beweisen die Propagandakampagnen eines Friedrich II. im zweiten Viertel des 13. Jahrhunderts oder eines Philipp IV. an der Schwelle zum 14. Jahrhundert: Beide verstanden es, diese Öffentlichkeit zu manipulieren und sie für ihre Zwecke zu nutzen.

Dem Papst gegenüber will der König sein Vorgehen gegen die Templer – Verhaftung, Verhöre, Folter – sowie seine Forderungen – Anklage, Aburteilung, Aufhebung des Ordens – rechtfertigen. Philipp weiß, auf diesem Felde ist er im Unrecht und daher in einer

Position der Schwäche. Edgard Boutaric hat darauf hingewiesen, dass Philipp nicht etwa versucht, den Papst zu übergehen, denn er braucht ihn; er muss ihn nur von seiner Sicht der Dinge überzeugen.[7] Doch der Autor verkehrt die Prioritäten des Königs: So sieht er das Verfahren zur nachträglichen Verurteilung von Bonifatius VIII. als zweitrangig und nur als Mittel an, das wichtigste Ziel, die Aufhebung des Templerordens, zu erreichen. Das Gegenteil ist richtig: Das Hauptziel ist die postume Verdammung Bonifatius' VIII., und dafür braucht er noch den Papst.

Paris. Das Gutachten der Universität (März 1308)

Gegen Bonifatius VIII. hatten der König von Frankreich und seine Berater eine Verleumdungskampagne inszeniert und waren auch vor physischer Aggression nicht zurückgeschreckt. Gegenüber Clemens V. muss geschickter vorgegangen werden, und man muss ihm auf seinem Terrain Kontra geben: Man muss ihm beweisen, dass er die «Templer zu Unrecht verteidigt», wie er ihm fast unverhohlen vorwirft. Dazu legt der König den Doktoren der Theologie der Universität von Paris eine Reihe von Fragen vor; er erwartet von ihnen Antworten, die seine Auffassung bestätigen und die Position des Papstes untergraben. Georges Lizerand datiert diesen Fragenkatalog auf den Februar.[8] Ich fasse zusammen:

(1) Darf der König ohne Aufforderung durch die Kirche gegen Ketzer einschreiten, sie festnehmen und bestrafen?

(2) Darf der weltliche Fürst in der «schrecklichen» Angelegenheit der Templer durchgreifen, «oder sind dem Fürsten die Hände dadurch gebunden, dass die Templer behaupten, ein religiöser Orden zu sein, so dass er gegen sie nur nach Aufforderung durch die Kirche vorgehen darf»? Nun ist die Anschuldigung ja durch die Mehrheit der Geständnisse bewiesen, und der Orden ist «vor allem ein Kollegium von Rittern und nicht von Klerikern».

(3) Muss man auf das Geständnis der Templer in den anderen Ländern warten, bevor man sie verurteilt?

(4–5) Kann ein Templer, von dem man kein Geständnis erlangt hat, trotzdem noch als Katholik gelten? Kann der Umstand, dass zehn, zwanzig, dreißig und mehr Templer das Verbrechen leugnen, den Orden von Schuld freisprechen, obwohl so viele andere gegen ihn ausgesagt haben?

(6) Müssen die Besitztümer der Templer an den Fürsten zurückfallen oder dem Heiligen Land, also der Kirche, zugesprochen werden?

(7) Und wenn sie dem Heiligen Land zuerkannt werden – wer verwaltet sie in der Zwischenzeit: die Kirche oder der Fürst?

Das Gutachten der Doktoren der Theologie erging am 25. März. Ihre Antworten waren ausführlich und eine Spur vorsichtig, aber letztlich unzweideutig. Der König müsse unter allen Umständen den Weg über die Kirche nehmen, denn der Orden der Templer sei ein «exemter religiöser Orden». Auf die Frage 3 antworteten die Herren zum Teil ausweichend: Die bereits abgelegten Geständnisse reichten aus, den Orden zu maßregeln, und rechtfertigten demnach eine Untersuchung. Wer aber nichts gestanden habe, könne nicht als Ketzer betrachtet werden; da jedoch zu befürchten sei, dass er die anderen «anstecke», müsse dem vorgebeugt werden …! Der Besitz der Templer stamme aus frommen Stiftungen zugunsten des Heiligen Landes. Diese Bestimmung bleibe unverändert, daher müssten sie in diesem Sinne erhalten bleiben; was die Zuständigkeit für ihre Verwaltung betreffe, so solle so verfahren werden, «wie es diesem Ziel am besten dient».[9] Schlecht für den König: Die Antworten auf die ersten beiden Fragen sind eindeutig.

Befragt wurden nur die Magister der Theologie, und 14 von ihnen brachten ihr Siegel an dem Dokument an; das heißt, einige billigten diese Erklärung nicht. Denn man muss diese 14 in Beziehung setzen zu den Namen der 22 damals bekannten Magister der Theologie, die sich offenbar später zu der Frage eines möglichen Rückfalls derjenigen Templer in die Häresie äußerten, die, dem Beispiel Jacques de Molays folgend, ihr Geständnis Ende Dezember 1307 zurücknahmen. In Kapitel 11 werde ich auf diese Fragen zurückkommen.[10]

Man kann das Ersuchen des Königs und das Gutachten der Pariser Universität bewerten, wie man will, doch unbestreitbar erleidet der König eine Niederlage. Im Jahr 1303 hatte Philipp der Schöne gegen Bonifatius VIII. zumindest den passiven Rückhalt der Universitätsdoktoren, woraufhin er sich an das französische Volk gewandt und die Generalstände einberufen hatte. Das sollte er 1308 wieder machen.

Pierre Dubois

Vor dem Forum der Universität ging es um Theologie und Recht. Nach seinem Misserfolg beruft sich der König auf das Volk und ruft die Versammlung der Generalstände in Tours zusammen. Die Vorbereitungen hierzu gehen einher mit einer verleumderischen Propagandakampagne, die dieses Mal direkt gegen den Papst persönlich gerichtet ist. Allerdings sind nicht sehr viele jener Pamphlete erhalten, die diese Propaganda verbreiten sollten. Wir kennen zwei, die beide einem gewissen Pierre Dubois zugeschrieben werden. Ein drittes, verfasst nach dem Schema des Universitätsgutachtens – Fragen, Antworten –, kann nicht auf den Beginn des Jahres 1308 datiert werden, wie es Georges Lizerand vorgeschlagen hat,[11] wird darin doch auf die Kehrtwende Jacques de Molays angespielt, der im August 1308 in Chinon sein erstes Geständnis bestätigte; es stammt aus der Zeit danach, wohl aus dem Jahr 1310, jedenfalls gehört es in einen anderen Kontext. Ich werde noch darauf zurückkommen.[12] Die beiden Schmähschriften von Pierre Dubois wurden in der ersten Hälfte des Jahres 1308 verfasst.[13] Der Autor stammt aus Coutances in der Normandie. Er studierte in Paris und vielleicht auch in Orléans (an der juristischen Fakultät) und war Advokat des Königs in der Ballei Coutances. Er vertrat seine Gemeinde bei den Generalständen von 1302 und bei denen in Tours 1308. Bekannt ist er vor allem für seinen *Traité de la récupération de la Terre sainte*, eine sehr interessante Schrift, der allerdings zu ihrer Zeit kein großer «Verkaufserfolg» beschieden war – wir kennen nur eine einzige Abschrift.[14] Ihm jedenfalls wird die Urheberschaft der beiden Pamphlete zugeschrieben, deren bissiger Ton und deren Formulierung auch für seine anderen Einlassungen gegen den Papst und die Templer bezeichnend sind. Da diese Texte große Ähnlichkeit mit den Reden aufweisen, die der königliche

Rat Guillaume de Plaisians vor dem Papst in Poitiers hielt, hat man die These vertreten, er habe auch diese Reden geschrieben – es sei denn, es ist umgekehrt![15] Bleiben wir trotzdem dabei, dass es sich um zwei Autoren handelt.

Der erste Text ist auf Französisch und trägt den Titel *Ermahnungen des französischen Volkes*. In der Tat präsentiert er sich in einer Form, als ob sich das französische Volk an seinen König richte und ihn auffordere, Druck auf den Papst auszuüben, «der die Franzosen allzu sehr erzürnt» hat mit seinen Ausflüchten in der Templeraffäre. Dem Papst wird vorgeworfen, mit dem Geld der Templer bestochen zu sein und bei der Vergabe kirchlicher Pfründe Günstlingswirtschaft in großem Maßstab zu betreiben. Der König soll ihn deshalb warnen und ihm mitteilen, «er möge sich hüten, geradewegs in seine Herrschaft einzugreifen». Noch ist der Protest gemäßigt, doch er berührt einen wunden Punkt: Clemens V. begünstigte schamlos seine Sippe!

Das zweite Pamphlet geht noch mehr zur Sache. Diesmal – auf Lateinisch – hat es die Form einer *Bittschrift des französischen Volkes an den König* und spricht direkt die Templeraffäre an. Sie seien keine gewöhnlichen Ketzer, und die Kirche könne sich in der Tat nicht auf ihre Rechte berufen angesichts der Forderungen der weltlichen Macht, von ihren Rechten abzurücken. Sie «dürfen nicht als Ketzer gelten, sie stehen im Gegenteil gänzlich außerhalb des kirchlichen Machtbereichs», wie ihre Geständnisse bezeugten. Und die Schrift berufe sich auf Moses, der ohne Zustimmung seines Bruders Aaron, «der auf Geheiß Gottes zum Hohepriester ernannt worden war», 22 000 Anbeter des Goldenen Kalbs habe umbringen lassen. Unser Autor führt die Argumentation bis zum Ende und erklärt, der König könne sogar «gegen den gesamten Klerus» vorgehen, wenn dieser in die Irre gehe. Zeugen diese Schriften von einer ausgeklügelten Strategie? Vom König kämen dann die respektvollen Worte und der moderate Ton der Fragen an die Universität, von Pierre Dubois und den Räten die überspitzten Aussagen? Das Thema, um das es in den Fragen an die Doktoren und in dem Pamphlet geht, ist im Grunde das gleiche: Hat der König das Recht, ohne Zustimmung des Papstes und der Kirche in Fragen der Häresie einzugreifen?

Die Datierung dieser Texte ist nicht einfach. Der zweite ist jünger als der erste und vermutlich erst nach dem Gutachten der Universität verfasst. Die Bittschrift berücksichtigt ganz offenkundig den Standpunkt der Theologen in dieser Sache. Sie könnte auf Anfang April datiert werden und bei den Generalständen verwendet worden sein.[16] Ganz offensichtlich kannte Guillaume de Plaisians bei seiner Rede am 29. Mai 1308 ihren Inhalt.

Zweifellos kursierten auch andere Schriften dieser Art, doch in den Archiven findet sich keine Spur mehr davon.

Unterstützten der Papst oder zumindest gewisse kirchliche Kreise nicht auch die Templer? Das einzige Dokument zu ihrer Verteidigung stammt aus derselben Zeit, wohl von Anfang Februar, noch bevor der König seine Anfrage an die Universität gerichtet hatte.[17] Der anonyme Autor dieser *Lamentatio* zugunsten der Templer richtet sein Schreiben an die Magister der Universität.[18] Der Text ruft in Erinnerung, dass die Gerüchte in der Gascogne ihren Ausgang nahmen, er beschreibt die Verhaftung und die erlittenen Folterungen, den Foltertod von sechsunddreißig Brüdern in Paris. Später greift der Templer Ponsard de Gizy dies auf:[19]

> Die menschliche Sprache vermag nicht die Qualen, Ängste, das Leid, die Beleidigungen und die grausame Marter zu schildern, die jene Unschuldigen im Zeitraum von drei Monaten nach ihrer Verhaftung erduldet haben, denn ihr Seufzen und Stöhnen im Gefängnis, ihre Schreie und Wehklagen hatten weder Tag noch Nacht ein Ende.[20]

Und zum Schluss beschwört der Autor das Schicksal von ungefähr hundert Templern, die immer noch in den Kerkern des Sultans von Babylon [Kairo] schmachteten, weil sie sich weigerten, ihrem Glauben abzuschwören.

Auf der einen Seite gibt es also die anklagenden Pamphlete, die beweisen sollen, dass der König zu Recht ohne Zustimmung des Papstes gehandelt hatte; auf der anderen einen Text zur Verteidigung der Templer, der die Folter und die Ungereimtheiten der Geständnisse anprangert. Zwei Jahre später werden diese Themen erneut verhandelt, das erste in jenem fälschlich auf das Jahr 1308[21] datierten Pamphlet, das zweite in den Denkschriften, die der päpstlichen Kommission von den Brüdern vorgelegt werden. Dies zeigt, dass beide Meinungen in Umlauf waren und sowohl seitens des Königs als auch der Templer zur Kenntnis genommen wurden.

Tours. Die Generalstände (Mai 1308)

Die Propaganda des Königs begnügte sich nicht mit der Verbreitung von Schmähschriften. Ähnlich wie 1303, als es gegen Bonifatius ging, wandte sich der König an das «Volk von Frankreich» und rief seine Vertreter auf, sich am 5. Mai in Tours zum *consilium generale* (was die Geschichtsschreibung später als Generalstände bezeichnen wird) zu versammeln.[22] Es ergingen drei Aufrufe zwischen dem 24. und 29. März, einer an die Seigneurs, der zweite an den Klerus und der dritte an die Städte und Gemeinden. Die letzteren sind unklar definiert: «alle unsere lieben und getreuen Stadtoberen *(maires)*, Konsuln, Magistrate, Richter *(jurats)* und Assoziationen *(communautés)* der bedeutenden Orte unseres Reiches».[23] Ausgewählt sind die Orte, in denen Messen oder Märkte abgehalten werden. Individuelle Schreiben gehen an die Bischöfe und Erzbischöfe mit der Aufforderung, sich auf Provinzialkonzilien zu versammeln, um den jeweiligen Abgeordneten der Diözese zu bestimmen (der nicht unbedingt der Bischof sein muss). Die Schreiben an die Städte sind an die königlichen Baillis und Seneschalle gerichtet, die sie so rasch wie möglich in ihrem Bezirk verbreiten und die dafür erforderlichen Abschriften fertigen mussten.

Wer in Reaktion auf die Aufrufe zum Abgeordneten bestimmt wurde, weiß man aus den Vollmachten. Die Seigneurs wurden aufgrund ihrer Vasallenpflichten gegenüber dem König berufen; sie konnten einen Bevollmächtigten entsenden. Allerdings drängten sie sich nicht danach, und aus dem Adel kennen wir nur 35 Bevollmächtigte. Hingegen weiß man von 114 Vertretern des Klerus, ebenso viele Ordensleute wie Weltgeistliche. Die Abhaltung eines Provinzialkonzils ist nur für die Bistümer Reims und Rouen belegt. Der Erzbischof von Narbonne, Gilles Aycelin, ein wichtiges Mitglied des Königlichen Rates, bat unter dem Vorwand seiner vielfältigen Verpflichtungen um Befreiung von der Pflicht zur Einberufung eines Provinzialkonzils. In einem Brief schlug er seinen Suffraganbischöfen vor, ihn selbst und den Bischof von Toulouse zu ihren Abgeordneten zu bestimmen. Einige Bischöfe weigerten sich und stellten in eigenem Namen eine Vollmacht aus, die von der, die Gilles Aycelin erwartete, abwich. Bertrand de Languissel, der Bischof von Nîmes, war dabei ein Sonderfall – inwiefern, werden wir bald sehen.

260 Schriftstücke dieser Art stammen aus den Städten und Gemeinden. Sechs Städte der Ballei Troyes bestimmten je zwei Abgeordnete, der bescheidene Weiler Ervy verdankte die Aufforderung seinem bedeutenden Markt. Abgeordnete konnten entweder von der städtischen Obrigkeit oder von den königlichen Prévôts ausgewählt werden, falls die Städte nicht autonom waren. In Gien berief der Prévôt etwa vierzig Notabeln, «alles Bürger von Gien, die fähigsten, die den besten Teil der Stadt Gien bilden»; diese wählten zwei Bürger «zu ihren Bevollmächtigten und Sondergesandten» für die Generalstände in Tours.[24]

Die Einberufungen durch den König sind für den Adel inhaltlich knapp gehalten, für den Klerus kaum ausführlicher, diejenigen für die Städte dagegen detaillierter. In den Ersteren begnügt sich der König mit der Mitteilung, dass in Tours die abscheulichen Verbrechen der Templer zur Sprache kommen würden. Die Städte haben Anspruch auf eine eingehendere Begründung, die zusammenfassend die gegen die Templer im Haftbefehl vom 13. Oktober 1307 erhobenen Anschuldigungen aufnimmt. Der König und seine Vorfahren seien seit jeher die Verfechter des katholischen Glaubens gewesen. Dieser sei durch die Verbrechen der Templer bedroht, die gestanden und folglich bewiesen worden seien. Der König wolle diese Verbrechen ausmerzen und müsse sich dazu an den Papst wenden. Und an das «französische Volk» gerichtet, sagt er: «Wir wollen, dass Ihr an diesem heiligen Werk teilhabt, so wie Ihr am christlichen Glauben teilhabt.»

Ich werde hier nicht näher auf die Reaktionen des französischen Volkes auf den Aufruf des Königs eingehen. Anhand der von Georges Picot gesammelten Vollmachten haben Malcolm Barber und Magdalena Satora dies hinreichend dargestellt.[25] Zwar brauchte Philipp der Schöne nicht zu befürchten, bloßgestellt zu werden wie kurz zuvor durch die Universitätsdoktoren, aber die eben erwähnten Autoren haben Belege für zahlreiche Vorbehalte bei allen drei Ständen gefunden. Nicht wenige Adlige schützten Krankheit, Alter oder Überlastung vor, um nicht an der Versammlung teilnehmen zu müssen. Einige Prälaten von Rang unterstützten den König uneingeschränkt, doch andere ergriffen, wie etwa der Erzbischof von

Nîmes, Vorsichtsmaßnahmen oder äußerten Bedenken. Für die Vertreter der Städte, die am ehesten geneigt waren, dem König zu willfahren, ohne sich Fragen zu stellen, war die Templeraffäre vermutlich nur ein Moment ihrer politischen Zusammenarbeit mit dem Monarchen, die sich zu Beginn des 14. Jahrhunderts deutlich intensivierte.[26] So sind die Bürger von Gien zum Beispiel durchaus guten Willens, zeigen sich jedoch wenig beeindruckt von der königlichen Propaganda, nach den Anweisungen zu schließen, die sie ihren beiden Abgeordneten mit auf den Weg geben: Sie sollen nach Tours gehen oder wohin es dem König gefällt, um sich anzuhören, was dieser zu sagen hat «betreffs der Aufnahme, der Absolution oder der Verurteilung der Templer».[27] Sie nehmen eher den Standpunkt des Papstes ein: Sie warten ab …

Über die Beratungen der Ständeversammlung von Tours vom 5. bis 15. Mai 1308 ist nichts bekannt. Der König erschien erst am 9. Mai – sollte dies das tatsächliche Datum ihrer Eröffnung sein? Sie wurde am 15. Mai beendet, erhielten an diesem Tag doch einige Abgeordnete den Befehl, wieder heimzukehren. Viele allerdings mussten dem König nach Poitiers folgen, wo er am 26. Mai an der Spitze eines imposanten und bedrohlichen Gefolges ankam.[28]

Bertrand de Languissel, Bischof von Nîmes, und die Templer

Wie bereits erwähnt, redete in diesen ersten sechs Monaten des Jahres 1308 von den Templern kaum jemand. Anders in Nîmes. Bischof Bertrand de Languissel (1280–1324) hatte wie alle Bischöfe der Provinz Narbonne die Empfehlung des Erzbischofs Gilles Aycelin bekommen, ihn ohne vorausgehendes Provinzialkonzil als ihren Abgeordneten für die Generalstände zu benennen. Wir haben gesehen, dass so mancher Bischof der Provinz diesen Vorschlag ablehnte und seinen eigenen Bevollmächtigten entsandte. Bertrand de Languissel ging die Sache anders an. Am 22. April 1308 ließ er acht Templer des Hauses Saint-Gilles zu sich kommen, die in Alès inhaftiert waren und aus seiner Diözese stammten; sie waren am 16. November 1307 von Oudard de Maubuisson verhört worden. Außerdem bestellte Bertrand de Languissel den Bischof von Nevers ein, der sich gerade in der Sénéchaussée Beaucaire aufhielt, wo er «schwierige Verhandlungen» führte, außerdem Bertrand Jourdain de l'Isle, Seneschall von Beaucaire, Oudard de Maubuisson, Déodat Cathalan, den Inquisitor, und andere Dominikaner und Beamte des Königs; sie alle waren an den Vernehmungen vom November 1307 beteiligt gewesen. Der Bischof ließ das am 16. November gemachte Geständnis von Pons de Castelbon verlesen, das die sieben anderen Templer bestätigt hatten. Als Einziger wurde Pons de Castelbon befragt, der sein damals abgelegtes Geständnis bestätigte. Zweifellos billigten die sieben Mitbrüder erneut die Erklärungen von Pons.[29]

Das Vorgehen des Bischofs von Nîmes steht in direktem Zusammenhang mit der Anberaumung der Ständeversammlung in Tours. Der Bischof interveniert *ex officio*, als er nur die Templer seiner Diözese einberuft. Es geht ihm darum, sich persönlich vom Wahrheitsgehalt der Geständnisse zu überzeugen, bevor er Gilles Aycelin seine Vollmacht erteilt. Bertrand de Languissel ist weder ein bedingungsloser Anhänger des französischen Königs noch des Erzbischofs von Narbonne. Im Jahr 1303 hatte er dem König den Gehorsam verweigert und sich nach Rom auf das Konzil begeben, das Bonifatius VIII. anberaumt hatte (das war vor dem Anschlag von Anagni). Die acht Templer wagten nicht, ihre Geständnisse von 1307 zu widerrufen. Haben sie die Gelegenheit dazu einfach verpasst? Es ist nicht sicher, ob sie über den Widerruf des Großmeisters vom Dezember 1307 Bescheid wussten; noch dazu waren an der Seite des Bischofs von Nîmes alle die Männer, die ihnen im November die Geständnisse abgepresst hatten – da war Vorsicht geboten![30]

Bertrand de Languissel verfolgte die Sache nicht weiter und bevollmächtigte den Erzbischof von Narbonne in völlig neutralem Ton: In seiner Vollmacht ist nur die Rede von der Angelegenheit der Templer *(negotio templariorum)*, keinerlei Urteil, keinerlei Bewertung.[31]

Angesichts der teilweise mehrdeutigen Formulierung in einigen Aussagen der Templer habe ich mich gefragt, ob nicht im Laufe des Jahres 1308 – ohne zwingenden Zusammenhang mit der Versammlung in Tours – noch weitere Ordensbrüder vor die Bischöfe getreten sind. Unter Hinweis auf die Verhöre vor dem

Bischof von Clermont im Juni 1309 (es geht hier um das Verfahren gegen die Templer als Personen, das Clemens V. im August 1308 angeordnet hatte)[32] zitiert Anne-Marie Chagny-Sève die Aussage von Bernard de Villars vom Juni 1309, der zusammen mit 33 Ordensbrüdern vor dem Bischof Aubert Aycelin von Clermont das Geständnis wiederholte, das er gegenüber den Dominikanern Etienne Bourdon und Durand Vassal gemacht hatte. Dieses erste Verhör muss vor Oktober oder November 1307 stattgefunden haben, ein Erscheinen vor dem Bischof könnte 1308 erfolgt sein.[33] Einige Aussagen vor der päpstlichen Kommission scheinen die These zu stützen, dass es im Anschluss an die Geständnisse von 1307 und vor der Ständeversammlung, aber nicht vor 1309, in den Diözesankommissionen, die vom Papst eingesetzt waren, solche Vorladungen gab.

Ich nenne nur ein paar Beispiele. Humbert du Puits und Jean Bertaud, beide aus der Diözese Poitiers, erschienen 1307 vor dem Seneschall von Poitou, dann ein Jahr später vor dem Offizial von Poitiers (das heißt, dem Oberhaupt der bischöflichen Gerichtsbarkeit, des Offizialats) und seinen Gehilfen (Dominikaner und Minoriten).[34] Gérard de Passage aus der Diözese Metz wurde in Anwesenheit des Bailli von Mâcon im Oktober oder November 1307 verhört und gefoltert. Anschließend wurde er von den Dominikanern und dem Bischof von Chalon-sur-Saône befragt und später noch einmal vom Bischof von Toul (dies ist vielleicht das Verfahren vor der vom Papst angeordneten Diözesankommission).[35] In diesen beiden Fällen ist der Auftritt vor dem Bischof und den Inquisitoren mit dem vergleichbar, der aus Aigues-Mortes und Nîmes im Jahr 1307 berichtet wurde. Gilles de *Encreyo* aus der Diözese Reims, der 1307 von den Inquisitoren im Templerhaus von Paris verhört worden war, erschien in der Folge zweimal vor dem Bischof im großen Saal des Bischofssitzes. Unklar ist, wann das geschah. Es könnte sowohl 1308 als auch 1309 gewesen sein oder auch beide Male.[36]

Ein Erscheinen vor dem ortsansässigen Bischof in den Monaten nach den ersten Geständnissen vor den Inquisitoren und den Beamten des Königs könnte eine Methode gewesen sein, mit Hilfe der kirchlichen Autorität ein Verfahren zu legitimieren, dessen Ungesetzlichkeit dem König bewusst war. Mangels eindeutiger Dokumente lässt sich jedoch nicht mehr darüber sagen.

Guillaume de Plaisians in Poitiers (Mai–Juni 1308)

Der König verließ Tours am 21. Mai. Am 22. machte er Station in Chinon und erreichte Poitiers am 26. Mai.[37] Begleitet wurde er von seinen Räten, seinem Hof und den Abgeordneten der Generalstände von Tours. Laut Jean Bourgogne, dem Botschafter des Königs von Aragón, wurde er vom Papst herzlich empfangen. Clemens V. hoffte, vor seiner Abreise nach Rom (in Wirklichkeit nach Avignon) mit dem König die Angelegenheit des Heiligen Landes (das heißt, die Planung eines Kreuzzuges) bereden zu können! Dies ist wohl gascognischer Humor – denn natürlich wurde über nichts anderes als über die Templer und Bonifatius VIII. gesprochen.

Am 29. Mai hielt der Papst ein Konsistorium ab. Das bereits zitierte Protokoll von Jean Bourgogne ist besonders ausführlich und vollständig, denn es erwähnt und resümiert alle Beiträge.[38]

Guillaume de Nogaret, der seit dem Anschlag von Anagni exkommuniziert war, konnte freilich nicht vor dem Papst auftreten. Daher sprach als Erster Guillaume de Plaisians, der vom König eigens mit der Templeraffäre betraute Rat. Er hielt eine lange Rede, die man in Grundzügen kennt.[39] Aufgrund der Zusammenfassung von Jean Bourgogne lässt sich erkennen, dass Guillaume de Plaisians sich nicht strikt an seinen Entwurf hielt. In Form eines Gebetes mit der Überschrift *Christus vincit, Christus regnat, Christus imperat* – Christus siegt, Christus herrscht, Christus befiehlt – bringt er die großen Themen der königlichen Propaganda wieder zur Sprache und demonstriert die Stichhaltigkeit und den Erfolg des Vorgehens des Königs gegen die ketzerischen Templer, indem er die massenhaft erwirkten Geständnisse aus dem ganzen Königreich anführt: «Die aufgeführten Tatsachen liegen klar zu Tage und sind unbestreitbar.» Wer sie in Zweifel zieht, macht sich zum Komplizen der Ketzer. Abweichend von seinem Entwurf fährt Guillaume de Plaisians schärfere Geschütze auf und droht dem Papst ziemlich unverhohlen. Der Orden habe das Urteil über sich selbst gesprochen, und man warte nur noch auf die Entscheidung des Papstes, denn «diese Angelegenheit liegt ausschließlich in Eurer Gerichtsbarkeit». Und er schließt seine Rede (nach Jean Bourgogne): «Heiliger Vater, da also der König, die Bischöfe, die

Barone und das ganze Volk dieses Reiches auf einen raschen Abschluss der Affäre drängen, mögt Ihr die Sache unverzüglich zu Ende bringen. Andernfalls sehen wir uns gezwungen, mit Euch eine andere Sprache zu sprechen.»

Diese Schmährede wurde in der Landessprache gehalten.

Danach meldeten sich Gilles Aycelin, der Erzbischof von Narbonne, und Gilles Colonna, Erzbischof von Bourges, in rascher Folge zu Wort und sprachen im gleichen Sinne. Nach ihnen traten ein Baron und zwei Bürger auf, der eine aus Paris für Französisch *(langue d'oïl)*, der andere aus Toulouse für Okzitanisch *(langue d'oc)*; beide brachten die Unterstützung ihres «Standes» für den König zum Ausdruck.

Der Papst antwortete auf Lateinisch und hielt an seinem früher eingenommenen Standpunkt fest, erklärte auch, dass die Entscheidung, die Templer gefangen zu setzen, niemals durch Schreiben von ihm sanktioniert worden sei. Im Protokoll Jean Bourgognes ist der Schlüsselsatz der folgende:

> Seit er zum Papst gewählt wurde, ist er zahlreichen Templern begegnet und hat den Orden und die Brüder schätzen gelernt, die er für anständig hielt. Wenn sie allerdings so sind, wie man von ihnen behauptet, dann hasst er sie und wird sie so hassen, dass er, wenn ihm der Nachweis ihrer Verfehlungen erbracht worden ist, gegen sie vorgehen wird als Richter, der die Ehre der Kirche Gottes, den Glauben und das Christentum wahrt.

Und er versprach, gemeinsam mit den Kardinälen schnell und gründlich zu handeln, jedoch ohne Hast, mit der Redlichkeit und Reife, die Kennzeichen der Kirche sind. Clemens V. nahm sich Zeit, aber angesichts des Drucks von Seiten Philipps des Schönen musste er einer weiteren Versammlung zustimmen. Diese fand am 14. Juni statt. Der Ton von Guillaume de Plaisians' Rede war diesmal noch heftiger, noch drohender.[40] Er erklärte den König «nicht [zum] Ankläger, Verfolger und besonderen Initiator, sondern zum Gesandten Gottes, Helden der katholischen Kirche, Jünger des göttlichen Glaubens zum Schutz der Kirche». Doch wie das Schilfrohr beugte sich Clemens V., brach aber nicht, zum großen Zorn von Plaisians, dessen Ton sicherlich aggressiver war, als der König sich das gedacht hatte.[41] Nein, der Papst konnte den Orden als solchen nicht richten und verurteilen, solange die Brüder und der Ordensbesitz nicht unter der Obhut der Kirche standen.[42]

Schließlich entschloss sich der König zu einer Geste des guten Willens und ließ einige Templer, darunter die Hauptwürdenträger, dem Papst nach Poitiers überstellen.

Die Machtprobe war aufgeschoben. Nun ging das große Feilschen los.

6

DER KOMPROMISS: POITIERS–CHINON (JUNI–AUGUST 1308)

Templer vor dem Papst: Poitiers, 28. Juni–2. Juli 1308

Am Tag nach dem Konsistorium vom 14. Juni 1308 begriff Philipp der Schöne, dass es kontraproduktiv war, die von Guillaume de Plaisians angekündigte Strategie, womöglich mit einer Wiederholung des Anschlags von Anagni, weiterhin zu verfolgen.

Am 27. Juni veröffentlicht er zwei Briefe. Im ersten rechtfertigt er die Inhaftierung der Templer in den königlichen Gefängnissen damit, dass er einer Flucht vorbeugen musste, die Beschlagnahme ihrer Güter begründet er mit der Sorge, sie könnten verschleudert werden. Dann kündigt er an, er werde Personen und Güter wieder dem Papst und der Kirche übergeben, die beiden Kardinäle Beranger Frédol und Étienne de Suisy sollen hierfür die Vermittlung übernehmen. Im zweiten Brief gibt er bekannt, dass die Beschlagnahme der Templergüter durch die königliche Verwaltung aufgehoben wird.[1] Diese Briefe können erst nach dem 14. Juni als Abschluss von Verhandlungen zwischen König und Papst verfasst worden sein.

Konkret und symbolisch erfolgte die Überstellung der Templer, indem 72 Ordensbrüder dem Papst zur Befragung vorgeführt wurden. Vom Ablauf dieser Operation ist wenig bekannt. Ausgeschlossen ist, dass der König bis zum 27. Juni mit der Überführung der Templer wartete, denn die Verhöre begannen bereits am Tag darauf. Ein englisches Dokument, das von den Ereignissen in Poitiers vom Juni berichtet, liefert zu diesem Thema ein interessantes Detail:

> Am Donnerstag nach dem Johannisfest brachte der König acht oder neun Templer, alles Edelleute [fehlende Textstelle], übergab sie dem Papst und stellte ihm und der Kirche die Männer und ihre Besitztümer zur Verfügung. In der Woche darauf examinierte der Papst mit fünf Kardinälen diese Templer.[2]

Der Text weist einige chronologische Ungereimtheiten auf: Der Donnerstag nach dem Johannistag, der in diesem Jahr auf Sonntag, den 24. Juni, fiel, war demnach der 28. Juni, der Tag der ersten Vernehmungen, was eigentlich die Ankunft der Templer an ebendiesem Tag ausschließt. Allerdings wartete der Papst mit den Verhören nicht bis zur folgenden Woche. Gleichwohl legt der Text nahe, dass die Templer nicht alle gleichzeitig ankamen und die ersten schon vor dem 26. oder 27. Juni in Poitiers eintrafen. Analysiert man die Verhöre, so kann man mit einiger Wahrscheinlichkeit auf den Ort schließen, von dem die 72 Templer hergebracht wurden; wie man sehen wird, kamen sie nicht alle vom selben Ort. Doch bevor ausführlicher davon die Rede sein wird, müssen die verfügbaren Dokumente genau geprüft werden.

Die Anzahl der 72 Templer, die dem Papst vorgeführt wurden, ist dieselbe, die in den Bullen *Regnans in coelis* und *Faciens misericordiam* aufgeführt ist, zwei Texten, deren Bedeutung im Folgenden klar werden wird. Die fünf Würdenträger des Ordens, allen voran Jacques de Molay, die ebenfalls dem Papst in Poitiers gegenübergestellt werden mussten, waren ganz in der Nähe in Chinon festgesetzt gewesen. Auf den Grund komme ich gleich zu sprechen. Gehören diese fünf zu den 72? Der Historiker verfügt über vierzig Aussagen dieser 72 Templer. Sie sind in zwei Arten von Dokumenten überliefert: im *mundum*, einem sorgfältig auf Pergament geschriebenen Original, das von der Kanzlei für Personen von außerhalb bestimmt war, und im *rubrice*, einer Art Konzept auf Papier, das in der Kanzlei verblieb.[3] Diese vierzig Aussagen gehören zur Kategorie der *rubrice*; 33 von ihnen wurden von Konrad Schottmüller (nummeriert von VII bis XXXIX), die sieben anderen von Heinrich Finke (von XL bis XLVI) veröffentlicht.[4]

Zu diesen vierzig Templern, deren Geständnisse vorliegen, kommen noch sieben weitere, von denen man weiß, dass sie in Poitiers verhört wurden. Ohne weitere Angaben werden zwei davon nach der letzten von Heinrich Finke edierten Aussage zitiert: Robert de Layme (oder de Yma) und Jean de Valbruan. Die Protokolle der Auftritte vor der päpstlichen Kommission im Paris der Jahre 1310–1313 verzeichnen weitere fünf Namen. Am 14. Februar 1310 erscheinen 28 Templer aus Carcassonne vor der Kommission, von denen sechs erklären, ihr Geständnis vor dem Papst abgelegt zu haben. Sie haben also gestanden und den Orden angeklagt. 1310 widerrufen sie ihr Geständnis und geben an, den Papst belogen zu haben. Zwei dieser sechs, Déodat (oder Dorde) Jafet und Étienne *Trobati*, werden tatsächlich unter denjenigen Templern aufgeführt, die im Juni 1308 dem Papst gegenüberstanden; die anderen vier tauchen bei Schottmüller und Finke nicht auf: Sie müssen also zu den in Poitiers anwesenden Templern hinzugezählt werden – es handelt sich um Gaucerand de Montpezat, Jean Costa, Gérard de *Fore Agula* und Raymond Finel.[5] Am 17. Februar 1310 kommen weitere vier Templer aus der Diözese Auch in Paris an: Einer von ihnen, Adémar d'Esparre (de *Sparros*), wird in der Liste bei Schottmüller erwähnt; er hat demnach gelogen. Ein anderer namens Jean de Vaujaloux *(Valle Gelosa)*, ein Priester aus der Diözese Périgueux, erscheint nicht auf dieser Liste, er behauptet, vor dem Papst ausgesagt, aber nichts gegen den Orden geäußert zu haben. Es lässt sich nicht mit Bestimmtheit sagen, ob die beiden anderen Männer der Gruppe, Raymond de *Gladio* und Raymond Guilhelm, in Poitiers verhört wurden.[6] Schließlich trat Jean de Juvigny, der ebenfalls auf der Liste derer steht, von denen wir die Aussagen haben, vor die päpstliche Kommission und versicherte, vom Papst bereits verhört worden zu sein.[7] Zu den vierzig Templern, deren Geständnis vor dem Papst uns vorliegt, kommen demnach die sieben folgenden Namen hinzu: Robert de Layme *(Yma)*, Jean de Valbruan, Gaucerand de Montpezat, Jean Costa, Gérard de *Fore Agula*, Raymond Finel und Jean de Vaujaloux.

1310 beschließt die päpstliche Kommission, die Templer, die in Poitiers vom Papst angehört wurden, nicht noch einmal zu vernehmen. Sie trifft diese Entscheidung in dem Augenblick, als Jean de Juvigny vor ihr aussagen soll. Unmittelbar nachdem sie ihre Absicht bekundet hat, empfängt sie acht Templer; zwar ist der Text hier nicht ganz eindeutig, aber sie gehören nicht zu denen, die sich in Poitiers befinden: In den folgenden Stunden und Tagen werden sie nämlich von den Kommissaren einzeln vernommen.[8]

47 der 72 dem Papst in Poitiers vorgeführten Templer sind also identifiziert, und von vierzig von ihnen haben wir die Aussagen.[9] Hinzu kommen die fünf Würdenträger, die wenig später in Chinon verhört werden. Macht zusammen 45.

Von einigen Templern kennen wir die Inhaftierungsorte. Was die in Chinon festgesetzten Würdenträger des Ordens und zwei weitere Brüder angeht, so wissen wir aus den Dokumenten, welche die Verlegungen der im Tempel von Paris im Januar/Februar 1308 eingesperrten Templer betreffen, den genauen Aufenthaltsort vor ihrem Aufbruch nach Poitiers: Jacques de Molay befand sich in Corbeil, Hugues de Pairaud in Rochefort-en-Yvelines, Raimbaud de Caromb in Montlhéry, Geoffroy de Charnay in Montereau und Geoffroy de Gonneville in Vernon; sicherlich wurden sie vor dem Aufbruch nach Poitiers zusammengeführt. Im selben Zusammenhang werden außerdem Jean de Fouilloy und Gaucher de Liancourt erwähnt, die vom Tempel in Paris nach Villeneuve-le-Roi verbracht worden waren.

Diese sieben Templer sowie vier weitere – Simon Chrétien, Jean de Cugy, Pierre de Montsoult und Jean de Valbruan – waren im Oktober / November 1307 von den Inquisitoren in Paris verhört worden. Acht weitere wurden zur gleichen Zeit in Cahors (Guillaume de Limoges, Atho de Sauvagnac, Guillaume de Trèbes), in Carcassonne (Raymond Étienne, Raymond Massol), in Toulouse (Adémar d'Esparre), in Poitiers (Gérard de Saint-Martial) und in Lusignan (Humbert de Comborn) vernommen. Also 19 von 45, was natürlich nicht heißt, dass die übrigen 26 nicht auch verhört wurden.

Die vierzig Templer, die in Poitiers aussagen, können je nach ihrer Herkunft in vier Gruppen unterteilt werden, die durch ihre Stammdiözese bestimmt wird. Elf kommen aus der Diözese Limoges und einer aus der Diözese Saintes, beide nahe bei Poitiers gelegen. Einer von ihnen, Aymeri Chamerlent, war zum Zeitpunkt der Verhaftungen krank bei seinen Eltern. Er ging nach Poitiers, um sich bei der Kurie vorzustellen, und dort wurde er festgenommen.[10] Eine zweite Gruppe umfasst die zehn Templer aus dem Süden, von denen einer Provenzale ist. Neun kommen aus Paris und der Picardie (Diözese Amiens und Beauvais). Zehn weitere kommen aus Diözesen der Champagne und von Burgund (Meaux, Troyes, Châlons-en-Champagne, Langres, Sens und Autun).

Die Templer der ersten Gruppe konnten schnell nach Poitiers gebracht werden; einige waren hier bereits eingekerkert, wie Aymeri Chamerlent, der zusammen mit einer Gruppe aus Poitiers erwähnt wird, als er sich im Jahr 1310 der päpstlichen Kommission in Paris stellt.[11] Dabei handelt es sich möglicherweise um die sieben oder acht, die am 27. Juni dem Papst übergeben wurden und die das oben erwähnte englische Dokument nennt.[12] Die anderen Gruppen, die aus weiter entfernten Gegenden kamen, waren mehrere Tagesreisen, wahrscheinlich auf Karren, unterwegs, bis sie Poitiers erreichten. Eines steht jedenfalls fest: Man darf sich keine lange Prozession von Templern unterwegs von Paris nach Poitiers vorstellen, die in Chinon einen Zwischenhalt einlegt, um die fünf Würdenträger dort zurückzulassen.[13]

Trafen der König und seine Ratgeber eine Auswahl, um in Poitiers jede Überraschung auszuschließen? Manches deutet darauf hin, doch Zweifel sind angebracht. Sechs Templer waren irgendwann vor ihrer Verhaftung aus dem Orden ausgetreten oder hatten sich selbst gestellt – man denke an Aymeri Chamerlent, der sich zum Zeitpunkt der Verhaftungen in einer Art «Krankheitsurlaub» befand. Pierre de Claustre, der im Jahr 1300 in den Orden aufgenommen worden war, verließ ihn kurz danach wieder und trat in Süditalien in die Dienste der Anjou. Jacques de Bergnicourt, der gleichfalls 1300 von Hugues de Pairaud in den Orden aufgenommen worden war, hatte ihn ein Jahr später nächtens wieder verlassen und war zusammen mit Verwandten in die königliche Armee eingetreten, die in Flandern kämpfte; er gehört nicht zu den Templern, die am 13. Oktober 1307 verhaftet wurden.[14] Guillaume de *Resis* wird als «ehemaliger Templer» bezeichnet, Étienne de Troyes hatte den Orden verlassen und war nach Outremer gegangen. Nach seiner Rückkehr wurde er vor seiner Verhaftung vom König empfangen. Jean de Villars war schon sieben Jahre früher aus dem Orden ausgeschieden, also 1301. Man kann diejenigen dazuzählen, die behaupten, sie hätten den Orden gern verlassen, sich aber nicht getraut: Jacques de Châtillon, Jean de Fouilloy gehören dazu.[15] Waren ein paar von ihnen jene berüchtigten «Maulwürfe», die ab 1305 von Guillaume de Nogaret in den Orden eingeschleust worden waren?

Doch andererseits wundert man sich über die große Zahl der Templer, die angeben, gefoltert (acht) oder mit Folter bedroht (vier)[16] worden zu sein, wie zum Beispiel Atho de Sauvagnac, der die harte Behandlung anprangert, der er unterzogen worden war. Ihre Haltung ist allerdings zweideutig: Sie wurden gefoltert, aber nicht deswegen legen sie ein Geständnis ab; vor dem Papst bleiben sie dabei, denn es sei die Wahrheit. Einerseits macht es ihnen die Möglichkeit, sich vor dem Papst auszusprechen, leichter zu reden. Andererseits bringt sie die Angst, wieder in ihr Gefängnis und in die Hand ihrer Peiniger zurückzukehren, dazu, bisweilen jeder Wahrscheinlichkeit zum Trotz, das Thema Folter als unmittelbaren Grund für ihr Geständnis gar nicht zu erwähnen. Erst später, im Jahr 1310, im Zuge des massiven Aufbegehrens der Templer vor der päpstlichen Kommission (in der es um den Orden als Ganzen gehen soll), wagen sie den entscheidenden Schritt und widerrufen ihr Geständnis: So erklärt Adémar d'Esparre aus der Diözese Auch zum Beispiel, in Poitiers vor dem Papst gelogen zu haben.[17] Die sechs Templer aus Carcassonne geben am 14. Februar eine gleichlautende Erklärung ab; unter ihnen ist Déodat Jafet, der gefoltert worden war.[18]

Insgesamt bleibt der Eindruck zurück, dass es ein Hin und Her der Positionen gab und manches improvisiert war: Am Tag nach dem 14. Juni waren die Verhandlungen zwischen Papst und König wahrscheinlich schwierig, aber sie kamen mit Sicherheit vor dem 27. Juni zum Abschluss, so dass genügend Zeit blieb, Templer aus der Champagne oder dem Languedoc herbeizuschaffen. Diejenigen, die aus der Nähe von Poitiers kamen, wurden den päpstlichen Autoritäten am 27. Juni vorgeführt. Der Papst hatte erreicht, was er wollte, er konnte also die Entscheidung nicht länger hinausschieben.

Die Verhöre verliefen in zwei Phasen, einer ersten vor den Kardinälen vom 28. Juni bis zum 1. Juli und einer zweiten vor dem Papst persönlich am 2. Juli. Mit der Durchführung der Verhöre hatte Clemens V. fünf Kardinäle betraut: Thomas Jorz, einen Engländer, Beranger Frédol und Étienne de Suisy, die von Anfang an die Templeraffäre für den Papst verfolgten, sowie Landolfo Brancacci und Pietro Colonna. Wahrscheinlich war geplant, dass sich jeder von ihnen eine Gruppe Templer vornahm, doch tatsächlich traten nur vier von ihnen auf. Étienne de Suisy verhörte zehn: einen am 28. Juni, vier am 30. und fünf am 1. Juli; Beranger Frédol verhörte zwölf: zwei am 29. Juni, drei am 30. und sieben am 1. Juli; Pietro Colonna und Landolfo Brancacci hatten es zusammen mit elf

Templern zu tun: mit einem am 29. Juni, mit fünf am 30. und mit weiteren fünf am 1. Juli. So weit die Angaben bei Konrad Schottmüller, insgesamt also 33 Personen. Für die sieben Templer, deren Protokoll von Heinrich Finke veröffentlicht wurde, fehlt jeder Hinweis dieser Art. Wie dem auch sei, an dem einen oder anderen Tag muss gegen sie vorgegangen worden sein.

Sie alle stehen vor dem Papst, der am 2. Juli ein Konsistorium einberufen hat; anwesend sind auch der König und seine Räte. Die Geständnisse werden auf Lateinisch und in der Landessprache verlesen, und die Templer bestätigen sie. Daraufhin wird ihnen die Absolution erteilt, und sie werden mit der Kirche versöhnt, jedoch nicht auf freien Fuß gesetzt, denn sie müssen noch auf ihren Urteilsspruch warten. Von den anwesenden Notaren wird ein Schriftsatz verfasst. Am 10. Juli treten die Angeklagten noch einmal im Palais des Kardinals Pierre de la Chapelle an, der dem Papst in der Templeraffäre zur Seite steht. Dabei sind wieder die Kardinäle des Verfahrens von Ende Juni und vom 1. Juli. Laut Jean Bourgogne, der darüber am 11. Juli in einem Brief an den König von Aragón berichtet, waren etwa fünfzig Templer anwesend. Das bestätigt, dass wir nicht von allen die Verhörprotokolle haben. Wieder bekräftigten sie ihr Geständnis, und wieder wurde ihnen die Absolution erteilt. Überdies wies man sie darauf hin, dass sie, da der Orden ja noch nicht verurteilt worden sei, die Insignien (Mantel und Kreuz) weiterhin tragen und an der Liturgie und den Sakramenten teilnehmen dürften; aber natürlich kamen sie nicht frei.[19]

Sämtliche Geständnisse schienen den «schweren Verdacht» des französischen Königs zu bestätigen, der auf eine Entscheidung und die Verurteilung der Templer und ihres Ordens drängte. Der Papst antwortete, die Kirche weise keine Bußfertigen ab, und solche seien die Templer, hätten sie doch ihre Verfehlungen gestanden und ihnen abgeschworen. Außerdem müsse er noch die Ergebnisse der in der übrigen Christenheit durchgeführten Untersuchungen abwarten, bevor er abschließend dazu Stellung nehmen könne.[20] Und wieder hatte der König das Nachsehen! Der Papst bestimmte die Regeln des Spiels.

Faciens misericordiam

Was wurde aus den Templern, die dem Papst vorgeführt worden waren, nach der Sitzung vom 10. Juli? Vermutlich wurden sie in ihre Gefängnisse zurückgebracht. Wir begegnen einigen von ihnen – zehn an der Zahl – unter denen, die 1310 bis 1311 vor den päpstlichen Untersuchungsausschuss traten. Guillaume de Saint-Supplet, Jean de Valbruan und Robert de Layme stellen sich am 11. April 1310 vor, werden jedoch nicht verhört, weil sie bereits 1308 vom Papst befragt worden waren; woher sie kamen, wissen wir nicht.[21] Das gleiche gilt für Jean de Juvigny, der am 30. April 1310 erscheint.[22]

Am 14. Februar 1310 treten Déodat Jafet und Étienne *Trobati* aus Gabian, die aus der Sénéchaussée Carcassonne gekommen sind, zur Verteidigung des Ordens an,[23] und am 17. Februar ist die Reihe an Adémar d'Esparre aus der Diözese Auch. Am selben Tag erscheint auch Aymeri de Chamerlent aus Poitiers vor der Kommission, lehnt es aber ab, den Orden zu verteidigen.[24] Am 29. März 1311 werden Guillaume Aymeri (von Bertrand de Villars) und Guy Brughat (von Guy de La Chastaneda) vorgeladen: Bis zu diesem Zeitpunkt sind sie in Limoges inhaftiert.[25] Diese sechs Templer, das zeigen die Angaben aus dem Frühjahr 1310, wurden dorthin zurückgebracht, wo sie 1308 in Haft waren, bevor sie nach Poitiers verlegt wurden, um dem Papst vorgeführt zu werden.

Nach dem Konsistorium vom 2. Juli begann Clemens V., den Kompromiss mit dem König mit Hilfe einer Reihe von Bullen, die verschiedene Aspekte des Problems behandelten, in konkrete Formen zu fassen: die Überstellung der Personen und Güter an die Kirche; die Wiedereinsetzung der Inquisitoren in ihre Ämter; die Schaffung neuer Verfahren gegen die Personen und gegen den Orden; die Einberufung eines Konzils; der Umgang mit den Würdenträgern des Ordens.

Das betrifft nicht allein die Templer. Es fallen andere Entscheidungen zur Organisation einer «Überfahrt» (eines Kreuzzugs) unter Führung der Hospitaliter und zur Eröffnung einer Untersuchung zu Bonifatius VIII., die Philipp der Schöne so hartnäckig gefordert hatte. Nicht von ungefähr kommt das alles zusammen auf den Tisch. Nach der Machtprobe ist nun Zeit für den Kompromiss. Doch dies geschieht nicht ohne Hintergedanken.

Wahrscheinlich muss man die Korrespondenz zwischen König und Papst auf die Zeit zwischen dem 2. und dem 5. Juli datieren; darüber gibt das schon mehrfach in diesem Kapitel erwähnte englische Dokument einen Überblick, zuletzt im Hinblick auf die Forderungen des Königs am Ende des Konsistoriums vom 2. Juli. Angeschnitten werden die konkreten Fragen der Rücküberstellung der Personen und Güter. Der König akzeptiert, dass die Templer wieder unter die Kuratel der Kirche gestellt werden, und diese verlangt von ihm, die Ordensbrüder weiter in seiner Obhut zu bewahren, jedoch in ihrem Namen. Die Güter des Ordens sollen wieder der Kirche übergeben und zugunsten des Heiligen Landes verwendet, doch weiterhin verwaltet werden von Leuten, die vom König auf Antrag der Kirche benannt werden. Die Kirche soll die Finanzkontrolleure bestimmen, die Erträge aus den Templerbesitzungen hingegen sollen vom König verwaltet werden.

Allerdings stellt der Papst weitere Bedingungen: Die Templer sollen zwar von Beamten des Königs bewacht werden, müssen aber jederzeit dem Papst und den Bischöfen zur Verfügung stehen, wann immer diese es wünschen. Präzisiert wird auch, dass für die Befragung der Templer die Bischöfe in ihren Diözesen zuständig sein sollen, der Papst sich jedoch das Verfahren gegen die Würdenträger und den Orden insgesamt vorbehält. Hier zeichnet sich das Doppelverfahren ab – zum einen gegen die Personen, zum anderen gegen den Orden –, das in den folgenden Wochen beschlossen wird. Für den Besitz werden zwei Kuratoren je Diözese eingesetzt werden, wobei der eine vom Papst, der andere vom Bischof bestimmt wird. Der König hat die Möglichkeit, insgeheim Einfluss auf die Ernennungen zu nehmen; das Gleiche gilt auch für die von Papst und Bischof eingesetzten Kontrolleure. Die Kasse wird vom König verwaltet, das Geld soll dem Heiligen Land zugutekommen und die maßvollen Ausgaben für die Bewachung der Templer decken. Dies soll so lange gelten, bis über den Orden ein für allemal entschieden sein wird.

Am Ende – und das lässt darauf schließen, dass diese Abmachungen vor dem 5. Juli getroffen wurden – entspricht der Papst dem Wunsch des Königs, die Inquisitoren wieder einzusetzen; er werde «alles in seiner Macht Stehende beim Heiligen Kollegium veranlassen, dass es ihnen erlaubt wird – obwohl es seine Ehre verletzt –, gemeinsam mit den Ordinarien [den Diözesanbischöfen] einzeln gegen die Templer vorzugehen».[26] Die Bulle *Subit assidue* vom 5. Juli 1308 bildet den Abschluss dieses ersten Tauschgeschäfts.[27]

In diesem Dokument erinnert der Papst daran, dass er in der Vergangenheit die Befugnisse der Inquisitoren ausgesetzt hatte, die 1307 gegen die Templer vorgegangen waren, und er erklärt auch, warum. Nachdem er in der Zwischenzeit die Templer in Poitiers befragt und von etlichen ein Geständnis erhalten habe, habe er beschlossen, das Verbot des Verfahrens gegen sie aufzuheben und die Prälaten und Inquisitoren zu verpflichten, die Untersuchung innerhalb ihrer Diözese einzuleiten. Aber sie dürften nur gegen die Personen, nicht gegen den Status des Ordens als solchen *(generali statu tocius ordinis ...)* vorgehen. Für dieses zweite Verfahren werde er geeignete Personen bestimmen. Außerdem behält er sich jegliche Untersuchung, jedes Verfahren und jeden Prozess gegen den Großmeister, den Meister von Frankreich (tatsächlich handelt es sich um den Visitator), den Großmeister von Outremer, die Komture der Normandie, der Provence und des Poitou vor.

In einem zweiten Brief ebenfalls vom 5. Juli räumt er Guillaume de Paris, dem Großinquisitor von Frankreich, das Recht ein, an den Diözesankommissionen an der Seite des Bischofs teilzunehmen, obwohl er die Empörung des Papstes verdient habe, weil er ohne dessen vorherige Genehmigung gegen die Templer vorgegangen war.[28]

Die Bulle *Cum per nos* vom 13. Juli legt schließlich die Zusammensetzung der Diözesankommissionen fest: Der Bischof soll zwei Kanoniker, zwei Dominikaner und zwei Minoritenbrüder benennen.[29]

Damit sind die Kommissionen in den einzelnen Diözesen eingesetzt, die nun im Namen des Papstes und der Kirche in der gesamten Christenheit gegen die Templer individuell ermitteln: Haben sie sich der Verfehlungen und Verbrechen schuldig gemacht, die ihnen vorgeworfen werden?

Zwischen dem 5. und dem 13. Juli unternahm der König noch einmal einen Vorstoß, der allerdings weit über den Rahmen der Templeraffäre hinausging. Laut einem anonymen englischen Dokument, aus dem ich bereits zitiert habe,[30] legte der König am Samstag nach der Reliquientranslation des seligen Märtyrers Sankt Thomas, also am 7. Juli,[31] dem Papst etliche Forderungen vor. Er beauftragte Guillaume de Plaisians, dem Papst diesen Forderungskatalog darzulegen, was dieser auf einem weiteren Konsistorium am 13. Juli tat: 1. Der Papst und die Kurie sollten in Frankreich bleiben; 2. Der Papst sollte die Templer nach erfolgtem Geständnis verurteilen; 3. Wenn es ein Generalkonzil geben sollte, dann in Frankreich; 4. Coelestin V., der Vorgänger von Bonifatius VIII., sollte heilig gesprochen werden; 5. Der Papst sollte die Verbrennung der Gebeine von Bonifatius VIII. anordnen; 6. Guillaume de Nogaret sollte die Absolution erteilt und seine Exkommunikation aufgehoben werden.

Die Antwort des Papstes ist sowohl in unserem englischen Dokument als auch durch den Chronisten Ptolemäus von Lucca wiedergegeben:[32] 1. Er werde nicht in Frankreich bleiben, sondern nach Rom zurückkehren, weil von dort aus die Angelegenheiten der Christenheit weit besser zu regeln seien; 2. Er werde sich mit Eifer der Angelegenheit der Templer widmen, ohne jedoch von den Regeln abzuweichen, die er bekannt gegeben habe; 3. In der Frage, wo möglicherweise ein Konzil stattfinden könnte, sei er offen; 4. Zur Heiligsprechung einer Person bedürfe es der Wunder; 5. Bonifatius VIII. habe bewiesen, dass er ein guter Mensch und guter Katholik gewesen sei; der Papst bringe seine Verwunderung über diese Forderung zum Ausdruck und bitte den König, nicht mehr auf diesen Punkt zu insistieren. Aber er erkläre sich mit der Einleitung einer Ermittlung einverstanden; 6. Die Exkommunikation Guillaume de Nogarets werde nicht aufgehoben.

Wieder ist der König mit seinen Wünschen gescheitert. Am 9. Juli hatte er zugestimmt, dass im Falle einer Aufhebung des Ordens die Güter des Tempels dem Heiligen Land zugesprochen würden, und im Gegenzug hatte der Papst ihn ermächtigt, Kuratoren (Verwalter) dieser Güter zu bestimmen.[33] Und am 13. Juli werden die Templer als Einzelpersonen durch den Kardinal Pierre de La Chapelle der Kirche überstellt, der sie sogleich – im Namen der Kirche – in die Obhut des Königs gibt.[34]

Am 21. Juli verlässt Philipp der Schöne Poitiers. Zurück bleiben einige seiner Räte, unter ihnen Gilles Aycelin, Erzbischof von Narbonne, und Guillaume de Plaisians. Jean Bourgogne, der Gesandte des Königs von Aragón, versichert, diese Räte nähmen den Papst derart in Beschlag, dass es ihm nicht gelinge, eine Audienz (beim Heiligen Vater) zu bekommen, um ihn über die Lage in Aragón zu unterrichten.[35] Wir kennen den «Terminkalender» des Papstes für die drei Wochen vor seiner Abreise aus Poitiers nicht. Doch nach seinen letzten Entscheidungen zu urteilen, ist er seinem Standpunkt treu geblieben und hat seinen Aufenthalt mit einem wahren Paukenschlag beendet.

Die Bulle *Exurgat Deus* vom 11. August samt Anhang bringt das Projekt eines neuen Kreuzzuges auf den Weg, den die Hospitaliter (deren Großmeister Foulques de Villaret gerade im Okzident weilt) mit dem Einverständnis des Papstes vorbereiten sollen. Die Bischöfe und Erzbischöfe sollen ihre Schäfchen auffordern, ihren Teil zu dem Unternehmen beizutragen. All jenen, die in irgendeiner Weise etwas zum Erfolg der «Passage» nach Outremer beisteuern, soll Ablass gewährt werden. In allen Pfarrgemeinden ist eine Kurzfassung der Bulle auf Französisch zu verlesen und zu veröffentlichen.[36] Der enge Zusammenhang zwischen diesen Beschlüssen zugunsten des Hospitaliter-Projekts und dem erbitterten Kampf des Papstes, Philipp dem Schönen die Zustimmung abzuringen, den Besitz der Templer ungeteilt dem Heiligen Land zukommen zu lassen, ist nicht zu übersehen. Und auch hier hat der Papst eindeutig einen Vorsprung. Für Clemens V. ist klar: Der Besitz des Tempels muss im Falle eines Ordensverbotes an die Hospitaliter gehen, denn die sind am besten geeignet, das Heilige Land zu unterstützen.

Am folgenden Tag, dem 12. August, werden dem letzten Konsistorium, das in Poitiers abgehalten wird, zwei wichtige Texte vorgelegt: die Bullen *Regnans in coelis* und *Faciens misericordiam.*[37] Beide Dokumente haben einen gemeinsamen Teil: die Chronologie der Affäre von dem Moment an, als der Papst in Lyon darüber unterrichtet wurde, bis zur Vorladung der 72 Templer nach Poitiers und zu den Verhören der fünf in Chinon inhaftierten Würdenträger durch die vom Papst gesandten drei Kardinäle. Hier gibt es ein Problem: Die Vernehmungen in Chinon wurden vom 17. bis zum 20. August geführt, also nach dem Konsistorium vom 12. August: Wo steckt der Irrtum?

Diese Frage soll im letzten Abschnitt dieses Kapitels geklärt werden, zunächst soll es um Inhalt und Entstehung der beiden Texte gehen.

Das Anliegen der Bulle *Regnans in coelis* ist die Schaffung eines Verfahrens gegen den Orden als solchen, das sich der Papst vorbehalten hat: Er legt fest, dass die Ermittlungsphase von «einigen von ihm zu benennenden zuverlässigen Personen [geleitet wird], die die Angelegenheit erfolgreich abschließen sollen». Danach soll das Urteil auf einem allgemeinen Konzil gefällt werden, das zu den Kalenden des Oktober 1310 einberufen wird (tatsächlich wurde es um ein Jahr verschoben). Dieses Konzil soll in Vienne abgehalten werden (das nicht auf dem Territorium des französischen Königreichs liegt, was dem Wunsch des Königs zuwiderläuft) und sich mit dem Orden, seinen Mitgliedern und seinem Besitz befassen, aber auch mit der Unterstützung des Heiligen Landes und der Reform der Kirche. Der Papst ist jetzt am Zug, nicht der König, und Philipp der Schöne muss sich damit abfinden.

Faciens misericordiam, die Bulle, die am selben Tag veröffentlicht wurde, liegt in drei Fassungen vor: in einer Rohfassung, die auf dem Konsistorium vom 12. August verlesen, jedoch nicht publiziert wurde, und in zwei schriftlichen, für die Öffentlichkeit bestimmten Formen. Nehmen wir uns zunächst diese beiden vor. Sie unterscheiden sich durch ihren Adressaten (das heißt, die Namen und Ämter der Personen, an die sich der Text richtet) sowie durch ihre Anordnung, das heißt durch die (am Ende) verkündeten Beschlüsse. Die *narratio,* der Teil, der die Fakten und die Ereignisse aufzählt und die Entscheidung begründet, ist in beiden Versionen gleich.

In ihrer ersten Form ist die Bulle an einen bestimmten Erzbischof und seine Suffraganbischöfe gerichtet. Die Anordnung beschreibt das Verfahren «gegen die einzelnen Personen» und übernimmt dazu die Bestimmungen der Bulle *Cum per nos* vom 13. Juli bezüglich der Zusammensetzung der Diözesankommissionen, die in den einzelnen Diözesen gegen alle in ihrem Bereich inhaftierten Templer ermitteln. *Faciens misericordiam* legt die weitere Durchführung des Verfahrens fest: Konzile auf Provinzebene sollen unter Aufsicht des Erzbischofs die Untersuchungsprotokolle prüfen und den Urteilsspruch fällen. Keinesfalls sollen sich Diözesankommissionen und Provinzialkonzile in die Verfahren gegen den Orden als solchen oder gegen die Würdenträger einmischen; das soll dem Papst vorbehalten bleiben. Dieser Bulle ist ein Katalog von 88 Fragen angefügt, welche die Templer beantworten müssen.[38]

In der zweiten Version ist die Bulle *Faciens misericordiam* an acht Mitglieder adressiert, die der Papst zur Bildung einer Kommission mit dem Auftrag bestimmt hat, gegen den Orden in Frankreich zu ermitteln; ihren Sitz soll sie in der «Stadt, der Diözese und der Provinz Sens» haben. Tatsächlich wird sie in Paris tagen, das damals nur ein untergeordnetes Bistum des Erzbistums Sens war. Ihr Auftrag unterscheidet sich offenkundig von dem der ersten Version, denn die Zielvorgabe dieser Kommission besteht darin, gegen den Orden als solchen zu ermitteln, wozu sämtliche Templer des Reiches vorgeladen werden sollen. In den Ausführungsbestimmungen ist festgelegt, dass die Kommission selbst dann ordnungsgemäß tagen kann, wenn einige Mitglieder fehlen, sofern mindestens drei anwesend sind, von denen zwei Prälaten sein müssen.[39] Die Verhöre sollen nach einer 127 Artikel umfassenden Liste erfolgen.[40]

Freilich konnte der am 12. August in Poitiers verlesene Text solche Details, welche die Organisation der päpstlichen Kommission von Paris betrafen, nicht enthalten; wie man sehen wird, wurde diese erst im August 1309 eingesetzt. Auch die Informationen über die Verhöre von Chinon waren weder darin noch in der Bulle *Regnans in coelis* enthalten, da die Verhöre noch gar nicht stattgefunden hatten, und demnach tauchten sie in beiden Bullen auch nicht auf. Was am 12. verlesen wurde, war eine vorläufige Fassung der *Faciens misericordiam*, deren Text am 8. August verfasst worden war und in den Registern Clemens' V. aufbewahrt wird. Wie in den endgültigen Versionen wird im ersten Teil der Verlauf der Templeraffäre beschrieben, jedoch nur bis zu den Verhören in Poitiers und der am 10. Juli erneuerten Absolution der anwesenden Templer; danach wird das Konzil von Vienne angekündigt. Pierre de La Chapelle wird beauftragt, die Anwesenheit der Würdenträger sicherzustellen, damit dort über sie und den Orden das Urteil gefällt wird. Noch am selben Abend wurde dieser Text an den Türen der Kathedrale von Poitiers angeschlagen.[41]

Dies konnte die Repräsentanten des Königs, die noch in Poitiers weilten, nicht wirklich zufriedenstellen, aber die Rahmenbedingungen schienen festgeschrieben. Wollte sie der Papst vielleicht in Sicherheit wiegen? Am nächsten Tag, dem 13. August, verlässt Clemens V. Poitiers und legt in Ligugé, nur fünf oder sechs Meilen von Poitiers entfernt, einen mehrtägigen Halt ein. Warum?

Um dies zu verstehen, müssen wir den Blick nach Chinon richten.

Chinon (17.–20. August 1308)

Fünf Würdenträger des Tempels – der Großmeister Jacques de Molay, der Visitator Hugues de Pairaud, der Großkomtur von Outremer Raimbaud de Caromb, der Meister der Normandie Geoffroy de Charnay und der Meister von Poitou-Aquitaine Geoffroy de Gonneville – mussten ebenfalls dem Papst in Poitiers vorgeführt werden, doch ein paar waren zu krank, um die Reise zu Pferd fortzusetzen, und schafften es nur bis Chinon, wo sie in der königlichen Burg festgesetzt wurden. In beiden Bullen (*Regnans in coelis* und *Faciens misericordiam*) erwähnt der Papst diesen Umstand und fügt (nachträglich) hinzu: «Da wir darauf bestehen, aus ihrem Mund die ganze Wahrheit zu erfahren, und wissen wollen, ob die Geständnisse und Zeugenaussagen, die sie vor dem Inquisitor von Frankreich in Gegenwart von Notaren und *prud'hommes* abgelegt haben, auch wirklich stimmen (die dazugehörigen Unterlagen sind uns vom Inquisitor persönlich vorgelegt worden).» Vor Beendigung des Konsistoriums am 12. August und vor seiner Abreise von Poitiers tags darauf beauftragte Clemens V. drei Kardinäle – Beranger Frédol, Étienne de Suisy und Landolfo Brancacci –, gegen die fünf Würdenträger und den Orden in Chinon zu ermitteln. Sie sollten deren Geständnis zusammenstellen und daraus einen Schriftsatz verfassen, der dem Papst in Ligugé zu übergeben war, wo er sie erwarten würde.

Am 14. August brachen die drei Kardinäle auf. Jean Bourgogne unterrichtet den König von Aragón in seinem Schreiben vom 19. August 1308 über diesen Sachverhalt, ohne jedoch den Namen der Burg zu nennen; nach seinen Angaben liegt sie sechzehn Meilen von Poitiers, also ziemlich genau die Entfernung zwischen Poitiers und Chinon.[42] Sie beginnen ihre Untersuchung am 17. August mit der Anhörung der Geständnisse von Raimbaud de Caromb, Geoffroy de Charnay und Geoffroy de Gonneville. Am 19. wird Hugues de Pairaud, am 20. Jacques de Molay vernommen, dessen

Angaben knapp ausfallen. Die anderen werden noch einmal geholt, damit sie sich die französische Übersetzung ihrer Aussagen anhören und sie bestätigen. Nachdem sie bereut und ihren Irrtümern abgeschworen haben, wird ihnen die Absolution erteilt, und sie werden wieder in den Schoß der Kirche aufgenommen.[43]

Diese Verhöre von Chinon sind seit langem bekannt, auch wenn im Jahr 2007 eine reißerische Initiative der Archive des Vatikan, auf die sich die Medien (sonst nicht dafür bekannt, auf authentische historische Dokumente scharf zu sein) begierig stürzten, uns weismachen wollte, es sei eine sensationelle Entdeckung gemacht worden. Um was ging es?

Es wurde bereits darauf hingewiesen, dass die Verhörprotokolle von Poitiers in zwei Fassungen vorlagen: ein Original auf Pergament, das *mundum*, und ein Entwurf oder *rubrice* auf Papier. Die vierzig uns bekannten Aussagen von Poitiers sind von Konrad Schottmüller und Heinrich Finke in der *rubrice*-Version ediert worden. Dies gilt auch für die Verhörprotokolle von Chinon, die Heinrich Finke 1907 veröffentlichte.[44] Im Jahr 2001 entdeckte die Historikerin Barbara Frale in den Archiven des Vatikan per Zufall das *mundum* dieser Protokolle. Wie in allen Archivdepots der Welt kommt es auch dort vor, dass manche Dokumente schlecht katalogisiert sind und/oder am falschen Platz liegen und daher den Forschern nicht bekannt sind. Diese Entdeckung war durchaus keine Sensation, und als Barbara Frale die Transkription im Anhang ihres Werkes *Il Papato e il processo ai Templari* 2003 veröffentlichte, waren die Historiker, die sich mit den Templern beschäftigten, zunächst begeistert, sich auf dieses Dokument berufen zu können, stellten dann aber fest, dass es im Grunde nichts Neues brachte.[45]

Dann aber kam das Jahr 2007: Man feierte das 700-jährige Jubiläum des Beginns der Templeraffäre. Aus diesem Anlass veröffentlichten die Archive des Vatikan zu einem Preis, vergleichbar dem Salär eines Fußballspielers vom AS Rom, einen luxuriös aufgemachten Band, der in Faksimile die betreffenden Dokumente zur Templeraffäre versammelt, die im Vatikan aufbewahrt werden. Die Verhöre von Chinon füllen darin nur wenige Seiten. Eine Werbekampagne, die diese «unveröffentlichten» Dokumente groß herausstellte und die Phantasien, die der Name *Archivio segreto del Vaticano* heraufbeschwört, geschickt ausnutzte, beeindruckte alle Arten von

Einfaltspinseln und Liebhabern von Geheimnissen jeglicher Art.[46] Die Folge war, dass die Zeitungen der ganzen Welt der Öffentlichkeit mitteilten, Papst Clemens V. habe in Chinon den Orden von seinen Sünden freigesprochen und die Templer rehabilitiert. Das ist natürlich absurd.[47]

In Chinon erneuerten Jacques de Molay und seine Gefährten ihr im Oktober und November 1307 vor den Inquisitoren abgelegtes Geständnis; sie schworen jeglicher Häresie ab und baten demütig um die Absolution. Die Kardinäle erteilten sie ihnen, nahmen sie wieder in den Schoß der Kirche und in die Gemeinschaft der Gläubigen auf und gestatteten ihnen die Erteilung der Sakramente. Daran ist nichts neu, die vierzig in Poitiers vernommenen Templer erfuhren die gleiche Behandlung. Doch weder die Würdenträger noch die anderen wurden freigesprochen. Die «Reuigen» bekamen durch diese Absolution den Status des Bußfertigen und mussten mit einer Strafe rechnen. Endgültig über ihr Schicksal entschieden wurde erst durch ein Urteil.

Die Verhöre der Würdenträger in Chinon sind als gleichrangig mit denen der vierzig in Poitiers verhörten Templer einzustufen. In der *rubrice*-Fassung sind die Verhöre von II bis VI nummeriert, danach folgen die Verhöre von Poitiers, über die wir verfügen, nummeriert von VII bis XLVI. In den Augen des Papstes handelte es sich um ein und dasselbe Verfahren.

Das Manuskript von Chinon trägt also nicht viel zu neuer Erkenntnis bei. Es bestätigt nur, dass «das Momentum Chinon» höchst aufschlussreich ist für die Haltung des Papstes und die Art, wie er mit der Templeraffäre ohne den Druck durch den König umzugehen gedenkt. Im Juli/August 1308 sind die Templer noch am Leben, und ihr Orden besteht noch immer.[48]

Es bleiben drei unklare Punkte.

Diese Verhöre stammen aus den Tagen vom 17. bis zum 20. August, aber die Bulle *Faciens misericordiam* vom 12. des Monats erwähnt sie als einen Vorgang aus der Vergangenheit. Richtig ist, die Bulle wurde dutzendfach vervielfältigt und in der gesamten Christenheit verbreitet, und diese Schreibarbeit zog sich über Tage und Wochen hin; aber vor allem wurde sie dem Konsistorium vom 12. August nach einer ersten auf den 8. datierten Version vorgelegt, in der – aus gutem Grund! – die Verhöre von Chinon nicht erwähnt werden. Die zweite Fassung mit dem knappen Bericht über die Verhöre konnte durchaus nachträglich verfasst und vordatiert sein, damit sie mit dem Datum des Konsistoriums übereinstimmte. Diese von Barbara Frale vorgeschlagene Erklärung ist umso plausibler, als dies kein Einzelfall ist.[49]

Schwerer zu verstehen ist die Tatsache, dass zu keinem Zeitpunkt, weder in Poitiers noch in Chinon, auf den Widerruf des Geständnisses von Jacques de Molay und Hugues de Pairaud (spätestens) Ende Dezember 1307 verwiesen wird. Beranger Frédol und Étienne de Suisy, die beiden Kardinäle, die diesen Widerruf entgegengenommen hatten, gehören zu den fünf Kardinälen, die die Templer in Poitiers vernehmen, und sind zwei von den dreien, die nach Chinon entsandt wurden. Man könnte daher natürlich argumentieren, die im Dezember 1307 in Paris gemachten Geständnisse seien gar nicht widerrufen worden und die fragliche Quelle sei nicht zuverlässig, aber der Sachverhalt wird von anderen Quellen belegt und ist unstrittig. Muss man diese Kehrtwendung der «Feigheit» Molays anlasten? Dabei steht er vor denselben Kardinälen, die ihn 1307 unterstützt haben. Warum sollte er ihnen auf einmal nicht mehr vertrauen?

Das bringt uns zum dritten und letzten Punkt: Das *mundum* oder Originalmanuskript, das Barbara Frale entdeckt hat, nennt die Namen von amtlichen Notaren, glaubwürdigen Zeugen, die den Kardinälen zur Seite standen: Robert Condet, Kleriker der Diözese Soisson, apostolischer Notar, der beauftragt war, die Geständnisse abzufassen und sie in Urkundenform zu bringen, Umberto Vercellani aus Béziers, Nicola aus Benevent und Amisse aus Orleáns, genannt Le Ratif, alle vier amtliche Notare. Sie setzten ihr Siegel und ihre persönliche Beglaubigung unter die Protokolle. Amisse aus Orléans war schon als amtlicher Notar bei den Verhören in Paris im Oktober und November dabei. Als Zeugen sind aufgeführt: Raymond, Abt von Saint-Theoffrède in der Diözese Le Puy,[50] Maître Bérard de Boiano, Erzdiakon von Troia (in Süditalien), Raoul de Boset, Domherr in Paris, Pierre de Soire, Kustos der Kirche Saint-Gaugery in der Diözese Cambrai.

Die Kardinäle schickten dem König von Frankreich ein vereinfachtes und stark verkürztes Protokoll, in dem sie sich auf die Mitteilung beschränkten, dass die fünf Würdenträger die vor den Inquisitoren in Paris abgelegten Geständnisse bestätigt und sie ihnen die Absolution erteilt hätten.[51] Dieser Text enthält indessen zwei Informationen, die im Originalprotokoll nicht auftauchen. Zum einen habe der Großmeister die Kardinäle aufgefordert, das Geständnis eines der Knappen aus seinem Gefolge anzuhören und ihm die Absolution zu erteilen, worauf die Kardinäle eingingen. Zum anderen appellieren diese an die Milde des Königs, er möge sich «freundlich, wohlwollend und geneigt» gegenüber dem Großmeister Hugues de Pairaud und dem Großkomtur von Outremer erweisen, die ihre Beichte mit viel Demut und Ergebenheit abgelegt hätten. Und sie fügen hinzu, dies könnten «Eure lieben Ritter G. und G. sowie Jean de Janville [einer der Bewacher der Templer], mit uns anwesend in genannter Burg und gewissenhaft bei der Sache», bezeugen. G. und G. sind offensichtlich die beiden Guillaumes, Nogaret und Plaisians.

Nach Weihnachten 1307 blieben Jacques de Molay und seine Gefährten im Gewahrsam des Königs. Wie wir bereits gehört haben, wurden sie aus Paris weggebracht und voneinander getrennt. Ab Ende Juni sind sie Gefangene auf der königlichen Festung von Chinon. Man kann davon ausgehen, dass ihnen in diesen Monaten von den Männern des Königs, denen sie zur Bewachung übergeben waren, die Lust ausgetrieben wurde, sich so zu verhalten wie im Dezember 1307. Wenn die Zeugen, die im Protokoll für den König aufgeführt sind, bei den Verhören zugegen waren, ist es kein Wunder, dass Jacques de Molay und seine Mitgefangenen die Geständnisse, die sie im Herbst zuvor vor den Inquisitoren abgelegt hatten, bekräftigten. Ebenso ist verständlich, dass die Kardinäle, wohl wissend, dass die Geständnisse widerrufen worden waren, darüber kein Sterbenswörtchen verloren, um die Lage der Würdenträger des Tempels nicht noch zu verschlimmern.[52] Die Kardinäle konnten ihnen nur dann die Absolution erteilen, wenn sie ihre Verfehlungen beichteten. Die Vernehmung von Hugues de Pairaud dauerte nur kurz, noch kürzer die von Jacques de Molay, was vielleicht kein Zufall ist: Sagten sie so wenig wie möglich, um den Widerruf ihres Geständnisses vom Dezember nicht ganz zu unterschlagen? War es eine Vorsichtsmaßnahme für den Fall, dass bessere Zeiten kämen? Es wurde gemutmaßt, die königliche Kanzlei habe die Sache vielleicht manipuliert und an dem Text herumgebastelt,[53] aber ein Interesse des königlichen Lagers, die beiden Guillaumes als Zeugen auftreten zu lassen, wenn sie gar nicht anwesend waren, ist schwer zu erkennen; da war es im Gegenteil schon besser, ihre Spur zu verwischen.

Die Männer des Königs waren in der Burg Chinon zu Hause, und es spielte kaum eine Rolle, dass das Verfahren dem Papst und der Kirche übertragen worden war. Im November 1309, als Jacques de Molay zweimal nacheinander vor der päpstlichen Kommission, die gerade ihre Arbeit aufgenommen hatte, aussagte, kamen die beiden Guillaumes, jeweils getrennt, ungebeten zu den Sitzungen, obwohl sie, wie das Protokoll bescheinigt, gar nicht dabei sein mussten. Aber sie waren da. Also warum nicht auch in Chinon?[54]

Um zu einem (vorläufigen) Abschluss in der Frage der Verhöre von Chinon zu kommen, müssen wir noch einmal an den entscheidenden Punkt der Absprachen zwischen König und Papst im Juli 1308 erinnern: Es gab einen Kompromiss, ein Geben und Nehmen. Clemens V. entsprach einem Anliegen, das dem König sehr am Herzen lag, nämlich die Ermittlung gegen Bonifatius VIII. einzuleiten, kündigte aber an, er kümmere sich mit seinen Kardinälen darum, sobald er sich in Avignon eingerichtet habe – nach Rom konnte er ja noch nicht zurück.[55] Zwar gab er dem Drängen des Königs nach, aber er blieb doch Herr des Verfahrens, so wie er auch die Kontrolle über das Verfahren gegen die Templer wiedererlangte (hinzuzufügen wäre noch die Wiederaufnahme des Prozesses gegen den Bischof Guichard de Troyes unter der Ägide der Kirche).

Kompromiss verpflichtet – hat der Papst damit den Templerorden fallen lassen? Um den Preis, das Andenken an Bonifatius und gleichzeitig Kirche und Papsttum zu retten, doch auch, um die Hospitaliter zu schützen und bei der Planung des Kreuzzuges die Führung zu übernehmen? Um all das ging es im Juli in Poitiers. Allerdings mussten die Templer immer noch mitspielen: Erkannten sie ihre Verfehlungen an, konnte man ihnen die Absolution erteilen und sie wieder in den Schoß der Kirche aufnehmen. Vielleicht ist dies das Dilemma, vor dem die Würdenträger des Tempels und die Kardinäle standen, die vom Papst nach Chinon zum Verhör geschickt worden waren.

7
CLERMONT (JUNI 1309): DIE DIÖZESANKOMMISSIONEN

Die Einsetzung der Diözesankommissionen (August 1308–Frühjahr 1309)

Clemens V. hatte im August 1308 in Poitiers die Einberufung der Kommissionen beschlossen, die in jeder Diözese über die einzelnen Templer ein Urteil fällen sollten *(processus contra personas templariorum)*; in der Regel nahmen diese Kommissionen erst im Frühjahr 1309 die Arbeit auf. Nicht überall: In Clermont trat der Ausschuss im Juni 1309 zusammen, in Nîmes erst im August 1310.

Die Sache verlief aus mehreren Gründen schleppend: Zum einen waren die Beschlüsse vom 12. August allgemein gehalten. Die Dinge mussten auf den Punkt gebracht und in die Praxis umgesetzt werden – ähnlich wie heutzutage, wenn zu einem Gesetz die Ausführungsbestimmungen kommen müssen. Zum anderen dauerte die Kraftprobe zwischen König und Papst, wenn auch etwas gedämpfter, immer noch an. Selbst die formale Kontrolle der Kirche über die Templer als Personen funktionierte keineswegs reibungslos, denn der König und seine Leute waren nicht gerade übereifrig, und das Papsttum war nicht wirklich gut gerüstet, diese Kontrolle effektiv auszuüben. Außerdem war der Papst aus Poitiers im August abgereist und auf dem Weg nach Avignon, wo er, da ihm Rom verwehrt war, seine Kurie einzurichten gedachte; in kleinen Etappen durchquerte er ganz Südfrankreich und gelangte erst im März nach Avignon. Die Widrigkeiten der Reise hielten ihn wohl davon ab, sich intensiv mit der Sache des Tempels zu befassen.

Zunächst galt sein Augenmerk den Templergütern. Am 5. Januar 1309 richtet er an alle Erzbischöfe und Bischöfe des Königreiches die Aufforderung, die Verwaltung der Güter des Ordens in die Hand zu nehmen. Der König hatte in einem früheren Brief dieser Übertragung zugestimmt, die bislang jedoch – Schuld des Königs, Schuld der Bischöfe? – noch nicht umgesetzt worden war. Es ergeht die Anordnung an alle Bischöfe, geeignete Betreuer in ihren Diözesen zu benennen, der Papst selbst bestimmt sechs für das gesamte Reich zuständige Beiräte und Verwalter. Wir kennen das *vidimus* (die Kopie) dieser Briefe, die der Erzbischof von Tours am 22. Februar 1309 anfertigen ließ.[1] In der Zwischenzeit wiederholte der König am 15. Februar die Anweisung an seine Beamten, die Tempelgüter den vom Papst und von den Bischöfen bestimmten Beauftragten zu übergeben. Die königliche Kanzlei hatte noch nicht viel unternommen, um die Befehle des Königs bekannt zu machen: Am 27. Dezember forderte der Papst, der sich zu dieser Zeit in Toulouse aufhielt, den König auf, ihm zwanzig weitere Abschriften seiner Briefe zu schicken, denn die päpstliche Kanzlei verfügte nur über sechs, was natürlich nicht ausreichte, um alle Bistümer zu informieren.[2]

Hatten diese neuen Briefe eine durchschlagendere Wirkung? Päpstliche Verwalter wurden bestimmt, so war zumindest die Spitze besetzt. Im Norden *(langue d'oïl)* waren bereits 1307 zwei königliche Verwalter benannt worden, Guillaume de Pizdoe und Renaud Bourdon, beides Pariser Bürger, wobei Letzterer seine Stelle dem Erzdiakon von Rouen Guillaume de Flavacourt überließ. Auch der Erzbischof von Arles und der Bischof von Embrun wurden vom Apostolischen Stuhl zur Verwaltung des Templerbesitzes in der Provence und in Burgund abgeordnet.[3] Sicherlich hängt ein bedeutsamer Wandel im Umgang mit diesen Gütern mit dem Übergang zur gemeinsamen Verwaltung durch die königlichen Behörden und die Kirche zusammen: dem Übergang zur Bewirtschaftung direkt auf dem Hof.[4] Das hatte Vorteile für den König: Indem er die direkte Verwaltung der Güter abgab, konnte er alles bewegliche Gut – Viehbestand, landwirtschaftliches Gerät usw. – verkaufen, und der Pächter verfügte über seine Zugtiere und die Erträge. Der König übergab der Kirche also gewissermaßen nur den nackten Grund und Boden.[5]

Die Frage der Rente von Othon de Grandson macht deutlich, dass es der Kirche gelang, sich den Zugriff auf diese Güter zu sichern. Im Jahr 1296 hatte Othon de Grandson, ein Grundherr im Comté (Burgund) aus der Gegend von Neuchâtel, von Jacques de Molay eine Leibrente von 2000 Livres *tournois* zugesprochen bekommen, die halbjährlich im Tempel von Paris oder von Lyon abzuheben war.[6] Nach der Verhaftung der Templer existierte der Tempelschatz in Paris nicht mehr, und Othon konnte seine Rente nicht mehr kassieren. Darüber beschwerte er sich beim König und beim Papst. Beide gaben seiner Forderung statt, der König in einem Brief datiert vom 30. Juli in Poitiers, also nach seiner Abreise am 21. Juli, und der Papst wenig später, am 17. August von Ligugé aus, wo er sich für ein paar Tage einquartiert hatte. Wahrscheinlich hatten sie sich miteinander abgesprochen, denn beide übertrugen die Abhebung der Rente auf die Einkünfte der Templerhäuser von Thors (Diözese Troyes), Coulours-en-Othe (Diözese Sens) und Épailly (Diözese Langres).[7] Diese Häuser standen noch unter königlicher Verwaltung, aber ab dem 9. Juli 1308 hatte der König die Tempelgüter der Kirche übergeben. Die Besteuerungsgrundlage der Güter und Einkünfte des Hauses Épailly wurde am 25. November 1308 festgestellt, und da die Einkünfte die Summe von 2000 Livres überstiegen, mussten die Komtureien von Thors und Coulours gar nicht in die Pflicht genommen werden.[8] Ein Dokument beweist, dass Othon de Grandson seine Pension bis zu seinem Tod 1328 bezog. Seit 1312/1313 gehörte Épailly dem Orden der Hospitaliter. Nach dem Tod Othons strengten die Erben im Jahr 1328 einen Prozess gegen die Hospitaliter an mit der Forderung nach Weiterzahlung der Rente. Sie verloren ihren Prozess, denn die Rente galt nur für die Lebenszeit des Beziehers.[9]

Eine letzte Bemerkung dazu, warum die Übergabe der Templergüter an die Kirche so schleppend vorankam: Möglicherweise hatte der französische König Hintergedanken. Am 10. März 1309 schrieben Pons, der Bischof von Lérida, und Bernard de Fenouillède an ihren Herrn, den König von Aragón: Sie befänden sich in Avignon, wo der Papst noch nicht angekommen sei; einige Kardinäle seien jedoch bereits da, und einer von ihnen habe den beiden Gesandten des Königs von Aragón «in aller Heimlichkeit» einen Rat für ihren Herrn zugeflüstert: die beschlagnahmten Güter der Templer nicht eher der Kirche zu übergeben (es handelte sich vor allem um Burgen), bevor der Papst nicht geklärt habe, was damit geschehen solle. Denn «der französische König war darauf aus, sämtlichen Besitz der Templer, wo immer er sich befand, seinem Sohn zu vermachen, der König von Jerusalem werden sollte. Und wenn dies geschähe, wäre das ein herber Verlust und Schaden für alle Fürsten der Welt ...»[10] Philipp sei sich mit dem Papst darüber einig, die Güter der Templer dem Heiligen Land zukommen zu lassen, aber einer Übergabe an den Orden der Hospitaliter, so die zwar noch nicht öffentlich bekundete Absicht des Papstes, habe er noch nicht zugestimmt.

Trotz dieser Probleme konnte der Papst das Thema der individuellen Überprüfung nicht völlig verdrängen, denn der König ließ in dieser Frage nach wie vor nicht locker. Ein Brief Clemens' V. vom 6. Mai 1309 klingt wie eine Antwort auf wiederholte Anfragen des Königs, aber auch der Bischöfe und Erzbischöfe, Anfragen, die wahrscheinlich in früheren Briefen vorgebracht worden waren.[11] Der König warf dem Papst vor, die Angelegenheit zu verschleppen, was die Templer dazu ermutigte, ihre Geständnisse zu widerrufen. Außerdem machte er sich Sorgen – und auch die Bischöfe stellten sich solche Fragen –, weil noch nicht so recht klar war, wie in den Diözesankommissionen zu verfahren sei: Waren die Templer in ihrer Heimatdiözese zu vernehmen oder dort, wo sie sich im Jahr 1307 befanden? Sollten vor allem die Templer, die bereits von den Inquisitoren verhört worden waren, erneut vernommen werden? Die Antwort des Papstes: Die Templer würden nicht in ihre Diözese verbracht, alle seien von den Diözesankommissionen zu überprüfen, auch wenn sie 1307 schon vor den Inquisitoren ausgesagt hätten. Andererseits bekräftigt er, dass die von ihm in Poitiers Verhörten nicht noch einmal vorzuladen seien, aber er stimmt einer Entscheidung über sie in den Provinzialkonzilien zu. Er erinnert einmal mehr daran, dass er sich das Urteil über die fünf Würdenträger und über den Orden insgesamt vorbehalte (darüber solle in den päpstlichen Kommissionen entschieden werden). Hier ist festzuhalten, dass die Verhöre der fünf Würdenträger, die von den drei nach Chinon entsandten Kardinälen vorgenommen wurden, die Fortsetzung der Verhöre von Poitiers waren, das heißt, jeweils der Person galten.[12] Sie entsprechen jenen, die von den Diözesankommissionen mit den übrigen Templern durchzuführen waren.

Folgten die Bischöfe bei ihren Verfahren einem bestimmten Muster? Der Bischof von Paris, Guillaume de Baufet, verfasste Anweisungen in diesem Sinn. Dieses Dokument liegt als Kopie vor in den Akten des Bischofs von Angers, Guillaume Le Maire,[13] was darauf hinzudeuten scheint, dass es über den Bereich der Pariser Diözese hinaus Verbreitung fand. Inhaltlich ist es auch dazu angelegt.

Das Dokument gibt zunächst einen Fragenkatalog für das Verhör der Templer vor: Ort, Datum, Umstände ihrer Aufnahme in den Orden, dabei anwesende Personen, anstößige Rituale etc. Dann werden vier mögliche Fälle aufgeführt: Templer, die stets geleugnet haben; solche, die ihre Vergehen zugegeben haben und nicht von ihrer Aussage abweichen; und diejenigen, die anfangs alles abgestritten, am Ende aber doch gestanden haben; schließlich diejenigen, die nach ihrem Geständnis widerrufen haben und auf ihrem Widerruf beharren. Die Gefangenen der ersten und vierten Kategorie sollen streng bei Wasser und Brot in Einzelhaft gehalten werden (Ausnahme: bei Krankheit), bis auf die Beichte sollen ihnen die Sakramente verweigert werden; leugnen sie im Verlauf des Verhörs weiterhin hartnäckig, sind sie der Folter zu unterziehen. Im dritten Fall ist Misstrauen angebracht, ihre anfängliche Leugnung macht sie verdächtig, doch sollen sie mit Nachsicht behandelt werden. Wer gestanden und der Ketzerei abgeschworen hat, soll die Absolution erhalten, mit ihm ist nachsichtig umzugehen, er soll jedoch «sicher verwahrt werden, bis eine andere Order ergeht». Denn alle müssen auf die Entscheidung der Provinzialkonzilien warten, die die Urteile fällen und die Strafe festlegen werden.

Georges Lizerand ist der Meinung, dieses Dokument sei später als der Brief des Papstes vom 6. Mai 1309 verfasst worden.[14] Allerdings gibt es Hinweise einiger Templer während ihrer Vernehmung vor der päpstlichen Kommission in den Jahren 1310–1311, die nahelegen, dass es doch davor entstanden ist: In den Diözesen Paris und Sens haben sich die Kommissionen offenbar bereits ab März und April gebildet. Man muss also entweder die Anweisungen des Pariser Bischofs vordatieren, oder aber es handelt sich um Anweisungen, um die er nach dem Zusammentritt der Kommission seiner Diözese gebeten wurde, um den immer noch zögerlichen Bischöfen, die ihre Kommissionen noch nicht einberufen hatten, mit seiner Erfahrung eine Handreichung zu geben. Die Frage bleibt offen. Wie auch immer, das Dokument wurde jedenfalls sicher nicht in ganz Frankreich verbreitet, und dafür gibt es einen Beleg: Wir verfügen nur über zwei Verhörprotokolle aus den Diözesankommissionen im französischen Königreich, eines aus Clermont und eines aus Nîmes.[15] Weder das eine noch das andere nimmt Bezug auf die Vorlage aus Paris oder auf irgendein anderes Modell.

Die Vernehmungen der einzelnen Templer stützten sich auf einen 88 Anklagepunkte umfassenden Fragenkatalog, der als Anhang der Bulle *Faciens misericordiam* den Bischöfen und Erzbischöfen übersandt wurde: *Articoli contra singulares personas ordinis militie Templi.* Dieser Katalog unterscheidet sich von dem, der für das Verfahren gegen den Orden verwendet wurde und 127 Fragen umfasste (siehe Anhang 3).

Die Kommission von Clermont (Juni 1309)

Das Protokoll, das Aufschluss über die Arbeit dieser Kommission gibt, ist das einzige, das konkrete Hinweise über die Art ihrer Einberufung liefert.

Gemäß der Bulle *Faciens misericordiam* bestimmte der Bischof von Clermont die Mitglieder der Untersuchungskommission der Diözese.

Aubert Aycelin, der Bischof, ist der Neffe von Gilles Aycelin, dem Erzbischof von Narbonne und seit 1290 Berater des Königs; er wird später den Vorsitz der päpstlichen Kommission übernehmen, die im Jahr darauf in Paris die Untersuchung über den Orden durchführen wird. Die Aycelins sind eine Familie aus der Auvergne, die der Kirche regelmäßig Domherren, Bischöfe oder Mönche stellt. Außer Gilles Aycelin, der Prévôt der Kathedrale von Clermont war, bevor er Erzbischof von Narbonne wurde, hatten zwei andere Onkel von Aubert Karriere in der Kirche gemacht: Jean war von 1297 bis 1301 Bischof von Clermont; Hugues trat in den Dominikanerorden ein und erhielt 1287 die Kardinalswürde. Aubert erhielt den Bischofsstab vom Papst, der am 11. August 1307 seine Wahl dem Kapitel der Kathedrale von Clermont und dem König mitteilte. Am 22. August leistete er dem König von Frankreich den Treueid und verpflichtete sich am 19. November 1307, die Rechte der Domherren zu achten. Das bedeutet, dass er seine Ernennung weder königlicher Gunst noch dem Kapitel (das normalerweise den Bischof ernennt) verdankte.

Aus der etwas vereinfachten Sicht mancher Historiker, die sich mit der Templeraffäre befassten und die Bischöfe und andere kirchliche Würdenträger je nach dem Grad ihrer (tatsächlichen oder mutmaßlichen) Abhängigkeit vom französischen König einteilten, erschien Aubert mal als ein den Templern feindlich gesinntes Geschöpf des Königs, mal als von ihm unabhängig, da er ihm ja nicht seine Ernennung verdankte. Oder aber man betrachtete ihn als einen dem Monarchen zwar wenig entgegenkommenden Bischof, der jedoch aufgrund seiner Familienbande geneigt war, für die Autorität des Königs einzutreten.[16] All das will nicht viel heißen. In einem späteren Kapitel werde ich in größerem Rahmen darauf zurückkommen, aber ich gestehe, dass ich dieser Sicht der Dinge gegenüber sehr skeptisch bin.[17]

Aubert benannte also zwei Domherren aus Clermont, Étienne Chausit und Pierre de Chalus, zwei Dominikaner aus dem Kloster der Stadt, dazu Guillaume Vital und Jean de Rinhac und zwei Minoritenbrüder, Arbert de Thinière und Astorg de Mareugheol (Marvejols?). Am 6. Mai 1309 fordert er die vier Gemeindepfarrer von Clermont auf, die Templer öffentlich in die Diözesankommission für den folgenden 4. Juni, den Himmelfahrtstag, auf die Prim (6 Uhr früh) vorzuladen. Am 8. Mai bestätigen die vier Priester, dass die Anordnungen des Bischofs ausgeführt wurden und dass am gleichen Tag zur Stunde der Messe und vor der Menge der Gläubigen und vor Zeugen die Vorladung in den jeweiligen Kirchen verlesen worden war. Am 26. Mai ruft der Bischof die vier erneut auf und weist sie an, am Mittwoch, den 28. Mai, die Vorladung zu wiederholen; dem kommen sie nach und melden es dem Bischof noch am gleichen Tag.

Am selben Tag schickt der Bischof identische Aufforderungen an die Priester oder Vikare von Vertaizon, Montferrand, Riom, Nonette und Auzon, die Templer in ihren Gemeinden und Ortschaften vorzuladen. Vertaizon ist der Sitz der bischöflichen Gerichtsbarkeit, die vier anderen Orte sind Sitz königlicher Vogteien.[18] Sie alle besitzen eine Festung, in der Templer inhaftiert waren (belegt für Riom und Montferrand).[19] Wurden alle Templer, für die die Vorladung galt, erreicht? Die Formulierung des Bischofs lässt Bedenken aufkommen. Vorgeladen sind «alle jene, von denen gesagt wird, sie seien geflohen oder hätten sich aus der Stadt und unserer Diözese entfernt, die sich verbergen oder abwesend sind»,[20] was nahelegt, dass einige Templer nicht verhaftet worden waren und sich immer noch auf freiem Fuß befanden. Sicherlich hatten die Pfarrer von Clermont besonders diese im Auge. Ihr Erfolg darf bezweifelt werden, andernfalls hätten sie ihren Appell nicht wiederholen müssen; bei Nichterscheinen sollten diese Flüchtigen in Abwesenheit verurteilt werden. Die Vorladungen, die den Zuständigen in Vertaizon, Montferrand, Riom, Nonette und Auzon zugestellt wurden, betrafen Templer, die unter Arrest standen: «Wir fordern Euch auf, jedweden Templer, der in Eurer Gemeinde wohnhaft ist oder sich dort aufhält, persönlich und unnachsichtig vorzuladen.»[21]

Am Mittwoch, den 4. Juni zur Prim, erschienen die vorgeladenen Templer im Saal eines erst kurz zuvor vom Bischof von Clermont erworbenen, «das Palais» genannten Gebäudes, das wohl außerhalb der Stadtmauern ganz nah beim Tor gleichen Namens im Norden der Stadt lag.[22] Insgesamt wurden 69 Templer aufgelistet, allerdings nicht in der Reihenfolge ihrer Verhöre. Interessanterweise waren die vierzig geständigen Templer zuerst aufgeführt und dann die 29, welche die Vorwürfe abstritten. Demnach wurde vor dieser Sitzung eine Einteilung auf der Basis früherer, aber verloren gegangener Verhöre vorgenommen. Dies ist umso wahrscheinlicher, als die 29 Verweigerer allesamt am Samstag vor Sankt Barnabas, also am 7. Juni, vernommen werden. Für 39 der ersten Gruppe wird kein bestimmter Tag angegeben, nur der letzte, Pierre Aureille, wird am Montag vor Sankt Barnabas, also am 9. Juni, erneut verhört und examiniert; alle übrigen wurden zwischen dem 4. und 6. Juni vernommen, Pierre Aureille zum ersten Mal.

Das Protokoll vermerkt es nicht, aber es ist anzunehmen, dass der Katalog der 88 Fragen abgearbeitet wurde, die in 15 Artikel eingeteilt wurden: Verleugnung Christi; Bespucken des Kreuzes; Anbetung einer Katze; das Fehlen der Weiheformel für die Konsekration der Hostie während der Messe; Absolution durch Laien; obszöne Küsse; Schwur, den Orden nicht zu verlassen; Geheimnis der Aufnahmerituale; Praxis der Homosexualität; Götzendienst; Verbot, diese Praktiken zu verraten; Beichte ausschließlich vor Ordenspriestern; Nachlässigkeit bei der Verfolgung der Vergehen; Anhäufung der Ordensreichtümer mit allen, auch unerlaubten

Mitteln; allgemein bekannter schlechter Ruf des Ordens.[23] Wurden die Anklagepunkte jeweils in die Volkssprache übersetzt? Für 17, allesamt nicht geständige Templer wird darauf verwiesen: *in eis sibis materna lingua expositis.*[24]

Eine Vollversammlung aller Beteiligten fand am Dienstag, den 10. Juni, statt. Die Geständigen wie die Leugner bestätigten ihre Aussagen. Es wurde eine Urkunde zur Veröffentlichung erstellt, beglaubigt durch das Signum und die Unterschrift dreier Notare und das Bischofssiegel. Und obwohl das Protokoll am 10. Juni abgeschlossen wurde, ist die Urkunde auf den 4. Juni und die folgenden Tage datiert.

Von diesem Moment an wurden – im Hinblick auf das künftige Provinzialkonzil, das die Urteile fällen sollte – die Ermittlungen wahrscheinlich dem Erzbischof von Bourges, dem das Bistum Clermont nachgeordnet war, übertragen. Bis dahin wurden ausnahmslos alle Templer ins Gefängnis zurückgebracht. Und von dort aus sollten sie zu der päpstlichen Kommission vorgeladen werden, die den Orden als Ganzen zu überprüfen hatte.

Weitere Kommissionen im übrigen Frankreich

In praktisch jeder Diözese wurden Kommissionen gebildet, die über die Templer als Individuen zu befinden hatten. Der Chronist Jean de Saint-Victor erwähnt es kurz: «In jenem Jahr [1309] ließen die Prälaten Frankreichs auf Geheiß des Papstes feierliche Ermittlungen über die Templer an einem beliebigen Ort ihrer Diözese durchführen.»[25] Zwar liegen uns keine Protokolle wie die von Clermont vor, doch erfahren wir indirekt einiges über andere Diözesankommissionen aus den Angaben jener Templer, die 1310–1311 vor der päpstlichen Kommission in Paris aussagten. Diese Verhöre fanden in der zweiten Arbeitsphase der Kommission statt, nachdem der aufflackernde Widerstand der Templer durch den Gewaltakt des Erzbischofs von Sens im Mai 1310 in sich zusammengefallen war. Die 224 vorgeladenen Templer verteidigten den Orden nicht, sie wiederholten vielmehr ihre früher abgelegten Geständnisse und darauf bedacht, sich nicht in Widersprüche zu verwickeln, beteuerten, keineswegs ihre vor dem Bischof (als Einzelpersonen) gemachten Aussagen widerrufen zu wollen. Vom Bischof – oder in dessen Abwesenheit von seinem Offizial, wie es in Poitiers der Fall war – wurde den Templern, nachdem sie sich zu allem oder einem Teil der «Verbrechen», die man ihnen anlastete, bekannt hatten, die Absolution erteilt. Danach durften sie wieder an der Messe teilnehmen, die Sakramente empfangen, beichten und, falls sie der Tod im Gefängnis ereilte, als Christen sterben und in geweihter Erde bestattet werden. Das macht ihr Bestreben, sich nicht in Widersprüche zu verwickeln, begreiflicher.

Die folgende Übersicht versammelt alle in den Zeugenaussagen von 1310 bis 1311 erhobenen Angaben.[26]

Tafel 3

Erwähnte Versammlungen der Diözesankommissionen

Diözese	Vorladungen	Datum
Amiens	14	?
Bourges	1	?
Châlons-en-Ch.	1	?
Chartres	5	?
(Clermont)	(69)	4.–10. Juni 1309
Laon	1	?
Le Mans	1 (+ 5)	?
Limoges	1	?
Mâcon	2	?
(Nîmes)	1	?
Noyon	1	?
Orléans	5	?
Paris	52	März–April 1309?
Périgueux	1	Dezember 1308?
Poitiers	11	Anfang 1309?
Reims	28	?
Rodez	8	?
Saintes	12	?
Sens	30	April–Mai 1309
Soissons	3	?
Tours	12	?

Die Daten, die man zuweilen den Aussagen entnehmen kann, sind ungenau. Alle Erwähnungen, welche die Diözesen der Provinz Sens betreffen, beziehen sich auf Daten, die natürlich vor dem Provinzialkonzil Mitte Mai 1310 liegen. Guillaume d'Herblay *(de Arreblayo)*, früherer Almosenier des Königs, wurde vom Pariser Bischof drei Monate vor dem Konzil von Sens (10. bis 12. Mai 1310) vernommen, ihm wurde die Absolution erteilt, und er wurde wieder in die Kirche aufgenommen; das bedeutet, dass die Versammlung der Diözesankommission auf den April 1309 gefallen wäre.[27] Diese Datierung wird durch die Aussage von Baudouin de Saint-Just untermauert, der angibt, in der Mitte der Fastenzeit vor dem Bischof von Paris verhört und gefoltert worden zu sein, also um den 9. März.[28] Aber Hugues de Caumont aus dem Rouergat erklärt am 16. Januar 1311, «seinen Mantel abgelegt [zu haben], als er um Allerheiligen vom Bischof von Paris vernommen wurde»[29] – Allerheiligen 1309? Andere Fälle sind problematischer. Étienne de Domont wurde in Paris der peinlichen Befragung unterzogen, mehr als zwei Jahre vor seiner Aussage in Anwesenheit des Bischofs.[30] Am 27. Oktober 1307 wurde er von den Inquisitoren in Paris verhört.[31] Etwas mehr als zwei Jahre danach, also Ende 1309, Anfang 1310 – das passt nicht zu den Daten, die Guillaume d'Herblay nennt. Eine der am frühesten einberufenen Diözesankommissionen könnte die in Périgueux gewesen sein, die aufgrund der Aussage von Consolin de Saint-Joire auf das Ende des Jahres 1308 datiert werden kann.[32] Aber könnte es sich in den beiden genannten Fällen nicht auch einfach um Gedächtnislücken handeln?

Es gibt gesichertere chronologische Anhaltspunkte, die jedoch auch nicht immer ganz genau sind. In den Jahren 1307 bis 1310 war manchmal ein Bischofssitz infolge des Ablebens des Bischofs vakant. Die Angeklagten sprechen dann vom «jetzigen» oder vom «vormaligen» Bischof. In Amiens sprechen die meisten der 14 Templer, die von ihrer Vorladung vor dem Bischof berichten, vom «jetzigen Bischof».[33] Gemeint ist Robert de Fouilloy, Bischof seit Mai 1308, nur zwei beziehen sich auf Guillaume de Mâcon, vormals Bischof von Amiens:[34] Thomas de Jamvalle und Martin de Marseille (en-Beauvaisis)[35]. Das bedeutet, ihre Vorladung erfolgte vor dem Mai 1308, also nicht im Rahmen des Verfahrens gegen die einzelnen Templer, das von Clemens V. im August 1308 angeordnet worden war.

In Sens, wo der Erzbischofssitz ebenfalls vakant war, musste der Bischof von Orléans in Vertretung des Erzbischofs die Ermittlung gegen die Templer der Diözese übernehmen. Erzbischof Étienne Bécart war am 29. März 1309 gestorben, sein Nachfolger, Philippe de Marigny, Bischof von Cambrai, siedelte am 6. Mai 1309 nach Sens über. Der Bischof von Orleáns trat nur für die Templeraffäre in Aktion und auch nur während der tatsächlichen Vakanz im April 1309. Es ging allein um die Ermittlung gegen die in der Diözese Sens (und nicht gegen die im ganzen Erzbistum) inhaftierten Templer. Die Befragung der einzelnen Ordensbrüder war noch von Étienne Bécart vor seinem Tod begonnen worden, denn fünf Templer geben an, von ihm examiniert worden zu sein; einer von ihnen, Étienne de Dijon, wurde von ihm sogar wieder in die Kirche aufgenommen (mithin vor dem 29. März 1309),[36] das Gleiche gilt vielleicht auch für Simon de Commercy.[37] Die anderen drei, Jacques de Troyes, Gautier de Bure und Aymeri de Bure, erhielten vom Bischof von Orléans die Absolution, «da der Bischofssitz von Sens vakant war»,[38] und wurden wieder in die Kirche aufgenommen. Auch Aymeri de Bure, der am 23. Dezember vor die päpstliche Kommission trat, sagte aus, er sei vom neuen Erzbischof in der vergangenen Fastenzeit noch einmal vernommen worden, also zwischen dem 8. März und dem 19. April, dem Ostersonntag. Dies trifft auch zu auf Jean Quentin, der am 31. Dezember verhört wurde.[39] Das heißt also, der neue Erzbischof hielt es schon vor seiner Amtseinsetzung am Ostertag, dem 19. April 1309,[40] für angebracht, einige Fälle, die bereits abgeschlossen schienen, neu aufzurollen. Doch daraus ist nicht zu schließen, dass in den Aussagen dieser beiden Templer irgendetwas Neues aufgetaucht wäre, was die Aufmerksamkeit des neu ernannten Erzbischofs erregt hätte.

Ausgehend von diesen zwar bruchstückhaften Angaben ist es dennoch möglich, eine ungefähre Chronologie zu erstellen: Die frühesten Versammlungen der Diözesankommissionen müssen am Ende des ersten Trimesters 1309 stattgefunden haben (wohl aber vorher in Périgueux); andere folgten, insbesondere die Versammlung von Clermont im Juni. Als nächstes werden wir die Kommission in Nîmes analysieren, andere Kommissionen sollten erst deutlich später im Lauf des Jahres 1310 zusammenkommen.

Nîmes, August 1310 bis August 1311

Außerhalb Frankreichs traten die Diözesankommissionen fast überall nicht vor 1310 zusammen, und oft wurden sie gleichzeitig mit den Zusammenkünften der päpstlichen Kommissionen wie zum Beispiel in Zypern, England, Italien und auch in Spanien abgehalten. Die Kommission der Diözese Nîmes versammelte sich erst ziemlich spät. Gilles Aycelin, der Erzbischof von Narbonne, erhielt wie die anderen Erzbischöfe die Bulle *Faciens misericordiam* und ließ sie von den Bischöfen seiner Provinz verbreiten, also auch von Bertrand de Languissel, dem Bischof von Nîmes. Am 5. Mai 1309 erkundigte sich der Erzbischof nach dem Stand der Dinge: Es ist anzunehmen, dass Bertrand de Languissel in gleicher Weise verfuhr wie der Bischof von Clermont, um die Gläubigen und die inhaftierten Templer zu informieren. Doch es kam zu Verzögerungen und Aufschüben, weil der Bischof krank wurde und sich von seinem Offizial Guillaume de Saint-Laurent, einem Juristen, der zugleich Pfarrer von Durfort war, vertreten ließ. Er stellte ihm zwei Kanoniker zur Seite, zwei Dominikanermönche und zwei Minoritenbrüder. Die Kommission tagte vom 22. Juni bis zum 14. Juli 1310 in Alès und vernahm dort 32 in dieser Stadt gefangen gehaltene Templer: Sieben von ihnen waren von Anfang an in Alès festgesetzt, acht kamen aus Nîmes und siebzehn aus Aigues-Mortes. Es fehlen welche! Möglicherweise wurden die Abwesenden nach Sommières verlegt.[41] Die Kommission tagte unregelmäßig: vom 22. bis 27. Juni täglich, außer am 24., dann wieder am 1., 2. und 3. Juli, und schließlich wurden am 14. Juli die letzten vier Templer verhört. Die Gründe für diese zeitweiligen Unterbrechungen sind nicht bekannt. Die Reihenfolge der Vernehmungen im Protokoll ist ebenfalls überraschend, denn die vier letzten Aussagen vom 14. Juli stehen vor denen vom 1. bis 3. Juli.

Die Zusammensetzung der Kommission entsprach im Prinzip der Anordnung des Papstes: zwei Kanoniker, zwei Dominikaner, zwei Minoritenbrüder, aber bei den einzelnen Personen gab es Abweichungen, wie Tafel 4 demonstriert.

Besonders auffällig ist das Fehlen der Kanoniker bei den vier Sitzungen im Juli. Bei den übrigen machte sich Guillaume de Saint-Laurent die Sache einfach: Für die Sitzungen der Kommission in Alès rekrutierte er zwei Dominikaner und zwei Minoriten aus deren jeweiligen Klöstern in Alès.

Die damals bereits verhörten Templer wussten, dass seit einigen Monaten in Paris die päpstliche Kommission tagte, die mit der Überprüfung des Ordens beauftragt war. Sie waren darüber in Kenntnis gesetzt, denn sieben der 1307 vernommenen Templer hatten sich nach Paris begeben, um für den Orden auszusagen. Es handelte sich um Albert de Canellis, einen lombardischen Ritter, Guillaume de Ranc, Komtur von Montpellier, und die Knappen Jacques Gaillard, Pierre d'Aguzan, Jean de Tréviers, Pierre Jubin und Pons Pisani. Am 10. Februar kamen sie in Paris an und waren bei der von der Kommission am 28. März anberaumten Generalversammlung zugegen, aber man weiß nicht, wo sie in Paris inhaftiert waren.[42] Auch ihr weiteres Schicksal ist unbekannt – jedenfalls wurden sie nicht vor die Diözesankommission von Nîmes im Juli 1310 geladen.

Die 32 Templer von Alès dagegen, die zur gleichen Zeit verhört werden, wissen offenbar noch nichts von dem Gewaltakt des Erzbischofs von Sens vom 11. Mai 1310, der, wie man sehen wird, den Widerstand der Templer schlagartig brach. Das erklärt vielleicht ihre Haltung vor den Kommissaren der Diözese: Obwohl sie alle im November 1307 gestanden hatten, nahmen sie ihr Geständnis vor Guillaume de Saint-Laurent und seinen Beisitzern zurück. Bis auf drei: Bertrand Arnaud, der nach seinem Widerruf vor die Kommissare tritt, um seine Aussage zu revidieren und die Verleugnung Christi und das Bespeien des Kreuzes zu gestehen, Pierre de Toulouse und Drohet de Paris.[43] Diese drei gehörten zu den ersten, die verhört wurden – an erster, zweiter, dritter und fünfter Stelle. Alle anderen leugnen.

Tafel 4

Die Diözesankommission von Nîmes (Juni–Juli 1310)

	Juni						Juli			
	22.	23.	25.	26.	27.	28.	1.	2.	3.	14.
Kanoniker:										
Pons Imbert, Prior von Saint-Germain	X	X		X	X	X				
Pons Imbert, sein Neffe	X	X	X	X	X	X				
Raimond de Rossans			X							
Pierre Raymond, Richter des Bischofs an der Erzdiakonie Nîmes		X								
Dominikaner:										
Jean Alamandini, Prior	X		X		X	X				
Raymond Girart	X	X	X	X	X	X				
Bernard de la Tour		X		X						
Jean *Agricola*							X	X		X
Pons de Fisco, Lektor							X	X	X	X
Gaucelm de Barjac									X	X
Minoriten:										
Raymond Rixendes, Lektor	X	X	X	X	X	X				
Raymond de Fayheto, Wache	X	X		X	X	X	X	X	X	X
Raymond Dacuig							X			
Raymond de Ferumentières			X					X	X	X

X: bei der Sitzung anwesend

Die Kommissare versuchen indes, diejenigen Templer, die jetzt leugnen, aus der Fassung zu bringen, indem sie ihnen ihre früheren Aussagen vorhalten. So ergeht es Pons de Castelbon, der als neunter verhört wird. Erst leugnet er rundweg alles. Daraufhin lesen ihm die Kommissare in der Volkssprache sein Geständnis gegenüber dem Bischof von Nîmes vom 22. April 1308 vor; dieser hatte, wir erinnern uns, die acht Templer aus dem Kloster von Saint-Gilles vernommen. Damals hatte Castelbon seine Aussage, die er vor Oudard de Maubuisson am 16. November 1307 gemacht hatte, wiederholt und bestätigt; jetzt wird ihm diese vorgetragen. Wir haben es hier mit einer Interpolation zu tun: Die Geständnisse vom 16. November sind in die Aussage vom 22. April 1308 eingearbeitet, ja es ist sogar eine doppelte Interpolation, denn die Aussage vom 22. April 1308 ist ihrerseits zusammen mit dem Protokoll von 1307 in die Aussage von 1310 integriert.[44] Mit seinen Widersprüchen konfrontiert, lässt sich Pons de Castelbon nicht beirren und antwortet, er habe «nach reiflicher Überlegung solches nie gestanden; und falls doch, so habe er dieses getan ohne *memoria* und unter der Folter. Daher wolle er widerrufen und nicht bei seinem Geständnis bleiben».[45] Vermutlich hatten die in Nîmes verbliebenen Ordensbrüder ein, wenn auch schwaches, Echo von der «Rebellion» der Templer in Paris vernommen, schöpften Hoffnung und fassten wieder Mut, um auf ihre Weise zur Verteidigung des Ordens beizutragen. Doch das sollte nicht lange anhalten, und im Jahr darauf – unter Bedingungen, auf die noch näher einzugehen sein wird (unter der Folter) – werden sie erneut vor Guillaume de Saint-Laurent stehen und ihre ersten Geständnisse von 1307 bestätigen. Die Diözesankommission von Nîmes tritt, wieder in Alès, im November 1312 ein letztes Mal zusammen; bis dahin hatte das Provinzialkonzil immer noch nicht stattgefunden.[46]

Es ist nicht bekannt, ob in Frankreich andere Diözesankommissionen so spät noch getagt haben.

Versuchen wir eine Bilanz dieser Ermittlungen in den Diözesen zu ziehen: Das vom Papst in Poitiers eingeleitete Verfahren löste die vom König 1307 initiierte Prozedur ab. Durch die Suspendierung der Inquisitoren im Februar 1308 setzte der Pontifex das vom König zusammen mit der Inquisition begonnene Verfahren aus. Machte er durch die Wiedereinsetzung der Inquisitoren im Juli 1308 einen Rückzieher und bestätigte damit dieses Verfahren? Nein, obwohl er schwerlich so tun konnte, als hätte es dieses nie gegeben. Die Frage ist berechtigt, ob sich die Templer dadurch, dass sie vor den Diözesankommissionen eine von ihrer früheren, vor den Beamten der königlichen Inquisition eingenommenen abweichende Haltung einnahmen, in Gefahr gebracht hatten? Riskierten sie nicht, als rückfällige Ketzer zu gelten, und mussten daher mit dem Scheiterhaufen rechnen? Wer dagegen nicht gestanden hatte und auf seiner Aussage beharrte, konnte zwar nicht als rückfällig betrachtet werden, aber ihm drohte eine andere Gefahr: keine Absolution erteilt zu bekommen und bis ans Ende seiner Tage im Kerker schmachten zu müssen. Diese Fragen mussten auf dem Konzil, das der Papst nach Vienne einberief, entschieden werden.

Pressionen und Drohungen

Bis zur Urteilsverkündung kamen die Templer nach ihrer Vernehmung durch die Bischöfe wieder in Haft. Wer seine Vergehen bekannte und bereute, erhielt die Absolution und wurde wieder mit der Kirche versöhnt; er durfte wieder zur Messe, beichten und die Kommunion empfangen, kurz, er war wieder in die Gemeinschaft der Christen aufgenommen. Die nicht Geständigen, die beharrlich leugneten, blieben aus der Kirche ausgeschlossen (allerdings wurde ihnen die Gnade der Letzten Ölung gewährt). Die 69 Templer der Diözese Clermont, die zwischen dem 4. und dem 9. Juni verhört worden waren, stehen am 10. Juni vor dem Bischof, eingeteilt in zwei Gruppen: Die vierzig Geständigen, die ihre Aussage bestätigt hatten, werden wieder aufgenommen und vertrauen sich ganz der Barmherzigkeit der Kirche an. Über die 29 anderen kein Wort.

Unterschiedlich ist auch das Los, das den Templern nach den Ermittlungen beschieden ist: Die Haftbedingungen der Geständigen sind nicht die gleichen wie die der Unbußfertigen.

Die Anweisungen des Pariser Bischofs waren eindeutig: Im Zuge des Verfahrens gegen die Brüder als Personen konnte die Folter angewendet werden, um die Beschuldigten zu zwingen, die Wahrheit zu sagen; das richtete sich gegen diejenigen, die leugneten oder deren Aussagen variierten. Diese Androhung der Folter oder auch tatsächlich vollstreckte Folter erfolgte, nachdem in dem königlichen Inquisitionsverfahren von 1307 viele Templer gefoltert worden waren. Nur wenige dürften Lust auf eine zweite Runde gehabt haben!

Von Templern, die später (1310 bis 1311) vor der päpstlichen Kommission Rede und Antwort standen, haben wir Zeugenaussagen über die Anwendung der Folter im Zuge der Ermittlungen durch den Bischof. So will etwa Audebert de Porte seine Aussage, die er vor dem Bischof (vielmehr seinem Offizial) in Poitiers gemacht hat, widerrufen, weil er davor gefoltert worden war.[47] Dasselbe gilt für

Ponsard de Gizy und Jean du Four, alias de Torteville, die drei Monate vor ihrem Verhör durch den Bischof der peinlichen Befragung unterworfen und anschließend schlimm misshandelt worden waren.[48] Consolin de Saint-Joire, Tempelritter der Diözese Cahors, der in Périgueux inhaftiert war, stand am 2. Mai 1310 zusammen mit einer Gruppe Ordensbrüder aus demselben Ort vor der päpstlichen Kommission, um den Orden zu verteidigen. Er war ein Jahr lang der Folter unterzogen und Misshandlungen ausgesetzt gewesen, bevor ihn der Bischof von Périgueux anhörte. Im Anschluss daran war er von Freitag nach Weihnachten bis Samstag nach Sankt Johannes (24. Juni) in der Kälte bei Wasser und Brot in Arrest; sein Verhör hätte also Ende 1308 stattgefunden. Die 19 übrigen Brüder hatten offenbar die gleiche Behandlung erfahren, 13 von ihnen waren zwischen dem 8. und dem 27. November 1307 in Cahors vernommen worden.[49]

Ein klarer Fall von Erpressung, Bedrohung und sicherlich von Folter liegt bei Jean de Couchy vor, einem Templer aus der Diözese Langres und inhaftiert in Sens: Er erscheint vor der päpstlichen Kommission am 14. Februar 1310 und zögert, den Orden zu verteidigen, da er sich nicht mit seinen Vorgesetzten beraten kann. Er legt einen Brief vor, den Jean Supin, ein Beamter des Königs, angeblich den in Sens gefangen gehaltenen Templern ausgehändigt hatte, als der Bischof von Orléans in Vertretung des verstorbenen Erzbischofs von Sens, dessen Nachfolger noch nicht bestimmt war, in die Stadt gekommen war, um die Untersuchung einzuleiten. Der Brief war adressiert an Laurent de Beaune, Komtur von Épailly, und an dessen Mithäftlinge. Er stammte von Jean de Janville und Philippe de Voët, Prévôt der Kirche von Poitiers, beide waren sie Bewacher der Templer der Kirchenprovinzen Sens, Reims und Rouen. Sie teilten den Gefangenen mit, sie hätten beim König erreicht, dass der Bischof von Orléans zur Abnahme der Beichte käme und sie mit der Kirche aussöhnen würde, damit sie keinen Nachteil hätten aufgrund der Vakanz des Bischofssitzes Sens. Die beiden königlichen Beamten verlangten von den Templern, vor dem Bischof von Orléans bei ihrer «guten Beichte» zu bleiben, die sie zuvor abgelegt hatten. Und Jean Supin fügte noch hinzu: «Und wisset, dass unser Heiliger Vater befohlen hat, dass all jene, die vor seinen Inquisitoren gestanden haben und nicht unbeirrt an ihrem Geständnis festhalten wollen, verdammt sein sollen und im Feuer umkommen werden.» Das war eine dreiste Lüge, hatte der Papst doch nie etwas Derartiges verfügt! Und um den Druck noch zu erhöhen, kündigten sich die beiden Bewacher in Sens an. Bis dahin sollten die Gefangenen in anständigen Räumen untergebracht werden: Zuckerbrot und Peitsche. Die päpstliche Kommission bestellte Jean de Janville und Philippe de Voët ein, die leugneten, diesen Brief verfasst zu haben. Als Jean de Couchy und Laurent de Beaune ebenfalls dazu befragt wurden, hielten sie sich bedeckt und erklärten, ihnen sei nur befohlen worden, die Wahrheit zu sagen.[50]

Man muss ihnen nicht glauben, vor allem wenn man weiß, dass Laurent de Beaune zusammen mit 53 Leidensgenossen am 12. Mai 1310 vom Konzil von Sens wegen Rückfall in die Ketzerei zum Tod auf dem Scheiterhaufen verurteilt wurde.[51] Was war die aktuelle «Wahrheit»? Halten wir aus diesem Beispiel außerdem fest, dass auf die Haftbedingungen verwiesen wird und auf die Mittel, die die Kerkermeister anwandten: Wenn ihr kooperiert, werden sie gemildert, andernfalls ... Der König gab die tatsächliche Kontrolle über die Templer nicht aus der Hand; vom Gutdünken seiner Handlanger und den Weisungen, die sie erhielten, hingen der (zweifellose höchst relative) Komfort der Unterbringung und die Qualität der Verpflegung ab. Wasser, Brot und Kälte werden im gleichen Atemzug mit der Folter genannt.

Man kann sich vorstellen, dass der König, der offenkundig befürchtete, die Templer könnten vor der kirchlichen Gerichtsbarkeit, die nach dem Kompromiss von Poitiers eingesetzt worden war, ihre früheren Geständnisse widerrufen, verstärkt Druck auf sie ausübte, bevor sie vor die Bischöfe traten (und danach vor die Pontifikalkommissionen, wie man im nächsten Kapitel sehen wird). Ein Aufbegehren der Templer musste auf jeden Fall unterbunden werden. Was haben Jean de Couchy und Laurent de Beaune nach den Drohungen von Jean de Janville und Philippe de Voët vor dem Bischof von Orléans ausgesagt? Wir wissen es nicht. Ein Jahr danach stehen sie vor der Pontifikalkommission und sind immer noch nicht sehr zuversichtlich. Zwar erklären sie, den Tempel verteidigen zu wollen, jedoch unter der Bedingung, sich mit dem Großmeister darüber beraten zu können.[52]

8

DER SCHLEPPENDE ANFANG DER PÄPSTLICHEN KOMMISSION (AUGUST–NOVEMBER 1309)

In seinem Schreiben an den König vom 6. Mai 1309 räumte Clemens V. ein, dass die Arbeit der päpstlichen Kommission, eingesetzt, um Urteil zu sprechen über den Orden, noch nicht begonnen hatte. Er gab ein paar zusätzliche Details darüber, wie die Kommission arbeiten sollte. Da viele Templer im Norden des Königreiches inhaftiert waren, sollte die Kommission ihren Sitz in Paris nehmen, im Erzbistum Sens, so dass manche ihrer Mitglieder nicht in die entlegeneren kirchlichen Provinzen geschickt werden mussten. Alles würde sich folglich an einem einzigen Ort abspielen. Das musste den französischen König natürlich zufriedenstellen.[1]

Paris, 8. August 1309

Die Mitglieder der Kommission versammelten sich zum ersten Mal am 8. August 1309 im Bischofspalast. Zunächst wurden mehrere vorangegangene Briefe des Papstes, in denen die Kommission anberaumt wurde, vorgelesen und später auch im Protokoll festgehalten. Die zweite Fassung der Bulle *Faciens misericordiam* war in dem päpstlichen Schreiben enthalten, das die acht Mitglieder bestimmte. In diesem Schreiben beauftragte der Papst, da er selbst nicht in allen Teilen der Christenheit Untersuchungen durchführen könne, die Mitglieder damit, einen öffentlichen Aufruf in den Städten, der Diözese und der Provinz Sens (in dem an den Erzbischof von Sens gerichteten Exemplar) zu publizieren und «die zu Befragenden dazu aufzurufen, auf die Artikel zu antworten, die wir Euch in unserer Bulle übermitteln, sowie auf andere, die Ihr in Eurer Klugheit für notwendig erachtet».[2] Die Mitglieder der Kommission könnten gegenüber jenen, die ihre Arbeit behinderten, mit kirchlicher Zensur vorgehen und falls nötig beim weltlichen Arm Zuflucht nehmen. Sollten manche von ihnen verhindert sein, so könnte die Kommission dennoch tagen, vorausgesetzt, sie waren mindestens zu dritt und es waren zwei Prälaten darunter.

Diese Bulle wurde an alle neun Erzbischöfe verschickt. Die Publikation Jules Michelets enthält das nach Sens gesandte Exemplar. Die anderen acht betreffen jeweils die Erzbistümer Reims, Rouen, Tours, Bourges, Lyon, Bordeaux, Auch und Narbonne.[3] Die Erzbischöfe mussten bei ihren Weihbischöfen die Aufforderung verbreiten, vor der Kommission zu erscheinen. Die Bulle besaß rein informativen Charakter. Ab dem achten August wurde sie von der päpstlichen Kommission angewandt. Halten wir fest, dass die Kommission von Anfang an nur aus sieben Mitgliedern bestand, da Guillaume Agarni, Prévôt von Aix, vom Papst kurz nach seiner Ernennung dazu ausersehen wurde, den für zwei Jahre festgesetzten Zehnten beim Klerus in den Kirchenprovinzen Arles, Aix, Embrun, Vienne und Lyon für den Prinzen Philipp von Tarent zu «ernten». Am 5. Mai 1309 teilte Agarni der Kommission mit, er könne unmöglich beide Dinge gleichzeitig machen. Er nahm niemals an den Sitzungen teil und wurde auch nicht ersetzt.[4]

Am 8. August 1309 verfasste also die Kommission für jeden Erzbischof ein Edikt, in dem die Templer aufgefordert wurden, am ersten Werktag nach Sankt Martin (das heißt, am 12. November) zur Stunde der Prim (gegen 6 Uhr morgens) im großen Saal des Bischofspalastes in Paris zu erscheinen. Erzbischof und Bischöfe mussten diese Aufforderung in der Kathedrale, den großen Kollegkirchen und den Schulen, in denen es ein Studium generale (eine Universität) gab, sowie in den wichtigsten Häusern des Templerordens und an anderen Orten, wo die Ordensbrüder inhaftiert waren, vor den Klerikern und dem versammelten Volk verlesen lassen und publizieren. Notare wurden beauftragt, eine Urkunde zu verfassen und an die päpstliche Kommission zu schicken. Dieses Vorladungsedikt wurde von 13 Zeugen unterzeichnet, allesamt Kleriker, von denen sieben aus den Bistümern Clermont, Limoges, Mende und

Bayeux stammten; nun waren aber die Bischöfe von Limoges, Mende und Bayeux Mitglieder der päpstlichen Kommission.[5]

Die Kommissionsmitglieder begnügten sich nicht damit, Briefe zu versenden. Sie schickten auch Nuntien in die verschiedenen kirchlichen Provinzen und beauftragten sie, eigenhändig den Erzbischöfen und den Weihbischöfen die Vorladung auszuhändigen:[6]

Jean du Bois *(Johannes de Bosco)*	Sens
Jacquemard de l'Île *(Jacomardus de Insula)*	Reims
Robert Bernard *(Robertus Bernardi)*	Rouen
Colin d'Arras *(Colinus de Atrebato)*	Tours
Pierre Cochard *(Petrus Cochardi)*	Lyon
Laurent de Nanterre *(Laurencius de Nanterre)*	Bourges und die Bistümer Puy und Viviers
Jacques de Parvocayo *(Jacobus de Parvocayo)*	Bordeaux
Jean Pilavoine *(Johannes Pilavena)*	Narbonne
Thibaud d'Angers *(Theobaldus de Andegavis)*	Auch

Diese Auflistung vermittelt uns eine Vorstellung davon, wie groß der territoriale Rahmen war, in dem die Kommission agierte: Es handelt sich streng genommen um das Königreich Frankreich, wie es in jener Zeit aussah, das heißt innerhalb der vier Flüsse Escaut, Meuse, Saône und Rhône. Die lothringischen Diözesen sind nicht betroffen, auch wenn einige Templer der Diözese Toul, die in Frankreich festgenommen worden waren, an ihrem Inhaftierungsort befragt wurden. Es ist interessant, wie genau der Auftrag des in die Provinz Bourges entsandten Boten festgehalten ist: Er muss sich auch zu den Bischöfen von Viviers und Puy begeben, deren Bistümer erst seit kurzem dem König von Frankreich unterstehen. Der Bischof von Puy ist auch Suffragan von Bourges, doch der von Viviers ist Suffragan des Erzbistums von Vienne, und das gehört zum größten Teil zum Heiligen Römischen Reich.[7]

Bazas, September bis Oktober 1309

Was weiß man über die Art, wie diese Nuntien ihren Auftrag erfüllten? Fast gar nichts und nichts Direktes, außer über das Bistum Bazas, das ein Suffraganbistum des Erzbistums Auch ist. Am 26. Oktober 1309 legt Rossignol de Taleyson, der Offizial von Bazas, gegenüber dem Erzbischof von Narbonne, dem Vorsitzenden der päpstlichen Kommission, Rechenschaft ab über die Art und Weise, in der im Bistum Bazas den Anweisungen der Kommission Folge geleistet wurde. Drei der vier Protokolle, die seinem Brief beigelegt waren, geben Auskunft über die Bekanntmachung dieser Anweisungen am 6., 7. und 8. September im Bistum.[8]

Man kann eine Chronologie des Vorgangs erstellen. Die Anweisungen der Kommission wurden in den letzten Augustwochen oder Anfang September von Thibaud d'Angers an den Erzbischof von Auch und vielleicht auch direkt an die Suffraganbischöfe, unter anderen an den Bischof von Bazas, übermittelt. Guillaume Arnaud de la Motte, Bischof von Bazas, war nicht anwesend, weil er Clemens V., mit dem er verwandt war, nach Avignon begleitet hatte. Tatsächlich war der Papst im November 1308 durch Bazas gekommen, und im August und September 1309 befand sich der Bischof von Bazas noch immer in Avignon. Es ist also der Offizial von Bazas, der die Vorladungen erhält und sie auch öffentlich kundtut. Die drei beigelegten Protokolle berichten von den Initiativen des Offizials: Am Samstag, den 6. September, wird die Vorladung in Anwesenheit von ungefähr einem Dutzend Zeugen, vorwiegend Klerikern, aber auch drei Bürgern der Stadt, im Hof des Offizialats von Bazas verlesen. Am Sonntag, den 7. September, wird sie während der Messe in den drei wichtigsten Gotteshäusern von Bazas verkündet: in der Kathedrale, in der Marienkirche und in Sankt Martin sowie schließlich noch am 8. September in der Kirche von Romestaing, dem Hauptsitz der Templer im Bistum.

Die Templer der Komturei waren im Gefängnis des Offizialats von Bazas inhaftiert; sie waren weder in Bazas noch in Romestaing dabei, als die Aufforderung zu erscheinen erging – eine merkwürdige Art, sie zu informieren! Erst am 27. Oktober erfährt man, dass man sie von den Dingen in Kenntnis setzte! Ein viertes, an diesem

Tag datiertes Protokoll erwähnt, dass acht im bischöflichen Gefängnis von Bazas inhaftierten Templern die Vorladung vorgelesen wurde, und zwar von dem vom Offizialat beauftragten Anwalt des Bischofs, P. de *Passinhaco*. Die acht Templer sind: die fünf Ritter Ratier de Limousin, Gaillard de *Fasenis*, Hugues de Limousin, Guillaume de la Roque *(Rocha)* und Bertrand de Trabes sowie P. de Lac, Knappe, und zwei Kaplane, Jacques *Caputii* und Fricon de Béarn. Dieses Protokoll wirft zwei Fragen auf.

Warum so spät? Möglicherweise wurde den Templern die Aufforderung schon vorher, vielleicht schon lange vor dem 27. Oktober verlesen. Das späte Datum ließe sich dann durch Verhandlungen zwischen dem Offizialat und den Templern erklären, und das Protokoll wäre erst nach Abschluss der Verhandlungen erstellt worden. In der Tat reagierten die Templer von Bazas auf die Aufforderung (also auf das Offizialat) folgendermaßen: Wir sind bereit, nach Paris zu gehen, aber unter der Bedingung, dass wir frei sind und unsere Versorgung gesichert ist. Das Offizialat wiederum ist mit der Abreise der Templer gar nicht einverstanden, denn man glaubt, sie könnten die Gelegenheit nutzen, um zu fliehen – die Straßen sind nicht sicher, sie haben Freunde etc. Vor allem möchte man im Offizialat sichergehen, dass die Templer, nachdem sie in Paris ausgesagt haben, auch wieder zurückgeschickt werden, denn noch haben sie nicht im Provinzialkonzil vor Gericht gestanden (was zu diesem Zeitpunkt für alle gilt). Anscheinend sind sie auch noch nicht von der Diözesankommission examiniert worden. (Der Bischof ist, wie wir wissen, nicht da, und es ist nicht sicher, ob er seine Befugnisse in dieser Sache seinem Offizial übertragen hat.) Vielleicht – ich wage eine Hypothese – gab es einen Briefwechsel zwischen dem Offizial und seinem Bischof oder zwischen dem Offizial und den Pariser Vertretern der Kommission? Am 27. Oktober hat sich der Offizial entschieden: Offensichtlich reagiert er nicht auf die Forderungen der Templer, sondern behält sie in Bazas in Gewahrsam. Den Grund für diese Entscheidung nennt er in einem an die Mitglieder der Kommission gerichteten Brief.

Nun stellt sich eine zweite Frage: Der an die Kommission geschickte Brief stammt vom 26. Oktober, während das Protokoll das Datum vom 27. trägt. Das lässt sich nur dadurch erklären, dass es – wie von mir vermutet – zuvor zu Verhandlungen kam. Es kann sich nicht um ein simples Missverständnis zwischen den Templern, dem Offizial und der Kommission gehandelt haben: Wäre das der Fall gewesen, wäre dies früher oder später aufgeklärt worden, da es der päpstlichen Kommission gelungen war, den hartnäckigen Widerstand der königlichen Beamten und der Bischöfe gegen die Ankunft der Templer in Paris zu brechen. Die acht Templer von Bazas sollten sich in den Listen der Templer wiederfinden, die ab Februar 1310 zur Verteidigung des Ordens antraten. Vorausgesetzt, sie hatten die Absicht dazu geäußert. Man kann nicht ausschließen, dass sie sich dem verweigerten.

Ich glaube, an diesem Beispiel fällt vor allem die Böswilligkeit auf, die gewöhnlich von den Agenten des Königs und den Bischöfen kaschiert wird. Diese verteidigen ihre Rechtsprechung und insbesondere in der Angelegenheit der Templer die Vorrechte, die der Papst selbst ihnen gewährt hat: nämlich gegen die Templer als Personen zu ermitteln und sie als solche vor Gericht zu stellen. Wenn diese Ermittlung gegenüber den Personen noch nicht durchgeführt wurde, wie es möglicherweise in Bazas der Fall war, versteht man die Vorbehalte von Seiten des Bischofs und seines Offizials, trotz der von Clemens V. in seinem Brief vom 6. Mai 1309 gegebenen Versprechen. Ist diese Erklärung richtig, könnte sie auch auf den Fall der Diözese von Nîmes zutreffen, die 1310 nur eine geringe Zahl von Templern nach Paris schickte: In dieser Diözese ist zu der Zeit, in der die päpstliche Kommission ihre Arbeit aufnimmt, gegen die Personen noch nicht ermittelt worden

Paris, Bischofspalast, November 1309

Am 12. November 1309 versammelt sich also die päpstliche Kommission im großen Saal des erzbischöflichen Palastes in Paris. Nicht alle Mitglieder sind anwesend. Es fehlen zwei, denn mit Guillaume Agarni darf man nicht rechnen, der, wie wir wissen, niemals dabei sein wird. Kein einziger Templer lässt sich blicken, und die Sitzung wird auf den nächsten Tag verschoben. Das Gleiche geschieht am Tag darauf und an allen folgenden Tagen bis zum 18. November. Die Kommissare vertreiben sich die Zeit mit der Prüfung der Briefe von Bischöfen und Erzbischöfen, die davon berichten, wie die Befehle der Kommission im Hinblick auf die Bekanntmachung des Edikts in den jeweiligen Diözesen und kirchlichen Provinzen befolgt wurden.[9] Manche hatten diesen Auftrag korrekt ausgeführt, andere mehr schlecht als recht und ein Gutteil überhaupt nicht: Sie hatten gar nicht geantwortet. Die Antwort des Offizials von Bazas gehörte ganz sicher zu der Post, die eingegangen war, wie ein wenige Tage später eintreffender Hinweis bezeugt,[10] aber der Bischof von Paris hatte nicht geantwortet, obwohl doch die Kommission in seinem Palast tagte!

Die Mitglieder beschließen daher, ihm zu schreiben, legen diesen Brief dem Protokoll bei und erinnern den Bischof an ihren Brief vom 8. August und die damals beschlossene Art der Verbreitung. In ihrer großen Güte gewähren sie ihm einen Aufschub von acht Tagen, mahnen aber aufgrund des «heiligen Gehorsams, den er der apostolischen Autorität schuldet», zu veranlassen, dass alle Templer aus seiner Diözese vor ihnen erscheinen können, so sie dieses wünschen. Sie erinnern auch daran, «dass wir nicht gegen die einzelnen Brüder des genannten Ordens und alles, was diese Personen betrifft, ermitteln wollen, sondern nur gegen den besagten Orden». Auch stellen sie klar, dass sie nur diejenigen empfangen werden, die freiwillig kommen wollen.[11] Diese Erinnerung und diese Klarstellung müssen wohl in Zusammenhang mit den Befürchtungen gesehen werden, die im Brief des Offizials von Bazas zum Ausdruck kamen und weitgehend von den Bischöfen geteilt wurden.

Am Samstag, den 22. November, präsentiert sich Guillaume de Baufet, der Bischof von Paris, den Mitgliedern der Kommission und erklärt, er sei «persönlich an den Orten gewesen, wo der Großmeister des Ordens und Bruder Hugues de Pairaud, Visitator des Ordens in Frankreich, sowie andere Ordensbrüder inhaftiert gewesen» seien, und er habe auf Lateinisch und dann in der Volkssprache die Originalbriefe des Papstes und der Kommissare mit der Aufforderung, vor der Kommission zu erscheinen, verlesen lassen. Beide, sowohl der Großmeister als auch der Visitator, hätten ihre Bereitschaft erklärt zu kommen. Der Bischof fügt hinzu, er habe auch geeignete Personen an alle Orte in der Stadt und in seiner Diözese geschickt, an denen Templer festgehalten würden, um die Briefe publik zu machen und verlesen zu lassen.[12]

Alsbald werden Philippe de Voët, Prévôt der Kirche von Poitiers, sowie Jean de Janville, Kammerherr des Königs, beide Templerbewacher, aufgefordert, den Großmeister und den Visitator wie auch alle anderen aufzusuchen, die vor dem Bischof und seinen Abgesandten den Wunsch geäußert hatten, sich zu stellen. Der Bischof und auch die Bewacher «rührten» sich offenbar ein wenig, denn im Verlauf des Tages erscheinen nacheinander ein gewisser Jean de Melot, der sich Templer nennt, eine von Jean de Janville angeführte Gruppe von sechs Templern, Hugues de Pairaud, der Visitator des Ordens in Frankreich, und schließlich auch «angebliche» Templer, die kurz zuvor vom (königlichen) Prévôt von Paris verhaftet worden waren.

Jean de Melot kommt in weltlicher Kleidung. Er stammte aus der Diözese Besançon und hatte zehn Jahre lang das Templergewand getragen, bevor er abtrünnig wurde. Er schwört, niemals etwas Schlechtes über den Orden erfahren oder gehört zu haben, will ihn aber auch nicht verteidigen. Er führt zusammenhanglose Reden, so dass die Mitglieder der Kommission, denen zudem seine Mimik und Gestik auffällt, daraus schließen, er sei *simplex*, und ihn wieder zum Bischof von Paris schicken, «dem es obliegt, solche flüchtigen Brüder in seiner Pariser Diözese aufzunehmen».[13]

Die sechs von Jean de Janville hergebrachten Templer werden mit einiger Sicherheit im Tempel gefangen gesetzt. Zwei von ihnen, Gérard de Caus und Thibaud de Basemont, waren am 25. Januar 1308 zusammen mit Jacques de Molay[14] vom Tempel nach Corbeil verbracht worden. Rainier de Larchant hatte man nach Villeneuve-le-Roi überstellt. Die anderen drei, Regnaud de Tremblay, Raoul de Saulx und Nicolas de Troyes,[15] tauchen nicht unter den damals verlegten Templern auf, zumindest werden ihre Namen nicht erwähnt. Sie waren alle im Oktober und November 1307 in Paris verhört worden und hatten gestanden.[16] Am 18., 19. und 20. Februar 1310 findet man sie als Verteidiger des Ordens vor der päpstlichen Kommission wieder:[17] Zu dem Zeitpunkt kommen sie alle aus dem Pariser Tempel, und die ersten drei sagen aus, sie seien bereits ein erstes Mal der päpstlichen Kommission vorgeführt worden, nämlich auf der Sitzung vom 22. November 1309.

An jenem Tag spricht Gérard de Caus, Ritter aus der Rouergue, in ihrem Namen und erklärt, von den Kommissaren über den

Grund ihres Kommens befragt, er habe geglaubt, nachdem er aus dem Mund des Pariser Bischofs das Einberufungsedikt vernommen habe, er werde als Person verhört werden. Die Kommissare klären ihn auf und sagen ihm, sie wollten ihn zu dem Orden befragen. Ob er bereit sei, ihn zu verteidigen? Gérard de Caus zögert und sagt dann stammelnd: Er sei nur ein «einfacher Ritter, ohne Pferd, ohne Waffen, ohne Land, und weder könne noch verstehe er den Orden zu verteidigen». Die fünf anderen schließen sich ihm an.[18]

Dann erscheint Hugues de Pairaud. Er sei gekommen, erklärt er, weil der Bischof von Paris ihm gesagt habe, die Kommissare wünschten mit ihm über den Orden zu sprechen. Er bittet sie, sich beim Papst und beim König dafür einzusetzen, dass die Güter des Ordens nicht verschleudert, sondern zur Unterstützung des Heiligen Landes bewahrt würden. Im Übrigen sei er von den Kardinälen im Namen des Papstes (in Chinon) angehört worden und bereit, vor dem Papst auszusagen. Da er vor den Kommissaren sonst nichts äußern will, wird er wieder dahin geschickt, von wo er gekommen ist.[19] War er im Tempel inhaftiert gewesen?

Dieser Samstag, der 22. November, erscheint den Kommissaren zunehmend als ein vergeudeter Tag. Mit den zuletzt Eingetroffenen läuft es noch schlechter. Manche Kommissare haben zufällig erfahren, dass in Paris Männer eingesperrt seien, von denen es hieß, sie seien wegen der Templersache hergekommen. Nachdem sie sich beraten haben, bestellen sie Jean de Pluvaleh, den Prévôt von Paris, zu sich und verlangen eine Erklärung. Dieser räumt ein, dass im Châtelet, dem königlichen Gefängnis, sieben Männer in weltlicher Kleidung eingesperrt seien, die flüchtige Templer sein sollen. Angeblich hätten sie Geld dabei, um davon Anwälte und Berater zu bezahlen, und wollten außerdem über die Angelegenheit des Tempels Erkundigungen einziehen. Der Prévôt habe zwei dieser Männer der Folter unterzogen, doch hätten sie nichts preisgegeben. Die Kommissare fordern ihn auf, ihnen unverzüglich diese sieben Männer zu übergeben, und das geschieht auch noch vor Ende des Tages. Pierre de Sornay aus der Diözese Amiens, der erste dieser Männer, gibt an, drei Monate vor seiner Verhaftung in den Orden eingetreten zu sein, aus dem er dann zwei Wochen zuvor ausgetreten sei. Er kann nichts Schlechtes über den Orden sagen. Auf die Frage der Kommissare, weshalb er nach Paris gekommen sei, erklärt er, er wolle arbeiten und Geld verdienen, da er arm und nicht adlig sei und über keinerlei Mittel verfüge. Doch den Orden will er nicht verteidigen. Ebenso weigern sich auch die sechs anderen. Alle kommen sie aus dem Norden von Frankreich. Zwei von ihnen, Nicolas de Sarte und Hennequin Villane, die einst den Templern der Grafschaft Hainaut (Hennegau) gedient hatten, gestehen, dass sie von diesen nach Paris geschickt worden seien, um sich über das Schicksal der Templer zu informieren. Die Kommissare schicken sie zurück in den Gewahrsam des Prévôt, mit Ausnahme von Pierre de Sornay, dem Einzigen, den sie für einen echten Templer halten und der deshalb der Obhut des Bischofs übergeben werden muss.[20]

Darüber wurde es wohl Nacht. Trotz eines letzten Aufrufs kommt keiner mehr, und die Kommissare verabreden sich für den darauffolgenden Montag zur Stunde der Prim.

Am Montag, den 24., kommt auch niemand, weder zur Prim noch danach. Man vertagt sich auf den 26. Schließlich bekommen die in einem an den großen Saal angrenzenden Raum wartenden Kommissare etwas zu tun: Jacques de Molay, der Großmeister in Person, wird von Jean de Janville und Philippe de Voët hereingeführt. Wie es ihm gelingt, im Verlauf dieser Sitzung eine Bedenkzeit bis zum 28. November auszuhandeln, werde ich zusammen mit seinen beiden Aussagen erörtern. In der Zwischenzeit, am 27., werden sich andere Templer präsentieren, die von der Aufforderung, vor der Kommission zu erscheinen, gehört haben. Einer von ihnen ist Ponsard de Gizy.

27. November: Ponsard de Gizy

Ich habe bereits die Aussage des Komturs des Hauses Payns erwähnt, in deren Verlauf er die «vier Verräter» nennt, die ihm zufolge für die falschen Beschuldigungen gegenüber dem Orden verantwortlich sind.[21] Er beginnt mit der Erklärung, die dem Orden vorgeworfenen Verbrechen seien nicht begangen und die Geständnisse durch Folter erzwungen worden. Er schildert die Folterungen und die schlimme Behandlung, die er während zweier Monate erlitten hatte. Nach seiner Aussage wurden in Paris 36 und in der Provinz weitere Ordensbrüder zu Tode gefoltert. Er ist bereit, den Orden zu verteidigen, vorausgesetzt, man bewilligt ihm von den Gütern des Ordens so viel, dass es für seinen Lebensunterhalt und seine Verteidigung ausreicht. Er verlangt nach dem Rat von Renaud d'Orléans und Pierre de Bologne, zwei Ordenskaplanen, die hier zum ersten Mal als Sprecher der Templer erwähnt werden. Dann überreicht er den Kommissaren den Zettel, auf denen er die Namen der vier Verleumder nennt.

In diesem Augenblick übergeben Jean de Janville und Philippe de Voët den Kommissaren einen Brief, der sofort verlesen wird. Ponsard de Gizy hat ihn vor seinem Auftritt verfasst und schlägt einen ganz anderen Ton an als kurz zuvor. Darin prangert er Verbrechen und Missstände des Ordens an, die nicht in den 88 «offiziellen» Artikeln der Anklage enthalten sind: Übergriffe der «Meister» gegenüber den armen Brüdern; sexueller Missbrauch der Ordensschwestern; Aufnahme unwürdiger Brüder in den Orden; Simonie; Entsendung von unliebsamen Brüdern an die Front. Schließlich bezeichnet er Gérard de Villiers, den Meister von Frankreich (seit Beginn der Affäre auf der Flucht), als verantwortlich für den Verlust der Insel Ruad vor der syrischen Küste im September 1302. Ponsard de Gizy verliert nicht die Fassung: «Weil die Wahrheit keine Umwege sucht», bekennt er, diesen Brief in einem Wutanfall gegenüber dem Schatzmeister des Pariser Tempels, der ihn beleidigt habe, verfasst zu haben. Er habe diesen Brief seinen Bewachern übergeben, damit er daraufhin dem Papst oder den Kommissaren vorgeführt würde. Ohne noch einmal auf seine soeben vorgebrachte Aussage einzugehen, fürchtet Ponsard, seine Erklärung werde zu einer Verschärfung seiner Haftbedingungen führen, und bittet die Kommissare um ihren Schutz. Diese befehlen den Wächtern, die sich dazu verpflichten, nichts an den bisherigen Haftbedingungen zu ändern.[22]

An diesem Tag treten außer Ponsard noch elf weitere Templer auf, auch Raoul de Gizy, ein Verwandter Ponsards, der nicht nur Komtur der Templerhäuser in Lagny-le-Sec und Beauvais ist, sondern auch im Dienste des Königs die Aufgabe des Steuereinnehmers in der Champagne und in der Brie wahrnimmt. Vier von ihnen waren im Oktober 1307 im Pariser Tempel verhaftet, eingekerkert und dann verhört worden: Raoul de Gizy, Jacques Le Verjus, Jean du Four, alias de Torteville, Pons de Benèvre.[23] Wie Ponsard de Gizy wurde auch Aymon de Barbone in Paris verhaftet, doch er taucht in der Liste der verhörten Templer nicht auf. Guillaume Bouchel *(Boscelli)* war in Pont-de-l'Arche eingesperrt, wo er am 18. Oktober 1307 verhört wurde.[24] Die fünf anderen werden 1307 nicht erwähnt: Jean de Seraincourt bzw. de Celle, Jean de *Villaserva*, Gaubert de Marle, Étienne de Provins und Nicolas de Celle. Die Kommissare stellen ihnen unvermittelt die Frage, ob sie den Orden verteidigen wollen? Alle verneinen, und die Gründe, die sie dafür angeben, sind mehr oder weniger die gleichen: Sie sähen sich außerstande, den Orden zu verteidigen; sie müssten frei sein; sie seien *pauper homo* (fünf von ihnen). Alle wollen bei den Geständnissen bleiben, die sie vor dem Bischof von Paris abgelegt haben (oder dem von Laon im Falle Gaubert de Marles), das heißt, im Verlauf des Diözesanverfahrens gegen die Personen. Keiner von denen, die 1307 vor den Inquisitoren erschienen sind, bezieht sich auf das frühere Geständnis, und die Kommissare befragen sie auch nicht dazu. Ist das nicht ein Hinweis darauf, dass dieses Verfahren in den Augen der Kommissare, in diesem Punkt in Übereinstimmung mit der Meinung des Papstes, keinerlei Wert besaß?

Drei Monate später werden acht dieser elf Templer sowie Ponsard de Gizy der Kommission erneut als Verteidiger des Ordens vorgeführt, zusammen mit anderen Brüdern, die wie sie im Tempel eingesperrt sind: am 18. Februar[25] Étienne de Provins; am 19. Februar Ponsard de Gizy, Jean de Seraincourt, Jacques Le Verjus, Aymon de Barbone, Guillaume Bouchel, Nicolas de Celle, Jean du Four (Torteville) und Pons de Benèvre.[26]

Noch eine letzte Bemerkung: Die Kommissare wollten von Raoul de Gizy wissen, warum er vor ihnen erschienen sei. Seine Antwort ist verblüffend: Er sei gekommen, weil der Bischof von Paris ihnen gesagt habe, «die, welche vor den Herren Kommissaren erscheinen wollen, können kommen ...». Das sagt natürlich eine Menge über die Ernsthaftigkeit aus, mit der der Bischof seiner Informationspflicht nachkam. Es geht ja nur um eine kleine Spazierfahrt mit dem Karren zwischen dem Pariser Tempel und Notre-Dame!

26. und 28. November: Jacques de Molay

Diese Anhörung war sehr vielversprechend. Sie spielte sich, wie schon erwähnt, innerhalb von zwei Tagen ab.[27] Am 26. November stellt sich also der Großmeister in der Kammer hinter dem großen Saal des Bischofspalastes vor. Will er den Orden verteidigen oder irgendetwas zum Thema sagen? Der Großmeister antwortet ausweichend: Der Orden sei vom Apostolischen Stuhl bestätigt und mit Privilegien versehen worden, es wäre also merkwürdig, wenn Letzterer den Templerorden so plötzlich auslöschen wollte. Obgleich er sehr unwissend sei und des Rats entbehre, sei er zur Verteidigung bereit, sonst wäre er der Ehren und der Vorteile nicht würdig, die er vom Orden erhalten habe. Da er aber Gefangener des Papstes und des Königs sei und keinen Heller sein eigen nenne, sei er zur Verteidigung nicht in der Lage, wenn man ihm nicht mit Rat und Tat beistehe. Die Kommissare ermahnen ihn zum Nachdenken und verlesen das Protokoll seiner Aussage in Chinon. Darüber ist er sehr bestürzt, er ist erregt und protestiert, gibt aber keine Erklärung ab. Eine Reaktion, die Probleme aufwirft – davon wird noch die Rede sein. In diesem Augenblick betritt Guillaume de Plaisians den Saal, ohne von der Kommission dazu aufgefordert worden zu sein, wie das Protokoll unterstreicht. Der Großmeister glaubt, in ihm einen Rettungsanker gefunden zu haben, sie schätzten sich, sagt er, gegenseitig und seien beide Ritter. Die Kommissare erlauben ihm, sich mit dem Neuankömmling zu unterhalten. Guillaume de Plaisians gibt Jacques de Molay den Rat, sich nicht aufs Glatteis zu begeben. Er flüstert ihm wahrscheinlich zu, dem, was er in Chinon ausgesagt hat, nicht zu widersprechen, zumindest nicht, wollen wir vermuten, dem, wovon er gehört hat, dass es der Großmeister gesagt habe. Um sich nicht «in Widersprüche zu verwickeln» – so drückt er es selbst aus –, erbittet Jacques de Molay einen Aufschub von zwei Tagen, der ihm auch gewährt wird.[28]

Also kommt er am 28. November wieder.

Die Kommissare kommen sofort zur Sache und fragen, ob er den Orden verteidigen wolle. Erneut macht er Ausflüchte: Er sei nur ein armer Ritter, sei *illitteratus* (das heißt, er kann kein Latein), aber aus den apostolischen Briefen, die man ihm vorgelesen habe, wisse er, dass der Papst sich vorbehalten habe, ihn und die anderen Würdenträger des Ordens zu examinieren. Folglich weigert er sich, den Orden vor der Kommission zu verteidigen, und verlangt, so schnell wie möglich dem Papst vorgeführt zu werden. Die Kommissare erwidern, sie mischten sich nicht in die Angelegenheiten von Personen ein, sondern es ginge ihnen nur um den Orden, und zwar in päpstlichem Auftrag. Will er sie daran hindern, diese Aufgabe zu erfüllen? Natürlich nicht, Jacques de Molay heißt ihre Arbeit gut, aber er besteht jetzt und in Zukunft auf derselben Haltung: Nur vor dem Papst wird er reden.

Doch zur Erleichterung seines Gewissens wolle er drei Dinge über den Orden sagen:

(1) Er kenne keinen anderen Orden, in dem die Kirchen so gut unterhalten würden und der Gottesdienst so feierlich zelebriert werde.
(2) Überall und zu jeder Zeit würden Almosen gegeben.
(3) Er kenne keinen anderen Orden, bei dem so viel Blut zur Verteidigung des Glaubens geflossen sei.

Er endet mit einem kurzen, ganz und gar herkömmlichen Glaubensbekenntnis, «und wenn die Seele vom Leib getrennt ist, dann wird man sehen, wer gut und wer schlecht gewesen ist; dann erfährt man die Wahrheit über das, was gegenwärtig verhandelt wird».[29]

In diesem Augenblick betritt wie zufällig Guillaume de Nogaret den Saal, den niemand eingeladen hat. Indem er sich, wie er sagt, auf die Chroniken von Saint-Denis bezieht, erinnert er daran, dass zu Zeiten Saladins «der damalige Ordensmeister ihm die Ehre [eines Besuchs] erwiesen hatte und er [Saladin] das den Templern widerfahrene große Unglück [die Niederlage von Hattin und den Verlust von Jerusalem] mit der Ausübung der Sodomie begründet hatte».[30] Bestürzt erwidert Jacques de Molay, davon habe er nie gehört, und er stellt seine Haltung gegenüber dem Großmeister Guillaume de Beaujeu (er war im Orient während der ganzen Zeit, in der dieser Großmeister war) deutlicher dar: Nach seiner Ankunft im Orient habe er, wie viele andere junge Ritter, sich unbedingt mit dem Feind messen wollen und die abwartende Politik des Großmeisters kritisiert; aber Zeit und Erfahrung hätten ihn gelehrt, dass man zuweilen Kompromisse mit dem Feind schließen müsse, um zu überdauern.

Bald danach erscheint Pierre de Safed, Truchsess des Großmeisters, und weigert sich in dessen und Guillaume de Nogarets Anwesenheit den Orden zu verteidigen, da er die Ansicht vertritt, der Großmeister habe zwei gute Verteidiger: den König und den Papst!

Erneuter Aufschub

Vom 22. bis zum 28. November kam die Kommission nicht von der Stelle. Die wenigen, allesamt in Paris festgesetzten Templer, die ihr vorgeführt wurden, wussten nicht, was man von ihnen erwartete. Mit einer Ausnahme: Ponsard de Gizy. Auf die Frage «Wollen Sie den Orden verteidigen?» waren sie nicht gefasst. Hugues de Pairaud und Jacques de Molay spürten, zu Recht oder Unrecht, dass ihnen eine Falle gestellt wurde, und suchten nach einem Ausweg: «Ich werde nur in Anwesenheit meines Anwalts aussagen» (in ihrem Fall der Papst). Sie täuschten sich, was das Verfahren betraf – oder sie taten so! –, und provozierten dadurch die Kommissare. Trotzdem äußerte Jacques de Molay eine wenn auch vorsichtige Verteidigung seines Ordens. Es war kein Zufall, wenn während der Aussagen von Ponsard de Gizy und Jacques de Molay zwei Interventionen, die nichts mit der Kommission zu tun hatten, die beiden Männer aus dem Gleichgewicht zu bringen trachteten: Beim ersten war es die Verlesung eines kompromittierenden Zettels, beim zweiten die Anwesenheit und die Einlassungen von Guillaume de Nogaret und von Guillaume de Plaisians.

Ein Pariser Bischof, der seine Aufgaben nicht gemacht hatte, königliche Agenten und Ratgeber, die ihn sabotierten. Am 28. November hatten die päpstlichen Kommissare allen Grund, deprimiert zu sein. Sie gaben sich aber nicht geschlagen und griffen erneut zur Feder.

Am Abend desselben Tages machten sie eine Bestandsaufnahme und stellten fest, dass das Edikt in der Mehrzahl der Diözesen des

Königreichs nicht korrekt veröffentlicht worden war. Insbesondere nannten sie Bazas, Toulouse, Clermont und Paris, wo Templer beabsichtigt hatten, den Orden zu verteidigen, aber daran gehindert worden waren.[31] Manche Bischöfe hatten der Kommission noch immer nicht geantwortet und Bericht über die Ausführung von deren Befehlen erstattet. Daher richteten die Kommissare einen zweiten Aufruf an die Bischöfe und drückten ihr Siegel darauf. Sie erinnerten an ihr folgenlos gebliebenes erstes Edikt und betonten noch einmal, dass sie gegen den Orden und nicht gegen die Einzelpersonen vorgingen. Ein neuer Termin wurde festgesetzt: der 3. Februar 1310, nach Mariä Lichtmess, und in dem Schreiben hieß es, «wenn manche Brüder [...] erklärten, sie wollten für den Orden aussagen oder ihn verteidigen, sollten sie unverzüglich [vor die Kommission] unter Aufsicht ihrer Wärter nach Paris geschickt werden.»[32] Schließlich wurde in dem Schreiben auch die Botschaft des Königs vom 26. November erwähnt, die sich auf die Angelegenheit bezog.

Vermutlich hatte in der Tat Gilles Aycelin, Vorsitzender der Kommission und königlicher Berater, noch vor der betrüblichen Erkenntnis vom 28. November mündlich bei Philipp interveniert. Der Brief des Königs enthielt den Befehl an alle Baillis und Seneschalle seines Reiches, allen in ihren Bezirken festgehaltenen Templern, die spontan den Orden zu verteidigen wünschten, die Reise nach Paris zu erleichtern. Sie sollten während der Reise gut überwacht werden, um Fluchtversuchen vorzubeugen, und sollten voneinander getrennt werden, um Absprachen unter ihnen zu vermeiden.

Die Kommissare waren nicht erst am 28. November unruhig geworden: Zwischen dem 12. und dem 18. November, als sie allmorgendlich zur Stunde der Prim anwesend gewesen waren und kein Templer sich hatte sehen lassen, hatten sie bestimmt Jean de Janville und Philippe de Voët, die beiden Bewacher der Templer aus den (kirchlichen) Provinzen Reims, Sens und Rouen, zur Rede gestellt, von ihnen größere Tatkraft verlangt und ihnen gewiss vorgeworfen, dass sie nur in Paris aktiv geworden waren (allerdings ohne irgendein Resultat, da ja noch kein einziger Templer gekommen war). Um sich zu rechtfertigen, zeigten ihnen die beiden Kumpane einen Brief vom 18. November, der an alle mit der Bewachung der Templer beauftragten Verantwortlichen und an deren in Orléans und der Diözese Orléans ansässige Bewacher gerichtet war. Darin wurden sie aufgefordert, den Anweisungen der Kommissare Folge zu leisten.[33] Genauso wie das königliche Schreiben vom 26. November wurde auch dieser Brief ins Protokoll aufgenommen.

Ich wage die Hypothese, dass man vielleicht eine Verbindung ziehen muss zu der am 13. September 1309 vom Papst getroffenen Entscheidung, für den 16. März 1310 all jene nach Avignon einzubestellen, die zugunsten von Bonifatius VIII. oder zu seinen Ungunsten auszusagen wünschten. Am 18. Oktober 1309 richtete der Papst eine ähnliche Aufforderung an Guillaume de Plaisians.[34] *Do ut des* oder reiner Zufall? Ich neige zu der ersten Annahme: «Ich bin guten Willens, was die Angelegenheit mit Bonifatius VIII. angeht. Es ist an dir, Philipp, die Angelegenheit mit den Templern nach dem von mir in die Wege geleiteten Verfahren ihren Fortgang nehmen zu lassen.» Der Austausch wurde während des ganzen Jahres 1310 zwischen Paris und Avignon fortgesetzt: Guillaume Bonnet, Bischof von Bayeux und Kommissionsmitglied, verbrachte 1310 einen Gutteil des Dezembers in Avignon; zusammen mit dem königlichen Notar Geoffroy du Plessis war er an der Spitze einer königlichen Gesandtschaft beim Papst. In einem an den König gerichteten Brief vom 24. Dezember 1310 berichteten sie von ihrer Mission in Avignon. Zu ihrer großen Enttäuschung mussten sie feststellen, dass der Papst immer noch nicht nachgab.[35]

9
DIE PÄPSTLICHE KOMMISSION BEI DER ARBEIT

Die Kommissare

In Poitiers hatte der Papst 1308 beschlossen, sich das Urteil über die Würdenträger des Ordens und dasjenige über den Orden in seiner Gesamtheit vorzubehalten. Wie bereits erwähnt, war die Befragung von fünf Personen durch drei vom Papst bevollmächtigte Kardinäle vom 17. bis zum 20. August in Chinon gleichbedeutend mit der von den Bischöfen in ihrer Diözese durchgeführten Untersuchung von Einzelpersonen. Das Urteil sollte später auf Veranlassung des Papstes gesprochen werden. Tatsächlich wurde dies aber erst 1314 gefällt.

Was den Orden betraf, so überließ Clemens V. die Untersuchung den in jedem Land eingerichteten päpstlichen Kommissionen, da er sie schließlich nicht ganz allein in der gesamten Christenheit durchführen konnte. Die acht Mitglieder der für das französische Königreich aufgestellten päpstlichen Kommission vertraten also – ebenso wie die Angehörigen der anderen über ganz Europa verteilten Kommissionen – den Papst. Die Auswahl dieser Mitglieder ist daher von großer Bedeutung.

Die Historiker des Templerordens sehen nach wie vor, was immer ansonsten ihre Meinung über Schuld oder Unschuld der Templer sein mag, die Bischöfe im Reich von Philipp IV. dem Schönen unter der vereinfachenden Gegenüberstellung «Anhänger des Papstes – Anhänger des Königs»![1] Natürlich ist nicht zu leugnen, dass es im Konflikt zwischen König und Papst (insbesondere Bonifatius VIII.) nicht nur um Grundsätzliches, sondern auch um pragmatischere, doch zweifellos genauso wichtige Fragen ging wie etwa die der Aufsicht über den französischen Klerus und das Recht des Königs, ein Wörtchen mitzureden bei der Ernennung der Bischöfe. Das ist nicht neu, und man musste nicht auf Philipp den Schönen warten, bis es dazu kam. Verwandelt die Tatsache, dass der König mitredet, ja sogar manchmal seine Entscheidung durchsetzt, einen Bischof automatisch in eine dem Souverän verpflichtete Marionette?[2] Vergessen wir nicht, dass das Amt einen Menschen verwandeln kann. Wir denken dabei zum Beispiel an Thomas Becket und Heinrich II. von England. Zum Amt eines Bischofs gehört nicht nur die Verantwortung gegenüber dem König, sondern auch gegenüber Gott und dem Papst. Soweit ich weiß, fürchtete Philipp der Schöne Gott, und wenn er den Papst nicht fürchtete, dann hätte er doch gut daran getan.

Betrachten wir also die Bischöfe und die anderen Kleriker als das, was sie sind, und so, wie sie sich in der Templeraffäre verhalten haben. Sie haben sich nicht alle mit Ruhm bedeckt, doch waren auch nicht alle feige und unterwürfig. Angefangen mit dem ersten von ihnen, dem Vorsitzenden der päpstlichen Kommission, Erzbischof von Narbonne und Berater des Königs: Gilles Aycelin. War er «ganz und gar das Geschöpf des Königs»?[3]

Er war ein hochangesehener Berater, genauso bedeutend wie ein Guillaume de Nogaret oder ein Enguerrand de Marigny. Gewiss stimmte er prinzipiell mit der Politik des Königs überein, und 1302 schlug er sich auf die Seite des Königs, als er sich weigerte, der Einberufung der französischen Bischöfe nach Rom durch Papst Bonifatius' VIII. Folge zu leisten. Der Gedanke, er sei am 22. September 1307 vom Kanzleramt zurückgetreten, weil er die Entscheidung, die Templer verhaften zu lassen, nicht gebilligt habe, scheint einer Grundlage zu entbehren.[4] Neun Monate später in Poitiers billigte er im Namen des südfranzösischen Klerus die Anklageschrift von Guillaume de Plaisians gegen den Papst und die Templer. Offenkundig hat ihn der König gegenüber Papst Clemens V. durchgesetzt, der, als guter Diplomat, den Mann besser kannte als die Historiker und es vielleicht gar nicht nötig hatte, den Namen eingeflüstert zu bekommen.

Wer war dieser Mann? Er stammte aus einer angesehenen Adelsfamilie der Auvergne, die der Kirche viele ihrer Kinder schenkte. So war etwa der Bischof von Clermont, wie wir gesehen haben, sein Neffe. Nach einem Jurastudium schlug er die kirchliche Laufbahn ein, war zuerst in Clermont, dann in Narbonne, wo er 1290 Erzbischof wurde. 1311 wurde er Erzbischof von Rouen und beendete dort seine Karriere. Er starb 1316. Gleichzeitig war er einer der wichtigsten Berater des Königs, und zahlreiche Missionen im Dienst des Souveräns führten ihn unter anderem nach Rom. Vom 27. Februar 1310 an übernahm er die Vertretung des Siegelbewahrers Guillaume de Nogaret. Es steht außer Frage, dass er in der Templeraffäre auf der Seite des Königs stand, doch hat Jean Favier aus ihm einen einzigartigen Fall gemacht, den des «königlichen Beraters, der standhaft geblieben ist und, unter allen Umständen loyal, dem König oft widersprochen hat». Und weiter: «Gilles Aycelins geistige Unabhängigkeit wird innerhalb der politischen Beziehungen zu einem bestimmenden Element, als er im Namen des Papstes den Vorsitz der Untersuchungskommission über den Templerorden übernimmt. Ein treuer Diener des Königs, ist Aycelin ebenso korrekt wie redlich.» Der König hörte ihn zwar an, befolgte aber nur selten seine Ratschläge, und im Rat ist Aycelin «gerade wegen seiner Unabhängigkeit [...] ein einsamer Mann».[5]

Neben Gilles Aycelin gehörten noch drei Bischöfe zu der Kommission.

Guillaume Durant der Jüngere, seit 1296 Bischof von Mende, wird als «ein Mann des Königs» beschrieben, als «treuer Diener des Königs» oder als aus einer «sehr königstreuen»[6] Familie stammend. Bedeutet das, dass er dem Papst feindlich gesinnt und automatisch gegen die Templer eingestellt war? Werfen wir einen Blick auf die Laufbahn dieses Bischofs. Guillaume Durant der Ältere, Bischof von 1285 bis 1296, starb am päpstlichen Hof in Rom. Daher hatte der Papst das Recht des Vorbehalts, das heißt, das Recht, einen Nachfolger zu ernennen, ohne die üblichen Vorschriften (Wahl des neuen Bischofs durch das Kapitel der Kathedrale) einzuhalten.[7] Papst Bonifatius VIII. ernannte also den Neffen des verstorbenen Bischofs, Guillaume Durant den Jüngeren, bis dahin Domherr in Mende. Der Bischof von Mende war zugleich Graf von Gévaudan. Er stieß sich an den juristischen Übergriffen mancher lokaler Barone und an der Unterstützung des Königs und seiner lokalen Statthalter, die sich in der Grafschaft, die zugleich Bistum war, profilieren wollten. Guillaume Durant spielte den König gegen die Barone und den Papst gegen den König aus. Auch wenn er der Politik der Machtkonzentration während des Pontifikats von Bonifatius kritisch gegenüberstand (obwohl er gerade dieser Politik sein Amt verdankte), unterwarf er sich doch nicht den Befehlen des Königs in dem Konflikt der beiden Parteien: 1309 trotzte er dem königlichen Verbot und gehörte zu den 33 französischen Bischöfen, die sich zu der von Bonifatius VIII. einberufenen Synode nach Rom begaben.

Um die juristischen Konflikte zwischen dem gräflichen Bischof und dem König beizulegen, kam der Gedanke an eine Teilung der Rechte auf. Guillaume Durant war nicht abgeneigt, war das doch für ihn ein Mittel, seine genau festgelegten Rechte zu garantieren, die er in einem *Mémoire relatif au paréage* (Denkschrift zum Teilungsvertrag) ohne Einschränkung gegenüber den vom königlichen Anwalt – kein anderer als Guillaume de Plaisians – vorgebrachten Ansprüchen verteidigte. Philipp der Schöne hörte nicht auf Plaisians und wählte den Kompromiss. Das erlaubte ihm, einen *paréage*-Vertrag zu schließen, der im Februar 1307 in Kraft trat. Der gräfliche Bischof und der König sollten jeweils ihre eigene Verwaltung und Rechtsprechung haben. Gemeinsame Institutionen wie der gemeinsame Gerichtshof in Gévaudan sollten dem Ganzen vorstehen, um gemeinsame Probleme zu lösen.[8] Gewiss ist es im Verlauf dieser erbitterten Diskussionen zwischen dem Anwalt des Königs und dem des Bischofs zu jenem herben Austausch gekommen, von dem Julien Théry berichtet: «Item, erklärt der Jurist des Bischofs, obwohl der Anwalt des Königs behauptet hat, der königliche Herrscher müsse als irdischer Herrscher verehrt werden, so überlassen wir das den Ketzern […], denn wir verehren nur den himmlischen Herrn, den Schöpfer des Himmels und der Erde», und er verweist auf das Dekret Gratians.[9] Hat der Bischof, dieser «Mann des Königs», seinem Juristen die Zunge abschneiden lassen?

Wie Gilles Aycelin in seinem Erzbistum von Narbonne und wie die Mehrzahl der Bischöfe in ihren Diözesen, so verteidigte auch der Bischof von Mende Schritt für Schritt seine Rechte gegen die Eingriffe des Königs, im geistlichen wie im weltlichen Bereich. Das hinderte vor allem Gilles Aycelin und gelegentlich auch Guillaume Durant nicht daran, als Berater des Königs aufzutreten, ohne dass sie deshalb seine Lakaien gewesen wären. Über Guillaume Durant lässt sich schließlich außerdem noch sagen, dass er am Konzil von Vienne teilnahm und dass er es war, der Clemens V. die Lösung im Templerprozess nahegelegt haben soll: den Orden aufzulösen, ohne ihn schuldig zu sprechen.[10] Er starb 1329 auf Zypern, als er sich auf dem Rückweg von einer Mission befand, die dazu dienen sollte, den vom französischen König Philipp VI. geplanten Kreuzzug vorzubereiten. Da sich Durant häufig fern von seinem Bistum aufhielt, hatte er in der Rue de la Calandre in Paris eine Residenz. Zwei Jahre lang hielt er sich als gewissenhaftes Mitglied der päpstlichen Kommission wahrscheinlich während des Prozesses hier auf.

Guillaume Bonnet, der Bischof von Bayeux, war schon eher ein «Mann des Königs». Nicht nur, weil er es königlichem Einfluss verdankte, dass er am 27. August 1306 zum Bischof von Bayeux ernannt wurde (er ist nicht der einzige),[11] sondern weil der König ihn häufig mit Missionen und Botschaften insbesondere am päpstlichen Hof betraute wie zum Beispiel im November / Dezember 1310.[12] Er starb zwischen dem 3. und dem 12. April 1312.[13]

Renaud de la Porte war von 1294 bis 1316 Bischof von Limoges, danach wurde er Erzbischof von Bourges. Seine Ernennung zum Kardinal im Jahr 1320 verdankte er Papst Johannes XXII. Er starb 1325 / 1326 in Avignon.[14] Er war dem König weniger verbunden, doch nach Malcolm Barber ist es unwahrscheinlich, dass er antiroyalistisch war. Was erst noch zu beweisen wäre!

Die anderen Mitglieder der Kommission sind von niedrigerem Rang: Matthias von Neapel ist ein apostolischer Notar, Jean de Montlaur ist Erzdiakon von Maguelonne; auch sie wirken nicht wie Männer des Königs, wie Malcolm Barber meint. Andererseits sollen Männer wie Johann von Mantua, Erzdiakon von Trient, und Guillaume Agarni, Probst der Kirche von Aix, zum Umkreis des französischen Königs gehört haben. Der erste war Auditor bei Kardinal Pietro Colonna, dem Sprecher der profranzösischen Kardinäle, der zweite ehemaliger Anwalt der angevinischen Könige von Neapel an der römischen Kurie. Doch sollte er, vom Papst mit anderen Aufgaben betraut, an keiner der Versammlungen der Kommission teilnehmen.

Die Dinge sind also kompliziert, und bevor wir uns ein Urteil darüber erlauben, ob der Gehorsam der Kommissare gegenüber dem König real oder nur eingebildet war, sollten wir überprüfen, was sie in der Kommission eigentlich taten.

Die Versammlungsorte

Am 8. August 1309 versammelte sich die Kommission zum ersten Mal im großen Saal (der *aula*) des Bischofspalastes, der an der Südseite der Kathedrale am Seine-Ufer gelegen war. Dorthin wurden für den 12. November die Templer einbestellt, die den Orden verteidigen wollten. Tatsächlich erschienen hier die ersten Tempelherren erst am 22. November, doch wurden die Anhörungen von Jacques de Molay am 26. und am 28. November wie auch die vom 27. mit Sicherheit in einen kleineren Saal oder eine angrenzende Kapelle verlegt.[15] Nachdem die Verhöre neuerlich vertagt worden waren, wurden sie schließlich am 3. Februar in dieser kleinen *camera* wieder aufgenommen, die immerhin groß genug war, dass alle neunzig Templer Platz fanden, die man dort versammelte, um ihnen die Anklagepunkte gegen den Orden vorzulesen.[16] Andererseits beschloss die Kommission, alle damals in Paris weilenden Templer am 28. März zu versammeln, und zwar im Freien, im Obstgarten hinter dem großen Saal und dem Haus des Bischofs. An diesem Tag waren es 546 Tempelherren.[17]

Die folgenden Sitzungen spielten sich bis zum 27. April in der Kapelle ab. Indes begaben sich am 13. April drei Kommissionsmitglieder nach Saint-Cloud, um Jean de Saint-Benoît zu vernehmen, einen aus dem Poitou stammenden achtzigjährigen Templer, der krankheitshalber nicht kommen konnte. Er war in einem Haus inhaftiert, das dem Pariser Bistum gehörte, und starb dort zwei Wochen später.[18]

Am 28. April zog die Kommission ans linke Seine-Ufer um und nahm ihren Wohnsitz in der Kapelle Saint-Éloi in der Abtei Sainte-Geneviève.[19] Dort tagte sie bis zum 30. Mai und verschob dann die Wiederaufnahme der Verhöre auf den 3. November. Doch am Morgen des 18. Mai versammelten sich die Kommissare im Palast ihres Vorsitzenden, des Erzbischofs von Narbonne.[20] Sie wollten beschließen, wie sie sich nach dem Gewaltstreich des Erzbischofs von Sens vom 11. und 12. Mai verhalten sollten. Möglicherweise hielt es der Vorsitzende der Kommission, den gewiss der Königliche Rat aufgescheucht hatte, für tunlich, sich rasch mit den anderen Kommissaren zu beraten, da er selbst nicht bei den Sitzungen dabei sein konnte. Tatsächlich erschien er weder am Nachmittag noch an den folgenden Tagen in Sainte-Geneviève.

Die Kommissare sollten eigentlich ihre Arbeit am 3. November wiederaufnehmen, doch an diesem Tag erschienen nur drei von ihnen in der Kapelle Saint-Éloi. Da sie nicht auf das Quorum kamen (man wird später verstehen, warum), vertagten die drei die Wiederaufnahme der Debatte wohlweislich auf den 17. Dezember.[21] An diesem Tag begaben sich die Kommissare, nachdem sie zwölf Templer empfangen hatten, in einen für ihre Beratung besser geeigneten Versammlungsort. Sie wählten das Haus de la Serpente in der Pfarrei Saint-André-des-Arts, das dem Abbé von Fécamp gehörte. Dort hielt die Kommission bis zum 23. Januar 1311 ihre Verhöre ab. Dann kam es zu einem neuen Ortswechsel: Drei Tage lang, am 26., 27. und 28. Januar, tagte sie im Haus des Abbé von Molesmes nahe der Kirche der Heiligen Cosmas und Damian (heute Ecke Rue de l'École-de-Médecine und Boulevard Saint-Michel).[22] Sie richtet sich dort nicht häuslich ein, denn am 29. zieht sie in das nahegelegene Minoritenkloster (der Cordeliers). Ein letzter Umzug findet am 22. März 1311 statt: Die Kommissare überqueren nur die Straße und richten sich im Haus von Pierre de Savoie, dem Erzbischof von Lyon, ein, das gegenüber dem Haus der Minoritenbrüder liegt.[23] Dort schließen sie dann am 26. Mai 1311 ihre Arbeit ab.

Wir kennen die Gründe für diese Ortswechsel nicht, ausgenommen die für den Umzug in das Haus de la Serpente. Man brauchte einen großen Raum, denn außer den Mitgliedern der Kommission nahmen fünf oder sechs Notare und ein paar andere Zeugen teil. Die Tempelherren wurden in Grüppchen vorgeführt, bevor sie einzeln verhört wurden. In der zweiten Arbeitsphase der Kommission vom Dezember 1310 bis zum Mai 1311 musste man zweifellos mit Unannehmlichkeiten rechnen, die durch die Ankunft und den tagelangen, ja sogar bis zu einer Woche langen Aufenthalt von ganzen Gruppen von Templern verursacht wurden, die aus der Provinz oder der Umgebung der Hauptstadt zum Verhör gebracht wurden. Hinzu kamen ihre Wärter, die Fuhrleute, die Pferde und die Karren.[24] Dieses ständige Hin und Her war gewiss ermüdend für die Gastgeber der Kommission.

Abgesehen vom Bischofspalast befanden sich alle Versammlungsorte auf dem linken Seine-Ufer, auf dem Hügel der Abtei Sainte-Geneviève oder zu deren Füßen, in einem genau umschriebenen Gebiet in der Umgebung des Minoritenklosters. Die Kommission tagte ausschließlich in kirchlichen Einrichtungen: im Bischofspalast, in Klöstern oder Pariser Wohnsitzen von Kirchenleuten (der Abbés von Molesmes und Fécamp, des Erzbischofs von Lyon).

Tafel 5

Versammlungsorte der Kommission in Paris (1309–1311)

Ort	Zahl der täglichen Sitzungen
Bischofspalast	45
Sainte-Geneviève	19
Haus de la Serpente	26
Haus des Abbé von Molesmes	3
Haus der Minoritenbrüder	40
Haus von Pierre de Savoie	25

Sitzungsgelder

Die Kommission tagte vom 8. August 1309 bis zum 26. Mai 1311 in Paris. Es gab insgesamt 167 Sitzungstage, die von mehr oder weniger langen, durch Vertagungen verursachten Pausen unterbrochen waren.

Die Kommission setzte sich aus acht Kommissaren zusammen. Vier von ihnen waren Prälaten: der Erzbischof von Narbonne und die Bischöfe von Bayeux, Limoges und Mende. Von den anderen vier war einer, Guillaume Agarni, Prévôt von Aix, kein einziges Mal bei einer Sitzung anwesend. Jean de Montlaur, Erzdiakon von Maguelonne, ein weiteres Kommissionsmitglied, war krank und nahm ab dem 3. Februar 1311 nicht mehr teil.

Vom 8. August an, dem Tag, an dem die erste Fassung von *Faciens misericordiam* publiziert wurde, hatte Clemens V. für alle Kommissare die Vergütungen festgelegt: 12 Goldflorins Tagegeld für die Bischöfe, 5 Florins für Jean de Montlaur und Johann von Mantua und 3 Florins für Guillaume Agarni.[25]

Es mag einfach erscheinen, die Tage zu zählen, an denen ein Kommissar jeweils anwesend war, aber bei manchen ist die Sachlage nicht klar, und auch die Zahlen, die ich im Folgenden nennen werde, sind nicht völlig gesichert.[26]

Tafel 6

Arbeitssitzungen und Vertagungen der päpstlichen Kommission

Einsetzung	8.–9. August 1309	2 Tage
	12.–28. November 1309	13 Tage
Erste Vertagung		
Phase 1	3. Februar–30. Mai 1310	54 Tage
Zweite Vertagung		
Phase 2 (1)	3. November 1310	1 Tag
Dritte Vertagung		
Phase 2 (2) (Unterbrechungen über Ostern und zwischen dem 19. April und dem 7. Mai)	17. Dezember 1310–26. Mai 1311	97 Tage

Tafel 7

Anwesenheit der Kommissare bei den Sitzungen

Namen	**August 1309**	**12.–28. Nov. 1309**	**3.–30. Mai 1310**	**3. Nov. 1310**	**17. Dez. 1310–26. Mai 1311**	**Insgesamt**
Narbonne	2	13	20+3½	–	10	45+3½
Bayeux	2	13	20	–	46	81
Mende	2	13	54	1	95	165
Limoges	2	13	52	–	95	162
M. von Neapel	2	12	53	1	83	151
J. von Mantua	2	13	48	1	90	154
J. de Montlaur	2	?	53	–	22	77

Vier waren regelmäßig anwesend, insbesondere die Bischöfe von Mende und von Limoges, die nur bei drei bzw. fünf Sitzungen fehlten. Dann kommen Johann von Mantua und Matthias von Neapel, die bei über 150 Sitzungen zugegen waren. Der Bischof von Bayeux fehlte jeden zweiten Tag, und der Präsident, der Erzbischof von Narbonne, präsidierte nur selten (gerade etwas mehr als vierzigmal). Jean de Montlaur war hingegen zu Beginn sehr häufig da, doch ab dem 3. Februar 1311 verhinderte die Krankheit sein Kommen.

Die sieben Kommissare traten nur dreizehnmal (das ist ein Minimum), doch in entscheidenden Momenten zusammen: beim (fehlgeschlagenen) Auftakt, zwischen dem 12. und dem 28. November und Ende März / Anfang April, als die Kommission versuchte, ein Verfahren für die zahlreichen Templer, die zur Verteidigung des Ordens nach Paris gekommen waren, einzuleiten. Auch am 27. Mai 1310 waren die sieben Kommissare zur Stelle, um über die Vertagung der Kommission zu entscheiden (was dann am 30. Mai beschlossen wurde).

Wir unterscheiden zwischen kurzen Abwesenheiten (einen Tag, einen halben Tag) und längeren und wollen die Ursachen dafür erkunden.

Die kurzen Abwesenheiten haben gewiss verschiedene Gründe, die aber nicht immer vermerkt werden, es sei denn, jemand wäre unpässlich. Johann von Mantua ist am 30. Mai krank und kann also nicht an der Sitzung teilnehmen, an der die am 27. Mai getroffene Entscheidung, die Arbeit zu vertagen, bestätigt wird. Doch man schickt einen Notar zu ihm in die Abtei Saint-Germain-des-Prés, um seine Zustimmung zu erhalten.[27] Matthias von Neapel fehlt am 3. und 4. Februar aus Krankheitsgründen; er lässt sich von Maître Roland, seinem Nuntius, entschuldigen.[28] In anderen Fällen wird eine kurze Abwesenheit mit Verhinderungen in letzter Minute begründet, aber nicht immer näher erklärt. So nimmt Johann von Mantua am 21. Mai vormittags an drei Verhören teil, versäumt aber die zwei Vernehmungen am Nachmittag.[29] Mehrere Male eröffnet Gilles Aycelin die Sitzung, entfernt sich dann aber. Am 7. Mai 1311 ist er dabei, als acht vom Bischof von Saintes geschickte Templer erscheinen, doch er entschuldigt sich, nachdem sie den Eid abgelegt haben.[30] Am 16. Februar verschwindet Matthias von Neapel während der Aussage von Eudes de Châteaudun.[31] Ich habe auch festgestellt, dass einzelne Kommissare mehrfach zeitweise während einer Sitzung fehlten: Gilles Aycelin fünfmal;[32] der Erzbischof von Bayeux zweimal;[33] der Bischof von Mende einmal;[34] Johann von Mantua dreimal;[35] Jean de Montlaur zweimal;[36] Matthias von Neapel viermal.[37]

Die länger währenden Abwesenheiten erklären sich durch Krankheit oder einen vom König oder vom Papst erteilten Auftrag.

Jean de Montlaur ist von labiler Gesundheit. Am 10. November 1309 schreibt er den anderen Mitgliedern der Kommission aus Saint-Benoît-sur-Loire, er sei krank und könne daher seine Reise nicht fortsetzen (er war unterwegs aus seiner Heimat Maguelonne-Montpellier); am 12. November sei er nicht da, doch er komme, sobald er wiederhergestellt sei. Tatsächlich ist er am 22. November anwesend.[38] Ein Jahr später nutzt er die Vertagung der Kommissionsarbeit bis zum 3. November 1310, um nach Hause zurückzukehren. Weil er krank ist, kommt er am 3. November nicht wieder, hat aber seine Kollegen in einem vom 12. Oktober datierten Brief darüber informiert. Als er von der neuerlichen, am 3. November beschlossenen Verschiebung erfährt, schreibt er, weil er noch immer krank ist, am 3. Dezember einen Entschuldigungsbrief. Beine und Füße täten ihm weh, er könne nicht gehen und deshalb nicht ohne Risiko eine Reise nach Paris unternehmen, von der ihm seine Ärzte abrieten. Die Notare der Kommission fügen dem Protokoll seine Briefe hinzu.[39] Anscheinend kehrte er am 4. Januar 1311 zurück, aber die Formulierung ist nicht eindeutig. Die Krankheit verhindert jedenfalls, dass Jean de Montlaur nach dem 3. Februar 1311 an den Sitzungen teilnimmt.[40]

Manche unserer Kommissare werden durch den Dienst für König und Papst über zuweilen lange Zeiträume hinweg beansprucht. Den Fall Guillaume Agarni habe ich bereits erwähnt. Gilles Aycelin, Erzbischof von Narbonne, ist zugleich eines der wichtigsten Mitglieder im Königlichen Rat. Manchmal wird er, wie zum Beispiel am 3. Februar 1311,[41] für einen halben oder einen ganzen Tag abberufen, aber zumeist hält er sich mehrere Tage lang anderswo auf – er gehört nämlich nicht nur zum Königlichen Rat, sondern vertritt auch verschiedentlich die Königliche Kanzlei. Doch kennt er sich, so wie heutzutage die Politiker, in den Akten gut aus und kann auch einmal kurz vorbeischauen, um die Arbeit der

Kommission zu lenken, bevor er sich anderen Dingen zuwendet. Jedenfalls ist er in den wichtigen Momenten zugegen.

Auch der Bischof von Bayeux ist häufig und über lange Zeit abwesend. Zwischen dem 7. und dem 27. Februar 1310 taucht er nur zweimal kurz auf.[42] Am 15. April 1310 entschuldigt er sich am Ende der Sitzung bei seinen Kollegen für eine Abwesenheit, die einen Monat und mehr dauern sollte. Das Provinzialkonzil von Rouen, das er abhalten musste, aber auch andere Angelegenheiten zwangen ihn dazu.[43] Erst am 30. Mai kehrt er wieder, und an diesem Datum vertagt sich die Kommission auf den 3. November. Zu diesem Zeitpunkt ist er jedoch nicht da, weil er in königlicher Mission zur Kurie nach Avignon geschickt wurde; da sich die Kommission aber sofort auf den 17. Dezember vertagte, wirkte sich das nicht sehr auf seine Arbeit in der Kommission aus.[44] Erst am 4. Januar 1311 kehrt er zurück.[45]

Diese Fehlzeiten haben die Arbeit der Kommission nur ein einziges Mal behindert. Die päpstlichen Schreiben (die die Kommission ins Leben gerufen hatten) hatten festgelegt, dass von den drei als Quorum für die Rechtmäßigkeit der Arbeit notwendigen Kommissaren zwei Prälaten zu sein hatten.[46] Es gab nur 14 Sitzungen, bei denen nur drei Kommissare anwesend waren, und bei zwölf davon waren zwei Bischöfe zugegen. Das war nicht der Fall am 3. November 1310, an dem Tag, der nach der Verschiebung im vorausgegangenen Mai für die Wiederaufnahme der Verfahren festgesetzt worden war.[47] Von vier Bischöfen war nur der Bischof von Mende anwesend, außerdem Matthias von Neapel und Johann von Mantua. Der Erzbischof von Narbonne war nicht in Paris; der Bischof von Bayeux war, wir sahen es bereits, als Gesandter des Königs in Avignon; und der sonst so zuverlässige Bischof von Limoges hatte auf dem Weg zu der Versammlung in die Abtei Sainte-Geneviève umkehren müssen, weil er sich auf Geheiß des Königs mit der Eröffnung der nächsten Sitzung des *Parlement* befassen musste.[48] Die anwesenden Kommissare waren der Meinung, sie könnten nicht tagen, und verschoben das nächste Treffen auf den 17. Dezember. Kein einziger Templer war erschienen.

Am 18. Mai 1311 kommt es zu einer weiteren heiklen Situation. Zwar hatten sich an diesem Tag vier Kommissare eingefunden – die Bischöfe von Mende und von Limoges, Matthias von Neapel sowie Jean von Montlaur –, doch die beiden Letzteren kamen zu spät, um die Aussage Philippe de Manins (oder Manni) anzuhören, des ersten Templers, der sich an diesem Tag vorgestellt hatte. So wurde beschlossen, dieser solle anderntags seine Aussage bestätigen, diesmal in Gegenwart der beiden Nachzügler.[49]

So ermüdend (und teilweise auch zufällig) diese Aufzählungen auch sind, die meines Wissens die Aufmerksamkeit der Historiker nicht sonderlich fesselten, so sind sie doch aus zwei Gründen von Interesse.

Zum einen liefern sie (selbst wenn sie winzige Fehler enthalten) exakte Zahlen zur täglichen Arbeit der Kommissare – immer noch besser als Mutmaßungen –, zum andern tragen sie dazu bei, die Debatte zum Thema der Unabhängigkeit der Kommission gegenüber dem König – oder das Gegenteil – auf keineswegs überflüssige Weise zu präzisieren. Die Säulen dieser Institution bildeten die Bischöfe von Mende und von Limoges, die in der Geschichtsschreibung nicht gerade als die «illoyalsten» Gewährsleute des Königs gelten. Halten wir beiläufig fest, dass sie ihr Bistum monatelang im Stich ließen. Vielleicht wurden die Kommissare auf Empfehlung des Königs vom Papst ernannt, doch sie arbeiteten nicht auf Philipps Geheiß, auch wenn durchaus Druck auf sie ausgeübt wurde. Wann immer es notwendig war, machten sie deutlich, worin ihr Auftrag bestand.

Ziele und Arbeitsmethoden

Der schleppende Beginn der Arbeit der Kommission belegt es: Sie musste ihre Unabhängigkeit gegenüber dem König behaupten, die Bischöfe beruhigen, die ihre juristischen Vorrechte gegenüber den in ihren Diözesen inhaftierten Templern bewahren wollten, und schließlich das Misstrauen der Ordensbrüder besänftigen. Die Kommissare sind gehalten, ihren Auftrag klar zu definieren. Jean du Four, der sich weigert, den Orden zu verteidigen, weil er «nicht mit dem Papst und dem König von Frankreich disputieren will», erwidern sie, darum gehe es nicht, sie seien «die Kommissare des Papstes und nicht die des Königs» und hätten vom Papst den Auftrag, die Wahrheit über die Ziele des Ordens herauszufinden.[50]

Gérard de Caus gegenüber erklären sie am 20. Februar 1310, es stehe nicht in ihrer Macht, die Templer zu befreien, sondern sie sollten nur Nachforschungen über den Orden anstellen,[51] und das Verfahren gegen ihn – und darum geht es in der Auseinandersetzung mit Jacques de Molay – sei etwas anderes als das gegen die einzelnen Personen. Sie zeigen sich etwas irritiert über die Halsstarrigkeit, mit der der Großmeister bestreitet, dass sie ein ganz spezifisches Verfahren führen – und rufen ihm das auch bei seinem kurzen dritten Auftritt am 2. März 1310 in Erinnerung.[52]

In dieser Hinsicht zögert die Kommission indessen ein wenig, als sie den 1308 vom Papst in Poitiers befragten Templern gegenübersteht. Zu ihnen gehören zuerst Jean de Juvigny am 30. April 1310, weitere Brüder folgen. Die Kommission beschließt, die Anhörung zu vertagen und über das Problem zu beraten. Sie begründet das damit, dass sie nicht wisse, zu welchen Artikeln die Templer in Poitiers befragt worden seien.[53] Dieses Zögern mutet merkwürdig an, denn in Poitiers und in Chinon waren die Templer vom Papst und von den Kardinälen als Personen befragt worden und mussten nicht erneut von den Bischöfen verhört werden. Andererseits hatte der Papst zugestimmt, dass Urteil und Urteilsspruch zuerst von den Provinzkonzilien verhängt werden müssten. Die päpstliche Kommission, die über den Orden zu Gericht saß, hätte also nicht zögern dürfen, sie dazu zu befragen. Diese Brüder befinden sich in der gleichen Situation wie Jacques de Molay, dem die Kommission vorwirft, die beiden Verfahren zu vermengen; freilich trifft dieser Vorwurf auf die Brüder gar nicht zu. Wir kennen die endgültige Entscheidung der Kommission nicht, wissen aber, dass Jean de Juvigny letzten Endes nicht verhört wird.

Die Kommission, so viel ist eindeutig, ist daran interessiert, dass sich Templer vor ihnen präsentieren, die den Orden verteidigen wollen. Dafür sind sie bereit, Garantien zu geben. So verpflichten sich die Kommission und die Bewacher der Templer, Ponsard de Gizy, der als Erster kam, um den Orden zu verteidigen, und als erster das durch die Folter erpresste Geständnis widerrief, vor allen Repressalien zu schützen.[54] Geoffroy de Gonneville, Meister der Provinz Poitou-Aquitaine, erscheint am 13. März 1310. Er will den Orden nicht verteidigen und hat sichtlich Angst. Die Kommissare versuchen, ihm Mut zuzusprechen, und versichern, «er könne ganz unbesorgt vor ihnen aussagen» und brauche weder Drohungen noch Gewalt noch Folter zu befürchten, «denn sie würden es nicht erlauben».[55]

Am 5. Mai erneuerte die Kommission ihre Verpflichtungen in feierlicherer Form beim Empfang einer Gruppe von acht Templern in Anwesenheit von vier Sprechern des Ordens. Wir werden im folgenden Kapitel sehen, wie sie ausgewählt wurden und womit sie beschäftigt waren. Sie müssen den Eid in einer Form ablegen, die während des gesamten Verfahrens gültig sein wird. Jeder Templer hat ihn vor dem Verhör zu leisten: Er wird auf das Evangelium schwören, sowohl gegen als auch für den Orden die Wahrheit zu sagen. Seine Aussage wird bis zum Ende des Verfahrens geheim gehalten.

Die Kommissare versicherten also den Templern, dass das Verfahren gegen den Orden völlig unabhängig von dem gegen die Einzelpersonen geführt werde, also sozusagen «wasserdicht» sei. Gewiss meinten sie es ehrlich, doch acht Tage später war die Garantie null und nichtig, als der Erzbischof von Sens sich in einem Handstreich des einen Verfahrens (gegen den Orden) gegen das andere (gegen die Personen) bediente.

Noch ist es nicht so weit. Vom 5. Februar 1310 an strömen die Templer den ganzen Monat lang in Massen nach Paris, um den Orden zu verteidigen. Die Kommission kann sich darüber freuen, ist aber auch besorgt: Wie sollen sie angesichts dieser großen Menge effizient verfahren, da sich doch das Datum des Konzils nähert? Im Februar 1310 konnte noch keiner wissen, dass es erst ein Jahr später eröffnet werden würde. Ganz offensichtlich hatten die Kommissare nicht alles vorhergesehen.

Orte, aus denen die Templer 1310 zur Verteidigung des Ordens gekommen waren

10

DER AUFSTAND DER TEMPLER (FEBRUAR–MAI 1310)

Alle in Paris: Februar 1310

In Paris wartete die Kommission auf Templer, die den Orden verteidigen wollten, alle anderen waren ausgeschlossen: «Diejenigen, welche den Orden verteidigen wollten, wurden nach Paris verbracht [...]. Diejenigen aber, welche den Orden nicht zu verteidigen wünschten und von denen es eine ausführende Urkunde gab, wurden nicht vorgeladen», erklären die Kommissare am 3. April 1310.[1] Am 3. Februar finden sich Letztere also im Bischofspalast ein. Kein Mensch kommt: Das schlechte Wetter, Überschwemmungen und andere Hinderungsgründe werden angeführt, am nächsten und übernächsten Tag das gleiche Bild. Am 6. werden schließlich 16 Templer aus der Diözese Mâcon, die am Vorabend angekommen sind, vor die Kommissare geführt. Sie werden einzeln befragt, die anderen warten hinten im Saal. Ihre Antworten werden kurz notiert, dann in Gruppen zusammengefasst. Guillaume de Givresay möchte den Orden verteidigen, wo er in den dreißig Jahren seiner Zugehörigkeit nie etwas Schlechtes gesehen hat. Auch Jean de Cissey will den Orden verteidigen «nach Maßgabe meiner Möglichkeiten».[2] Insgesamt sind es 15, die den Orden verteidigen wollen. Der sechzehnte, Gérard de Lorraine, weigert sich, da der Orden schlecht sei.

Am nächsten Tag, dem 7. Februar, erscheinen in zwei Gruppen 32 Templer aus der Diözese Clermont, allesamt Verteidiger des Ordens. Unter ihnen sind die 29, die im Juni 1309 vor dem Bischof von Clermont nichts gestanden hatten, aber auch drei andere, die geständig waren und dennoch als Verteidiger auftreten: Gilbert Laporte, Guillaume d'Espinasse und Guillaume Brughat.[3] Von da an kommt es zu einer wahren Protestwelle: Bis zum 27. Februar reisen aus dem ganzen Königreich Gruppen von Verteidigern an. Im März schwächt sich die Bewegung ab, aber noch immer erscheinen viele. Noch am 2. Mai kommen zwei Gruppen. Insgesamt sind es 43 Gruppen, die in Tafel 8 aufgelistet sind. Dort finden sich das Datum der Ankunft sowie Zahl und Funktion der einzelnen Templer.

Tafel 8

Ankunft der Gruppen vor der Kommission von Februar bis Mai 1310

Datum	Herkunftsort	Anzahl	V	NV	R	K	P	Verw.
6.2.	Mâcon	16	14	2	0	15	1	I, 57
7.2.	Clermont	16	16	0	0	15	1	I, 58–59
7.2.	Clermont	16	16	0	7	8	1	I, 59
9.2.	Sens	6	6	0	0	6	0	I, 59
9.2.	Amiens	12	12	0	0	11	1	I, 60
9.2.	Diözese Paris	14	13	1	0	14	0	I, 60–61
9.2.	Tours	18	18	0	0	18	0	I, 61–62
9.2.	St.-Martin-des-Ch.	15	15	0	1	11	3	I, 62–63
10.2.	Nîmes	7	7	0	0	7	0	I, 63
10.2.	Sens	10	10	0	0	9	1	I, 63–64
10.2.	Montlhéry	8	8	0	0	7	3	I, 64
10.2.	Pariser Tempel	37	36	1	2	26	9	I, 64–65
10.2.	L'Haÿ-les-Roses	19	19	0	0	16	3	I, 65
12.2.	Corbeil	4	4	0	0	3	1	I, 66
12.2.	Sens-Chaumont	33	33	0	1	27	5	I, 66
13.2.	Saint-Denis	7	7	0	0	6	1	I, 67
13.2.	Conflans	6	6	0	0	5	1	I, 67
14.2.	Beauvais	11	11	0	0	9	2	I, 68
14.2.	Vitry-le-François[4]	10	9	0	0	9	1	I, 68
14.2.	Tyers (Sens?)[5]	11	11	0	0	10	1	I, 69
14.2.	Carcassonne	28	28	0	1	26	1	I, 69–70
14.2.	Sens	7	7	0	2	5	0	I, 70–71
14.2.	Sens	27	27	0	0	26	1	I, 70–72
16.2.	Dammartin	14	14	0	1	11	3	I, 73

Datum	Herkunftsort	Anzahl	V	NV	R	K	P	Verw.
17.2.	Auch	4	4	0	1	1	2	I, 73
17.2.	Toulouse	6	6	0	0	6	0	I, 74
17.2.	Crèvecœur	18	18	0	0	17	1	I, 74
17.2.	Toulouse	7	7	0	2	4	1	I, 74
17.2.	Poitiers	14	13	1	1	11	2	I, 75
17.2.	Poitiers	16	5	11	0	16	0	I, 76
17.2.	Crépy-en-Valois	8	8	0	0	6	2	I, 77
18.2.	Pariser Tempel	23	11	12	0	21	2	I, 77–79
19.2.	Pariser Tempel	15	7	8	3	12	0	I, 79–80
23.2.	Moissac (Cahors)	6	6	0	1	4	1	I, 82
23.2.	Trappes	13	12	1	0	13	0	I, 83
25.2.	Jamville (Orléans)	21	21	0	0	19	2	I, 84
26.2.	Gisors	58	58	0	5	50	3	I, 84–86
27.2.	Vernon	13	13	0	0	12	1	I, 86–87
Gesamt 1		**574**						
13.3.	Bourges	15	14	1	0	15	0	I, 89
27.3.	Bourges	32	32	0	1	29	2	I, 98–99
27.3.	Tarbes	4	4	0	1	3	0	I, 99
Gesamt 2		**51**						
2.5.	Périgueux	19	18	1	1	17	1	I, 230
2.5.	Le Mans	8	6	2	1	7	0	I, 230
Gesamt 3 (3a)		**27**						
Gesamt 1+2+3		**652**		**41**	**27**		**60**	

(V: Verteidiger; NV: Nichtverteidiger; R: Ritter; K: Knappe; P: Priester; Verw.: Verweis)

Dieser Gesamtzahl von 652 müssen noch sieben hinzugefügt werden, die nicht bei ihrer Ankunft in Paris mitgezählt wurden, doch bei der Versammlung vom 28. März zugegen sind und im Haus des Abbé de Tiron mit einem achten Ordensbruder, Pierre de Cortemple, eingesperrt sind, der am 14. Februar mit einer Gruppe aus Sens erfasst worden war.[6] Es sind also insgesamt 659 Templer.

Aus der Provinz Frankreich (die Normandie eingeschlossen) stammen 58,5 Prozent der Gruppen, aus den anderen Provinzen (Poitou-Aquitaine, Auvergne, Provence) 41,5 Prozent. Es fällt auf, dass niemand aus der Bretagne dabei ist, die Teil der Provinz Poitou-Aquitaine ist. Die Namen der Templer wurden nach ihrer Ankunft registriert, zugleich die Diözese, aus der sie stammten, ihr Status und in manchen Fällen ihr Amt innerhalb des Ordens. Die Knappen stellen die überwältigende Mehrheit (565), es gibt nur 27 Ritter und sechzig Priester. In Anhang 4 findet sich eine detailliertere Aufstellung über die Zahl der Templer aus den jeweiligen Diözesen.

Tafel 9

Geographische Aufteilung

Templerprovinz Frankreich	Paris und seine Diözese	11 Gruppen
	Picardie	4 Gruppen
	Champagne-Brie	4 Gruppen
	Sens-Orléans	5 Gruppen
	Normandie	2 Gruppen
	Burgund	1 Gruppe
Provinz Poitou-Aquitaine		5 Gruppen
Provinz Auvergne		4 Gruppen
Provinz Provence		7 Gruppen

Die Zusammensetzung der Listen der Ordensbrüder

Gleich nach ihrer Ankunft in Paris werden die Templer in Gefängnissen festgesetzt, die unter der Kontrolle der Kirche stehen (wir werden im Folgenden sehen, unter was für Haftbedingungen). Zum Teil wurden diese von den Notaren erfasst, die die Gefangenen zwischen dem 31. März und dem 7. April aufsuchten. So konnte je nach Fassungsvermögen des Inhaftierungsortes eine Gruppe von einer anderen getrennt oder aber auch mit ihr zusammengelegt werden. Von diesen Orten aus wurden also am 28. März 1310 die Verteidiger des Tempels zum Bischofspalast zu einer Versammlung geführt, die sich als entscheidend erweisen sollte. Vorläufig ist festzuhalten, dass aus diesem Anlass eine Liste nahezu aller Templer, die sich zu diesem Zeitpunkt in Paris aufhielten, einschließlich der am Vorabend, dem 27. März, Angekommenen, erstellt wurde. Es hätten 625 sein sollen (die erst am 2. Mai Angekommenen konnten natürlich nicht darunter sein), doch es waren nur 546.

Wir besitzen also in der Hauptsache drei Listen von Templern, die zur Verteidigung des Ordens nach Paris kamen: diejenige, die im Zuge der nach und nach in Paris eintreffenden Gruppen erstellt wurde; eine zweite, die bei der Generalversammlung vom 28. März verfasst wurde; dann diejenige, die die Templer an ihrem jeweiligen Haftort aufführte.[7] Hinzu kommen noch Zweitlisten wie die von den am 14. März 1310 von den Kommissaren versammelten neunzig Templern.[8] Auf jeder dieser Listen finden sich dieselben Ordensbrüder, jedoch nicht alle. Ich skizziere im Folgenden kurz die wichtigsten Unterschiede zwischen den Listen.

Längst nicht alle Templer, die nach Paris gekommen waren, werden in der Liste der Haftorte aufgeführt; in dieser dritten Liste werden nämlich nur 453 Templer erwähnt. Das kann ein schlichtes Versehen sein: Man weiß weder, wo die 16 Brüder inhaftiert waren, die am 6. Februar aus der Diözese Mâcon gekommen waren, noch wo sich diejenigen befanden, die am 9. Februar aus Nîmes und aus Montlhéry angereist waren. Zudem kann es auch damit zu tun haben, dass die Listen nicht für alle aufgesuchten Orte angelegt wurden und die Notare nicht in allen Gefängnissen waren. Das trifft auf die sieben Templer zu, die am 13. Februar aus Saint-Denis, ganz in der Nähe von Paris, gekommen waren und dann dort gefangen gesetzt wurden.[9]

Bei der Versammlung, die an diesem Tag stattfand, waren nicht alle Ordensbrüder zugegen, die vor dem 28. März 1310 nach Paris gekommen waren. Es fehlen 79 Namen. Man muss bedenken, dass die mit der Aufstellung der Listen beauftragten Schreiber Fehler machten: Manches wurde vergessen, es kam zu Schreibfehlern und Verwechslungen bei gleichlautenden Namen. Außerdem gab es Krankheits- und Todesfälle, die nicht immer registriert wurden. Was allerdings merkwürdiger ist: Ganze Gruppen fehlen. So waren die sechs Templer, die am 9. Februar aus der Diözese Sens gekommen waren und denen die Notare am 6. April im Haus von Gossoyn de Brabant einen Besuch abgestattet hatten, am 28. März nicht anwesend, obwohl sie sich doch alle zu Verteidigern des Tempels erklärt hatten. Dagegen tauchen zwei insgesamt 34 Mann starke Gruppen, die ebenfalls am 14. Februar aus Sens gekommen waren, gar nicht auf der Liste vom 28. März auf. Als die Notare ihnen am 2. April im Haus des Abbé von Preuilly, wo sie gefangen gehalten sind, einen Besuch abstatten, sind es nur noch 27, aber es heißt, sie seien am 28. März zu der Versammlung in den Gärten des Bistums gegangen. Ein noch seltsamerer Fall, den ich bereits erwähnt habe, ist der von den acht Templern, die zweifellos aus der Diözese Sens gekommen und im Haus des Abbé von Tiron festgesetzt waren. Diese sind zwar am 28. März anwesend, aber bei ihrer Ankunft in Paris nicht gezählt worden, mit Ausnahme von Pierre de Cortemple.[10]

Schließlich ist es wahrscheinlich – und auch logisch –, dass die Kommissare zu der Versammlung vom 28. März nicht diejenigen Templer einbestellten, die sich geweigert hatten, den Orden zu verteidigen: So erschienen weder Gérard de Lorraine, der einzige der 16 Templer aus Mâcon, auf den dies zutrifft,[11] noch die sieben Nicht-Verteidiger der Gruppe aus Gisors[12] oder die fünf von der im Tempel eingesperrten Gruppe.[13] Doch geht das nicht systematisch vor sich: Von derselben Gruppe aus dem Tempel nehmen auch die zwölf, die zögern und sich nicht eindeutig zur Verteidigung des Ordens bekennen, an der Versammlung vom 28. teil.[14] Zwei Gruppen sind am selben Tag, am 17. Februar, aus Poitiers gekommen. Zur ersten gehört Humbert de Reffiet, der sich weigert, den Orden zu verteidigen, und am 28. März nicht dabei ist. Andererseits wollen elf von 16 Brüdern aus der zweiten Gruppe den Orden nicht verteidigen, doch vier von ihnen nehmen dennoch an der Sitzung teil.[15]

Die Gruppen der im Februar und März 1310 in Paris eingetroffenen Templer sind homogen geblieben; manche wurden halbiert, andere umgruppiert, aber nie wurden die Männer isoliert oder in Einzelhaft gesperrt. Die zehn Templer, die am 5. Februar 1308 aus dem Pariser Tempel nach Pers-en-Gâtinais (?) in der Diözese Sens verbracht wurden, blieben zwei Jahre lang dort, bevor man sie am 10. Februar 1310 zur Verteidigung des Ordens vor der päpstlichen Kommission in die Hauptstadt zurückführte. Gemeinsam wurden sie im Haus Penne Vayrié in der Rue de Lucumdella (Lieudelle) eingesperrt.[16] Auch die zwölf «flämischen» Ordensbrüder, die am 9. Februar aus Amiens gekommen waren, waren als Gruppe zwischen September 1310 und April 1312 in Beauvais inhaftiert.[17] Die Templer konnten sich also immer untereinander austauschen. Den päpstlichen Kommissaren war das im Unterschied zu den königlichen Beratern und Beamten gerade recht.

Die Gefängnisse von Paris

Betreten wir nun also die Orte, die den in Paris versammelten Templern als Gefängnis dienten. 1307 waren die meisten Brüder im Tempel eingesperrt, aber auch in den Hôtels von Barbel und Preuilly, zwei Wohnsitzen von Äbten, sowie im Hôtel der Bischöfe von Châlons-en-Champagne. Bei den Verlegungen an verschiedene Orte im Januar/Februar 1308 wurden die in den letztgenannten Häusern festgehaltenen Templer in den Tempel verbracht, während zwölf Brüder nach Saint-Martin-des-Champs und sechs andere nach Sainte-Geneviève geschickt wurden. Von den 43 Gruppen, die im Februar 1310 nach Paris gekommen waren, wurden vier in Pariser Gefängnisse überführt: drei in den Tempel und eine nach Saint-Martin-des-Champs, dessen Pariser Territorium an Villeneuve du Temple grenzt. Der Tempel und Saint-Martin waren also die einzigen Orte in Paris, an denen die Ordensbrüder dauerhaft eingesperrt waren.

Der Zustrom der Templer im Februar 1310 zwang die päpstliche Kommission dazu, neue Gefängnisse aufzumachen, und da ja die Häftlinge der kirchlichen Gesetzgebung unterstanden, wurden sie an Orten eingekerkert, die der Kirche gehörten.[18] Dank der Besuche der Notare zwischen dem 31. März und dem 7. April 1310 sind 28 dieser Stätten bekannt, neben dem Tempel und Saint-Martin-des-Champs auch die Abtei Sainte-Geneviève und das Haus des Abbé de Preuilly, die bereits 1307 in Anspruch genommen worden waren. Vom Tempel abgesehen, sind zehn von den 27 übrigen Orten kirchliche Einrichtungen (Abteien, Bischofssitze oder Häuser von Abbés), 17 gehören Privatpersonen. Die folgende Tafel listet sie in der Reihenfolge auf, in der sie im Protokoll aufgeführt werden. Sie sind alle auf der Karte verzeichnet. Identifiziert wurden sie mit Hilfe der Angaben im Wörterbuch von Jacques Hillairet und dem Plan der Stadt Paris zur Zeit Philipps des Schönen, den Albert Lenoir eingerichtet hat und der in Hercule Gérauds Buch und im *Atlas de Paris au Moyen Âge* enthalten ist.[19]

Tafel 10

Haftorte der Templer 1310 in Paris

Nr.	Gefängnis	Ort	Anzahl	Verw.
1	Haus von Guillaume de la Huce	Rue du Marché Palu (Rue de la Cité)	18	M. I, 113[20]
2	Tempel	Tempelbezirk	75	M. I, 114–115
3	St.-Martin-des-Champs	Conservatoire Arts et Métiers	13	M. I, 116
4	Haus des Bischofs von Amiens	Porte St.-Marcel	14	M. I, 117
5	Haus des Grafen von Savoyen	Porte St.-Marcel	18	M. I, 118
6	Haus des Bischofs von Beauvais	Zwischen Ste.-Geneviève und den Dominikanern	21	M. I, 118–119
7	Ste.-Geneviève	Place du Panthéon	27	M. I, 119
8	Haus des Priors von Cornay	nicht identifiziert	21	M.I, 125
9	Haus Serene	Rue Cithare	12	M. I, 125–126[21]
10	Haus des Abbé de Lagny	Porte du Temple	11	M. I, 129
11	Haus von Leuragié	Rue de Chaume	11	M. I, 130[22]
12	Haus von Richard des Poulies	Rue du Temple	47 (–4)	M. I, 130–131, 159[23]
13	Abtei Saint-Magloire	Rue St.-Martin	12	M. I, 131, 162
14	Haus von Nicolas Hondrée	Rue des Prêcheurs	10	M. I, 132
15	Haus von Jean Legrant	Pointe St.-Eustache	30 +7	M. I, 133
16	Haus von l'Ocrea	Croix du Tirol, Rue St.-Christophe	13	M. I, 133–134
17	Haus von Robert Anudei	Place aux Porcs	7	M. I, 134
18	Haus Blavot	Porte St.-Antoine	13	M. I, 135
19	Guillaume de Marcilhiaco	Porte St.-Antoine	9	M. I, 135
20	Haus von Jean de Chaminis	Porte Baudoyer	7	M. I, 136
21	Haus des Abbé von Tiron	Porte Baudoyer	8	M. I, 136
22	Haus des Abbé von Preuilly[24]	Rue de la Mortellerie	27 (–1)	M. I, 137
23	Haus von Jean Rossel	Kirche St.-Jean-en-Grêve	28	M. I, 138–139
24	Haus Penne Vayrie	Rue de Lucumdella	23 (–1)	M. I, 153[25]
25	Haus von Guillaume de Domont	Rue Neuve-Notre-Dame	4	M. I, 153
26	Haus von Gossoyn de Brabant	Grande Rue St.-Jacques	6	M. I, 158
27	Haus von Clairvaux	Rue St.-Martin	11	M. I, 160
28	Haus von Guillaume de Latingi	Carrefour Guilhoré	4	M. I, 164[26]

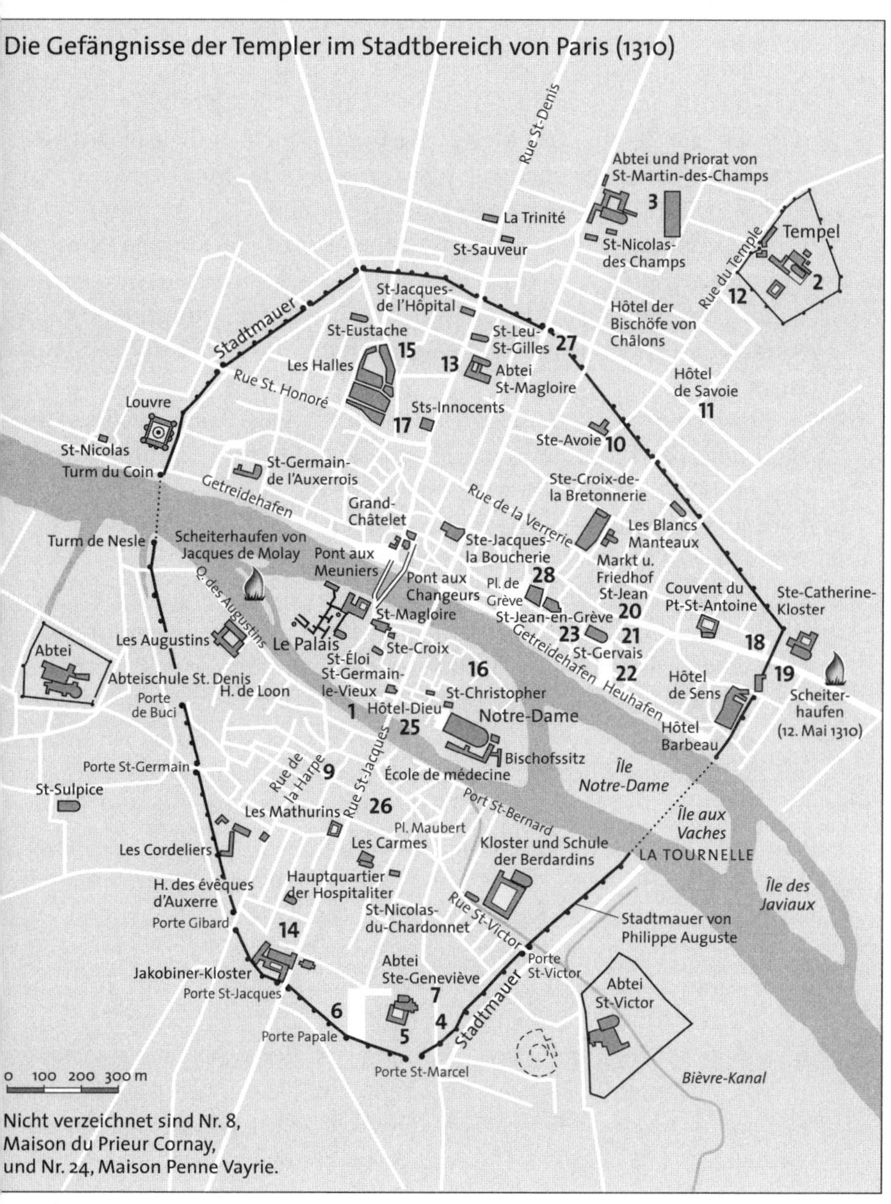

Die Gefängnisse der Templer im Stadtbereich von Paris (1310)

Nicht verzeichnet sind Nr. 8, Maison du Prieur Cornay, und Nr. 24, Maison Penne Vayrie.

Die obige Liste und die abgebildete Karte gelten nur für die erste Phase der Arbeit der Kommission, als mehr als 650 Templer auf einmal in Paris ankamen. In der zweiten Phase, von Dezember 1310 an, wurden die Templer in kleinen Gruppen nach und nach aus der Provinz nach Paris gebracht und verließen die Stadt nach ihrem Verhör wieder. Das Protokoll liefert keinerlei Information über ihren Aufenthalt und die Orte, an denen sie untergekommen waren. Dokumente über die Inhaftierung an verschiedenen Orten der Ballei von Senlis geben, wie wir sehen werden, einige wertvolle Aufschlüsse, doch leider schließen sie nicht die Lücke in Bezug auf Paris.

Soweit wir wissen, delegierte die kirchliche Autorität die Aufsicht über die Templer an königliche Beamte. Zwei von ihnen werden erwähnt: Colard d'Évreux bewacht die Templer im Haus von Leuragié[27] und Guillaume de Latingi (vielleicht Latigny) die in der Abtei Saint-Martin-des-Champs.[28]

Die Templer bekommen pro Tag einen Betrag zugewiesen, der den Einkünften aus den beschlagnahmten Tempelgütern entnommen wird, um davon die Haftkosten zu bestreiten. Am 28. März bei der Templerversammlung in den Gärten des Bistums beschwert sich einer ihrer Sprecher, Pierre de Bologne, die Summe sei unzureichend. Ihm schließen sich in den folgenden Tagen Ordensbrüder an, die in Saint-Martin-des-Champs inhaftiert sind. Sie verlangen, ihre «Zahlungen sollten erhöht werden, denn sie [seien] zu gering».[29] Die Gefangenen aus dem Haus des Abbé de Tiron verfassen ein Gesuch, eine Art Denkschrift, an die Kommission. Ihnen zufolge deckt der ihnen zugewiesene Betrag von 12 Deniers (das heißt, ein Sou) pro Tag nicht ihre Unkosten. Sie müssen für ihre Pritsche bezahlen (1 Sou 9 Deniers wöchentlich), für das Essen (2 Sous 6 Deniers wöchentlich), das Waschen von Bettzeug und Kleidung (1 Sou 6 Deniers alle zwei Wochen), für Brennholz und Kerzen (2 Sous 4 Deniers wöchentlich). Die wöchentlichen Ausgaben belaufen sich auf 7 Sous 4 Deniers, dazu kommen noch, in unregelmäßigen Abständen, die mit dem Prozess verbundenen Kosten: das Anlegen und Abnehmen der Ketten, wenn sie unter Bewachung abtransportiert werden (2 Sous), die Überfahrt über die Seine, wenn sie vom rechten Ufer, wo sich ihr Gefängnis befindet, zur Cité gebracht werden, wo zu dieser Zeit die Kommission im Bischofspalast tagt (16 Deniers). Ganz klar: Die Summe von 7 Sous wöchentlich reicht definitiv nicht aus.[30]

28. März. In den Gärten des Bistums

In großer Zahl waren die Templer nach Paris gekommen, und die Kommission konnte zufrieden sein, doch es waren zu viele, und es galt, Wege zu finden, um effizient arbeiten zu können. Das war Sinn und Zweck der Versammlung vom 28. März, die (im Hinblick auf die Folgen) von entscheidender Bedeutung sein sollte.

Im März tagten die Kommissare nur selten. Am 2. März wurden Jacques de Molay und ein paar andere Würdenträger einbestellt: der Schatzmeister Jean de Tour, Guillaume d'Herblay, ehemaliger königlicher Almosenier, und der Normanne Philippe Agate. Alle weigern sie sich, den Orden zu verteidigen. Jacques de Molay beharrt auf dem Standpunkt, den er schon im November vertrat: Nur vor dem Papst will er reden.[31] Vor der Ankunft einer Gruppe aus Bourges empfangen die Kommissare am 13. März noch Hugues de Pairaud und Geoffroy de Gonneville, die es ablehnen, den Orden zu verteidigen.[32]

Am 14. März bestellen die Kommissare 90 Templer ein, die den Orden verteidigen, und lassen ihnen die 127 Anklagepunkte vorlesen – die aus diesem Anlass ins Protokoll aufgenommen werden.[33] Eine Anwesenheitsliste wird erstellt. 88 Ordensbrüder gehören zu sieben Gruppen, die mit als erste nach Paris gekommen sind, und zwar alle vor dem 10. Februar: Mâcon, Clermont, Amiens, Tours, Saint-Martin-des-Champs, Nîmes und Sens.[34] Ich vermag für die Gründe dieser Zusammenkunft keine Erklärung zu geben. Fest steht jedenfalls, dass sich diese 90 Brüder zusammen mit (fast) allen anderen Templern aus Paris am 28. März in den Gärten des Bischofspalasts einfinden, da selbst der große Saal des Gebäudes zu klein für die ganze Versammlung ist.[35]

Als erstes werden den Angeklagten die 127 Artikel vorgelesen, zunächst auf Latein, dann in der Volkssprache. Doch sofort nach der lateinischen Lesung protestieren die Templer und weigern sich, die Schändlichkeiten und Verleumdungen, die man ihrem Orden zur Last legt, noch einmal, diesmal auf Französisch, anzuhören. Die Kommissare insistieren nicht und greifen das zweite Ziel der Versammlung auf: Die anwesenden Templer sollen Prokuratoren bestimmen, denn sie sind zu zahlreich, als dass man sie alle anhören könnte – sechs, acht, zehn Prokuratoren oder mehr. Sie garantieren ihnen die Freiheit zu reden und untereinander und mit allen Templern zu besprechen, was sie zur Verteidigung des Ordens vorbringen möchten. Dann ziehen sich die Kommissare zurück, damit die Brüder sich beraten können.

Nach ihrer Rückkehr ergreifen zwei von ihnen im Namen aller Anwesenden das Wort: Renaud de Provins, Priester und ehemaliger Komtur des Hauses von Orléans, und Pierre de Bologne, auch er Priester und Generalprokurator des Ordens an der Kurie in Rom. Es sind beides gebildete Männer. Sie tragen eine knappe Aufstellung der Beschwerden ihrer Mandanten über die Haftbedingungen vor: Manche seien angekettet; man habe ihnen das Ordenskleid weggenommen, gewähre ihnen nicht die Sakramente, und die Verstorbenen würden nicht in geweihter Erde bestattet. Ohne die Zustimmung des Meisters, dem sie Gehorsam geschworen hätten, könnten sie keine Prokuratoren bestimmen. Also verlangten sie, sich mit ihm und anderen «Oberen» des Ordens beraten zu können. Wenn er sich nicht mit ihnen beraten wolle oder könne, würden sie sich melden. Am Ende nehmen sie ein häufig vorgebrachtes Argument noch einmal auf: Die große Mehrheit der Brüder sei «einfach und ungebildet» und bedürfe des Rats. Dann beschweren sie sich auch noch darüber, dass viele Brüder, die den Orden verteidigen wollten, am Kommen gehindert würden, und sie erwähnen Raymond de Vassignac, Ritter aus der Diözese Limoges, und Mathieu de Clichy aus der Diözese Paris.[36] Solches werde «von uns, den Notaren, niedergeschrieben, vorgetragen und diktiert von ihnen, vor den vorgenannten Kommissaren, vorgelesen auf Lateinisch und in der Volkssprache erklärt».

Die Kommissare entgegnen, sie seien bereit, Prokuratoren zu empfangen, es liege nicht an ihnen, wenn der Meister den Orden nicht verteidigen wolle, und alle Brüder, die den Orden verteidigen wollten, seien einbestellt worden. Sie lassen nach den von den beiden Sprechern genannten Tempelbrüdern suchen. Dann ergreift der Erzbischof von Narbonne das Wort:

> Brüder, ihr habt gehört, was wir euch zu sagen und kundzutun hatten. Entscheidet euch heute, solange ihr hier seid, denn die Angelegenheit muss beschleunigt werden, da das Datum des Generalkonzils näher rückt. Man muss die Dinge schneller regeln. Und es ist an euch, die Dinge zu beschleunigen, an euch, die ihr, wie es hieß, vor uns erschienen seid, um den Orden zu verteidigen. So werden wir tun, was entsprechend dem Recht zu tun ist. Wisset, dass wir euch nicht ein zweites Mal versammeln werden, aber wir wollen auf die Weise vorgehen, die uns vorgeschrieben ist.[37]

Der Bischof von Bayeux verleiht der Sache noch mehr Nachdruck: «Morgen, am Sonntag, werden wir nicht tagen und auch nicht am Montag. Aber am Dienstag werden die Schreiber und Notargehilfen der Kommission unter euch einhergehen, um zu hören, was ihr über die genannten Angelegenheiten beschlossen habt» – will heißen, die Ernennung der Prokuratoren. Es ist eine kaum verhüllte Drohung: Danach wird man nach den Regeln vorgehen, das heißt, anhand des Fragenkatalogs der 127 Artikel.

Anschließend wird die Sitzung aufgehoben, und das Protokoll registriert die Namen der 546 anwesenden Templer. Diese Versammlung ist in mehrerlei Hinsicht bedeutsam:

(1) Die Kommissare wissen offensichtlich nicht so recht, woran sie sind. Zu diesem Zeitpunkt ist das Generalkonzil noch immer auf den Oktober 1310 festgesetzt. Sie müssen sich beeilen, um nach Recht und Gesetz zu verfahren. Was also ist zu tun? Nacheinander die Templer verhören? Doch das ist unmöglich, folglich muss unbedingt erreicht werden, dass sie ihre Prokuratoren bestimmen.

(2) Die Templer wiederum stecken in einer Sackgasse. Formal sind sie im Recht, was die Wahl ihrer Prokuratoren betrifft: Ohne die Zustimmung des Meisters können sie diese nicht bestimmen. Das ist der Beweis, dass ihr Orden noch immer rechtens existiert, trotz der Schmähungen, die sie seit drei Jahren hinnehmen müssen. Doch was sollen sie tun, wenn der Großmeister selbst sich außer Gefecht setzt und sich weigert, den Orden zu verteidigen? Es bleiben ihnen nur zwei Tage, um sich zu entscheiden.

Konnten die Templer, nachdem sie in ihre Gefängnisse zurückgekehrt waren, sich miteinander absprechen? Konnten Renaud de

Provins und Pierre de Bologne, die nicht als Prokuratoren, sondern nur als Sprecher agierten, ihnen einen Besuch abstatten? Das ist ziemlich unwahrscheinlich.

Die Kommissare finden sich also am Morgen des 31. Mai wieder im Bischofspalast ein. Zwei Templer präsentieren sich ihnen: Raymond de Vassignac, den sie haben suchen lassen und der im weltlichen Gewand erscheint. Er ist kein Templer mehr und weigert sich, den Orden zu verteidigen: «Er hätte nicht das Ordensgewand abgeworfen, wenn er den Orden hätte verteidigen wollen.»[38] Der zweite Templer, Mathieu de l'Étang aus der Diözese Tours, ist am 28. März von Pierre de Bologne nicht aufgeführt worden. Mathieu erklärt, nur Gutes innerhalb des Ordens gesehen zu haben, fügt jedoch hinzu, «er wolle und wisse nichts anderes zu sagen, um ihn zu verteidigen». Er gehörte zur Gruppe der am 17. Februar aus Poitiers gekommenen Brüder und hatte sich damals, wie die Gesamtheit – mit einer Ausnahme –, als Verteidiger des Ordens bekannt.[39] Er ist in Sainte-Geneviève inhaftiert und stellt sich am nächsten Tag den Notaren, die die Templer im Gefängnis aufsuchen (vgl. weiter unten), um ihnen mitzuteilen, er überantworte dem Meister die Aufgabe, den Orden zu verteidigen – im Gegensatz zu dem, was er den Kommissaren (am Vortag oder am 17. Februar?) gesagt hatte. Weiterhin erklärt er, er habe nicht an der Versammlung vom 28. März teilgenommen und unterzeichne auch nicht die Denkschrift zugunsten des Ordens, die seine Mitgefangenen ihnen übergeben würden (vgl. weiter unten).[40]

Hört man hier nicht, und zwar deutlicher als zuvor, die am 28. März vom Bischof von Bayeux ausgesprochene Drohung? Nimmt man die Aussage von Templern entgegen, die den Orden anklagen, ihn nur halbherzig verteidigen oder zu ihrer früheren Haltung zurückkehren, um die Templer zu verunsichern? Man wird in der Folge sehen, dass dieses Vorgehen im Verlauf des Monats April mehr und mehr angewandt wird.

Mathieu de Clichy, den Pierre de Bologne erwähnt hatte, wird am nächsten Tag vor den Kommissaren erscheinen und seinen Wunsch, den Orden zu verteidigen, wiederholen. Wie Pierre de Bologne war er im Tempel inhaftiert – seltsam, dass sein Ordensbruder ihn zu denjenigen zählte, die am Erscheinen gehindert worden waren![41]

Sofort nach dem Verhör dieser beiden Templer beauftragt die Kommission die Notare, die Gefangenen zu befragen, ob sie Prokuratoren benennen und etwas zugunsten des Ordens sagen oder schreiben wollten. Zudem beauftragen die Kommissare Philippe de Voët und Jean de Janville, am 1. April Renaud de Provins und Pierre de Bologne vorzuladen, außerdem zwei Ritter aus der Auvergne, Guillaume de Chambonnet (oder Chamborand) und Bertrand de Sartiges, die am 28. März nicht genannt waren, aber nun mit den beiden anderen ein vierköpfiges Gremium bilden sollen, das den Widerstand des Tempels verkörpert und seine Vertretung vor der Kommission gewährleistet.

Bevor wir nun die Notare auf ihrem Rundgang begleiten, lohnt es sich vielleicht, einen kleinen Exkurs über die Sprachprobleme, die Kommunikationsschwierigkeiten zwischen diesen «ungebildeten» Templern und den gelehrten Kommissaren einzuschieben. «Ungebildet» sein bedeutet, schlecht oder gar nicht Latein zu beherrschen und sich folglich nicht mündlich in dieser Sprache ausdrücken zu können. Der Prozess wird in der Landessprache geführt, im *français d'oïl*. Schon dies ist ein Problem für die Templer aus dem Süden, die sich in der *langue d'oc* ausdrücken und sich beschweren, ihre Sprache nicht so benutzen zu können, wie sie es gewohnt sind. Raymond Guillaume de Bencha (sicher müsste man ihn Ramon Guilhem schreiben!) protestiert (gegenüber den Notaren), er habe bei der Versammlung vom 28. März sich nicht äußern können, weil er von den anderen Templern, die den Orden verteidigen wollten, ferngehalten worden sei. Und er fügt hinzu, «wenn er und die anderen, vor allem die, die Okzitanisch sprechen, am selben Ort versammelt gewesen wären, so hätten sie über die Frage der Prokuratoren beraten und den Kommissaren ausführlich Rede und Antwort gestanden».[42] Und er bittet erneut darum, mit denen zusammengeführt zu werden, die Okzitanisch sprechen.

Die Aussagen werden also in der Volkssprache gemacht, und die Notare übersetzen sie ins Lateinische, wenn sie das Protokoll aufsetzen. So werden umgekehrt sämtliche Texte des Verfahrens auf Lateinisch abgefasst, insbesondere die 127 Artikel, und müssen dann in die Volkssprache übersetzt werden. Auf diese Weise wurde am 13. März mit den 90 Templern verfahren. Und genauso wollten die Kommissare auch bei der Versammlung vom 28. März vorgehen, mussten jedoch davon Abstand nehmen, weil die Templer, die den Unsinn, dessen man den Orden bezichtigte, mittlerweile in- und auswendig kannten und keine Lust hatten, ihn noch einmal anzuhören, dagegen protestierten.

Was die schriftlichen Mitteilungen angeht, so gestatteten die Kommissare den Notaren, den Brüdern die Aufgabe zu erleichtern und ihnen Schreibmaterial zu liefern: Papier, Pergament, Tinte und Federn. Auch konnten sie sich das diktieren lassen, was die Templer der Kommission mitteilen wollten. Alle im Namen einer Gruppe verfassten Gesuche sind auf Französisch festgehalten – eines davon auf Okzitanisch. Mit einer Ausnahme: dem berühmten Schreiben, das als «Gebet der Templer» bekannt wurde, auf Pergament geschrieben und von Hélie Aymeri im Namen der in der Abtei Sainte-Geneviève Inhaftierten übergeben wurde. Darin entschuldigt sich Hélie für die Fehler im Lateinischen und bittet die Notare, sie zu verbessern.[43]

Der Rundgang durch die Gefängnisse

Fünf Notare – Florimond Dondedieu, Bernard Filliol, Bernard Humbaud, Jean Louet und Jean de Fellines – suchen noch am selben Tag die Templer auf. Unterwegs schließen sich ihnen Hugues Nicolas und Guillaume Raoul an. Sie werden am 31. März nachmittags, am 1. April und am 2. April morgens die Gespräche führen. Am Mittwoch, dem 1. April, unterbrechen sie ihre Arbeit und begeben sich zu den Kommissaren, die die Sprecher der Templer im Bischofspalast empfangen. Robert Vigier, ein fünfter Ordensbruder, der ebenfalls aus der Diözese Clermont stammt, hat sich dem Quartett angeschlossen.[44]

Die Notare besuchen 23 Gefängnisse. Jedes Mal fragen sie die Häftlinge, ob sie Prokuratoren benennen und mündlich oder schriftlich eine Eingabe oder Denkschrift zur Verteidigung des Tempels vorlegen wollen. Die Notare vermerken dies und informieren die Kommissare.

Die Gefangenen haben den Orden einhellig verteidigt und die Verleumdungen der Anklage zurückgewiesen: Der Orden ist gut und heilig. Manche, zum Beispiel die eben erwähnten Brüder aus der Abtei Sainte-Geneviève, haben bereits eine Denkschrift verfasst und den Notaren übergeben. Was die Verteidigung des Ordens angeht, so ist die Haltung der Templer gefestigt und kämpferisch. Sie setzen sich mündlich und schriftlich zur Wehr. Nur ein einziger von den 28 im Haus von Jean Rossel Inhaftierten, Aymon de Pratemi, lässt seine Mitbrüder im Stich. Er sei *simplex* und wolle daher den Orden nicht verteidigen, schon gar nicht gegenüber dem Papst und dem König. Da er kein Ketzer sei, wolle er den Orden verlassen und weltlich oder in einem anderen religiösen Haus leben. Er wolle vor die Kommissare geführt werden, zumindest vor den Bischof von Limoges (er stammt aus dieser Diözese).[45]

Die Haltung der Brüder – oberflächlich betrachtet scheint ihre Weigerung ganz einhellig – ist in Bezug auf die Prokuratoren allerdings sehr viel unklarer. Es ist hervorzuheben, dass Pierre de Bologne und seine drei Gefährten, «die am vorangegangenen Samstag [dem 28. März] für alle anderen Templer gesprochen hatten»,[46] ganz selbstverständlich als ihre Sprecher betrachtet werden.

Haben die Kommissare am 28. März diesen vier Sprechern zugesagt, die Notare bei ihrem Rundgang durch die Gefängnisse begleiten zu dürfen? Obwohl das nicht im Protokoll vermerkt ist, haben die Templer es jedenfalls so aufgefasst: «Am vorangegangenen Samstag wurde ihnen mitgeteilt, dass Jean de Janville die Priester Pierre de Bologne und Renaud de Provins, den Ritter Guillaume de Chambonnet sowie andere zu jeder einzelnen Gruppe führen würden, damit sie untereinander beraten könnten», sagten die im Haus von Guillaume de la Huce gefangenen Templer beim ersten Besuch am 31. März. Ohne sie könnten sie keine Prokuratoren benennen.[47] Auch die im Haus des Abbé de Preuilly Inhaftierten versichern, die Anwesenheit dieser Brüder sei am 28. März angekündigt worden.[48] Andere Gruppen wollen ebenfalls mit den Sprechern oder zumindest mit einem von ihnen beratschlagen. Der Name Renaud de Provins wird von den Templern im Haus des Bischofs von Amiens, denen im Haus von Robert Anudei und denen im Haus Blavot ins Spiel gebracht.[49] Die Kommission entspricht dem Wunsch der Templer: Die vier Sprecher werden die Notare bei ihrem zweiten Besuch in den Gefängnissen am 6. und am 7. April begleiten.

In ihrer großen Mehrheit weigern sich die Brüder, ohne den Ratschlag des Meisters und der «Oberen des Ordens» Prokuratoren zu benennen, solange sie in Gefangenschaft sind. Doch hinter der augenscheinlichen Weigerung verbirgt sich eine kompliziertere Realität. Die elf Gefangenen aus dem Haus des Abbé de Lagny haben nein gesagt, «weil sie ein Oberhaupt und Vorgesetzte haben». Dennoch erklären sie sich bereit, Prokuratoren einzusetzen, «die für sie sprechen werden», und danach «erklärten die obgenannten elf Templer, sie würden Jean Lozon (oder Lochon), Pierre de Landres, Laurent de Provins und Bernard (oder Bertrand) de Saint-Paul zu Prokuratoren bestimmen [...], um den Orden vor den Kommissaren zu verteidigen».[50] Ist das nicht ein Spiel mit Worten? Sie haben Sprecher ihrer Gruppe ernannt. Wer benutzt das Wort «Prokurator»? Die Templer oder die Schreiber der Kommission? Die Gefangenen aus der Abtei Sainte-Geneviève haben sich nicht über die Frage beraten können (weil kein Berater da war), aber sie haben dennoch Geoffroy de Gonneville, Guillaume de Chambonnet, Guillaume de Bléré de Chatallone, Pierre Malian, Hélie Aymeri und Pierre de Lugni, also insgesamt sechs Personen, «zu Verteidigern des Ordens bestimmt, die den Kommissaren die Gründe und die gute und rechtmäßige Verteidigung des Ordens darlegen sollten».[51] Nur die beiden letztgenannten sind in der Abtei inhaftiert, und es ist merkwürdig, dass sie Geoffroy de Gonneville wählen, den Komtur von Poitou-Aquitaine, der sich, wie die anderen Würdenträger, weigerte, den Orden zu verteidigen. Doch da sie aus der Diözese Poitiers kamen, mussten sie ihn ja kennen.[52] Auch hier muss man sich die Frage stellen: Stammt der Begriff «Prokurator» im Protokoll von den Templern oder den Schreibern? Vermutlich haben die Verfasser der Protokolle hin und wieder etwas manipuliert. Die allgemeine Haltung der Templer lässt sich so zusammenfassen: Sie sagen nein zu den Prokuratoren, ja zu den Sprechern. Die am 3. April im Namen von acht Gruppen, die sich miteinander verständigen konnten, eingereichte Denkschrift umfasst unterschriftlich die Namen der Sprecher (einer oder zwei) von jeder Gruppe.[53]

Die Notare besuchten nicht alle Gefängnisse, sondern nur 23. Wahrscheinlich wären sie bis zum 3. April fertig geworden, doch war für diesen Tag eine Versammlung der Kommission anberaumt, an der sie teilnehmen mussten. Die Kommissare sollten ihnen zusätzliche Aufgaben erteilen.

Jean de Montréal verlas im Namen der Templer (insgesamt hundert) aus acht Gefängnissen eine Denkschrift: die Häuser Blavot, von l'Ocrea, von Robert Anudei, Guillaume de Marcilly, Nicolas Hondrée, Jean de Chaminis (oder Chaume), Richard des Poulies und von der Abtei Saint-Magloire. Vor der Kommission wurde jede Gruppe von einem oder zwei Brüdern (von vieren für das Haus von Richard des Poulies) vertreten.[54] Gleich danach präsentierte Colard d'Evreux, Bewacher der Templer im Haus von Leuragié, deren Denkschrift.[55] Die Kommissare beauftragten die Notare, zu überprüfen, ob diese Denkschriften tatsächlich die Ansicht sämtlicher Brüder in diesen Gefängnissen enthielten. Ausschließlich zu diesem Zweck besuchten die Notare am Nachmittag des 3. April die Häuser von Leuragié, Richard des Poulies und Guillaume de Marcilly.[56] Am darauffolgenden Tag setzten sie in den Häusern von Jean de Chaminis (oder Chaume) und Blavot ihre Arbeit fort.[57] Bei jedem Gespräch unterstützten die anwesenden Templer ihre Sprecher. Die Häuser von Saint-Magloire, Nicolas Hondrée, von l'Ocrea und Robert Anudei wurden am 7. April von einer anderen Gruppe von Notaren besucht: Bernard Humbaud, Hugues Nicolas, Guillaume Raoul und Jean Louet.[58]

Die erste Mannschaft der Notare besuchte bei dieser Gelegenheit noch einmal Gefängnisse, in denen sie schon am 31. März und am 1. oder 2. April gewesen waren: die Häuser Leuragié, von Richard des Poulies, Guillaume de Marcilly, Jean de Chaminis und Blavot. Im ersten Gefängnis fragten sie erneut, ob die Tempelbrüder keine Prokuratoren ernennen wollten, wurden aber wie schon zwei Tage zuvor abschlägig beschieden.[59] Am 4. April setzten sie die Besuche fort, die sie wegen der Überprüfung der Denkschrift Jean de Montréals hatten unterbrechen müssen: Sie statteten den Häusern des Abbé von Tiron, des Abbé von Preuilly und von Jean Rossel erneut einen Besuch ab und suchten erstmals das Haus von Penne Vayrié[60] wie auch am Sonntag Morgen, dem 5. April, das von Guillaume de Domont auf. Die vier Templer, die dort inhaftiert waren, zeigten ihren guten Willen: Wenn die anderen Brüder Prokuratoren benennen wollten, so seien sie damit einverstanden, wollten sie es aber nicht, so sei ihnen das auch recht. In der Zwischenzeit wären sie mit Pierre de Bologne und Renaud de Provins als Sprecher vollkommen zufrieden.[61]

Etwas frustriert kehrten die Notare am Ende des Vormittags zu den Kommissaren zurück. Dem Bischof von Bayeux erzählten sie, «viele, ja fast alle Brüder verlangten, sich mit den Brüdern Renaud de Provins und Pierre de Bologne beraten zu können».[62] Der Bischof teilte ihnen mit, dass die Kommissare das Verfahren am kommenden Dienstag zu beginnen beabsichtigten. Er forderte sie auf, sich erneut aufzumachen und noch einmal rasch die Gefängnisse zu besuchen, sich diesmal aber von den vier Sprechern der Templer begleiten zu lassen. Und seine Drohung lautete: Sie hätten nur noch zwei Tage, um eine Entscheidung zu treffen.

Von Sonntag Nachmittag an eilen Maître Amisse (aus Orléans), Bernard Filliol und Florimond Dondedieu (als Ersatz für Jean de Fellines), begleitet von den vier Sprechern, erneut durch die Straßen von Paris, auf einer Route, die nicht immer die kürzeste ist (siehe Stadtplan). Noch am Sonntag besuchen sie drei Gefängnisse, 21 am Montag und drei am Dienstag, dem 7., in der Frühe vor der Versammlung der Kommission. Dabei werden drei weitere Häuser erstmals besucht: das von Gossoyn de Brabant, das des Abbé von Clairvaux und das von Guillaume de Latingi (oder Latigny). Das Haus von Guillaume de la Huce wiederum wird aus Gründen, die wir nicht kennen, nicht besucht.[63]

Das Protokoll dieser zweiten Besuchsrunde unterscheidet sich von den vorhergehenden. Bei der ersten Visite in diesen vier halben Tagen schrieben die Notare die Erklärung der Templer auf, bei den folgenden Aufenthalten begnügten sie sich zu notieren: «Sie sagen das nämliche wie …» Am 6. vormittags beginnen die Notare beim Haus des Bischofs von Amiens. Die Templer erklären erneut, ohne den Ratschlag des Meisters keine Prokuratoren benennen zu können, doch sie bieten an, persönlich den Orden zu verteidigen, und «bitten darum, auf dem Generalkonzil oder an jedwedem anderen Ort, wo es um die religiöse Verfassung des Tempels geht, anwesend oder zumindest durch Prokuratoren repräsentiert sein zu dürfen». Der Bischof erklärt sich damit einverstanden, dass die vier den Orden vor den Kommissaren verteidigen können.[64] Danach vermerkt das Protokoll bei allen anderen Gruppen: «[…] Antwort lautet wie zuvor». Die Anwesenheit der vier Sprecher hat eine erstaunliche Wirkung: Alle Templer reden wie aus einem Munde! Den Sprechern gelang es also genauso gut wie den Beamten des Königs oder den Inquisitoren von Guillaume de Paris, die richtigen Antworten auf die jeweils gestellten Fragen zu erhalten, seien sie nun gut oder schlecht.

Die «Denkschriften» bzw. Eingaben zur Verteidigung des Ordens

Mangels Prokuratoren wählten die Templer Sprecher, die zugleich ihre Berater waren. Zumindest einige von ihnen verfassten selbst Schriftstücke zur Verteidigung des Tempels. Diese sind von Bedeutung, denn in dem Moment, in dem sie abgefasst werden, geben sie uns Auskunft über die wahre Haltung der Ordensbrüder in dieser Angelegenheit. Kann man den im Verlauf der Verhöre gemachten Aussagen keinerlei Glauben schenken angesichts der Art und Weise, wie die «Geständnisse» zustande kamen, so kann man sich umgekehrt auf das verlassen, was die Brüder in den wenigen Wochen äußerten, als sie ihre Angst bezwangen und sich vertrauensvoll gegenüber den Kommissaren offenbarten, von denen sie annehmen konnten, unvoreingenommen angehört zu werden.

Am 28. März konnten sich die Templer, wie wir bereits erfahren haben, in den Gärten des Bistums untereinander beraten und bereits durch die Mittelsmänner Renaud de Provins und Pierre de Bologne Einwände und Forderungen vorbringen, in denen es vor allem um ihre Haftbedingungen ging. Wie bereits erwähnt, forderten die Notare auf ihrer Gefängnisrunde die Gefangenen dazu auf, schriftlich niederzulegen, was sie zur Verteidigung des Ordens vorzubringen hatten. Es gibt zehn solcher Denkschriften, die den Notaren und dann den Kommissaren übermittelt wurden. Zum einen stammen sie von je einer Gruppe Gefangener, die an ein und demselben Ort inhaftiert waren: im Pariser Tempel, in Sainte-Geneviève (dabei handelt sich um das berühmte «Gebet der Templer»), Saint-Martin-des-Champs, im Haus von Leuragié, des Abbé de Tiron, von Jean Rossel und von Richard des Poulies;[65] zum anderen stammen sie von mehreren Gruppen (acht in diesem Fall), die gemeinsam einen Text vorlegten, den am 3. April Jean de Montréal verlas;[66] im dritten Fall wurden sie von vier Sprechern des Ordens verfasst, denen sich zeitweilig andere anschlossen. In dem kurzen

Zeitraum zwischen dem 1. und dem 7. April kamen zwei dazu,[67] wenig später zwei weitere, die aber in einem ganz anderen Zusammenhang präsentiert werden und die ich im folgenden Kapitel untersuchen werde.

Die Texte der vier Sprecher sind auf Lateinisch verfasst, genauso wie die der Templer aus Sainte-Geneviève. Die anderen sind auf Französisch geschrieben, die der Brüder aus dem Haus von Richard des Poulies auf Okzitanisch. Es waren, wie gesagt, die Notare, die den Kommissaren die Texte übergaben, nicht die Tempelbrüder selbst. Nur die in der Abtei von Tiron Festgehaltenen versuchten es auf dem direkten Weg. Als die Notare dort erschienen, begegneten ihnen zwei Templer, die offensichtlich vom Bischofspalast zurückkamen, wo sie geglaubt hatten, die Kommissare anzutreffen. Was sie dort vorgehabt hätten, fragten die Notare, worauf sie antworteten, sie hätten eine Denkschrift bringen wollen. Diese überreichten sie dann den Notaren, die sie weiterleiteten. Nebenbei sei bemerkt, dass die Gefangenen eine gewisse Bewegungsfreiheit genossen, auch wenn die beiden Brüder ihren Ausflug gewiss nicht ohne Begleitung machten.[68]

Andere Gruppen bekundeten die Absicht, eine Denkschrift zu verfassen, verzichteten dann aber doch darauf. Das gilt sowohl für die Gefangenen im Haus des Abbé von Lagny, die Pergament und Wachs verlangten,[69] als auch für die aus dem Haus des Abbé von Preuilly. Die Gruppen aus den Häusern von Jean Le Grant, Robert Anudei, Penne Vayrié und Guillaume de Domont hatten es ebenfalls vor.[70] Doch schließlich ist die einzige Gruppe, die die Absicht nicht nur äußerte, sondern sie auch realisierte, die aus dem Haus von Richard des Poulies. Sie tat am 1. April ihre Absicht kund und war bereit, ihr Schreiben durch zwei der Brüder direkt an die Kommissare weiterzuleiten. Am 3. April gelangte es dann in die Hände der Notare.

Das von Jean de Montréal im Namen von Templern aus acht verschiedenen Orten verlesene Schriftstück ist schon allein deshalb von besonderem Interesse, weil es beweist, dass es Kontakte zwischen den Gefangenen gegeben hat. Leider sagt es nichts aus über die Art und Weise, wie dieses geheime Einverständnis zustande kam. Der Text betrifft hundert Templer aus den folgenden Häusern: Leuragié, Richard des Poulies, Abtei Saint-Magloire, l'Ocrea, Robert

Anudei, Blavot, Guillaume de Marcilly, Jean de Chaminis, das heißt fünf Orte vom rechten Seine-Ufer, zwei von der Cité und einer vom linken Ufer. Diese Orte sind alle recht weit voneinander entfernt, aber vielleicht wurde bei der Versammlung vom 28. März Kontakt aufgenommen.

Ich erwähne an dieser Stelle nicht mehr die Bittschriften, in denen die Haftbedingungen angeprangert werden, insbesondere den bereits untersuchten Text der Brüder aus Saint-Martin-des-Champs. In den anderen verteidigen die Templer einen guten, frommen, der heiligen Kirche ergebenen Orden. Sie erinnern an den Auftrag im Heiligen Land, berufen sich auf ihre Schutzheiligen, die Jungfrau, den heiligen Bernhard und den heiligen Ludwig, und prangern die falschen, lügnerischen Geständnisse an, die durch Folter, schlechte Behandlung, Drohungen und Korruption zustande kamen: «Das Leiden eines einzigen hat bei vielen die Angst hervorgerufen.» Manche zögern nicht, das Verhalten des Meisters in Zweifel zu ziehen, der log, als er ein Geständnis ablegte.[71] Sie fordern kategorisch die Nichtigerklärung der Verfahren von 1307, da zu diesem Zeitpunkt die Privilegien des Ordens verletzt worden seien. Andere erklären, wäre der Orden schlecht gewesen, so wäre nicht der Sohn dem Vater, der Neffe dem Onkel gefolgt, um in ihn einzutreten. Sie wären nicht hier, bei Wasser und Brot und in Ketten geschlagen, um ihn zu verteidigen. Alle wollen auf freien Fuß gesetzt werden, um den Orden verteidigen und Prokuratoren wählen zu können. Sie möchten zu den Sakramenten zugelassen werden. Und schließlich verlangen sie, zu dem künftigen Generalkonzil zugelassen zu werden.

Zwei dieser Denkschriften sind besonders bemerkenswert.

Das sogenannte «Gebet der Templer», das Hélie Aymeri aus der Diözese Limoges im Namen der Templer von Sainte-Geneviève vorbrachte, berührt zweifellos am meisten: «Die Gnade des Heiligen Geistes möge mit uns sein. Marie, Meerstern, führe uns zum Heil. Amen.» Es folgt eine Anrufung Gottes und des Heilands, sie möchten die Brüder des Tempels von ihrer Qual erlösen, so dass sie dem Teufel, der brüllend umhergeht, entrinnen und überdies die Christenheit aufklären und erretten können. Der Orden des «Tempels Christi», zu Ehren der Jungfrau «auf dem Generalkonzil des seligen Bernhard gegründet»,[72] ist nun Gefangener des Königs von

Frankreich, das Opfer von Lügen und Verleumdungen. Der Herr wird angerufen, König Philipp die Augen zu öffnen, damit er «mit uns das Heilige Land zurückerobern kann». Es folgen die Gebete. An Maria: «Auf dass unsere Gegner zur Wahrheit und zur Nächstenliebe zurückfinden». An Christus: «So wie du weißt, dass wir der Verbrechen nicht schuldig sind, deren man uns bezichtigt, so gewähre uns, dass wir unsere Gelübde erfüllen können.»[73]

Zum Vergleich die Denkschrift, die Jean de Montréal am 3. April im Namen der acht Gruppen vorlegte:[74] Er beginnt mit der Verteidigung des Glaubens der Templer, der «der katholische Glaube Roms» ist, und ihrer religiösen Gepflogenheiten: Verrichtung der Stundengebete, Fasten, dreimal jährlich Kommunion, Totenverehrung, Ausübung von Barmherzigkeit und Gastfreundschaft, Feier der religiösen Feste und Teilnahme bei Prozessionen etc. Ihre Kirchen seien der Jungfrau Maria geweiht. Sie trügen das blutrote Kreuz im Gedenken an die Passion Christi.

Unaufhörlich habe ihr Orden Laien angezogen, was nicht hätte geschehen können, wenn er schlecht wäre. Manche Brüder seien Bischöfe und Erzbischöfe geworden;[75] andere hätten dem Papst als Kubikular (oder Kämmerer) und dem König als Almosenier und Schatzmeister gedient, ohne dass man sie irgendwelcher Verfehlungen verdächtigt hätte. Wäre der Orden schlecht gewesen, so hätten Prälaten, Adlige und Nicht-Adlige nicht versucht, sich den Andachtsübungen der Brüder und ihren Häusern anzuschließen, sie hätten nicht den Ordensmantel auf dem Totenbett angelegt.[76]

Dann geht es um die Aktionen des Ordens «an Orten, die an die Gebiete der Sarazenen grenzen, zu Zeiten des Königs Ludwig und des Königs von England [Richard Löwenherz?], und wo manchmal der ganze Konvent verlorenging [gemeint ist die Gesamtheit der kämpfenden Truppe]». Sodann erinnert die Schrift an den Tod Guillaume de Beaujeus zusammen mit dreihundert Ordensbrüdern in Akkon, an die Kämpfe in Spanien und die lange Gefangenschaft der Templer, die dem Glauben nicht abschwören wollten, in den Kerkern des Sultans von Kairo. Hätten die Brüder das heilige Kreuz behalten, wenn sie «schlechte Menschen» gewesen wären? Würde die Dornenkrone unseres Herrn am Karfreitag in den Händen der Kaplane Blüten tragen, wenn diese Ketzer wären? Würde die sterbliche Hülle der Heiligen, die sie zu behüten hatten (zum Beispiel die

Reliquien der heiligen Euphemia), weiterhin Wunder wirken? Und die Schrift endete damit, dass «mehr als XX^{M} [20 000] Brüder in Outremer für den christlichen Glauben gestorben» seien. Die Templer seien bereit, den Orden gegen wen auch immer, der ihn verleumden werde, zu verteidigen, ausgenommen «das Hôtel unseres Herrn König und unseres Herrn Papst». Abschließend weist der Redner die «schlimmen Anklagepunkte» gegen den Orden zurück.

Diese Denkschrift stellt den ritterlichen Aspekt des Ordens in den Vordergrund: den tiefen, einfachen Glauben der Brüder, die Orientierung hin zur säkularen Welt, ihren Einsatz, die Waffentaten und die Opfer für den Glauben und das Heilige Land. Jean de Montréal erklärt den Kommissaren, er und die ihn begleitenden Brüder seien «einfache Laien». Das «Gebet» hingegen betone die religiöse und geistliche Seite des Ordens. Der Tempel sei ein geistlicher und militärischer Orden, und weder der König noch die Kommissare hätten das Recht, über ihn zu urteilen. Die Kommissare, alles Männer der Kirche, wissen das sehr wohl. Daher rühren ihre Unbeholfenheit, die verlegenen Antworten dem «einfachen» Jean de Montréal gegenüber wie auch den erfahreneren Männern wie Pierre de Bologne oder Renaud de Provins, die Denkschriften vorlegen, die mehr auf der Vernunft und dem Recht gründen als auf dem Gefühl.

Am 1. April interveniert Renaud de Provins im Namen der Sprecher vor der Kommission. Er wiederholt die Forderung nach Freilassung der Gefangenen und wünscht eine Gegenüberstellung mit denjenigen Templern, die Anklage gegen den Orden erhoben haben, um ihre Zeugenaussagen und die Umstände zu überprüfen, unter denen sie zustande kamen. Er erklärt, die Kommission könne nur in drei Fällen gegen den Orden vorgehen: mittels einer Anklage, doch es müssten sich auch Ankläger finden; mittels einer Denunziation, doch muss der Denunziant das, was er angeprangert hat, zuvor versucht haben, zu beheben; oder auf offiziellem Wege, aber in dem Fall müssten die Templer in die Lage versetzt werden, ihre Sache uneingeschränkt zu verteidigen, nämlich in Freiheit.[77]

Am 7. April legen die vier Sprecher sowie sechs weitere Templer im Namen aller Ordensbrüder eine Denkschrift vor, die von Pierre de Bologne verlesen wird.[78] Er wiederholt, warum sie nicht als Prokuratoren auftreten könnten, erklärt aber, dass sie bei dem Konzil dabei sein wollten, falls sie auf freien Fuß gesetzt würden. Alles, was von gefangenen Ordensbrüdern gegen den Orden gesagt werde, sei unannehmbar. Pierre prangert die Pressionen an, denen sie ausgesetzt seien, die Anwesenheit von Laien bei den Verhören, die Versprechungen, die Drohungen, die Gewaltanwendung: «Man darf sich nicht wundern, dass es welche gibt, die lügen, sondern muss sich vielmehr wundern, dass es welche gibt, die die Wahrheit verfechten.» Außerhalb des französischen Königreiches habe kein einziger Tempelbruder derartige Lügen vorgebracht. Pierre de Bologne ruft die Bedingungen in Erinnerung, zu denen der Orden gegründet worden sei, seine Mission, seine Ordensregel und sein Glaubensbekenntnis. Alles, was gegen den Orden vorgebracht werde, sei falsch und werde von falschen Christen, von Abtrünnigen, von Ketzern geäußert, die diese Verbrechen erfunden und damit den Papst und den König getäuscht hätten. Er lehnt das Verfahren von Amts wegen ab, da ihm zufolge die Templer vor ihrer Verhaftung nicht verleumdet worden waren. Solange sie in den Händen derer seien, die solche Lügen verbreitet hätten oder von ihnen bedroht würden, seien die Templer nicht in Sicherheit. Auch jetzt noch seien die Bedrohungen an der Tagesordnung, und die Furcht halte noch immer zahlreiche Brüder davon ab, zugunsten des Ordens Zeugnis abzulegen.[79]

Nach dieser Intervention verliest Jean de Montréal die Denkschrift in der *langue d'oc,* im Namen der Gefangenen des Hauses von Richard des Poulies.[80] Die Kommissare geben eine pauschale Antwort: Sie hätten wohl vernommen, was Pierre de Bologne und die anderen Sprecher gesagt hätten, seien aber nur zum Zuhören da und nicht, um irgendetwas zu beschließen (schon gar nicht könnten sie den Befehl zur Befreiung der Brüder geben). Sie verweisen auf die päpstlichen Bullen, auf denen ihr Auftrag sich gründe: Darin würden die Templer der Ketzerei bezichtigt. Sie seien angeklagt und unterlägen daher der regulären und inquisitorischen Gerichtsbarkeit. Ihre Privilegien als exemter Orden seien in dieser Hinsicht unwirksam.

Indessen wollten die Kommissare im Hinblick auf das Wohl der Brüder nun nach den 127 Anklagepunkten vorgehen, die ihnen der Papst geschickt hatte, doch würden sie jeden anhören, der noch etwas zur Verteidigung des Tempels vorbringen würde. Am 11. April, dem Samstag vor Palmsonntag, beschlossen sie, Pierre de Bologne und seine drei Gefährten, die die Templer als ihre Prokuratoren vorgeschlagen hatten, zu den Sitzungen, bei denen man die Ordensbrüder nach den Artikeln befragen würde, zuzulassen. Außerdem sollten sie jederzeit ihre Stellungnahmen vorbringen dürften.[81] In anderen Worten: Nachdem sie bisher Sprecher der Templer waren, wurden sie nun zu offiziellen Prokuratoren des Ordens bei dem Verfahren, das nun mit anderen Templern als Zeugen der Anklage beginnen sollte.

Man kann nicht umhin – um diese wichtige Phase der Templeraffäre zu beschließen –, die Widersprüche der päpstlichen Kommission hervorzuheben. Sie wollte nur jene Templer in Paris empfangen, die willens waren, den Orden zu verteidigen – und es kamen mehr als sechshundert. Sie wollte, dass sie Prokuratoren benannten – akzeptierte aber ihre Sprecher. Sie forderte sie auf, mündlich oder schriftlich ihre Argumente zugunsten des Ordens vorzubringen – und die überwältigende Mehrheit wies die Falschheiten, Lügen und Gräuel zurück, die über den Orden erzählt wurden. Wozu diente dann das Ganze? Zu gar nichts. Die Kommissare waren einzig und allein dazu da, um zuzuhören.[82] Nichts hinderte sie daran, entsprechend den 127 Fragen die Sprecher einzeln zu verhören, welche die Verteidiger des Ordens bestimmt hatten. Stattdessen führten die Kommissare die Templer hinters Licht. Sie begannen zwar die Verhöre, indem sie die Sprecher bei sich empfingen, ließen aber gleichzeitig andere Templer kommen, die gegen den Tempel aussagten.

Sämtliche Kommissare, allen voran Gilles Aycelin, Erzbischof von Narbonne, sind bei den Versammlungen während dieser zwei Wochen zugegen: am 28. und am 31. März sowie am 1., 3., 7. und 11. April. Das sagt etwas aus über die Bedeutung dieser Tage. Doch sind die Kommissare nicht den ganzen Tag damit beschäftigt, haben sie doch zweimal die Notare in die Gefängnisse geschickt und erwarten deren Berichte. Sie können sich also auch um andere Dinge kümmern. Das gilt zum Beispiel für Gilles Aycelin, der im Königlichen Rat saß, während er die Arbeit der Kommission aus der Nähe verfolgte. Gab es Anweisungen aus dem Umkreis des königlichen Hofes, die er durchsetzen wollte? Wir wissen es nicht, doch man kann nicht umhin, festzustellen, dass es innerhalb der

Kommission einen Sinneswandel gab, für den vielleicht hauptsächlich er verantwortlich war: Der Prozess soll ordnungsgemäß geführt werden, doch das heißt nicht, dass er deshalb den Rahmen sprengen darf, den der König und inzwischen vielleicht auch der Papst dafür vorgesehen haben. Die Templer, die ab dem Februar nach Paris gekommen sind, haben den Orden von aller Schuld freigesprochen. Die Kommissare entgegnen, dass sie der Ketzerei bezichtigt würden, was keine Kleinigkeit ist. Sie verlangen von ihnen nicht den Beweis ihrer Unschuld, sondern den Beweis dafür, dass sie keine Ketzer sind. Etwas kommt hier in Bewegung, das sich im April zeigen wird, bevor dann im Mai ein Gewaltakt die Frage ein für allemal erledigen wird.

Fest steht, dass die Mehrheit der Templer in diesen drei Monaten einiges riskierte; das sollten sie am 12. Mai merken. Ihren Unschuldsbeteuerungen verleiht das noch mehr Gewicht und entwertet noch ein wenig mehr die durch Folter erlangten «Geständnisse».

Die Sprecher der Templer

Die vier Sprecher, die sich die Templer erwählten (unter welchen Bedingungen, wissen wir nicht), waren zwei Ordenspriester und zwei Ritter aus der Auvergne.

PIERRE DE BOLOGNE Pierre de Bologne wurde 1263 in einer Familie dieses Namens geboren, von der eine zähe, aber letztlich unbegründete Tradition behauptet, sie stamme aus Bergamo. Wahrscheinlich studierte er Rechtswissenschaft an der Universität Bologna und trat dort 1282 in den Orden ein. Aufgenommen wurde er von Guillaume de Noves, damals Komtur der Lombardei. 1288 ist er in Venedig bei der Aufnahme eines Ordensbruders zugegen. Dank seiner akademischen Ausbildung wird er – vermutlich ab dem Jahr 1298 – zum Generalprokurator des Ordens an der römischen Kurie ernannt. Er folgt der Kurie nach Frankreich und nach der Wahl Clemens' V. nach Poitiers. Er wird in Paris verhaftet und im Tempel gefangen gesetzt; bei seinem Verhör am 7. November 1307 legt er ein Geständnis ab. Vom Tempel wird er, zusammen mit 23 Ordensbrüdern, zu denen Renaud de Provins gehört, am 30. Januar 1308 in den Wald von Vincennes überführt. Er wird erneut in den Tempel gebracht, als er sich im Februar 1310 zur Verteidigung des Ordens bereit erklärt, und sehr bald übernimmt er die Rolle des Sprechers der Templer. Ganz gewiss wird er am 11. und 12. Mai vor das Konzil von Sens gebracht und rettet vermutlich seine Haut, indem er sein Geständnis wiederholt. Doch bezeugt das Protokoll der päpstlichen Kommission, dass er in den darauffolgenden Tagen floh und nach Italien zurückkehrte.[83] In Bologna entgeht er der Verfolgung, da Rinaldo da Concorrezzo, Erzbischof von Ravenna, der im Nordosten Italiens (einschließlich der Emilia-Romagna) der päpstlichen Kommission vorsitzt, die unter der Folter erlangten Geständnisse für nichtig erklärt und die Templer, die vor ihm erscheinen, von Schuld freispricht. Ein sehr rühmendes Epitaph vom 6. Mai 1329 bezeugt seinen Tod in Bologna:

> Bruder Pierre Rota, Generalprokurator des Templerordens, der nach dem Jahr 1315 in den Hospitaliterorden eintrat, ein großer Verfechter des Glaubens, der in tausend Prüfungen mit dem eigenen Blut die Wahrheit des christlichen Glaubens bezeugte, befand sich in Bologna, wo er sein Haus hatte, nachdem sich die Familie Rota aus Bergamo im selben Jahrhundert dort niedergelassen hatte, als er verschied und in der Kirche Santa Maria del Tempio, genannt «Maggione», bestattet wurde.[84]

RENAUD DE PROVINS Er stammte aus Provins, ist aber auch unter dem Namen Renaud d'Orléans bekannt, da er zur Zeit seiner Verhaftung Komtur im dortigen Tempel war. Er wurde um 1271 geboren, lernte Latein und trat 1293 als Priester in Provins in den Orden ein. Bis zu seiner Verhaftung und dem Verhör (vor den Pariser Inquisitoren) am 7. November 1307 ist nichts über seine Laufbahn bekannt. Er bekennt die Irrtümer des Ordens. Am 30. Januar 1308 wird er (zusammen mit Pierre de Bologne) in den Wald von Vincennes überführt und kommt dann zur Verteidigung des Ordens im Februar 1310 nach Paris zurück. Er wird einer der vier Sprecher. Vor das Konzil von Sens geführt, wird er zu lebenslanger Kerkerhaft verurteilt, degradiert und aller Ämter und Insignien beraubt. Dieses Urteil wird der päpstlichen Kommission mitgeteilt, vor der er ein letztes Mal am 5. März 1311 erscheint. Danach verliert sich seine Spur.

BERTRAND DE SARTIGES Er stammt aus einer Adelsfamilie aus der Diözese Clermont (Sartiges, Gemeinde Sourniac, Canton Mauriac, Puy-de-Dôme). 1279 wird er als Ritter von Adémar de Peyrusse im syrischen Tortosa in den Orden aufgenommen. Vor 1299/1301 ist er wieder im Abendland, denn um die Zeit ist er bei der Aufnahme eines Bruders in den Orden in der Auvergne dabei. Er wird in der Diözese Clermont gefangen genommen und erscheint im Juni 1309 vor der bischöflichen Kommission, wo er die Anschuldigungen gegen den Orden bestreitet. Im Februar 1310 kommt er als Verteidiger des Ordens nach Paris, wird zum Sprecher der Templer und bleibt es bis zum 17. Dezember. Zu diesem Zeitpunkt gibt er, wie Guillaume de Chambonnet, sein Amt auf, weil die beiden Priester (aus der Gruppe) nicht mehr da sind. Wir wissen nicht, was aus ihm geworden ist.

GUILLAUME DE CHAMBONNET (CHAMBORAND) Er ist Ritter aus der Diözese Limoges (Chamborand, Canton Grand-Bourg, Creuse) und wird 1276 in der Komturei Paulhac im Limousin in den Orden aufgenommen. Ganz sicher verbringt er den größten Teil seiner Laufbahn im Orient – er ist noch in Limassol in der ersten Hälfte des Jahres 1304 belegt. Zurück im Abendland, wird er Komtur des Hauses Blaudeix im Limousin. Als er im Juni 1309 vor dem Bischof von Clermont erscheint, legt er kein Geständnis ab. 1310 ist er Verteidiger des Ordens in Paris und wird zu einem der vier Sprecher. Am 17. Dezember legt er sein Amt nieder, danach verliert sich auch seine Spur.

11

DAS KONZIL VON SENS UND DIE ZERSCHLAGUNG DES AUFSTANDS (11.–12. MAI 1310)

Der Wind dreht sich

Am 11. April, dem Tag vor Palmsonntag, lädt die nahezu (bis auf Johann von Mantua) vollständig versammelte Kommission die vier Wortführer der Templer vor. Außer ihnen erscheinen acht weitere Personen: Jean de *Scivriaco* und Meister Jean de *Fallegio,* die sich als Ordensbrüder vorstellen, jedoch weltliche Kleidung tragen; Jean de Juvigny und Jean de Crèvecœur sind im Ordenshabit; Jean Thaiafer, Huguet de Bure, Geoffroy de Thatan und Jean l'Anglais (aus der Diözese London),[1] Ordensbrüder mit der Barttracht nach Templerart, halten das Habit in der Hand, werfen es den Kommissaren vor die Füße und erklären, es nicht mehr tragen zu wollen. Die Kommissare verbitten sich das und befehlen ihnen, das gefälligst woanders zu machen. Dann treten weitere zwölf Templer auf, die alle außer Gérard de Passage Bart tragen, jedoch nicht das Habit; und schließlich erscheinen noch vier Männer, die nicht dem Orden angehören: Raoul de Presles, ein Jurist, Guichard de Marciac und Jean de *Vassegio,* beides Ritter, sowie Nicolas Simon, Stallknecht oder Knappe.[2]

Als erste werden Raoul de Presles und Nicolas Simon vernommen, die den Orden belasten; doch bald unterbrechen die Kommissare die Verhandlung und wenden sich dem Fall Jean de Saint-Benoît zu, einem der Ordensältesten, Komtur des Hauses von Île-de-Bouchard, der in Saint-Cloud in einem dem Erzbistum Paris nachgeordneten Haus festgesetzt ist; er ist todkrank und nicht transportfähig. Am Morgen des 13. begeben sich die Bischöfe von

Bayeux und Limoges, Jean de Montlaur und zwei oder drei Notare nach Saint-Cloud, um seine Aussage aufzunehmen.[3] Zurück in Paris, verhören sie Guichard de Marciac, dessen Aussage am nächsten Tag abgeschlossen wird.[4] Es folgt die Vernehmung der Templer Jean Thaiafer und Jean l'Anglais. Deren Anhörung wird durch die beginnende Nacht unterbrochen und auf den 23. April, nach den Osterfeierlichkeiten, vertagt.[5]

Diese Befragungen wurden anhand der 127 Artikel des Anklagekatalogs geführt, und die vernommenen Personen sind allesamt Belastungszeugen.

Danach werden die anderen für den 11. April vorgeladenen Templer vernommen: Huguet de Bure am 24. April, Gérard de Passage am 27. und 28., Geoffroy de Thatan am 29. April.[6] Am 2. Mai sind die beiden letzten Gruppen, die den Orden verteidigen, an der Reihe, die Templer aus Périgueux und Le Mans. Am 4. Mai tritt Jean de Juvigny zum Verhör an, und er ist Anlass für eine Diskussion über den Fall der bereits in Poitiers vom Papst vernommenen Brüder. Es stellen sich weitere acht Templer, die die Kommissare in den folgenden Tagen zügig, jeweils einen pro Tag, befragen: Raymond de Vassignac am 6., Baudouin de Saint-Just am 7., Gillet de *Encreyo* am 8. und Jacques de Troyes am 9. Mai.[7]

Am Sonntag, den 10. Mai, ist Sitzungspause, doch an diesem Tag verlangen die vier Wortführer der Templer dringend, die Kommissare zu sprechen. Sie sind in heller Aufregung wegen der Nachricht, die sie soeben erhalten haben: Der Erzbischof von Sens hatte beschlossen, am nächsten Tag, einem Montag, in Paris das Konzil der Kirchenprovinz Sens einzuberufen, um dort die Templer der Provinz abzuurteilen, die als Einzelpersonen im Jahr zuvor von den Diözesankommissionen überprüft worden waren. Die vier Wortführer wurden empfangen und trugen ihre Befürchtungen vor.[8] Ich werde auf diese für den Tempel so entscheidenden drei Tage vom 10., 11. und 12. Mai noch ausführlich zurückkommen.

Bemerkenswert an dieser Verhörserie ist zunächst, dass sich die Kommission wirklich Zeit nahm; der Umfang der Protokolle zeugt davon, wie gründlich die Kommissare zu Werke gingen. Jeder Artikel oder jedes Artikelbündel ist Gegenstand von Fragen und Antworten. Alle Aussagen sind belastend, die der elf befragten Templer ebenso wie die der drei, die nicht dem Orden angehören. Vier von ihnen brachten schon früher zum Ausdruck, dass sie den Orden nicht verteidigen wollten: Jean Bertaud (oder *Bochandi*), Thomas de Chamino[9], Baudouin de Saint-Just[10] und Raymond de Vassignac[11]. Die Wortführer des Tempels waren bei diesen Aussagen anwesend; sie meldeten sich zweimal zu Wort, was in kurzen Niederschriften wiedergegeben ist, die dem Protokoll beigelegt wurden.

Am 23. April bringt Pierre de Bologne erneut den prinzipiellen Einspruch vor, den die Templer bereits geäußert hatten: Lügen, Verleumdungen, Gefangenschaft. Da er sich im Klaren darüber ist, dass die Brüder, die nun einer nach dem anderen vor den Kommissaren auftreten werden, zumeist gegen den Orden aussagen werden, beantragt er, sie streng voneinander zu trennen, damit sie sich nicht gegenseitig beeinflussen können, und ihre Aussagen bis zum Ende der Ermittlung unter Verschluss zu halten. Dann zitiert er einen – wie er zunächst glaubt – beispielhaften Fall, den des Adam de Vallencourt, eines adligen Ritters, dem ein Übertritt zum Orden der Kartäuser gestattet wurde, der jedoch kurz darauf um Wiederaufnahme in den Templerorden bat. In Gegenwart seiner Freunde und Verwandten harrte er nackt vor der Pforte des Kapitels aus, fand Aufnahme und wurde mit der vom Ordensstatut vorgesehenen Strafe belegt: ein Jahr und einen Tag auf dem Mantel, am Boden, sein Essen einzunehmen. Weil der Mann in Paris lebt und nicht zur Verteidigung des Ordens erschienen ist, sollen die Kommissare ihn suchen lassen, «denn es ist unwahrscheinlich, dass ein solcher Mann [...] eine solche Strafe auf sich genommen hätte, wenn der Orden so übel wäre».[12] Die Kommission begnügt sich damit, Pierres Einspruch zu registrieren. Als Adam de Vallencourt später (am 18. Januar 1311) vernommen wird, prangert er die Schandtaten des Ordens an.[13]

Am 5. Mai weisen die Wortführer, noch bevor die an diesem Tag vorgeladenen Templer den Eid ablegen, darauf hin, dass einige gar keine Templer seien. Einer von diesen, Thomas de Chamino, erwidert, er sei bei der Versammlung in den Gärten des Erzbischofs einer von denen gewesen, die bereit waren, den Orden zu verteidigen, das wolle er jetzt aber nicht mehr.[14] Pierre de Bologne und seine Gefährten tappten hier in eine Falle. Offensichtlich war die ihnen zugedachte Rolle reichlich unklar. Wozu sollten sie eigentlich dienen? Sie waren nur Statisten, und die dramatischen Ereignisse des 11. und 12. Mai sollten dies in aller Deutlichkeit zeigen.

Das Konzil von Sens am 11. und 12. Mai

Sonntag, 10. Mai. Wir erinnern uns an die bestürzte Reaktion von Pierre de Bologne auf die Nachricht von der Einberufung des Provinzialkonzils. Er war der Meinung, es würde abgehalten, «um viele unserer Brüder, die sich zur Verteidigung des Ordens bereit erklärt hatten, abzuurteilen und zu zwingen, davon Abstand zu nehmen». Deshalb erhob er Einspruch gegen den Beschluss des Erzbischofs von Sens und wollte seinen Einwand auch vortragen. Der Kommissionsvorsitzende erwiderte, damit hätten sie nichts zu tun, doch wenn die Templer etwas zugunsten des Tempels zu sagen hätten, wolle er sie gern anhören. Pierre de Bologne reichte also ein Schriftstück ein, in dem er sich auf den Papst, den Heiligen Stuhl und die Apostel berief, und verlangte, zusammen mit seinen Gefährten nach angemessener Frist dem Papst gegenübergestellt zu werden. Außerdem forderte er die Kommission auf, ihnen einen oder zwei Notare zur Seite zu stellen, die ihnen bei der korrekten Abfassung ihres Appells behilflich sein sollten. Bis dahin sollte jeglicher Beschluss des Erzbischofs von Sens ausgesetzt werden, und die Kommission sollte alle Erzbischöfe schriftlich auffordern, nicht dessen Beispiel zu folgen. Eine weitere Denkschrift richtete sich an den Erzbischof von Sens: Darin wiederholte er den Protest der Wortführer gegen dessen brutales Vorgehen und teilte ihm den Appell an die römische Kurie mit.

Bei der Verlesung der ersten Schrift waren Pierre de Bologne und seine Ordensbrüder nicht anwesend. Unmittelbar danach verließ der Erzbischof von Narbonne den Saal unter dem Vorwand, er habe eine Messe zu feiern oder ihr beizuwohnen.[15] Höchst verärgert vertagten die anderen Kommissare ihre Antwort auf die Zeit nach dem Abendgebet.

Diese Antwort ist bemerkenswert:

> Die Angelegenheit, mit der sich der Erzbischof von Sens und seine Suffragane befassten, war allein Sache ihres Konzils und hatte mit der unseren nicht das Geringste zu tun; wir Kommissare wussten selbst nicht, worum es bei diesem Konzil ging. So wie wir selbst vom Apostolischen Stuhl beauftragt wurden, unsere Angelegenheit zu

> verhandeln, so sind auch der Erzbischof von Sens und seine Suffragane beauftragt, sich auf dem Konzil mit ihrer Angelegenheit zu befassen, und die besagten Kommissare haben ihnen nichts zu befehlen. Daher scheint es uns auf den ersten Blick nicht gerechtfertigt, dem besagten Erzbischof von Sens oder den anderen Geistlichen zu ihrem Vorgehen gegen einzelne Personen des Ordens Vorschriften zu machen; indes werden wir über die Sache reiflich nachdenken und tun, was zu tun ist.[16]

Welche Heuchelei! Immerhin lässt sich an dieser Antwort sehr gut aufzeigen, in welche Kluft der Erzbischof von Sens sich stürzen wird, um die Revolte der Templer zu ersticken. Die Kommissare sehen zwei streng getrennte Verfahren vor sich, eines gegen die einzelnen Ordensbrüder, ein anderes gegen den Orden als solchen, und ein Templer kann im ersten etwas aussagen und im zweiten das Gegenteil davon, ohne Konsequenzen befürchten zu müssen. Aber darf man heute etwas sagen und morgen das Gegenteil davon? Nein, sagt der Erzbischof von Sens. Dies ist der Schwachpunkt des vom Papst in Gang gesetzten doppelten Verfahrens: Die Verknüpfung beider Verfahren ist nicht genau festgelegt, und jeder kann sie nach Gutdünken interpretieren. Die Kommissare handelten korrekt: Sie hielten den Templern, die für den Orden eintraten, nicht die Geständnisse vor, die sie gegenüber den Inquisitoren oder den Bischöfen abgelegt hatten. Der Erzbischof von Sens dagegen betrachtete die Geständnisse, unabhängig davon, vor wem sie gemacht worden waren, weiterhin als gültig, und wer sie widerrief, verfiel automatisch in die Häresie und wurde zum rückfälligen Ketzer. Fraglos hat Guillaume de Plaisians dies Jacques de Molay im November 1309 zu verstehen gegeben. Die Vorgehensweise des Königs und seiner Agenten war durchaus folgerichtig.

Philippe de Marigny ist der jüngere Bruder von Enguerrand de Marigny, der nun im Königlichen Rat eine tonangebende Rolle spielt. Philippe hatte seine Karriere im Dienst des Königs begonnen, zunächst als Sekretär, danach als Steuereinnehmer zuerst in Paris, dann im Caux, bevor er eine kirchliche Laufbahn einschlug. Er absolvierte kein Universitätsstudium, dafür war er Domherr in Cambrai, Meaux, Issoudun und anderen Städten, bevor er von Clemens V. am 22. Januar 1306 zum Bischof von Cambrai geweiht wurde. Étienne Bécart, der Erzbischof von Sens, stirbt am 29. März

1309. Vermutlich auf Veranlassung des Königs behält sich Clemens V. am 23. April das Recht zur Vergabe des vakanten Sitzes vor, was bedeutet, dass der Erzbischof nicht wie sonst vom Kapitel gewählt wird. Am 6. Mai versetzt der Papst Philippe de Marigny von Cambrai nach Sens. Der frisch Beförderte erhält indes das Pallium, das Zeichen seines neuen Amtes, erst am 22. Dezember 1309 und wird erst an Ostern 1310, also am 19. April, in sein Amt eingesetzt. Das heißt nicht, dass er so lange warten musste, um im Erzbistum tätig zu werden.[17] Die Versammlung des Provinzialkonzils in Paris ließ sich nicht in ein paar Tagen improvisieren. Tatsächlich handelt es sich hierbei um einen Vorstoß von ganz oben. Am Ende der Sitzung vom 15. April hatte der Bischof von Bayeux seine mehrwöchige Abwesenheit angekündigt, da er das Konzil der Provinz Rouen vorzubereiten habe,[18] ein ähnlich großes Konzil wie das der Provinzen Sens und Reims.

Am 10. Mai ruhte also die Arbeit der Kommissare. Am Tag darauf tun sie, als wäre nichts gewesen, und vernehmen Humbert du Puits, einen Bruder aus der Diözese Poitiers, der mit Templerbart und -habit auftritt. Er war schon einmal von Jean de Janville (ein Zufall?) und dem Seneschall von Poitou verhört und dreimal der peinlichen Befragung unterzogen worden, «weil er nicht gestand, was sie hören wollten», war sechsunddreißig Tage gefesselt und bei Wasser und Brot eingekerkert gewesen und vom Offizial von Poitiers (im Zuge des Verfahrens gegen die Einzelpersonen?) vernommen worden. Er streitet ab, bei seiner Aufnahme in den Orden Christus verleugnet zu haben.[19] Das Gleiche spielt sich tags darauf beim Verhör eines anderen Bruders aus dem Poitou ab: Jean Bertaud hatte unter der Androhung von Folter gestanden.[20] Mitten in sein Verhör, noch vor der Prim (unsere Kommissare stehen früh auf!), platzt die Nachricht, dass 54 Templer, die den Orden vor der päpstlichen Kommission verteidigt haben, vom Konzil zum Tod auf dem Scheiterhaufen verurteilt worden seien.

Jetzt allerdings müssen die Kommissare reagieren, und sie entsenden Philippe de Voët und den Notar Amisse d'Orléans zum Erzbischof von Sens, um ihn zu bitten, mit Umsicht zu verfahren und die Vollstreckung des Urteils aufzuschieben. Zahlreiche Templer – der Prévôt der Kirche von Poitiers könne es bezeugen – hätten angesichts des Todes und aus Angst um ihr Seelenheil die dem Orden zur Last gelegten Verbrechen geleugnet. Zudem würde die Vollstreckung des Urteils das Verfahren gegen den Orden blockieren, niemand würde mehr aussagen, die Arbeit der Kommission wäre vergeblich gewesen. Auch weisen sie darauf hin, dass die vier Wortführer der Verteidiger am vorangegangenen Sonntag beim Papst Berufung eingelegt hätten.[21]

Weiter steht nichts im Protokoll. Erst am Tag danach, dem 13. Mai, als die Kommissare das Routinegeschäft wieder aufgenommen haben, erfährt man aus dem Mund von Aimeri de Villiers-le-Duc, einem Templer aus der Diözese Langres, den die Kommissare soeben vernehmen wollen, dass die 54 verurteilten Templer am Tag zuvor den Flammen übergeben wurden. Der Zeuge ist bleich und sichtlich erregt; er spricht zusammenhanglos und gestikuliert wie ein Geisteskranker. Alle Vorwürfe gegen die Templer seien falsch, aber er habe am Vortag gesehen, wie seine 54 Gefährten zur Hinrichtung geführt wurden, und er habe gewusst, dass sie verbrannt worden seien. Aus Angst, das gleiche Schicksal zu erleiden, wolle er nichts mehr sagen, denn er fühle sich nicht in der Lage, dem Feuer zu widerstehen: Er würde alles gestehen, er sei sogar bereit zuzugeben, er habe Jesus Christus getötet, wenn man ihm mit dem Scheiterhaufen drohe.[22] Die Kommissare kürzen seine Qual ab und unterbrechen die Anhörung. In der Gewissheit, an diesem Tag weder aus ihm noch aus den anderen Templern etwas herauszubringen, vertagen sie sich auf den 18. Mai.

Die Templer auf dem Konzil von Sens

Kein einziges Dokument über die Einberufung und den Ablauf des Konzils von Sens ist überliefert (das Gleiche gilt für das Konzil von Reims). Betroffen waren die in den Suffragandiözesen der Provinz gefangen genommenen und inhaftierten Templer, die von den Diözesankommissionen in Sens, Auxerre, Nevers, Troyes, Meaux, Paris, Chartres und Orléans vernommen worden waren. Es bezog sich sowohl auf die Templer, die als Verteidiger des Ordens aufgetreten waren, als auch auf die, die sich dem verweigert hatten; die Ersteren befanden sich unter den in Paris im Februar und März 1310 erfassten Templern, die anderen, die in ihren Gefängnissen blieben, waren nicht erfasst. Von den Templern der Provinz Sens, die «vor besagten Prälaten in der Kapelle des Bischofs von Paris»[23] ab dem 11. Mai versammelt worden waren, wurde keine Liste erstellt. Ich erinnere daran, dass die päpstliche Kommission am 28. April das Bischofspalais von Paris verlassen hatte, um die Anhörungen in der Abtei Sainte-Geneviève abzuhalten. Haben wir es hier mit einem Ursache-Wirkung-Zusammenhang zu tun? Wenn dies der Fall wäre – doch das ist nur eine Hypothese –, dann läge der Gedanke nahe, dass das Konzil von Sens nicht erst in letzter Minute improvisiert wurde.

Die Namen aller auf dem Konzil anwesenden Templer festzustellen, ist also unmöglich. Man darf freilich annehmen, dass alle Ordensbrüder, die im Februar / März nach Paris gekommen waren und dann in ein Gefängnis innerhalb der Diözese Paris und der anderen Suffragandiözesen von Sens verbracht wurden, sich potentiell vor dem Konzil zu verantworten hatten.

Aus der Diözese Sens kommen 50 Templer, geteilt in vier Gruppen.

Aus der Diözese Paris kommen 160 Templer aus neun Inhaftierungsorten.

Aus der Diözese Meaux 32 Brüder aus zwei Orten.

Aus der Diözese Orléans 21 Brüder aus einem einzigen Ort.

Zusammen sind es also 263 Templer – nahezu alle Verteidiger des Ordens – aus vier von acht Diözesen.

Die gleiche Rechnung lässt sich für die Kirchenprovinz Reims mit ihren elf Diözesen aufstellen: Reims, Châlons-en-Champagne, Laon, Senlis, Beauvais, Soissons, Noyon, Amiens, Thérouanne, Arras, Cambrai – aus vier Diözesen (Amiens, Beauvais, Châlons und Senlis) kamen 52 Templer.

All dies sind freilich nur Richtwerte.

Die Zahlen, die auf den Aussagen aus den Verhören der zweiten Arbeitsphase der päpstlichen Kommission vom 17. Dezember 1310 bis zum 26. Mai 1311 basieren, sind zuverlässiger, aber zwangsläufig unvollständig. 58 Templer geben an, auf dem Konzil von Sens in Paris gewesen zu sein; 27 waren nach eigener Aussage auf dem Konzil von Reims in Senlis dabei (vgl. Anhang 5). Von diesen 58 in Sens anwesenden Brüdern erschienen 45 im Februar / März 1310 vor der päpstlichen Kommission, 31 als Verteidiger des Ordens, zwölf als Bußfertige, zwei nahmen eine unentschiedene Haltung ein. 13 hatten in dieser Zeit nicht vor der Kommission gestanden und müssen demnach als Geständige betrachtet werden.

In Senlis präsentierten sich von den 27 Templern 19 vor der päpstlichen Kommission; 17 verteidigten den Orden, einer tat das nicht, und ein anderer nahm, vorsichtig ausgedrückt, eine äußerst vage Haltung ein: Wirmond de Sanconi aus der Diözese Soissons «wusste nur Gutes über den Orden und sagte, er verstehe nicht, was ‹verteidigen› bedeutet».[24] Also müssen die acht, die nicht erschienen, als geständig gelten.

Nach dem Chronisten Jean de Saint-Victor und dem Fortsetzer der Chronik von Guillaume de Nangis unterschieden die Konzilsmitglieder drei Kategorien von Angeklagten: diejenigen, die die Verbrechen der Templer zugegeben hatten und bei dieser Aussage geblieben waren beziehungsweise die zuerst geleugnet, dann aber ihre Schuld bekannt hatten; diejenigen, die ebenjene Verbrechen trotz der Beweise und trotz der Folter abgestritten hatten; und schließlich diejenigen, die nach dem Eingeständnis der Verbrechen ihr Bekenntnis widerrufen hatten und nun weiterhin im Irrtum verharrten. Die erste Gruppe sollte mit der Kirche versöhnt und nach einer noch zu bestimmenden Strafe auf freien Fuß gesetzt werden; auf die zweite wartete lebenslange Kerkerhaft; die Mitglieder der letzten Gruppe waren als rückfällige Ketzer zu betrachten und dem weltlichen Arm und dem Feuertod zu übergeben.[25] Dies traf auf die 54 Templer zu, die am 12. Mai verbrannt wurden. Im Folgenden soll das Thema des Rückfalls in die Ketzerei untersucht werden.

Der Scheiterhaufen vom 12. Mai

Am 12. Mai werden also die Verurteilten auf Karren in die Nähe der Porte Saint-Antoine hinausgebracht; auf einem Feld gegenüber dem Priorat von Val-des-Écoliers war ein großer kollektiver Scheiterhaufen errichtet worden.[26] Überlassen wir das Wort dem unbekannten Chronisten, der die Chronik von Guillaume de Nangis fortsetzte:

> Das Konzil der Provinz Sens wurde vom 11. bis zum 26. Tag wegen der Angelegenheit der Templer mit der Erlaubnis seines Vorsitzenden Philippe, damals Pariser Erzbischof *[sic]*, in Paris abgehalten. Nachdem die Taten jedes einzelnen Templers und was damit zusammenhing sorgfältig geprüft und mit viel Wahrhaftigkeit Art und Umstände ihrer Vergehen festgestellt worden waren, damit die Höhe ihrer Strafe den Verbrechen angemessen wäre, nach dem Rat der Gelehrten des göttlichen und kanonischen Rechts und nach Zustimmung durch das Heilige Konzil, wurde unwiderruflich beschlossen, etliche Templer einfach von ihren Ordensgelübden zu entbinden, andere nach Verbüßung einer ihnen auferlegten Strafe wohlbehalten in die Freiheit zu entlassen, andere hingegen in strengen Gewahrsam zu nehmen, und zahlreiche andere lebenslang einzusperren. Einige sollten schließlich als rückfällige Ketzer dem weltlichen Arm übergeben werden, wie es die kanonischen Gesetze für diese Fälle vorsehen, gleich ob sie einem geistlichen Ritterorden angehörten oder in einen heiligen Orden aufgenommen worden waren; dies geschah gemäß den Dekreten der Bischöfe, nachdem ihnen vom Bischof ihr Status als Ordensmitglieder aberkannt worden war. Deshalb wurden 59 Templer außerhalb von Paris auf einem Feld unweit von einem Nonnenkloster namens Saint-Antoine verbrannt.[27]
>
> Indessen weigerten sich ausnahmslos alle, die Verbrechen, die ihnen zur Last gelegt wurden, endlich zu gestehen, und sie leugneten beharrlich und erklärten unbeirrbar, sie würden ohne Grund und unrechtmäßig dem Tod preisgegeben, was eine große Zahl von Menschen überaus wunderte und erstaunte. Zur gleichen Zeit wurde in Senlis in der Provinz Reims ein Konzil einberufen, und dort wurde, wie auf dem Konzil von Sens, das in Paris wegen Angelegenheit der Templer stattfand, neun von ihnen der Prozess gemacht, die danach verbrannt wurden.[28]

Das Konzil tagte noch bis zum 26. Mai, berichtet der Chronist. Fünf weitere Templer wurden zum Tod auf dem Scheiterhaufen verurteilt. Wir zitieren den wenig bekannten Text eines ehemaligen Hofmeisters und Kanzlisten des Königs namens Guillaume d'Ercuis, der in wenigen Zeilen die Angaben über diese Hinrichtungen zusammenfasst:

> In jenem Jahr wurden am Dienstag, dem XII. Tag des Mai, am Fest der Heiligen Nereus, Achelleus und Pancratius, zwischen Terze und Mittag, zwischen Saint-Antoine de Paris und der Windmühle, 54 Templer

wegen ihres Unglaubens verbrannt. Das Gleiche geschah kurz darauf in Senlis: neun; das gleiche darauf in Paris: fünf, unter ihnen Bruder Jean de Taverny, ehemaliger Almosenier König Philipps von Frankreich.[29]

Dieser zweite Pariser Scheiterhaufen wird am Tag nach Abschluss des Konzils, also am 27. Mai, errichtet.[30] Der Scheiterhaufen von Senlis, wo neun Templer den Tod finden, brennt laut Guillaume de Nangis «etwa zur gleichen Zeit», laut Guillaume d'Ercuis danach, laut Bernard Gui im Monat darauf, laut Gilles Le Muisit am 2. Juli.[31]

Es ist nahezu unmöglich, eine Liste der Hingerichteten zu erstellen, auch wenn François J. M. Raynouard dies versucht hat.[32] Die nach Mai / Juni 1310 verhörten Templer erwähnen acht, die auf dem Scheiterhaufen endeten, sieben in Paris, einer in Senlis.

Tafel 11

Die am 12. Mai verbrannten Templer

Name	**Erwähnt von**	**Verweis**
Raoul de Frénoy	Mathieu de Tillay	M. I, 363
Gautier de Bullens	Mathieu de Cressonessart	M. I, 535
Guy de Nicey	Gautier de Bure	M. I, 538 ff.
Martin de Nicey	dto.	dto.
Jacques de Saci	Pierre de Sarcelles	M. I, 575
Laurent de Beaune	Henri de Faverolles	M. I, 591
Henri d'Aulisi oder de Anglesi	Jean de Buffavent	M. I, 509
Lucas de Sernay (Sornayo)	Jean Bochier	M. II, 77

Nicht zu vergessen: Jean de Taverny, der ehemalige Almosenier des Königs, war einer der fünf, die am 27. Mai in Paris verbrannt wurden.[33]

Außer Martin de Nicey standen alle im Februar / März vor der päpstlichen Kommission; fünf verteidigten den Orden vorbehaltlos. Henri d'Aulisi und Laurent de Beaune äußerten sich weniger entschlossen: Wie ihre fünf Gefährten, die am 14. Februar aus der Diözese Sens eingetroffen waren, antworteten sie auf die Frage:

«Seid Ihr willens, den Orden zu verteidigen?», sie wollten sich darüber mit ihrem Meister beraten.[34] Danach nahmen sie eine entschiedenere Haltung ein, und in Sens haben sie gewiss ihr früheres Geständnis widerrufen, was sie auf den Scheiterhaufen brachte.

Nicht nur die Lebenden wurden verfolgt. Etwa um die gleiche Zeit «wurden die Gebeine eines vor langer Zeit verstorbenen Templers, Jean, genannt de Tour, ehedem Schatzmeister des Tempels von Paris, exhumiert und verbrannt als die eines Ketzers, da man entdeckt hatte, dass er in dem einst gegen den Templerorden geführten Prozess dabei gewesen war».[35]

Rückfällig oder nicht?

Das Zusammenspiel der beiden Verfahren gegen die Templer als Einzelpersonen einerseits und gegen den Orden als Gesamtheit andererseits bildet also das schwache Glied in dem doppelten Verfahren, das der Papst im August 1308 in Poitiers eingeleitet hatte.

Zahlreiche Templer, die ab Februar 1310 vor die päpstliche Kommission traten, waren bereits vor den Diözesankommissionen erschienen, um als Personen Rede und Antwort zu stehen. Allerdings nicht alle, denn manche dieser Ausschüsse traten erst später zusammen, wie das Beispiel Nîmes zeigt. Logischerweise scheint man also stillschweigend übereingekommen zu sein, dass die zweite Phase des Verfahrens, nämlich die der Urteilsfindung, nach dem Konzil von Vienne erfolgen sollte, das über den Orden zu entscheiden hatte: Erst danach sollte über die Personen entschieden werden. Nichts sprach jedoch gegen eine vorausgehende Einberufung der Provinzialkonzile, und daher waren die Erzbischöfe von Sens, Reims und auch von Rouen sicherlich im Recht.

Wie bereits erwähnt, durften die beiden Verfahren einander nicht beeinflussen. Viele Templer (aber nicht alle, so zum Beispiel in Clermont 1309), die zur Verteidigung des Ordens nach Paris gekommen waren, gaben die ihnen in den Diözesankommissionen zur Last gelegten «Verbrechen» ganz oder teilweise zu. Haben sie diese Geständnisse vor der päpstlichen Kommission widerrufen? Jedenfalls nicht während des Konzils von Sens. Truppweise bekräftigten sie ihren Wunsch, den Orden zu verteidigen, aber sie wurden von den Kommissaren nicht befragt und standen deshalb auch nicht vor dem Dilemma, ob sie ihre früheren Geständnisse widerrufen sollten oder nicht. Im Kollektiv und nicht als Einzelpersonen wiesen sie die Anklagepunkte als verlogen, falsch und niederträchtig zurück.

Am 11. Mai (kurz nach dem Konzil von Reims) beschloss das Konzil von Sens, den Auftritt vor der päpstlichen Kommission als Verteidiger des Ordens mit einem Widerruf des Geständnisses vor der Diözesankommission gleichzusetzen. Später sollten die Templer, nun gebührend gewarnt, vor der päpstlichen Kommission wohlweislich betonen, dass sie keinesfalls auf ihre Aussagen vor den Bischöfen zurückkommen wollten. Angesichts der großen Zahl von Templern, die mutmaßlich am Konzil von Sens teilnahmen, bilden die 54 zum Feuertod Verurteilten zweifellos nur eine Minderheit. Vermutlich wurden die Brüder vom Konzil aufgefordert, den Widerspruch zwischen ihren früheren Geständnissen und ihrer Stellungnahme zugunsten des Ordens aufzulösen. Manche entschieden sich dafür, ihre Haltung «Pro-Orden» zu verheimlichen; andere blieben bei ihrer Position und wurden so zum Opfer ihrer Widersprüche. Der Erzbischof von Sens nutzte diese Schwachstelle und zog daraus die Schlussfolgerung, dass sie in ihre früheren Irrtümer, also in die Häresie (denn für die Helfershelfer des Königs war dies Häresie) zurückgefallen seien; damit waren sie rückfällige Ketzer und mussten mit dem Scheiterhaufen rechnen. Glaubt man den Chroniken, ist es genau so gekommen: Die 54, die ins Feuer geführt wurden, wählten ganz bewusst den Märtyrertod. So schreibt Bernard Gui in seiner Chronik *Des gestes glorieux des Français*:

> Das Erstaunliche war, dass alle ihr Geständnis unumwunden widerriefen, das sie im Lauf des Prozesses einzeln abgelegt und als die Wahrheit beschworen hatten, und sie sagten, zuvor hätten sie gelogen und falsche Aussagen gemacht, ihr früheres Geständnis sei allein der Gewalttätigkeit und Grausamkeit der Folter geschuldet.[36]

Der Verfasser der *Grandes chroniques de France* (das ist die offizielle Chronik, die aus den *Chroniques de Saint-Denis* übernommen ist) ist eher peinlich berührt: «Trotz der erlittenen grausamen Qualen wollten sie nicht widerrufen, was ihnen wohl ewige Verdammnis eintrug, denn sie stürzten das gemeine Volk in große Verwirrung».[37]

Es ist auffällig, dass keiner dieser dem Hof nahestehenden Historiker auf die Idee kam, die Templer könnten Recht haben. Sie sind unweigerlich schuldig, weil der König es gesagt hat.

Stellen wir also die Frage: Gab es tatsächlich rückfällige Ketzer? Wir haben es mit mehreren Dokumenten zu tun, deren Datierung problematisch ist.

Da ist zunächst jenes anonyme Dokument, das Georges Lizerand, der es publizierte, Guillaume de Plaisians zugeschrieben hat. Er datiert es auf das Jahr 1308, doch es wurde mit Sicherheit später verfasst. In seiner Antwort auf eine erste Frage nach dem Schicksal, das der Großmeister Jacques de Molay zu gewärtigen habe, zitiert der Autor dessen Antworten vor den Kardinälen im August 1308 in Chinon. Man hat vorgeschlagen, diesen Text auf das Jahr 1310 zu datieren, und der Inhalt des Schriftstücks kann diese Datierung bestätigen. Die zweite Frage bezieht sich auf die Statuten und Geheimnisse des Ordens, die nach Meinung unseres Autors den wesentlichen Gehalt des Glaubensbekenntnisses der Templer ausmachen. Aber dieser Gehalt sei verdorben, und wenn nun ein Neuling in den Orden eintrete, so verschlimmere er nur, ohne es zu ahnen, diese Verderbtheit. Die dritte Frage steht in engem Zusammenhang mit dem, was in der ersten Hälfte des Jahres 1310 geschieht. Soll man dem Orden einen oder mehrere Verteidiger in dieser Angelegenheit zugestehen? Nein, meint der Autor, der die beiden Verfahren getrennt betrachtet, sie zugleich aber geschickt miteinander verknüpft. Im Prozess gegen die einzelnen Ordensbrüder gab es keine Verteidiger. Ginge man gegen den Orden insgesamt mit einer direkten Anklage vor, könnte man zur Not einen Verteidiger zulassen; da jedoch keine solche Anklage vorliege, brauche man auch keinen Verteidiger, «denn aus den Anklagen gegen die zahllosen Templer geht die Verderbtheit des Ordens in den Augen der Kirche klar hervor». Da gibt es nichts anzuklagen, der Orden ist zu vernichten: «Der König tritt weder als Ankläger noch als Partei im Prozess auf, sondern als Diener Gottes und Verfechter und Verteidiger des Glaubens.» Er fordert die schlafende Kirche auf, zu erwachen und zu handeln: «Die Kirche hat gegen den Orden als Ganzes nicht mittels einer richterlichen Entscheidung vorzugehen, sondern mittels eines Spruchs ex cathedra.» Es sei ausgeschlossen, dass der Orden noch zu etwas nütze sei; ihn bestehen zu lassen, wäre ein Skandal, und die Kirche habe den Skandal zu meiden. Diese Meinung hat es in sich, wenn man weiß, dass Clemens V. sie sich in Vienne zu eigen machen wird: die Aufhebung des Ordens nicht auf dem Weg einer richterlichen Entscheidung, sondern schlicht und einfach durch einen Verwaltungsakt. Bei der Beantwortung der vierten Frage verwirft der Autor den Gedanken, falls es im Orden Unschuldige gebe, könnte dies ein Argument zugunsten seines Fortbestehens sein; im Übrigen könne es in einem Orden, dessen sämtliche Mitglieder in verschiedenem Ausmaß korrumpiert seien, keine Schuldlosen geben.[38]

Im Zusammenhang mit diesem Kapitel interessiert uns natürlich besonders die dritte Frage; einerseits, weil die Vermengung der beiden Verfahren als selbstverständlich betrachtet wird, und weil andererseits auch nur der Gedanke an eine Verteidigung des Tempels abgelehnt wird. Dadurch, dass die päpstliche Kommission versucht, einzelne unrettbar korrupte Templer dazu zu bringen, ihre Vertreter für die Verteidigung des Ordens zu benennen, hat sie nur Zeit verloren und zur Verlängerung eines Skandals beigetragen, der die Kirche Gottes in große Gefahr gebracht hat. Man muss kein begnadeter Gelehrter sein, um zu begreifen, dass dieser Vorwurf an die päpstliche Kommission eigentlich dem Papst gilt.

Heute schreiben die meisten dieses Dokument nicht Guillaume de Plaisians, sondern eher dem Theologen Jean de Pouilly zu, der Anfang 1307 Magister an der Universität von Paris wurde. Der Grund: In seinen Diskussionsbeiträgen auf dem Konzil von Vienne, in denen er den Rückfall in die Häresie begründete, griff er die in dieser anonymen Schrift entwickelte Argumentation zum Teil auf. Trotzdem ist Vorsicht geboten: Die Zuschreibung dieses Textes an Jean de Pouilly ebenso wie die Datierung bleiben hypothetisch. Der einzige solide Anhaltspunkt, der für das Datum 1310 spricht, ist der Zusammenhang zwischen der Frage 3 und der Arbeit der päpstlichen Kommission im ersten Drittel des Jahres 1310, aber es muss angemerkt werden, dass in diesem Dokument von Rückfall in die Häresie nicht die Rede ist.

Dagegen ist sehr wohl davon die Rede in einem anderen, leider ebenso problematischen Text. In seiner Studie zu Jean de Pouilly erklärt Noël Valois, die in Paris versammelten Prälaten aus verschiedenen Orten hätten den Doktoren der Universität die Frage des Rückfalls in die Häresie gestellt.[39] In der Frage 15 des *Quodlibet V*, das er nach Abschluss des Konzils im Mai 1312 verfasste, gibt Jean de Pouilly an, dass «in dem Jahr, als die Templer verhaftet wurden, in Paris versammelte Prälaten aus den verschiedenen Provinzen viele Fragen und Artikel bezüglich der Templer an die Doktoren richteten».[40] Ausgehend von diesen Angaben wurde vorgeschlagen, diese Fragen – wohlgemerkt Fragen der Bischöfe, nicht des Königs (mithin andere als die Philipps, auf die die Universität am 25. März 1308 geantwortet hatte) – auf den Beginn des Jahres 1308 zu datieren.[41]

Auf dem Konzil von Vienne vertrat Jean de Pouilly seine schon lange gehegte Auffassung, dass nämlich die Templer, die ihr Geständnis widerriefen, rückfällige Ketzer seien. In dem genannten *Quodlibet* legte er gegen die Vertreter einer gegensätzlichen Position seine Argumentation dar.[42] Darin folgten ihm jedoch die anderen Theologen nicht, unterstützten doch bei einer Abstimmung der Pariser Magister nur zwei seine Position, während 19 sie ablehnten.[43] Das Problem dabei ist: Wann hat diese Abstimmung stattgefunden? Erinnern wir daran, dass im März 1308 die Magister der Theologie die Anfragen des Königs abschlägig beschieden hatten, wobei allerdings nur 14 ihr Siegel unter das Dokument gesetzt hatten. Daraus folgt, dass einige dieses Gutachten nicht gebilligt hatten. Man muss die Zahl 14 und die Namen in Beziehung setzen zu den 22 damals bekannten Magistern der Theologie.[44] Erfolgte diese Abstimmung tatsächlich zu Beginn des Jahres 1308 als Antwort auf die Fragen der in Paris versammelten Bischöfe, wie Jean de Pouilly angibt? Dieser Ansicht ist jedenfalls Karl Ubl.[45]

Die Datierung auf 1308 erscheint mir zweifelhaft, denn ich wüsste nicht, welche Versammlung von Bischöfen in diesem Zeitraum hätte stattfinden sollen. In keiner Quelle ist davon die Rede. Eine solche Versammlung hätte vor der Entscheidung über die päpstlichen Verfahren und erst recht vor deren Einleitung erfolgen müssen. Wäre eine derartige Anfrage der Bischöfe nicht eher im Zusammenhang mit dem Konzil von Sens im Mai 1310 zu sehen? Die Frage muss offenbleiben.

Vielleicht kannten die im Mai 1310 auf dem Konzil von Sens

versammelten Bischöfe und die Mitglieder der päpstlichen Kommission die Auffassung Jean de Pouillys (oder des anonymen Verfassers der Schrift) von den beiden Verfahren und die denkbare Antwort der Universitätsdoktoren an die Bischöfe in der Frage der Häresie. Wenn dem so war, stellten sich die Prälaten möglicherweise ganz auf die Seite des Königlichen Rates und glaubten, die päpstliche Kommission sei auf dem Holzweg. Der König, seine Räte und der Erzbischof von Sens hielten sich nicht mit juristischen Spitzfindigkeiten auf, sie nahmen gewiss keine Rücksicht auf die Ansicht der Pariser Doktoren über rückfällige Ketzerei und folgten lieber dem Minderheitsvotum Jean de Pouillys: Ob es nun Verteidiger des Ordens waren oder rückfällige Ketzer – mit dieser Angelegenheit musste Schluss gemacht werden, sie hatte schon viel zu lange gedauert. Am 11. und 12. Mai erfolgte ihr Gewaltstreich, der sich, auf kurze Sicht, auszahlte.

Nach dem 12. Mai

Die Sitzungen des Konzils zogen sich bis zum 26. Mai hin.[46] Es wurden nicht nur fünf weitere Templer zum Tod auf dem Scheiterhaufen verurteilt, sondern man untersuchte auch den Fall des Renaud de Provins, eines der vier Wortführer des Tempels. Am Morgen des 18. Mai versammeln sich die Kommissare bei Gilles Aycelin und beschließen, Philippe de Voët, Bewacher der Templer, und Maître Amisse d'Orléans, königlicher Anwalt, mit dem Auftrag zum Erzbischof von Sens und zu den Mitgliedern des Konzils zu schicken, sie über die Mission zu unterrichten, mit der Clemens V. die päpstliche Kommission betraut hatte. Zu den Templern, die sich zur Verteidigung des Ordens bereit erklärt hatten, gehörte auch Renaud de Provins; er hatte sich sehr für die Verteidigung des Ordens eingesetzt, und die Kommissare hatten ihm und seinen drei Gefährten zugestanden, sie könnten «in freiem und sicherem Geleit und so oft sie es wünschten zur Verteidigung des Ordens zu den genannten Kommissaren kommen».[47] Die Kommissare fordern den Erzbischof von Sens auf, diesen Umstand zu berücksichtigen, denn «es hieß, dass Bruder Renaud zu ihm vorgeladen war, um in der gegen ihn und andere Personen des besagten Ordens laufenden Ermittlung Rede und Antwort zu stehen». Obwohl sie die Aufmerksamkeit des Konzils auf diesen Fall lenkten, betonten sie doch, dass sie sich nicht in dessen Arbeit einmischen wollten.

Am Nachmittag empfingen die Kommissare – der Narbonner Erzbischof war abwesend – die Abgesandten des Erzbischofs von Sens und des Konzils: Pierre de Mossa, Michel Mauconduit und Jean Coccard, alle drei Domherren aus Orléans. Diese machten geltend, dass die Ermittlung gegen Bruder Renaud (und die anderen) bereits seit zwei Jahren im Gange sei und sich das Konzil versammelt habe, um ein abschließendes Urteil zu fällen. Reichlich anmaßend verlangten sie also von den Kommissaren, sie wissen zu lassen, was die am selben Morgen überbrachten Nachrichten zu bedeuten hätten. Die Kommissare erwiderten, ihre Mitteilung sei absolut klar gewesen, doch in Abwesenheit des Erzbischofs von Narbonne hätten sie dem nichts hinzuzufügen. Sie machten außerdem darauf aufmerksam, dass der Appell der vier Wortführer vom 10. Mai, soviel ihnen bekannt sei, dem Konzil nicht zur Kenntnis gebracht worden sei.[48]

Kaum waren die Abgesandten wieder gegangen, als die Wortführer der Templer auf der Bildfläche erschienen: Guillaume de Chambonnet, Bertrand de Sartiges und … Renaud de Provins, der im Augenblick noch in Sicherheit war. Gewiss hatten Philippe de Marigny und die Bischöfe des Konzils es sich noch einmal überlegt: Sie konnten schließlich nicht einfach das päpstliche Verfahren blockieren, indem sie einen der Wortführer der Templer daran hinderten, seiner Rolle vor der Kommission gerecht zu werden, auch wenn diese Rolle zunehmend sinnlos wurde. Nun war zwar Renaud de Provins hier, aber Pierre de Bologne war verschwunden, «von ihrer Gemeinschaft getrennt», wie seine Gefährten sagten, die «nicht wussten, warum».[49] Ohne ihn konnten sie ihre Aufgabe nicht erfüllen. Noch einmal sandten die Kommissare Jean de Janville und Philippe de Voët aus mit der Order, Pierre de Bologne am nächsten Morgen herzuschaffen. Er erschien nicht. Es gingen Gerüchte um, er sei eingesperrt oder ermordet worden. In Wahrheit war er geflohen. Pierre de Bologne, ein italienischer Templer, war in der Diözese Paris ergriffen worden und folglich der Gerichtsbarkeit des Bischofs von Paris unterworfen; damit unterlag er der Zuständigkeit des Konzils von Sens. Wie Renaud de Provins riskierte er den Scheiterhaufen, es sei denn, er würde widerrufen. Auch er hätte mit einem Aufschub rechnen können, aber die Gefahr bestand weiter. Pierre wollte nichts riskieren und suchte sein Heil in der Flucht. Dank seines Amtes als Generalprokurator des Ordens bei der römischen Kurie hatte er dort zweifellos viele Kontakte knüpfen können. Komplizen halfen ihm bei der Flucht, ähnlich wie 1308 im Fall des Kammerherrn Giacomo da Montecucco. Er entkam nach Bologna und starb um das Jahr 1329, ohne weiter behelligt worden zu sein.[50]

Anderntags, am 19. Mai, traten 44 Templer vor das Konzil: Bis dahin hatten sie den Orden verteidigen wollen, jetzt nahmen sie davon Abstand.[51] Die Notare schrieben ihre Namen auf (vgl. Anhang 6). Von den 44 waren 38 im Pariser Tempel in Haft (wie auch Pierre de Bologne), vier im Haus des Abtes von Preuilly (*Ancherius* de Sivré, Othon de Hainaut, Gérard de Beaune, Barthélemy de Troyes), einer im Haus von Jean Le Grant (Pierre d'Herblay) und ein Letzter, Jean de Saint-Leu, der in den Listen von Februar / März 1310 nicht mehr auftaucht. 27 der 38 Brüder aus dem Pariser Tempel hatten sich ohne Einschränkung zur Verteidigung des Ordens gemeldet; neun hatten Vorbehalte (ihre Bedingung: Freiheit, Beratung mit dem Meister), und zwei, die sich vorher geweigert hatten, die Verteidigung mitzutragen, hatten offenbar ihre Meinung geändert, denn jetzt schwenkten sie erneut um und verzichteten auf die Verteidigung.[52] Der Tempel von Paris war demnach trotz der Anwesenheit von Pierre de Bologne nicht das unerschütterliche Zentrum des Widerstands. Im Gegenteil: Dort konnten der König und seine Handlanger am wirkungsvollsten Druck ausüben.

Als die Kommission erfuhr, dass das Konzil von Vienne um ein Jahr verschoben würde, beschloss sie am 31. Mai, sich auf den 3. November zu vertagen. Es ist bekannt, dass diese Sitzung zu nichts führte und die eigentliche Arbeit erst am 17. Dezember 1310 wieder aufgenommen wurde. An diesem Tag erschienen Guillaume de Chambonnet und Bertrand de Sartiges und erklärten, dass sie weiterhin Berufung einlegten (gegen die Beschlüsse des Konzils von Sens?), allerdings stellten sie die Bedingung, als «ungebildete Laien, nur im Beisein von Renaud de Provins und von Pierre de Bologne» auszusagen. Und erneut verlangten sie, freizukommen und sich beraten lassen zu dürfen. Die Kommissare klärten sie auf, dass die Brüder Renaud und Pierre aus freien Stücken auf die Verteidigung des Ordens verzichtet und ihr früheres Geständnis bestätigt hätten; dass Bruder Pierre nach seinem Widerruf aus dem Gefängnis entwichen und geflohen sei und dass Bruder Renaud nicht mehr zur Verteidigung des Ordens zugelassen werden könne, da ihm eine Degradierung durch das Konzil von Sens drohe. Daraufhin verzichteten die beiden Ritter auf eine Verteidigung und verabschiedeten sich.[53]

Noch einmal erschien Renaud de Provins vor der päpstlichen Kommission, jedoch nicht mehr als Verteidiger des Tempels, sondern als vom Konzil von Sens verurteilter Templer. Das Konzil tagte nämlich noch mehrmals nach dem Mai 1310. Es trat im März 1311 und später noch einmal am 15. August 1311 zusammen, auf der Tagesordnung stand immer noch die Templeraffäre.[54] Am 5. März 1311 wurden ihm drei Ordensgeistliche vorgeführt, die soeben vom Konzil von Sens verurteilt worden waren. Einer von ihnen war Renaud de Provins. Sie waren aus sämtlichen Orden ausgeschlossen worden, hatten alle kirchlichen Vorrechte verloren, das Templerhabit war ihnen genommen worden, und alle waren zu lebenslanger Kerkerhaft verurteilt. Weil sie ihre anfänglichen Geständnisse bestätigt hatten, waren Renaud de Provins und seine Mitbrüder dem Scheiterhaufen entronnen. Drei andere Ordensbrüder, ein Ritter und zwei Sergeanten, erhielten die gleiche Strafe.[55] Die Kommission nahm den Fall zu den Akten und schritt unmittelbar danach zum Verhör von Lambert de Cormelles.

12

ZWISCHENSPIEL: IN DEN KERKERN VON SENLIS (JUNI 1310–1312)

Als die Kommission am 30. Mai 1310 ihre Arbeit vertagte, befanden sich über sechshundert Templer in Paris. Was sollte man mit all diesen «Verbrechern» während der fünf Monate langen Unterbrechung des Verfahrens anstellen? (Tatsächlich wurden es sieben.) Nicht alle konnten in Paris bleiben. Kamen sie wieder dort in Haft, wo sie vor ihrer Verbringung nach Paris gewesen waren? Dies ist wahrscheinlich, doch gibt ein Schriftstück, das Templer aus Gisors betrifft, an, dass einige Verlegungen stattfanden.

Von den Gefängnissen in Paris in die Gefängnisse in Senlis[1]

Am 26. Februar 1310 kam eine beachtliche Gruppe von 58 Templern aus ihrem Gefängnis in Gisors nach Paris, um den Orden zu verteidigen.[2] 37 wurden im Haus von Jean Le Grant eingesperrt;[3] über den Verbleib der übrigen ist nichts bekannt. Nicht alle, aber doch die meisten waren auf der Versammlung vom 28. März anwesend. Was geschah mit ihnen nach dem Gewaltstreich des Erzbischofs von Sens und der Vertagung der päpstlichen Kommission? Philippe de Voët und Jean de Janville teilen in einem Protokoll vom 16. Juni 1310 mit, dass sie einem gewissen Pierre Proventel (oder Provenchère) die Bewachung von neun Templern anvertraut haben, die sich zuvor seit dem 1. Juni 1309 im Gewahrsam von Robert de Vernon in Gisors befunden hatten.[4] Sie fordern die Treuhänder der

Tempelgüter auf, Pierre Proventel für Unterhalt und Verpflegung der Templer die üblichen 12 Pariser Deniers pro Tag und Person zu vergüten und die bis zum 1. Juni für die Bewachung anderer Templer, für die er bis dahin zuständig war, aufgewendeten Zahlungen einzustellen. Diesem Protokoll ist eine Nachricht von Guillaume de Gisors beigelegt, Erzdiakon von Auge an der Kirche von Lisieux und königlicher Beamter, der gemeinsam mit zwei anderen Personen mit der Verwaltung der Tempelgüter im französischen Königreich im Namen des Papstes betraut ist. Sie ist auf den 23. Juni datiert und an Renier de Creil gerichtet, Treuhänder der Tempelgüter in der Ballei Senlis; dieser wird nun beauftragt, den Lohn an Pierre Proventel auszubezahlen. Guillaume de Gisors vermerkt, er habe Pierre Proventel dafür entlohnt, dass er «die Templer von Paris nach Compiègne» gebracht habe, wo sie künftig gefangen gehalten würden. Sie sind also nicht nach Gisors zurückgekehrt.

In einem späteren Schreiben vom Februar 1312 versichert Pierre Proventel an Eides statt, am 3. Juli 1310 vom Bauern des Templerhauses von Compiègne[5] für die Zeit vom 3. Juli bis Allerheiligen 1310 den Betrag von 79 Pariser Livres als Entlohnung und für den Unterhalt der neun Templer erhalten zu haben, die er zu bewachen hatte.[6] Sieben dieser neun Templer stehen auch auf der Liste der Ordensbrüder, die am 26. Februar aus Gisors gekommen waren: Henri Zappellans (oder Chapelain), Anceau de *Rocheria*, Énard de Valdencia, Guillaume de Roy, Geoffroy de Cera (oder de La Fère-en-Champagne), Robert Harlé (oder de Hermenonville) und Dreux de Chevru;[7] die anderen beiden, Robert de Mortefontaine und Robert de Monts-de-Soissons, erscheinen vielleicht unter anderen Namen. Wir wissen nicht, warum diese neun Templer nicht nach Gisors zurückgebracht wurden. Sie sind als «nicht begnadigt» aufgeführt, das heißt, sie erhielten von der Diözesankommission, zu der sie 1309 vorgeladen waren, nicht die Absolution und wurden nicht wieder in die Kirche aufgenommen; sie waren weder auf dem Konzil von Sens noch auf dem von Reims im Mai 1310. Sie stammten aus verschiedenen Diözesen: aus Toul, Sens, Châlons-en-Champagne, Trier, aber auch aus Soissons (Guillaume du Roy), Laon (Geoffroy de La Fère), Senlis (Robert Harlé). Besteht hier ein – wenn auch schwacher – Zusammenhang zwischen dieser Herkunft und ihrer Inhaftierung in Compiègne? Dafür fehlt ein schlüssiger Beweis.

Auch wenn etliche Fragen offenbleiben, so erlaubt dieses Beispiel doch, den Weg einer Gruppe von Templern zwischen Februar und Juli 1310 ohne Unterbrechung zu verfolgen: Diese neun in Gisors inhaftierten Brüder kamen nach Paris, um den Orden zu verteidigen, wurden dort im Haus von Jean Le Grant eingesperrt und schließlich Anfang Juni 1310 nach Compiègne geschafft. Dort befinden sie sich 1311 immer noch. Dies verweist auf einen Vorgang, zu dem es in der Ballei Senlis (wo sich, wie man noch sehen wird, zahlreiche Templer befanden, die im Frühjahr in Paris antraten) und anderswo häufig gekommen sein muss. Das Datum unseres Briefes ist aufschlussreich: Es ist der 1. Juni, genau der Tag, an dem die Kommission ihre Arbeit für mehrere Monate aussetzt. An diesem Tag und an den folgenden Tagen oder Wochen sind offensichtlich zahlreiche Templer an verschiedene Orte verlegt worden. Höheren Orts war eine Konzentration der Ordensbrüder in Paris unerwünscht.

Die Ballei Senlis, woher dieses Beispiel stammt, nimmt eine Sonderstellung ein, denn hier verfügen wir über nicht weniger als 123 Schriftstücke – 121 in drei Abteilungen der Bibliothèque nationale de France und zwei in den Archives nationales –, in denen es um die Haft der Templer ab Juni / Juli 1310 geht.[8] Meines Wissens ist diese Quellenlage einzigartig. Bei den Dokumenten handelt es sich überwiegend um Abrechnungen, in denen der für die Bewachung einer Gruppe Templer Verantwortliche bestätigt, dass er von Renier de Creil, dem für die Templergüter der Ballei Senlis zuständigen Kommissar, den jeweils erforderlichen Monatsbetrag erhalten hat. Neben diesen Quittungen geben weitere acht Dokumente unterschiedliche, doch ebenfalls interessante Hinweise. Da ist etwa eine Quittung über Arbeiten, die im Haus Senlis ausgeführt wurden, in dem zwölf Templer inhaftiert waren;[9] drei Akten betreffen Kosten für den Transport von Templern nach Paris (und zurück), wo sie vor der päpstlichen Kommission aussagten;[10] drei weitere befassen sich mit der Flucht von drei Templern aus dem Haus Plailly und der Ergreifung eines von ihnen.[11] Ein achtes Dokument hängt nicht direkt mit dem Alltag der Templer zusammen, denn es geht um die Ernennung (im Dezember 1310) von Guillaume de Gisors, Erzdiakon von Auge an der Kirche von Lisieux, zum Treuhänder der Templergüter im französischen Königreich an der Seite von Guillaume Pizdoe, Gildenvorstand der Kaufleute von Paris.[12]

Elf Gruppen von Templern (jeweils zwischen acht und sechzehn Brüdern) sind an elf verschiedenen Stellen an zehn Standorten in der Ballei Senlis (zwei in Senlis selbst) in Haft. Die ursprünglich in Beauvais inhaftierte Gruppe wurde anschließend nach Senlis gebracht (an einen dritten Inhaftierungsort in dieser Stadt, zu dem das Dokument keinen Hinweis gibt), dann nach Asnières, wo sich bereits eine andere Gruppe befand. In Anhang 8 findet sich eine vollständige Übersicht über die Inhaftierungsorte und die dort gefangenen Templer. Doch zum besseren Verständnis des Folgenden sind die wichtigsten Angaben in Tafel 12 zusammengefasst.

Tafel 12

Inhaftierungsorte in der Ballei Senlis (1310–1312)

Ort	Bewacher	Anzahl	begnadigt (b) oder nicht (nb)
Abbaye d'Auchy (Villers-Saint-Paul)	Guillaume de Glatigny	12	(b)
Asnières-sur-Oise	Guiard d'Asnières	8	(b)
Beauvais	Daniel Grant	12	(nb)
Crépy	Pierre de la Cloche	10	(b)
Luzarches	Nicolas d'Évreux	10	(b)
Montmélian	Guillot de Senlis Simon de St.-Pierreavy	11	(nb)
Plailly	Pierre de Plailly	16 (11)	(nb)
Pont (Compiègne)	Pierre Proventel	9	(nb)
In Senlis:			
Haus von Jean Le Gagneur	Michel Gosselin Colin Alart	12	(b)
Haus von Pierre de la Cloche (ein dritter Ort)	Pierre de La Cloche	10	(nb)
Thiers-sur-Thève	Jean Le Sarnoizier	12	(nb)

In der Ballei Senlis befanden sich 122 Templer in Haft, 117 davon sind namentlich bekannt; die Gruppe in Plailly war im Juli 1310 sechzehn Mann stark, nach der Flucht von fünf Gefangenen waren es im August nur noch elf. Wir besitzen nur einen Teil der monatlichen Abrechnungen zwischen Juli und dem Jahresende 1311 beziehungsweise Anfang 1312, doch das bedeutet nicht, dass die Templer völlig im Dunkel verschwunden wären; uns fehlen Dokumente, und man kann ohne Weiteres annehmen, dass sie ab Juli 1310 weiterhin in Haft waren bis auf etwa zwei Wochen, als die begnadigten Templer nach Paris gebracht wurden, wo sie vor der päpstlichen Kommission aussagen mussten. Auch hier geben die Dokumente konkreten Aufschluss über den Ablauf.

52 Templer wurden begnadigt, 70 (die fünf geflüchteten eingeschlossen) nicht. Erstere gaben die ihnen angelasteten Verfehlungen und Vergehen zu irgendeinem Zeitpunkt des Verfahrens zu: entweder vor einer Diözesankommission, die mit der Ermittlung beauftragt war, oder bei der Gerichtsentscheidung der Konzile von Sens oder Reims, den einzigen, die dokumentiert sind; dies gilt für die in Crépy festgesetzten Templer, die sämtlich auf dem Konzil von Reims begnadigt wurden.[13] Diejenigen, die nicht begnadigt wurden, die Mehrzahl, haben entweder die gegen den Orden erhobenen Vorwürfe vor der Diözesankommission abgestritten (es sei denn, sie wären noch gar nicht vorgeladen worden, was durchaus möglich ist, wie das Beispiel Nîmes belegt) oder haben danach ihre Geständnisse widerrufen. Ob also begnadigt oder nicht, alle identifizierten 117 Ordensbrüder bis auf einen[14] standen im Februar / März vor der päpstlichen Kommission, 108 zur Verteidigung des Ordens, acht, die davon Abstand nahmen. Keiner von ihnen ist unter den 44 Templern, die am 19. Mai öffentlich auf eine Verteidigung des Tempels verzichteten. Kein einziger der 65 nicht begnadigten Templer wurde in der Folge während der zweiten Arbeitsphase der päpstlichen Kommission verhört. 38 von den 52 begnadigten Brüdern sollten von Dezember 1310 an vor der Kommission ihre Aussage machen und Erklärungen abgeben, so dass sie nicht Gefahr liefen, in Widerspruch zu ihren vor den Bischöfen gemachten Aussagen zu geraten.

Diese Zahlen belegen den Umfang und die Hartnäckigkeit des Widerstands der Templer auch nach dem Gewaltakt des Bischofs von Sens und seines Reimser Amtsbruders. Diese Widerständler – muss man daran erinnern? – wissen ganz genau, dass sie lebenslange Kerkerhaft erwartet. Dadurch werden die Schlussfolgerungen jener Historiker, die sich ausschließlich auf die «Geständnisse» der Templer stützen, ganz entscheidend relativiert.

Die Haftbedingungen

Die durch die Haft der Templer verursachten Kosten sind aus den Abrechnungen im Detail ablesbar. Renier de Creil zahlt monatlich einen Betrag an die jeweiligen Bewacher einer Gruppe aus. Dabei fallen drei Posten an:

- Betreuung und Verpflegung der Inhaftierten; hinzu kommen an Allerheiligen, am ersten Fastentag im Februar und am 1. August die Zahlungen für Kleidung, Wäsche und Gegenstände für den täglichen Bedarf, die oft einzeln ausgewiesen sind;
- die Kostenerstattung für die Bewacher und deren Diener;
- die Honorare für die Priester, die sich um das Seelenheil ausschließlich der begnadigten Templer kümmern.

Die dafür notwendigen Mittel werden den Einkünften aus der Bewirtschaftung der Tempelgüter entnommen, mit deren Verwaltung in der Ballei Senlis Renier de Creil beauftragt ist.

Die für Unterhalt und Verpflegung der Templer aufgewendeten Beträge belaufen sich auf 16 Pariser Deniers pro Tag und Gefangenem. Ich erinnere an die Denkschrift der in Paris im Haus des Abtes von Tiron inhaftierten Brüder, die am Samstag, dem 4. April 1310, vorgelegt wurde: Darin beklagten sie sich über die unzureichende «Zuweisung» von 12 Deniers pro Tag für ihre Unterhaltskosten.[15] Die in Villers-Saint-Paul, Asnières, Crépy, Luzarches und im Haus von Jean Le Gagneur in Senlis gefangen gehaltenen Templer erhalten 16 Deniers pro Tag, die anderen 12, ohne dass sich der Unterschied erklären ließe. Kleidung und Hausrat werden an drei Terminen geliefert. Die Abrechnung vom 16. Februar 1311 für die Templer von Senlis enthält ein paar informative Details: Die beiden Wachen Michel Gosselin und Colin Alart müssen jährlich an drei Terminen einen Betrag von 60 Tournosen (das entspricht 48 Pariser Sous) für einen Tempelritter oder Ordenspriester und 40 Tournosen (das entspricht 32 Pariser Sous) für einen Knappen entrichten.[16] Dies ist der für Kleidung zur Verfügung stehende Betrag, wobei die praktischen Regelungen variieren. Im März 1311 erhalten die Templer von Villers-Saint-Paul am ersten Fastentag 6 Livres, 18 Sous, 8 Pariser Deniers, das heißt, für jeden der zehn Knappen einen Betrag in Höhe von 10 Sous, 8 Deniers und für die beiden Geistlichen 16 Sous; für die drei Termine summiert sich das Ganze auf 20 Livres 16 Sous, was für jeden Knappen einem Jahresbetrag von 32 Sous, für einen Priester von 48 Sous entspricht.[17] Doch oft ist auch kein Betrag angegeben, stattdessen werden die Lieferungen detailliert aufgeführt; ich werde nachstehend ein Beispiel geben.

Insgesamt geht es in siebzehn Abrechnungen um Aufwendungen für Sachleistungen, und für jede der elf Templergruppen liegt mindestens eine solche Abrechnung vor. Manchmal werden Details genannt: In Beauvais werden 32 Pariser Sous für die «Anfertigung von zwölf Paar Kleidern»[18] aufgewendet; in Luzarches erhält der Bewacher der Gefangenen 4 Sous für die Beförderung von Kleidern und Hosen von Senlis nach Luzarches.[19]

Die Abrechnung von Pierre de Plailly, Bewacher von elf Templern, datiert auf März 1311, führt die den Templern zu den drei Terminen gelieferten Kleidungsstücke im Einzelnen auf: elf mit weißem Lammfell gefütterte Tuniken und Kappen, eine schwarzgefütterte Tunika samt Kappe; zwanzig Hauben, ein Hut; elf Hosen aus Hirschleder; zweiundzwanzig lange Gewänder; elf Paar Strümpfe und elf Paar kniehohe Stiefel aus Korduanleder und zwei aus gewöhnlichem Leder.[20] Diese Artikel finden sich alle oder zum Teil in den anderen Abrechnungen. Es fällt auf, dass unter diesen Kleidungsstücken nirgends der Mantel auftaucht, ein wichtiges Kennzeichen, das die Identität des Templers bestimmt, wie in den Verhören vom Jahr 1311 deutlich wird, die im folgenden Kapitel untersucht werden. Aus den Verzeichnissen der Kerkermeister geht nicht hervor, dass sie das Ordenskleid der Templer zu liefern oder instand zu halten hatten.

Der Posten für den Unterhalt der Geistlichen fällt kaum ins Gewicht. Ein Priester kommt dreimal wöchentlich und feiert in den Gefängnissen der begnadigten Templer die Messe. Die Vergütung beträgt 6 Sous im Monat, außer in Villers-Saint-Paul, wo 8 Sous bezahlt werden. In Crépy wird im Dezember für einen Zeitraum von ungefähr fünf zurückliegenden Monaten eine Pauschale von

32 Sous ausbezahlt.[21] Den nicht mit der Kirche versöhnten Templern wird der geistliche Beistand, außer in ihrer Todesstunde, versagt. Dies bedeutet eine zusätzliche seelische Belastung, die ihren Mut und ihr Eintreten für ihren Orden nur noch deutlicher macht.

Der dritte Posten betrifft die Bewachung der Gefangenen. Die Gruppen der Häftlinge sind zwischen acht und zwölf Mann stark; in Plailly waren es wohl ursprünglich sechzehn, doch abzüglich der fünf Entflohenen waren dort nie mehr als elf Gefangene. In acht der elf Haftzentren gab es einen Verantwortlichen, der von einem Diener unterstützt wurde. In Montmélian waren es zwei, in Plailly drei; in Senlis bewachten zwei Verantwortliche mit je einem Diener zwölf Templer. Die Templer waren an folgenden Orten untergebracht: in Beauvais im (bischöflichen) Turm, in Crépy im Château Saint-Aubin, in Luzarches im Château de la Mote, im Château von Montmélian, im Château de Pont von Compiègne und im Château von Thiers-sur-Thève (das ebenfalls dem Bischof von Beauvais gehörte); in einer Abtei (Auchy in Villers-Saint-Paul); in Hôtels wie denen von Guiard d'Asnières, von Pierre de Plailly, vom verstorbenen Jean Le Gagneur und von Pierre de la Cloche, Bürger von Crépy und Kammerherr des Königs in Senlis. Diesem Pierre de la Cloche unterstanden zwei Haftzentren: sein Hôtel in Senlis und das Château Saint-Aubin in Crépy. Fast alle diese Männer standen im Dienst des Königs: vier Kammerdiener (Guiard d'Asnières, Daniel Grant, Pierre de la Cloche und Pierre Proventel); drei Sergeanten zu Pferd vom Châtelet in Paris (Nicolas d'Évreux, Guillot de Senlis, der vom königlichen Knappen Simon de Saint-Pierreavy und von Jean Le Sarnoizier abgelöst wurde); und Pierre de Plailly, ein Ritter des Königs. Die Titel – falls sie einen haben – von Guillaume de Glatigny (in Villers-Saint-Paul), von Michel Gosselin und Colin Alart (oder de Gisors) in Senlis sind nicht bekannt.

Vielleicht wurden Pierre de la Cloche deshalb drei Diener zugeteilt, weil er für zwei Gefängnisse zuständig war; bei Pierre de Pailly, für den das Gleiche gilt, liegt der Grund vielleicht woanders: Der Königsdienst war zweifellos anspruchsvoller für einen Ritter als für einen Diener, und höchstwahrscheinlich musste sich der Ritter häufiger auf Reisen begeben. Vermutlich vertrat ihn deswegen ein gewisser Jeannot de Bertranfosse beim Verwalter des

Templerguts sowie bei den königlichen Behörden von Senlis und kassierte im Oktober 1311 die ihm zustehenden Gelder.[22]

Die spätestens seit September 1310 in Beauvais inhaftierten zwölf Templer (ab April 1311 sind es nur noch elf) werden alle zwischen Juni und Oktober 1311 – weiterhin bewacht von Daniel Grant – nach Senlis an einen nicht näher genannten Ort verlegt. Dort befinden sie sich noch im November, doch dann werden sie erneut verlegt nach Asnières, wo Guiard d'Asnières im April 1312 ihre Bewachung übernimmt. Genau genommen sind sie hier nur noch zu zehnt, aber der Neuzugang Jean du Sac ersetzt den Bruder Henri de la Place, dessen Schicksal nicht bekannt ist.[23]

Die Zahlen von 122 und 117 Templern beziehen sich auf den Beginn ihrer Haft im zweiten Halbjahr 1310. In der Folgezeit werden es stetig weniger: Einer fehlt in Beauvais (Henri de Brabant),[24] einer in Senlis (nicht identifiziert);[25] zwei in Luzarches (Pierre de Saint-Just, Jean Gambier).[26] Die Gruppe von Plailly, der schon am Anfang fünf Mitglieder durch Flucht abhandengekommen sind, verliert noch zwei weitere vor März 1312 (Gossuin von Brügge und Thomas de Ville Savoir).[27] Die Gruppe von Asnières, die anfangs acht Mann stark war, verliert einen Gefährten im Februar 1311 (Hugues d'Ailly) und weitere drei im Oktober (Gilles d'Oisemont, Pierre de Saint-Leu, Nicolas Le Monnier);[28] verstärkt wird die Gruppe wieder mit Templern, die aus Beauvais verlegt werden. In Thiers dagegen kommt im Oktober 1311 ein zwölfter Templer hinzu, Renier de Ploisy aus Soissons.[29] Was ist aus diesen Templern, die aus den Verzeichnissen verschwinden, geworden? Von Henri de Brabant und Pierre de Saint-Leu verlieren sich die Spuren. Von Hugues d'Ailly, der im Februar 1311 ein letztes Mal in Senlis erwähnt wird, sagt Pierre de Sainte-Maxence in seinem Verhör am 1. März 1311, er sei verstorben.[30] Gilles d'Oisemont, Gemeindepfarrer von Oisemont, ist niemand anders als Gilles de Rotangi, ein Ordensgeistlicher der Diözese Amiens, der vielfach in den Verhören erwähnt wird; er erschien vor der päpstlichen Kommission am 26. und 27. Januar 1311 und wird am 30. März erneut vorgeladen.[31] Zum letzten Mal wird er im Juni 1311 genannt, ebenso wie Pierre de Saint-Leu, der allerdings nicht vor der Kommission erschien. Nicolas Le Monnier könnte auch identisch mit Nicolas de Méanvoy aus der Diözese Amiens sein; auch er ist am 26. Januar in Paris und steht am 1. Februar vor den Kommissaren.[32] Jean Gambier und Pierre de Saint-Just legen am 26. Januar 1311 vor der Kommission ihren Eid ab und werden am 29. beziehungsweise am 30. vernommen.[33] Aus all dem erfahren wir nichts über ihr Schicksal nach ihrer letzten Erwähnung in der Dokumentation von Senlis.

Flucht aus Plailly

Wir kennen die Vorkehrungen und Sicherheitsmaßnahmen zur Überwachung der Templer in den Gefängnissen der Ballei Senlis im Einzelnen nicht. Sie waren wohl nicht angekettet, diese Vorsichtsmaßnahme kam nur während der Verlegungen zur Anwendung. Die Überwachung war sicherlich einfacher und wurde strenger gehandhabt in den Burgen als in den Privathäusern wie jenen von Pierre de la Cloche in Senlis oder Crépy oder dem von Pierre de Plailly. Jedenfalls ereignete sich die einzige dokumentierte Flucht in Plailly.

Pierre de Plailly wurde ab Juli 1310 mit der Bewachung von 16 Templern beauftragt; im Juli und August erhielt er das Geld für deren Unterhalt und Bewachung,[34] aber danach waren sie nur noch zu elft.

Irgendwann in dieser Zeit gelang einem Mann die Flucht, und man kennt seinen Namen: Philippe de Tréfons (oder Treffon). Der Abt des Klosters Saint-Éloi von Noyon berichtet in einem Brief vom 22. Dezember 1310, dass auf Verlangen eines Knappen, an dessen Name er sich nicht mehr erinnere, besagter Philippe de Tréfons auf dem Gebiet der Abtei von deren Wachleuten am 1. September festgenommen worden sei; ab da war er bis zum 6. Dezember im Gefängnis der Abtei in Haft. In seinem Schreiben teilt der Abt mit, dass dieser Templer zusammen mit mehreren Gefährten aus dem Gefängnis des «Edelmanns Pierre de Plailly, Ritter»[35] ausgebrochen sei. Letzterer konnte also nur einen einzigen der Flüchtigen zurückholen, und zwar erst nach dem 6. Dezember. In seinen Abrechnungen ab September 1310 ist nur die Rede von elf Templern, unter deren Namen auch Philippe de Tréfons auftaucht.[36] Von sechs Geflohenen wurde also nur einer wieder ergriffen.

Pierre de Plailly will allerdings für den Zeitraum von September 1310 bis Oktober 1311 den Betrag für Verpflegung und Bewachung von elf Templern, unter ihnen Philippe de Tréfons, kassieren: Da er weiß, dass der Flüchtige aufgegriffen wurde und bei den Mönchen in Noyon gefangen ist, rechnet er bereits für ihn ab. Der Verwalter des Templergutes von Senlis ist damit nicht einverstanden und verweigert die Zahlung. Daraufhin beschwert sich Pierre bei Philippe de Voët und Jean de Janville, die in diesen Dokumenten als Waffenmeister des Königs bezeichnet werden und, wie man aus zahlreichen Nennungen weiß, für die Aufsicht über die Templer im nördlichen Teil des Königreichs verantwortlich sind. Sie geben Pierre de Plailly recht und weisen am 7. November 1310 Renier de Creil an, ihn in gewohnter Weise sowohl für die Templer zu bezahlen, die in seiner Obhut sind, als auch für «diejenigen, von denen Ihr wisst, dass er sie zurückholen wird».[37] Diese Anweisung wurde unmittelbar befolgt, denn am 23. November 1310 strich Pierre den Betrag von 4 Livres und 12 Pariser Sous ein «für die Bezahlung eines Templers, der aus dem Gefängnis von Plailly entwich und am 1. September wieder aufgegriffen wurde». Diese Bezahlung galt für den Zeitraum vom 1. September bis zum 1. Dezember, also für 92 Tage, was einem Tagessatz von 12 Deniers (1 Sou) für einen in Plailly inhaftierten Templer entspricht.[38]

Die übrigen flüchtigen Templer wurden anscheinend nie gefasst. Die Gruppe von Plailly schrumpft im März 1312 auf neun zusammen – das ist das Datum der letzten bekannten diesbezüglichen Abrechnung:[39] Die Namen von Gossuin von Brügge und Thomas de Ville Savoir stehen nicht mehr auf der Liste; ob sie geflohen oder gestorben sind, ist nicht zu sagen, allerdings liegt Letzteres näher.

Die Gesamtkosten der Haft

Zum Abschluss möchte ich eine Schätzung der Gesamtkosten für die Bewachung der Templer vorlegen. Tafel 13 stellt die Angaben der drei monatlichen Posten in den Abrechnungen zusammen: Unterhalt und Verpflegung der Gefangenen; Entlohnung der Wachen;

Vergütung des Geistlichen, wo seine Dienste erforderlich sind, also bei den mit der Kirche versöhnten Templern.

Wir besitzen, wie bereits erwähnt, nicht alle Abrechnungen für den Zeitraum von 18 Monaten (Juli 1310 bis Dezember 1311 und darüber hinaus), doch es gab keine Unterbrechung der Haft. Daher stelle ich eine Berechnung für ein ganzes Jahr an: sieben Monate mit 31, fünf mit 30 und einen mit 28 Tagen. Der Tagessatz für den Unterhalt der Häftlinge ist entweder 12 Pariser Deniers (1 Sou) (A) oder 16 Deniers (B); die Löhne für das Wachpersonal belaufen sich auf 3 Sous pro Tag für den Verantwortlichen und 1 Sou für einen Diener. Das ergibt vier Kategorien: C: 4 Sous pro Tag (ein Diener); D: 5 Sous pro Tag (zwei Diener); E: 6 Sous pro Tag (drei Diener); F: 8 Sous pro Tag (zwei Verantwortliche, zwei Diener). Dazu kommen die Löhne für den Geistlichen: entweder 6 Sous pro Monat (G) oder 8 Sous (H).

Für jedes Gefängnis habe ich die Zahl der Templer festgehalten, ohne einige in dieser Zeitspanne vermerkten Abgänge zu berücksichtigen (außer für Plailly, wo ich elf Templer – nach der Flucht – zähle, wie es auch der Verwalter des Tempelguts der Ballei Senlis gemacht hat); nicht gesichert ist nur die Berechnung der Löhne in Montmélian, wo die Zahlen C in den Abrechnungen vom Juli 1310, die Zahlen D für diejenigen vom November 1310 bis März 1311 erscheinen. Ich habe nicht versucht, einen Durchschnitt auszurechnen, und mich dafür entschieden, für dieses Haus zwei Berechnungen anzustellen, eine für die Zahlen C, die andere für die Zahlen D.

Das ergibt bei 117 Templern eine Jahresgesamtsumme von 3303 Livres, 6 Sous, 8 Pariser Deniers (oder 3319 Livres, 6 Sous, 8 Deniers); 30,6 Prozent davon entfallen auf die Löhne der königlichen Beamten und ihrer Diener. Dieser Betrag wird umstandslos den Tempelgütern der Ballei Senlis entnommen. Für Unterhalt und tägliche Verpflegung eines einzelnen Gefangenen wurden jährlich aufgewendet: 18 Livres, 5 Pariser Sous (bei 12 Deniers pro Tag) oder 24 Livres, 6 Sous, 8 Deniers (bei 16 Deniers pro Tag); hinzu kommen die Ausgaben für Bekleidung und Ausstattung sowie die Kosten für die Bewachung, die man nicht auf die einzelnen Templer umrechnen kann, denn sie sind nicht proportional zur Gesamtzahl (der Satz von zirka 30 Prozent, den ich angebe, ist nur ein Richtwert bezogen auf die ganze Summe).

Tafel 13

Kosten für die Haft der Templer in der Ballei Senlis

Ort	Unterhalt	Wache	Priester
Auchy (Villers-Saint-Paul)	B 292 L.	D 89 L. 15 S.	H 4 L. 16 S.
Asnières	A 146 L.	C 73 L. 16 S.	G 3 L. 12 S.
Beauvais	A 219 L.	C 73 L. 16 S.	–
Crépy	B 243 L. 16 S.	C 73 L. 16 S.	G 3 L. 12 S.
Luzarches	B 243 L. 16 S.	C 73 L. 16 S.	G 3 L. 12 S.
Montmélian	A 200 L. 15 S.	C 73 L. 16 S. D 89 L. 15 S.	–
Plailly	A 200 L. 15 S.	E 109 L. 10 S.	–
Pont (Compiègne)	A 164 L. 5 S.	C 73 L. 16 S.	–
Senlis 1	B 292 L.	F 146 L. 8 S.	G 3 L. 12 S.
Senlis 2	A 146 L.	C 73 L. 16 S.	–
Thiers-sur-Thève	A 200 L. 15 S.	C 73 L. 16 S.	–
Gesamtsumme	2348 L. 2 S. 8 D	936 L. 1 S. oder 952 L.	19 L. 4 S.

Die Jahresgesamtkosten für die Bewachung von tausend Templern beliefen sich also auf eine Summe zwischen mindestens 18 250 Pariser Livres und höchstens 24 333 Livres, 6 Sous, 8 Deniers. Diese Summe kann (wenn wir von 2000 Gefangenen ausgehen) verdoppelt und um etwa 35 Prozent erhöht werden (Bekleidung, Priester, Löhne für die Bewacher). Das dürfte die Kasse des Königs nur wenig belastet haben: Es war allenfalls eine Minderung der Einnahmen aus den Erträgen der beschlagnahmten Tempelgüter.

13
PARIS 1311
DIE ZWEITE PHASE DER VERHÖRE

Wiederaufnahme der Arbeit: 17. Dezember 1310

Am 30. Mai 1310 hatte sich die päpstliche Kommission auf den 3. November vertagt. An diesem Tag erreicht die Kommission nicht das nötige Quorum: Zwar sind drei Kommissare anwesend, aber nur ein Bischof ist dabei. Die Sitzung wird auf den 17. Dezember verschoben. An diesem Tag stimmen die Bedingungen. Auch zwei Wortführer der Ordensbrüder sind zugegen, Guillaume de Chambonnet und Bertrand de Sartiges, verzichten aber in Abwesenheit von Pierre de Bologne und Renaud de Provins auf ihre Mission und ziehen sich zurück. Zwölf Templer werden vorgeführt, und jeder leistet den Eid. Daraufhin beschließen die Kommissare den Versammlungsort zu wechseln, verlassen die Abtei Sainte-Geneviève und ziehen um in das Haus de la Serpente, das der Abtei von Fécamp in der Pfarrei von Saint-André-des-Arts gehört. Am neuen Ort angekommen, verlesen sie die beiden Entschuldigungsschreiben von Jean de Montlaur, dem Erzdiakon von Maguelonne, der krankheitshalber nicht aus Montpellier kommen kann, und heben die Sitzung auf.[1] Erst am nächsten Tag, dem 18. Dezember, wird Jean de Thara aus der Diözese Beauvais als erster Zeuge nach den 127 Artikeln des Fragenkatalogs vernommen, der 1308 in Poitiers aufgestellt worden war.

Ab diesem Datum tagt die Kommission ununterbrochen bis zum 26. Mai 1311. Im Lauf dieser fünf Monate werden 210 Templer vorgeführt und leisten den Eid. Einer der Brüder namens Jean Picard wird nicht verhört,[2] im Unterschied zu zwei einzelnen

Templern, die nicht zu einer Gruppe gehören: Lambert de Cormeilles aus der Diözese Paris wird am 23. Januar, Humbaud de la Boyssade am 20. März vernommen.[3] Wir verfügen also für diese Zeit über die Aussagen von 211 Brüdern; zu erwähnen sind außerdem die Aussagen von drei Zeugen, die nicht dem Orden angehören.[4] Die folgenden Überlegungen stützen sich auf dieses einheitliche Korpus von 211 Templern.[5] Ich unterscheide drei Gruppen:

- diejenigen, die bereits 1307 vorgeladen waren: 35 erschienen im Oktober und November 1307 vor den Inquisitoren von Paris (vgl. Anhang 7);
- diejenigen – meistens Verteidiger des Ordens –, die im Februar / März 1310 auftraten: insgesamt 87; 70 verteidigten den Orden, neun waren Vertreter des «ja, aber …», sieben waren geständig, einer, Barthélemy de Troyes, war schwankend;[6]
- diejenigen unter den Letzteren, die sich am 19. Mai einer Verteidigung des Ordens enthielten: 31.

Die Mehrheit derer, die 1311 verhört wurden, wollten (oder konnten) den Orden nicht verteidigen. Eine erkleckliche Anzahl Templer jedoch, die antraten, den Orden zu verteidigen, haben darauf verzichtet, allerdings ohne es am 19. Mai öffentlich zu bekennen; dazu gehörten vielleicht Pierre de Bologne und Renaud de Provins, ebenso wie Rainard de Bort aus der Auvergne, wie wir noch sehen werden.

Die Ermittlung der Diözese des Erzbistums Clermont im Juni 1309 liefert noch weitere Informationen.[7] Man erinnere sich, dass von den 69 vom Bischof verhörten Templern 40 gestanden und 29 leugneten; diese 29 sowie drei «Geständige» waren am 7. Februar zur Verteidigung des Ordens nach Paris gekommen.[8] Keiner dieser 32 Brüder war 1311 vorgeladen, mit Ausnahme von Rainard de Bort, der am 2. April vernommen wurde.[9] Dagegen kamen in zwei Zehnergruppen zwanzig der vierzig Templer von Clermont, die gestanden hatten (und von den 37, die im Februar 1310 nicht zur Verteidigung des Ordens angetreten waren). Sie waren in Riom eingekerkert gewesen. Die erste Gruppe leistet den Eid am 29. März, die zweite am 19. Mai.[10] Am 1. April spricht Rainard de Bort zusammen mit acht weiteren Brüdern vor, die aus verschiedenen Diözesen kommen, und wird, wie erwähnt, am Tag darauf verhört. Diese Templer erhielten als Einzelpersonen die Absolution und wurden mit der Kirche versöhnt; über sie wurde noch kein Urteil gefällt und keine Strafe ausgesprochen. Wenn sie ihr Geständnis von Clermont nicht in Frage stellen, haben sie nichts zu befürchten. Warum aber sind nur zwanzig gekommen? Was veranlasste sie, zur Aussage nach Paris zu kommen oder fernzubleiben? Geschah es freiwillig? Haben die königlichen oder bischöflichen Autoritäten eine Auswahl getroffen? Wir können es nicht wissen. Vielleicht hat die päpstliche Kommission eingegriffen, wie es das Beispiel der Templer aus der Diözese Saintes nahelegt, von dem gleich die Rede sein wird. Nachdem sie 1310 von einer Welle von Verteidigern des Ordens überrollt wurde, hat sie sicherlich kein Interesse daran, dass dies wieder geschieht, und hat möglicherweise eine Quote festgelegt? Man weiß es nicht.

Hatten die Ordensbrüder denn überhaupt eine Wahl? Die 211 verhörten Templer geben an, dass sie von einem Bischof die Absolution erteilt bekamen und mit der Kirche versöhnt wurden: 85 aus der Kirchenprovinz Sens, 47 aus der Provinz Reims, 44 aus der Provinz Bourges, aus Bordeaux 21, aus Lyon zwei und aus Narbonne einer. Aus den beiden Kirchenprovinzen Sens und Reims, wo es Konzile gab und Scheiterhaufen brannten, kamen 1311 fast zwei Drittel der Zeugen. Kein Zufall: Die Kommissare luden vorwiegend jene Templer vor, die aus der Nähe stammten und am ehesten eingeschüchtert waren oder resigniert hatten. Diese Hypothese scheint mir erhärtet durch die nachfolgende Untersuchung der Umstände, unter denen die Templer nach Paris gebracht wurden, um sich den Fragen der Kommissare zu stellen.

Im Karren auf Frankreichs Straßen

Die Protokolle vermerken in mehr oder minder regelmäßigen Abständen die Ankunft von Templern, die der Kommission zur Vereidigung vorgeführt werden, bevor sie in den folgenden Tagen einzeln verhört werden (vgl. Anhang 9). In den fünf Monaten des Jahres 1311 kommen insgesamt 31 Gruppen mit bis zu zwanzig Personen an. Darüber, woher diese Trupps kommen (also darüber, wo sie inhaftiert waren), erfahren wir nichts, außer in dem einen Fall der Brüder aus der Diözese Saintes: Am 7. Mai 1311 kommen sieben, «geschickt auf Anforderung der genannten Herren Kommissare von Guy [de Neuville], Bischof von Saintes». Dieser hat einen Brief beigelegt, dessen Inhalt im Protokoll vermerkt ist.[11]

Der Brief trägt das Datum vom Sonntag nach der Osteroktav, also vom 25. April, und ist eine Antwort auf die Anfrage der Kommissare, deren Brief den Bischof am Freitag nach der Osterwoche, nämlich am 23. April, erreichte. Darin schreibt er, dass er sieben von den neun Templern schicke, die er «auf besondere Anordnung unseres Heiligen Vaters in Haft halte». Bruder Hugues [Hugues Raynaud],[12] Komtur von Civrac, und Bruder Auriol sind nämlich nicht dabei, denn sie sind zu krank und zu schwach, wovon sich zwei Sergeanten des Königs, die sie im Gefängnis aufgesucht haben, überzeugen konnten. Die sieben sind in den Tagen nach dem 25. April aufgebrochen und stehen am 7. Mai vor der Kommission; noch am selben Tag wird als Erster Guillaume de Soromina (oder Sorolme) vernommen; dann folgen tags darauf Guillaume Audebon und Hugues de Narsac; am Montag, dem 10. Mai, ist die Reihe an Hélie *Costati*, Géraud de Mursac und Pierre de Nobiliac; zuletzt macht Pierre Lavergne am 11. seine Aussage.[13] Daraufhin werden sechs weitere Templer vorgeführt und vereidigt. Höchstwahrscheinlich wurden die sieben Templer kurz nach dem 11. Mai wieder nach Sens zurückgebracht. Ihre Hin- und Rückreise dauerte einschließlich des Aufenthalts ungefähr vier Wochen.

Andere Zeugen machen ähnliche, doch ungenauere Angaben. Sechs Brüder kamen aus La Rochelle (Diözese Saintes): Die Kommissare fragen Hélie Raynaud am Ende seiner Aussage, ob er «sich mit den vorherigen fünf Zeugen, mit denen zusammen er aus La Rochelle hergebracht wurde, abgesprochen»[14] habe. Diese sechs Brüder kamen am 8. März an und wurden am selben und am folgenden Tag verhört; der achtzigjährige Guillaume de Legé erkennt die Vergehen an, die fünf anderen jedoch leugnen. Dennoch erhielten sie durch den Bischof von Saintes die Absolution und die Versöhnung und lehnten es ab, den Orden zu verteidigen.

Die konkretesten Informationen über das Kommen und Gehen der Templer zwischen ihrem Gefängnis und Paris liefern Dokumente, die nichts mit den Prozessakten zu tun haben.[15] Wenden wir uns noch einmal der Ballei Senlis zu: Zwei Dokumente mit Abrechnungen führen detailliert die Kosten für die Beförderung dreier Templer auf, die von Senlis nach Paris gebracht wurden.[16]

Pierre de Sainte-Maxence, Gérard de Monacheville (Moineville) und Guillaume de Lafons (oder Fonte bzw. Clefons), drei wiederaufgenommene Templer, sind in Senlis im Haus von Jean Le Gagneur mindestens seit September 1310 in Haft (vgl. Anhang 8). Am Mittwoch, den 17. Februar 1311, Mittwoch vor Fastnacht (von Sonntag, dem 21., bis zum Fastnachtsdienstag, dem 23. Februar), werden ihre zwei Bewacher Colin de Gisors (das ist Colin Alart) und Michelet (das ist Michel Gosselin) von Jean de Janville, Waffenmeister des Königs und zusammen mit Philippe de Voët verantwortlich für die im Norden des Königreiches gefangen gehaltenen Templer, aufgefordert, unter starker Eskorte diese drei Templer nach Paris zu führen. Sie müssen spätestens am Freitag nach Aschermittwoch, also am 26. Februar, in Paris eintreffen. Ein zweites Schriftstück, das die Ausgaben für die Hin- und Rückreise enthält, gibt an, dass Colin Alart, Michel Gosselin und ihre Gefangenen am Donnerstag nach dem Fest des Apostels Markus aufgebrochen sind (was nicht plausibel ist, weil der heilige Markus am 25. April seinen Namenstag hat!). Nach den Auslagen für diesen Transport (auf die ich noch zu sprechen komme) wurde die Strecke am Donnerstag bewältigt, und unsere Templer befanden sich also am Freitag, dem 26., in Paris. Sie werden im Haus des Bischofs von Laon gefangen gehalten, das neben der Apsis der Franziskaner- bzw. Minoritenkirche liegt. Am Samstag, dem 27. Februar, legen sie vor den Kommissaren den Eid ab, die seit dem 29. Januar im Haus der Franziskaner tagen (vgl. Tafel 5):[17] «Sie schwören auf die heiligen Evangelien, die ganze und reine Wahrheit zu sagen, gemäß der Eidesformel, nach der die anderen Brüder zuvor geschworen haben, nachdem sie ihnen in der Volkssprache erklärt worden ist.»[18]

Sonntags findet keine Kommissionssitzung statt. Am Montag, dem 1. März, werden Guillaume de Lafons (Fonte) und Pierre de Sainte-Maxence vernommen, Gérard de Monacheville sagt am Dienstag aus.[19] Alle drei betonen, dass sie nicht vorhätten, auf ihre Aussagen vor dem Bischof von Soissons bzw. dem Erzbischof von Reims zurückzukommen.[20] Keiner trägt den Ordensmantel, und sie haben sich den Bart abnehmen lassen. Sie hatten im Jahr 1310 den Orden nicht verteidigt. Die Dokumente liefern einige konkrete Angaben zu ihrer Reise. In Ketten waren sie auf Karren verfrachtet worden; mit ihnen reiste ein Hufschmied. Zwei berittene Sergeanten und zwei Pferdeknechte begleiteten Colin Alart und Michel Gosselin. Kosten und Löhne sind in zwei Rubriken aufgeteilt: zum einen für die Hin- und Rückreise, zum anderen für den Aufenthalt in Paris. Abgerechnet werden für die Reise die Miete für die Ketten und den Karren, die Löhne für die Sergeanten und die Knechte sowie die Kosten für die Versorgung der Pferde. Der Aufenthalt in Paris wird für eine Woche berechnet, hinzu kommt die Vergütung für einen Knecht mit dem speziellen Auftrag, die Angeklagten vor die Kommissare und anschließend zurückzubringen. Für diesen Transport wurden 94 Sous und 10 Pariser Deniers ausgegeben; ein Betrag von 105 Pariser Sous wurde Colin Alart und Michel Gosselin bewilligt «für ihre Ausgaben, die ihren Lohn für den Hin- und Rückweg sowie die Kosten für ihren Aufenthalt übersteigen». Im Ganzen belaufen sich die Kosten auf 199 Sous und 10 Deniers, also 9 Livres, 19 Sous, 10 Deniers.

Zu dieser Abrechnung kommen noch 4 Pariser Sous für die Miete eines Reitpferdes, mit dem der Templer Guy de Belleville von Senlis nach Villers-Saint-Paul in das Haus des Abtes von Auchy gebracht wird, und um die beiden Ordensbrüder Jean de Bollencourt und Hugues d'Ailly in ihr Gefängnis in Villers-Saint-Paul bzw. Asnières-sur-Oise zurückzubringen. Für den Ersteren war es also der Hinweg, für die zwei anderen vermutlich der Rückweg von Paris, denn Jean de Bollencourt wurde dort am 28. Januar vernommen.[21]

Anfang März quittiert Michel Gosselin einen Betrag von 109 Pariser Sous «für den Hin- und Rücktransport dreier Templer von Senlis nach Paris und für ihren Aufenthalt dortselbst [...] auf Anordnung von Jean de Janville». Diese Quittung ist dem Auftrag des Letzteren beigefügt.[22] Die 109 Sous setzen sich also zusammen aus den 105 für die zusätzliche Entlohnung und den 4 Sous für die Miete des zusätzlichen Pferdes.

Wir besitzen zwei weitere Dokumente über die Templer, die unter der Bewachung von Colin Alart und Michel Gosselin von Senlis nach Paris gebracht wurden.

Das erste stammt vom April 1311: Colin Alart und Michel Gosselin quittieren im März (31 Tage) einen Betrag von 37 Livres und 10 Pariser Sous für Verpflegung und Bewachung von zwölf Templern, «von denen sieben in Paris bei Hue d'Oisemont wohnen, wohin die Löhne monatlich geschickt werden».[23] Unter den Templern, die Colin und Michel in Senlis bewachen, befinden sich, außer den eben genannten drei Ordensbrüdern, noch sechs weitere, die sich schon seit dem 26. Januar in Paris aufhalten und in den darauffolgenden Tagen verhört werden: Foulques de Neuilly am 31. Januar, Adelin de Lignières und Nicolas de Méannay am 1. Februar, Thomas de Boncourt und Jean de Grèz am 2. Februar, Hugues d'Oisemont am 4.[24] Diese sechs Templer, die am 26. Januar aus Senlis eintreffen, werden von zwei anderen begleitet, die in Luzarches in Gewahrsam sind: Jean Le Gambier, der am 29. Januar, und Pierre de Saint-Just, der am 30. Januar verhört wird.[25] Die Quittung vom April gilt für die ganzen 31 Tage des Monats März; heißt das, sie waren den ganzen März in Paris? Das ist kaum anzunehmen, umso mehr, als sich ein anderes Aktenstück auf den Januar 1311 bezieht, dessen Anfang jedoch teilweise zerstört ist und das einen Hinweis auf vier Templer gibt, der nicht dem Inhalt des Schriftstücks entspricht, in dem von sieben Templern die Rede ist.[26]

Schauen wir uns dieses zweite Dokument etwas näher an.

Colin Alart und Michel Gosselin haben vier Templer von Senlis nach Paris und zurück gebracht. Sie erhielten Lohn für drei Tage hin und zurück in Höhe von 8 Sous pro Tag, macht 24 Sous; hinzu kommen die Kosten für die Miete von zwei Pferden für zwei Templer, für die Bezahlung von zwei Knechten, dazu die Ausgaben für die Verpflegung der Pferde und der beiden Wachsoldaten, und alles für die drei Tage. Die Templer verbrachten zwölf Tage in Paris, und ein dritter Knecht musste angeheuert werden zur Verstärkung der Bewachung; außerdem mussten «die Unterbringung und drei Betten für die zwölf Tage bezahlt werden, während denen sie von den Prälaten verhört wurden».

Das ist noch nicht alles: Weiter heißt es, dass «diese V [fünf] Templer von Paris nach Senlis und zurück» zwei Tage lang auf Karren befördert wurden; zu den Mietkosten kommen noch die Löhne für einen Schmied für die beiden Karren sowie für zwei Kutscher. Dies passt gut zu dem «Transport» von sieben Templern Ende Januar: Zwei Templer ritten, fünf waren auf dem Karren. Der Aufenthalt in Paris dauerte zwölf Tage; der Kommission werden sie am 26. Januar vorgestellt, der erste wird am 30. Januar, der letzte am 4. Februar verhört. Nur sind sieben eben nicht vier, und von den sieben werden nur sechs verhört. Derlei Unstimmigkeiten erschweren natürlich eine vollständige Auswertung der Dokumente.

Verlieren wir dabei aber nicht das Wesentliche aus den Augen: Diese Texte gewähren uns einen Blick auf die Bedingungen, unter denen die Templer von ihrem Gefängnisort nach Paris transportiert wurden, und auf die Dauer ihres Aufenthalts in der Hauptstadt. Es gibt allen Grund zu der Annahme, dass diese Bedingungen im ganzen Königreich ähnlich waren. Leider fehlen uns vergleichbare Dokumente für den Transport von Ordensbrüdern aus Saintes oder aus noch weiter von Paris entfernten Orten.

Die Verhöre: der Rückfall in die Ketzerei

Ich werde die Verhöre während dieser Zeit nicht alle Fall für Fall untersuchen. Die Templer kommen in kleinen Gruppen an, leisten den Eid und werden in den folgenden Tagen einzeln auf der Grundlage der 127 Artikel vernommen. (Ich verweise hierzu auf die Übersicht im Anhang 9.) Genauso wenig werde ich die Aussagen der Templer vor der päpstlichen Kommission mit ihren eventuell vorher gemachten Aussagen vergleichen. Ich verweise auf die vorzügliche Untersuchung, die Anne-Marie Chagny-Sève für die 21 Templer der Diözese Clermont, die 1309 und 1311 verhört wurden, durchgeführt hat.[27] Sie hat die chronologischen Abweichungen, die Auslassungen und die neu beigebrachten Einzelheiten herausgearbeitet. Doch muss man den Varianten zwischen diesen Zeugnissen keine allzu große Bedeutung beimessen, denn diese sind vielfach den Fragen und der Neugier der Richter geschuldet: Die Ermittler von 1307 oder 1309 wollen nicht genau das Gleiche hören wie die päpstlichen Kommissare von 1311.

Die Kommission ging sehr gewissenhaft vor, wiederholte die Fragen, um vom Zeugen Auskunft über die genauen Umstände seiner Aufnahme in den Orden, das befolgte Ritual, die möglichen

Vergehen zu erhalten; in allen Fällen musste ermittelt werden, ob bei der Aufnahmezeremonie Ketzerei im Spiel war oder nicht. Vor allem zu Beginn sind die Prozessprotokolle lang, besonders das Protokoll von Gérard de Caus: ganze 15 Seiten, während sein Vernehmungsprotokoll von 1307 gerade einmal eine Seite umfasst;[28] und auf diesen 15 Seiten sind zehn allein den ersten vier der 127 Fragen des Anklagekatalogs gewidmet, die sich in erster Linie um das Thema der Verleugnung Christi drehen, was, vergessen wir das nicht, in den Augen des Königs und seiner Mitarbeiter seit 1307 der offenkundige Beweis für die Häresie der Angeklagten ist. Die Hartnäckigkeit der Kommissare hat nicht zum Ziel, die Templer «reinzureiten», sondern eher den Orden vom Vorwurf der Ketzerei reinzuwaschen, ohne jedoch die individuellen Verfehlungen in Zweifel zu ziehen.

Die Templer, die vor den Kommissaren stehen, wissen, was mit einigen ihrer Mitbrüder auf den Konzilien von Sens und Reims geschehen ist. Sie können vielleicht die panische Angst eines Aimeri de Villiers-le-Duc am 13. Mai 1310, einen Tag nach der Verbrennung der 54, besser beherrschen, aber sie steckt allen, die ab Dezember ihre Aussage machen, in den Knochen. Die Templer haben die Problematik des Rückfalls in die Häresie sehr wohl begriffen: Vor allem durften sie nicht ihr früheres Geständnis widerrufen, vor allem keine andere Version vorbringen. Die sieben Templer, die am 11. Januar ihren Eid ablegen, versichern, «dass sie keinesfalls ihr vor den Bischöfen abgelegtes Geständnis widerrufen, sondern auf ihrer Beichte beharren möchten».[29] Sieben andere, die am 27. Januar vereidigt werden, erklären, die Wahrheit und nichts als die Wahrheit zu sagen, erheben jedoch vor dem Schwur Einspruch: Wenn sie «aus Schlichtheit irgendetwas sagen würden, was in Widerspruch zu ihren früheren Aussagen stehe, dürfe ihnen dies nicht zum Nachteil ausgelegt werden, denn sie wollten bei ihren Aussagen bleiben und sie nicht widerrufen».[30] Die Kommissare nehmen das zur Kenntnis; im Übrigen haben sie den Templern zugesichert, dass der Inhalt ihrer Aussage während des Verfahrens nicht nach außen dringen werde und sie ganz ungefährdet sprechen könnten.

Die meisten Templer verließen sich auf diese Zusage und wiederholten, häufig in abgeschwächter Form, ihr früheres, vor der Diözesankommission gemachtes Geständnis (aufgrund ihrer Aussagen wissen wir von vielen dieser Kommissionen). Das Zeugnis von Mathieu de Cressonessart, der eine Zeitlang als einer der Wortführer der Templer an der Seite von Pierre de Bologne und einigen anderen Verteidigern des Ordens auftrat, liefert dafür ein beredtes Beispiel. Sean L. Field hat das Schriftstück gründlich untersucht; ich gebe hier das Wesentliche wieder und ergänze einige Punkte.[31]

Er stammte aus Cressonsacq in der Diözese Beauvais,[32] wurde um 1275 geboren und 1294 als Sergeant im Pariser Tempel in den Orden aufgenommen. Bei seiner Verhaftung im Jahr 1307 war er Komtur des Hauses von Bellinval im Ponthieu.[33] Vielleicht war er verwandt mit der Familie Cressonessart aus dem niederen Adel, Eigentümer der Seigneurie desselben Namens, und auch mit Guiard Cressonessart, der am 31. Mai 1310 zu lebenslanger Haft verurteilt wurde, weil er Marguerite Porète unterstützt hatte, die wegen Ketzerei verurteilt und am 31. Mai verbrannt wurde.[34] Er war in der Diözese Amiens in Haft, oder jedenfalls in einer, die der Kirchenprovinz Reims unterstand. Dort ermittelte eine Diözesankommission gegen ihn, und wahrscheinlich gab er alle oder einen Teil der gegen den Orden erhobenen Anschuldigungen zu. Irgendwann vor dem Februar 1310 wurde er nach Crèvecœur-en-Brie in der Diözese Meaux verlegt und von dort zusammen mit 17 anderen Brüdern am 17. Februar nach Paris gebracht, wo er als Verteidiger des Tempels vor der päpstlichen Kommission auftrat. Zusammen mit zehn anderen Brüdern dieser Gruppe wurde er im Haus von Leuragié (bzw. de La Rabiose) festgesetzt, in der Rue de Chaume *(vicus de Calido)*, einer Straße, die zum Komplex der Villeneuve du Temple gehörte, parallel zur Rue du Temple außerhalb der Stadtmauer von Philippe Auguste.[35] In diesem neuen Viertel lag auch das Haus von Richard des Poulies in der gleichnamigen Straße, in der noch eine andere Gruppe Templer untergebracht war. Mathieu beteiligte sich aktiv an der Verteidigung des Tempels, war er doch einer der drei Vertreter der Häftlinge im Haus von Leuragié, die am 3. April 1310 eine Denkschrift zur Verteidigung des Ordens präsentierten.[36] Am 7. April war er einer der fünf anderen erwähnten Wortführer, die mit den vier «ständigen» (wenn das Wort erlaubt ist), nämlich Pierre de Bologne, Renaud de Provins, Guillaume de Chambonnet und Bertrand de Sartiges, eine Denkschrift im Namen aller in Paris anwesenden Templer vorlegten.[37]

Und dennoch wird er auf eine Verteidigung verzichten: Auf dem Konzil der Provinz Reims in Senlis im Mai 1310 wird ihm die Absolution erteilt, und er wird mit der Kirche versöhnt, der Beweis, dass er seine früheren Erklärungen bestätigt hat. Nachdem die päpstliche Kommission ihre Arbeit Ende Mai ausgesetzt hat, wird er nach Crépy-en-Valois gebracht; dort ist er mit sieben anderen Brüdern in der Burg von Saint-Aubin eingesperrt, bewacht von Pierre de la Cloche, einem Beamten des Königs. Mehrere Abrechnungen belegen seine Anwesenheit vom August 1310 bis mindestens April 1311 (vgl. Anhang 8). Am 8. Februar 1311 bringt man ihn nach Paris vor die päpstliche Kommission, die ihn am 12. verhört. Von dieser Vernehmung stammt das Protokoll, das Sean L. Field ausführlich untersucht hat.[38] Dann taucht sein Name im April 1311 in Crépy ein letztes Mal auf. Wahrscheinlich kam er nach dem Konzil von Vienne wie die meisten begnadigten Templer frei. Doch ist über sein weiteres Schicksal nichts bekannt.

Auch wenn die Kommissare sich ihre Meinung bereits gebildet haben, sind sie möglicherweise doch nicht ganz zufrieden mit den stereotypen Geständnissen; wie diese zustande kamen, wissen sie natürlich ganz genau. Das lässt sich an der Art erkennen, wie sie mit Jean de Boilhencourt (oder Pollencourt) aus der Diözese Noyon umgehen, der am 9. Januar vor den Kommissaren steht.[39] Um 1281 geboren, wurde er 1301 im Haus von La Ronzière in den Orden aufgenommen.[40] Der Bischof von Amiens erteilte ihm die Absolution, und er wurde wieder in die Kirche aufgenommen. «Er protestierte und sagte mehrere Male, er wolle bei der Beichte bleiben, die er vor dem Bischof von Amiens und dessen Vorgänger abgelegt hatte, und er habe damals bekannt, bei seiner Aufnahme in den Orden Christus verleugnet zu haben.» Das Protokoll betont, er sei sehr verwirrt und bleich gewesen. Die Kommissare beschwören ihn, sich an die Wahrheit zu halten, um seine Seele zu retten, und nicht an die besagte Beichte, es sei denn, «diese ist die Wahrheit»; und sie versichern ihm, er habe nichts zu befürchten und seine Aussage werde nicht nach außen dringen. Daraufhin ist er sich sicher und widerruft seine Erklärungen: Er habe nicht verleugnet, habe nicht das Kreuz bespuckt etc. Vor den Inquisitoren habe er aus Angst vor dem Tod gestanden und weil Gilles de Rotangi, der Ordensgeistliche, mit dem er in Montreuil-sur-Mer inhaftiert gewesen sei, gesagt habe, sie würden ihr Leben verlieren, wenn sie die Anschuldigungen gegen die Templer nicht zugeben würden. Danach habe er sein falsches Geständnis einem Franziskanerbruder gebeichtet, da dies vor dem Bischof von Amiens nicht möglich gewesen sei. Der Bruder habe ihm die Absolution erteilt und ihm empfohlen, künftig keine falsche Beichte mehr abzulegen.

Dann am 12. Januar die plötzliche Wendung: Bruder Jean de Polhencourt erscheint erneut vor den Kommissaren und besteht auf seinem früheren Geständnis. Er habe gelogen; er habe doch Christus verleugnet, er habe doch auf das Kreuz gespuckt. Die Kommissare sind verblüfft: Hat er mit anderen über seine erste Aussage gesprochen? Ist er überredet worden? Nein, und er wiederholt sein Geständnis und setzt noch einen drauf: Nach seiner Verhaftung habe er gehört, die Templer würden eine Katze anbeten.[41] Das schien den Untersuchungsbeamten dann doch ein wenig zu viel, und gewiss schenkten sie dieser letzten Aussage keinen Glauben. Umso weniger, als etliche andere Templer nach wie vor leugneten und beteuerten, ihr früheres Geständnis nur unter der Folter abgelegt zu haben.

So auch Thomas de Pampelune und Pierre Thibaud, die am 9. März befragt werden.[42] Am 22. März weisen Martin de Montrichard, Jean Durand und Jean de Ruivans – alle drei stammen wie die eben erwähnten aus der Provinz Poitou – die Vorwürfe zurück, doch am 24. geben sie zu, Christus verleugnet und das Kreuz bespuckt zu haben. Als Grund für diesen Sinneswandel nennen sie ihre Dummheit![43] Verschreckte Templer stehen einer Kommission gegenüber, die sich zwar bemüht, Neutralität zu wahren im Umgang mit den Brüdern und nicht den Eindruck zu erwecken, der Wahrheitsfindung vorzugreifen, aber doch unfähig ist, ihnen ausreichend Schutz zu bieten, damit sie ohne Scheu reden können. Was hat sie versucht, was unternommen, um Renaud de Provins, Jean Mortefontaine und Guillaume de Hoymont zu schützen, drei vom Konzil von Sens zu lebenslangem Kerker verurteilte Kaplanbrüder, oder die Brüder Renaud de Cugnières, Pierre de Clermont-en-Beauvaisis und Bernard de Sornay, die dieses Schicksal teilten?[44] Die Kommission vermerkt ihren Auftritt und geht zur Tagesordnung über.

Dieses Dutzend Templer, die noch das Risiko zu zögern auf sich nehmen, sind nicht die Bäume, wegen denen man den Wald nicht sieht: Die Scheiterhaufen vom Mai 1310 haben nicht nur den Widerstand der Templer gebrochen, auch die Kommissare wünschen nicht mehr so wie früher, der Untersuchung zumindest den Anschein des Unparteiischen zu geben.

Bart und Mantel

Am 11. April, also noch vor dem Konzil von Sens, traten zwanzig Templer – wie in Kapitel 11 bereits erwähnt – in unterschiedlichem Habitus vor die Kommission.[45] Jean de *Scivriaco* und Jean de *Fallegio* trugen weltliche Kleidung, versicherten aber, Ordensbrüder zu sein. Jean de Juvigny und Jean de Crèvecœur trugen Ordensmantel bzw. -habit.[46] Jean Thaiafer, Huguet de Bure, Geoffroy de Thatan und Jean l'Anglais von Hinquemate stellten sich als Ordensbrüder vor und trugen den Bart nach Templerart.[47] Ihren Mantel hatten sie über den Arm gelegt, und in einer trotzigen Geste warfen sie ihn den Kommissaren vor die Füße und sagten, sie wollten das Ordensgewand nicht mehr tragen. Darauf antworteten die Kommissare ungehalten, das könnten sie woanders machen, aber nicht bei ihnen. Schließlich kam eine Gruppe von zwölf Templern an: Keiner trug den Habit, aber elf von ihnen waren bärtig – allein Gérard de Passage war glattrasiert.

Am 14. April wurde Jean Thaiafer vernommen: Er «trug einen groben grauen Kittel, ohne Mantel und Habit des Ordens» und hatte sich den Bart rasiert.[48] Von da an vermerken die Verhörprotokolle sorgfältig, ob das Habit getragen wird oder nicht, ob der Bart abrasiert ist oder nicht.[49] Von den 211 Templern, die zwischen dem 17. Dezember 1310 und dem 26. Mai 1311 verhört wurden, erschienen 63 im Mantel, 144 ohne; vier trugen ihn nicht, weil er zu verschlissen war; dafür hatten sie den Bart. Daher zählen sie zu den 63 Mantelträgern. Der Bart wird nicht immer erwähnt, aber im Allgemeinen gehört er zum Habit. Nur einer der 63 trug keinen: Baudouin de Gizy musste ihn wegen einer Krankheit abnehmen. Im Fall der 144, die ohne Mantel antraten, wird der fehlende Bart nur bei 65 Brüdern vermerkt, aber das hat nichts zu bedeuten.

Die Brüder führen verschiedene Gründe an, warum sie den Habit nicht tragen. Bei 24 war er in Fetzen, und sie hatten keinen neuen bekommen.[50] Barthélemy de Glans hatte seinen Mantel verkauft,[51] Henri de Faverolles – noch barmherziger als der heilige Martin – hatte seinen einem Bruder geschenkt, der keinen hatte.[52] Hugues de Faur hatte seinen Mantel nicht mehr, weil er zu abgetragen war, weigerte sich aber, den Bart abzunehmen, was bedeutet, dass er sich noch mit dem Orden solidarisch erklärte.[53]

24 Brüder sagen auch aus, teilweise mit Gewalt zum Verzicht auf den Mantel gezwungen worden zu sein: Étienne de Dijon wurde der Mantel vierzehn Tage nach seiner Verhaftung durch die Sergeanten des Herzogs von Burgund abgenommen.[54] Drei legten ihn bei ihrer Verhaftung unter dem Druck des königlichen Prévôt von Château-Landon ab.[55] Anderen wurde er von den Sergeanten des Gefängnisses in Sens abgenommen[56], Pierre de Saint-Mamert musste seinen dem Ritter, der ihn festnahm, abtreten.[57]

Viele legten den Mantel – manche betonen «freiwillig» – auf dem Konzil von Sens (52) oder dem von Reims (28) ab; einige taten dies vor der Diözesankommission: Jean de Bollencourt in Amiens (seiner Diözese), Othon de Châteaudun in Orléans, Hugues de Caumont, Albert de Canellis und Renaud Bergeron in Paris.[58]

Wo der Mantel abgelegt bzw. abgenommen wurde oder nicht, sagt einiges aus. Die meisten Templer, die Bart und Habit abnahmen, kommen aus dem Norden des Königreichs. Der Druck, der besonders auf den Konzilien von Sens und Reims, aber auch zum Beispiel in den Gefängnissen von Sens von den königlichen Beamten ausgeübt wurde, ist offenkundig. Die Templer dagegen, die noch im Mantel und mit Bart auftraten, wurden von den Bischöfen des Zentrums und des Südens begnadigt: fünf in Poitiers, zwölf in Saintes, neun in Tours, dreizehn in Limoges, acht in Rodez, elf in Clermont (allerdings verzichtete die zweite Zehnergruppe, die ebenfalls, jedoch später, aus Clermont kam, auf Mantel und Bart).

Sechs weiteren wurde vom Bischof von Paris vergeben. Sie stellen nur eine Minderheit der vom Pariser Bischof begnadigten Templer, aber es ist bezeichnend für den Widerstand der Templer selbst einem Bischof wie Guillaume de Baufet gegenüber, der, wie man gesehen hat, ihnen nicht wohlgesinnt war.

Der nicht zu leugnende Widerstand der Templer allein erklärt nicht diese «Geographie des Bartes und des Habits». Die Haltung der Bischöfe spielt ebenfalls eine Rolle: Sie zeigten sich standhaft angesichts der Anordnungen des Königs, denn überall waren es die königlichen Beamten, die auf die Brüder Druck ausübten, gleich ob sie Bewacher der Templer im Namen der Kirche waren oder nicht. Zu ihnen gehört natürlich Jean de Janville, der Renaud de Villemoison überredet, den Bart abzunehmen, nachdem er den Habit auf dem Konzil von Sens abgelegt hatte.[59]

Auf den Mantel verzichten hieß, mit dem Orden zu brechen, ihn abzulehnen. Étienne de Caumont, ein Templer aus Rouergue, der ohne Mantel vor dem Bischof von Paris auftrat, fragte diesen, ob er auch den Bart abnehmen solle. Die Antwort war weder ja noch nein, er könne es halten, wie er wolle. Étienne erklärte der Kommission, er habe bis dahin den Mantel getragen, um seine Zugehörigkeit zu einer Religion (einem geistlichen Orden) zu zeigen, nicht aber zum Zeichen der Billigung oder Ablehnung des Tempels.[60] Albert de Canellis sagte bei seinem Verhör am 20. Januar 1311, er habe «den Ordensmantel freiwillig vor dem Bischof von Paris abgelegt in der Absicht, ihn der Kirche, von der er ihn ja bekommen habe, zurückzugeben».[61] Und Raymond de Vassignac, der in weltlicher, «nicht in Templerkleidung» erscheint, weigerte sich, den Orden zu verteidigen, und erklärte, «er hätte das Templergewand nicht abgelegt, wenn er den Orden hätte verteidigen wollen».[62]

Den Templern ist also die Bedeutung der Geste bewusst: Bruch mit dem Orden. Umgekehrt ist das Tragen des Templergewandes ein Akt des Widerstands. Die Templer, die am 12. Februar 1310 aus Corbeil und der Ballei Chaumont antreten, um den Orden zu verteidigen, verlangen hartnäckig die Rückgabe ihres Gewands.[63] Und auch wenig später beschweren sich die im Hôtel des Abtes von Preuilly inhaftierten Templer, dass ihnen der Habit abgenommen worden sei, und verlangen, ihn wieder ausgehändigt zu bekommen.[64] Pierre de Bologne stellt am 28. März im Namen aller die gleiche Forderung.

Sie konnten sich auf das berufen, was in Poitiers am 10. Juli 1308 auf einer Versammlung im Hôtel des Kardinals Pierre de La Chapelle zugesagt worden war, nachdem sie die Absolution erhalten hatten: Da der Orden zu diesem Zeitpunkt noch nicht verboten war, durften sie ihre Kennzeichen, Mantel und Kreuz, beibehalten.[65]

Die Bischöfe der Kirchenprovinz Sens warteten unter der Ägide von Philippe de Marigny die Entscheidung eines künftigen Konzils nicht ab und hießen die Templer ihr Gewand ablegen, über die sie als Personen zu Gericht saßen. Am 5. März 1311 verurteilten sie Renaud de Provins und zwei andere Ordenspriester und nahmen ihnen ebenfalls das Templerkleid ab.[66] In Vienne verbot der Papst «besagtem Orden seinen Status, seinen Habit und seinen Namen».[67]

14
DAS KONZIL VON VIENNE UND DER FEUERTOD VON JACQUES DE MOLAY (1311–1314)

Der Abschluss der päpstlichen Untersuchungen

Am 26. Mai 1311 verhörte die Kommission in Paris noch drei Templer: Jean de Chali, der bei seinem Fluchtversuch aufgegriffen worden war, war vom Bischof von Mâcon wieder in die Gemeinschaft der Kirche aufgenommen worden; Pierre de Modiès, am Tag, an dem er verhaftet werden sollte, ebenfalls flüchtig, war anschließend ergriffen und vom Bischof von Mâcon in den Schoß der Kirche aufgenommen worden; Renaud Beaupoil, der sich zum fraglichen Zeitpunkt in Lothringen aufhielt, konnte eine Zeitlang untertauchen und wurde nie von einem Prälaten vernommen. Keiner der drei hatte sich zur Verteidigung des Tempels zu Wort gemeldet.[1] Im Anschluss an diese Aussagen schrieben die vier zuständigen Kommissare, die ihre Ermittlung abschließen wollten, an den Bischof von Bayeux (Guillaume Bonnet), der sich beim Papst in Avignon aufhielt. Tatsächlich befand er sich aber auf dem Rückweg nach Paris, um in Pontoise mit Gilles Aycelin zusammenzutreffen, wo eine Versammlung des *Parlement* stattfand. Da Gilles Aycelin und Guillaume Bonnet die königlichen Ratssitzungen nicht verlassen konnten, forderten sie die vier Kommissare auf – die Bischöfe von Mende und Limoges sowie Matthias von Neapel und Johann von Mantua –, am 5. Juni zu ihnen und zum König nach Maubuisson bei Pontoise zu kommen, um den Abschluss der Ermittlungen zu besprechen.[2]

Zu diesem Zeitpunkt sind die Kommissare der Meinung, mit den Templern, die vor ihnen ausgesagt haben, und den 72 vom Papst 1308 in Poitiers vernommenen Brüdern eine hinreichend große und repräsentative Gruppe versammelt zu haben, stammten sie doch aus allen Teilen des Königreichs und aus Outremer. Repräsentativ sind sie allerdings nur, was die Geständigen betrifft.

Die Ermittlung der päpstlichen Kommission wird also am 5. Juni 1308 abgeschlossen; anwesend sind der König, die Kommissionsmitglieder, Guy Graf von Saint-Pol, Guillaume de Plaisians, Geoffroy du Plessis, päpstlicher Notar, Maître Amisse d'Orléans und fünf weitere Anwälte, die während des gesamten Verfahrens den Kommissaren zur Seite gestanden haben. Es wird ein Protokoll in doppelter Ausfertigung erstellt; die eine, von zwei Gerichtsschreibern auf Pergament gefertigt, ist für den Papst bestimmt, die andere, auf 219 1/2 Seiten Papier, handschriftlich von Florimond Dondedieu erstellt (dies betont er selbst) und von den anderen vier Anwälten unterzeichnet, wird im Schatz (den Archiven) von Notre-Dame verwahrt.[3]

Die letzten Templer wurden nach ihrem Verhör in ihr Gefängnis zurückgebracht. In der Ballei Senlis belegen die zahlreichen Quittungen, dass die Brüder bis Ende 1311 und manche bis ins Frühjahr 1312 hinein in Haft blieben. Sie hatten nur noch auf den Urteilsspruch des Konzils von Vienne zu warten.

Für einige Templer aus dem Königreich war jedoch das Verfahren, insbesondere das gegen sie als Einzelperson, noch nicht zu Ende.[4] Kommen wir noch einmal auf Alès in der Diözese Nîmes zu sprechen. Die Diözesankommission tagte erst im Jahr 1310, und zwar vom 19. Juni bis zum 14. Juli, und die dort anwesenden Templer wiesen praktisch einhellig die gegen sie erhobenen Anschuldigungen zurück und verwarfen damit ihr Geständnis vom Herbst 1307.[5] Am 29. August 1311, über ein Jahr später, lädt der vom Bischof von Nîmes (Bertrand de Languissel) beauftragte Guillaume de Saint-Laurent die Templer der Diözese von Alès erneut vor; ihm zur Seite stehen sechs weitere Geistliche: zwei Domherren, zwei Dominikaner und zwei Minoritenbrüder. Zweck dieser Sitzung ist, die Templer von Nîmes wieder zur «Wahrheit» zurückzuführen, das heißt zur Wahrheit der königlichen Beamten und Inquisitoren von 1307. Um diese «Wahrheit» zu erzwingen, wurde gefoltert: «Und wir tun kund, dass besagte Brüder der peinlichen Befragung maßvoll unterzogen wurden, vor drei Wochen und mehr; und seither wurden sie nicht mehr gefoltert.»[6] Kein Wunder, dass die 29 anwesenden Templer (im Vorjahr waren es 33 gewesen) diesmal wie aus einem Munde ihre Vergehen bekannten!

Wozu diese zweite Sitzung ein Jahr nach der ersten? Dahinter steckt der Papst. Der Tag des Konzils rückt näher, und Clemens V. erhält Nachrichten, die ihn in Angst und Schrecken versetzen: In Italien, Spanien, Deutschland und England, wo die Verfahren zum Teil verschleppt wurden, leugnen die Templer hartnäckig. Im selben Jahr 1311 hat sich der Papst damit abgefunden: Zwar ist es ihm gelungen, das Andenken an Bonifatius VIII. zu retten, indem er sich die Kontrolle über die Ermittlung sicherte, die er zuvor Philipp dem Schönen hatte überlassen müssen;[7] aber es ist ein Tauschgeschäft: Er muss den Tempel und die Templer aufgeben. Da spielt es keine Rolle, ob er den Orden retten wollte oder nicht. 1311 kann er den Orden nicht mehr retten, nur noch die Templer ... vorausgesetzt, sie gestehen, erkennen die Wahrheit an, das heißt die Vergehen, für die sie die Absolution erhalten werden. Wenn sie sich dagegen auf *ihre* Wahrheit versteifen, riskieren sie das Schlimmste. Also muss man überall, wo sich die Ermittlungen gegen die Personen hinziehen, überall, wo die Diözesankommissionen keine Geständnisse erzielt haben, noch einmal von vorn beginnen und notfalls zu härteren Maßnahmen greifen: zur Folter. Gewiss ist Clemens V. kein Freund dieses Mittels, aber es gibt keinen anderen Weg. Am 18. März 1311 wendet er sich an die spanischen Bischöfe, am 27. Juni an die italienischen und am 13. August an die Bischöfe von Zypern: Die Folter sei – maßvoll – anzuwenden, um Geständnisse zu erwirken.[8] Wir verfügen nicht über ein entsprechendes Dokument, das an den Bischof von Nîmes gerichtet wäre, doch das ändert nichts am Tatbestand.

Sämtliche Dokumente, die das Verfahren gegen den Orden und die Einzelpersonen betreffen, müssen an den Papst geschickt werden. Er beruft eine Sonderkommission nach Malaucène ein, die im Lauf des Sommers tagelang die eingegangenen Ermittlungsakten prüft, um daraus die Quintessenz zu ziehen. Die Protokolle der päpstlichen Kommission von Paris wurden dem Papst von Boten überbracht, die am 6. Juni von Pontoise aufbrachen. Am 18. fordert er die Erzbischöfe des französischen Königreiches in Briefen auf, ihm «die in ihrer Provinz durchgeführte Ermittlung gegen die Templer zu überlassen»: Sens, Reims, Tours, Bourges, Bordeaux, Auch und Narbonne.[9] In der Provinz Narbonne gibt es ein Problem, weil der dortige Erzbischof Gilles Aycelin an das Erzbistum Rouen versetzt wurde. In einem persönlichen Schreiben weist ihn der Papst an: «Und außerdem hast du, wie wir vor deiner Versetzung von Narbonne nach Rouen erfahren haben, die Einberufung des Provinzkonzils in der Angelegenheit der Templer angeordnet, und wir wollen nicht, dass du den dafür festgelegten Termin verschiebst»;[10] und er betont, falls das nicht möglich sei, solle er dem Papst davon Mitteilung machen.

Dies erklärt, warum die Provinz Rouen in den Briefen Clemens' V. vom 18. Juni nicht auftaucht, aber es zeigt auch, dass das Konzil der Provinz Narbonne im Sommer 1311 noch nicht zusammengetreten war, als Guillaume de Saint-Laurent die Diözesankommission von Nîmes am 29. August einberief. Und was ist mit Bordeaux, Auch, Tours etc.? Nur die Einberufung der Provinzialkonzilien in Sens und Reims ist belegt. Das bedeutet nicht, dass es nicht auch andere gab. Jedenfalls hat der Papst in seinen Briefen (vom 18. Juni) an die Erzbischöfe die Protokolle sowohl der Kommissionen in den Diözesen als auch die der Provinzen im Auge. Auch wenn sie ihre Provinzialkonzilien noch nicht einberufen haben, müssen den Erzbischöfen die Dokumente aus den Diözesankommissionen vorliegen.

Das Konzil von Vienne und die Verteidigung der Templer

Die Bulle *Regnans in coelis* vom August 1308 enthielt die Liste der Erzbischöfe, Bischöfe, Äbte und anderer Geistlicher, die namentlich zum Konzil einberufen wurden; andere konnten sich vertreten lassen. Wieder andere, die nicht einbestellt waren oder nicht kommen konnten, hatten die Möglichkeit, ihren Standpunkt zu den auf dem Konzil verhandelten Themen in einer Denkschrift darzustellen.[11]

Laut der Auflistung von Ewald Müller nahmen etwa 170 Männer am Konzil teil, 108 davon waren Erzbischöfe und Bischöfe; jeder dritte kam aus dem Königreich. Vergleicht man diese Zahl mit den 230 Erzbischöfen und Bischöfen, die einberufen worden waren, so wird klar, dass längst nicht alle kamen.

Auf dem Konzil gab es drei Vollversammlungen: die Eröffnungssitzung am 16. Oktober, auf der der Papst an die drei Ziele des Konzils erinnerte, nämlich das Schicksal der Templer, den Kreuzzug und die Reform der Kirche. Die beiden Sitzungen vom 3. April und vom 6. Mai, Tag der Schlusssitzung des Konzils, befassten sich direkt mit den Fragen zu den Templern.

Ein Großteil der Arbeit wurde in Ausschüssen erledigt. Auf der Tagesordnung stand die Templeraffäre, und sie wurde zuerst angegangen, die anderen Themen wurden zwischendurch behandelt. In der Tat hing die Prüfung der Templersache sehr von Ereignissen außerhalb des Konzils ab, vor allem von der bevorstehenden Ankunft des französischen Königs: «Man wagt nichts zu beschließen, was der König nicht weiß, und so macht man am Ende nur, was er will», vermerkte am 12. Dezember 1311 der Gesandte des Königs von Aragón – und wenn man nicht weiß, was er will, macht man gar nichts oder geht zu einem anderen Punkt über. Das gesamte Konzil war wie gelähmt vor Angst und Schrecken: Was würde der König tun, was würde er sagen, was würde er denken?

Soweit ist man am 16. Oktober noch nicht.

Zur Behandlung der Templerfrage wurde eine große Kommission gebildet, die aus etwa 50 Mitgliedern bestand, ausgewählt aus allen Teilen der christlichen Welt (die französischen Bischöfe waren nicht in der Mehrheit). Dies ist ein klarer Hinweis auf den Willen des Papstes (die Tatsache, dass dieser Wille oft auf Druck des Königs hin abgeblockt oder ausgebremst wurde, bedeutet nicht, dass es ihn nicht gegeben hätte): Alle Meinungen und Optionen sollten zu Wort kommen können; es sollte keine Entscheidung ohne vorhergehende Debatte fallen, und die gesamte auf dem Konzil versammelte Christenheit sollte Gehör finden. Innerhalb dieser großen Kommission leistete ein kleinerer Ausschuss, in dem der Patriarch von Aquileia den Vorsitz führte, die Vorarbeit. Seinen Mitgliedern lagen die Protokolle sämtlicher Ermittlungen der päpstlichen Kommissionen vor (und nicht nur die in Groseau erstellte tendenziöse Zusammenfassung) sowie die Denkschriften der abwesenden Bischöfe; nur eine einzige ist überliefert, nämlich die von Guillaume Le Maire, dem Bischof von Angers, einem Gegner der Templer. Die Kommission war Teil des Konzils; deshalb wurde dies auch außerhalb der Vollversammlungen stets berücksichtigt. Doch entgegen den Intentionen des Papstes waren Konzil und Kommission schließlich völlig marginalisiert, als der König und seine Leute in Aktion traten. Von da an spielte sich alles zwischen den Abgesandten des Königs und dem Papst ab – das Konzil hatte keinerlei Einfluss mehr. Am Ende konnte Clemens seine Entscheidungen nur noch autoritär durchsetzen.

Er hatte 1308 in Poitiers selbst vorgeschlagen, die Verteidigung des Tempels vor das Konzil zu bringen. Der Kardinal Pierre de la Chapelle hatte auf einer letzten Versammlung mit den zuvor verhörten Templern am 10. Juni 1308 zwei Zusagen gemacht: dass der Orden Verteidiger benennen konnte und dass seine Würdenträger vor das Konzil treten durften, das über sie und den Orden zu Gericht saß. Dieser Text wurde noch am selben Abend an den Pforten der Kathedrale von Poitiers angeschlagen und in der Bulle *Faciens misericordiam* vom 12. August 1312 aufgenommen: Vorgesehen waren «Rechtsbeistände oder geeignete Verteidiger» sowie Würdenträger und Komture.[12] Die Templer, die 1310 zur Verteidigung des Ordens nach Paris gekommen waren, erinnerten sich sehr wohl an diese Versprechen. Am Tag nach der Versammlung der Templer am 28. März 1310 in den Gärten des Erzbistums forderte Pierre de Bologne im Namen der im Tempel von Paris festgesetzten Ordensbrüder, «dass sie persönlich oder durch andere Brüder vertreten auf dem Generalkonzil anwesend sein dürfen».[13] Diese Forderung wurde von den meisten Templern erneut erhoben, als die Notare der päpstlichen Kommission sie in ihren Pariser Gefängnissen aufsuchten. So baten die Häftlinge im Haus des Bischofs von Amiens, «es möge ihnen gestattet sein, vor dem Generalkonzil oder wo auch immer über den Status der Religion des Tempels verhandelt würde, zugegen zu sein».[14] Die Bittschrift der Gefangenen aus dem Haus von Richard des Poulies, die von Jean de Montréal verlesen wurde, war deutlich: «Item fordern besagte Brüder von Euch Herren die Erlaubnis und Gelegenheit, auf Euer Konzil zu kommen, das abzuhalten ist, um das Recht, das ihnen nicht verweigert werden kann, in Anspruch zu nehmen.»[15]

Dieses Versprechen hatte der Papst 1308 gegeben; 1310 hatten die Kommissare diesen Punkt wohlweislich ausgeklammert. Bei der Eröffnung des Konzils tat Clemens V., als erinnere er sich nicht mehr daran, und erwähnte es nicht. Doch dieses Versprechen wurde abrupt und unerwartet in Erinnerung gerufen, als – vermutlich Ende Oktober – sieben Templer plötzlich im Versammlungssaal der Kommission mit der Forderung erschienen, als Verteidiger des Ordens gehört zu werden; einen oder zwei Tage danach kamen zwei weitere mit dem gleichen Anliegen an. In seinem Brief an den König vom 4. (oder 11.) November 1311 stellte Clemens V. die Ereignisse wie folgt dar:

> Um Eurer königlichen Hoheit die Wahrheit über alle Vorkommnisse mitzuteilen, die sich in der Angelegenheit der Templer ereignet haben, darf ich Euch das Folgende nicht verschweigen: Während der Verlesung der Anklage gegen den Templerorden vor den Prälaten und anderen Geistlichen, die sich auf diesem Heiligen Konzil zur Beratung versammelt haben, traten sieben Brüder des Templerordens und anderntags zwei weitere in unserer Abwesenheit vor ebenden versammelten Geistlichen auf und erboten sich, den Orden zu verteidigen; sie versicherten, dass tausendfünfhundert oder zweitausend Brüder des besagten Ordens, die sich in Lyon und Umgebung aufhielten, sich ihnen zur Verteidigung angeschlossen hätten. Obwohl niemand mit ihrem Erscheinen gerechnet hatte, haben wir sie doch sogleich verhaften und einsperren lassen. Daraufhin haben wir Vorkehrungen für die erhöhte Sicherheit unserer Person getroffen. Wir geben diese Vorkommnisse Eurer Hoheit zur Kenntnis, damit Ihr Euch vorseht und das Nötige für den Schutz Eurer Person veranlasst.[16]

Befanden sich tatsächlich noch so viele Templer auf freiem Fuß – tausendfünfhundert oder zweitausend –, wie der Papst behauptet? Sicherlich ist das übertrieben, aber mehr als die neun auf der Sitzung Verhafteten waren es auf jeden Fall. Der Theologe Jean de Pouilly gibt an, er habe «zahlreiche Templer gesehen und gehört, die sich zur Verteidigung des Ordens zu Wort meldeten».[17] Unklar bleibt jedoch, woher sie kamen und warum sie sich unweit von Vienne, also außerhalb des französischen Königreiches, frei bewegen konnten. Das eigentliche Problem ist jedoch nicht die Anzahl der Templer, die in der Umgebung von Vienne umherstreiften, sondern die Haltung der Väter des Konzils, die in ihrer Mehrheit ihr Auftreten begrüßte. Clemens V. konnte sich während einer Geheimversammlung der Großen Kommission, die er Anfang Dezember einberief, davon überzeugen: Die Patres wurden «zu diesem Behufe einzeln vom Papst einbestellt, der sie fragte, ob die Templer angehört werden sollten oder ob man ihnen Verteidiger zur Seite stellen sollte. Bis auf einen italienischen Prälaten stimmten alle Italiener, Spanier, Deutsche, Schweden, Engländer, Schotten und Irländer dem zu, ebenso wie die Vertreter Frankreichs, außer den drei Metropoliten von Reims, Sens und Rouen.»[18] Lassen wir noch Henry Ffykers, den englischen Prokurator am päpstlichen Hof in Rom (und ebenfalls Zeuge in Vienne), zu Wort kommen. Am 27. Dezember schreibt er:

> Ein heftiger Disput ging in der Sache der Templer um die Frage, ob man ihnen von Rechts wegen gestatten müsse, eine Verteidigung vorzubringen. Die meisten Geistlichen, vielmehr alle mit Ausnahme von fünf oder sechs, die dem Rat des Königs von Frankreich angehörten, sprachen sich dafür aus. Aus diesem Grund ist der Papst höchst erzürnt über die Geistlichen.[19]

Andererseits konnte sich der Papst auf die Denkschriften berufen, die ihm übergeben worden waren. Guillaume Le Maire zum Beispiel war für eine radikale Lösung: Es galt, den Orden so schnell wie möglich aufzulösen und die «unsinnigen und lästigen Forderungen nach einer Verteidigung» abzulehnen.[20] Leider findet sich in den Archiven nur diese eine Denkschrift und keine einzige Akte, die die Mehrheitsverhältnisse widerspiegelte. Und die Nachricht von der baldigen Ankunft des Königs, der am 30. Dezember die Generalstände auf den 16. Februar nach Lyon zusammenrief (immer wieder die bewährte Nummer!), war nicht dazu angetan, die Stimmung aufzuheitern.

Dem Papst war daran gelegen, die Affäre zum Abschluss zu bringen, während das Konzil die Sache in die Länge ziehen wollte. Angesichts der Entschlossenheit der Mehrheit des Konzils zauderte er und ließ die Dinge in der Schwebe (in Erwartung der Ankunft Philipps, wie der Gesandte des Königs von Aragón schreibt). Und man ging über zu einem anderen Punkt: zur Diskussion über das Schicksal der

Güter des Tempels, also eines Ordens, der noch nicht aufgelöst war, da die Entscheidung über seine Zukunft vertagt wurde!

Die Aufhebung des Templerordens

Wie wichtig die Diskussion über die Verteidigung des Ordens auf dem Konzil war, zeigt der Stellenwert, den ihr die Bulle *Vox in excelso* zumisst, durch die der Orden am 22. März 1312 aufgehoben wird. Darin erinnert der Papst an die Befragungen der Einzelpersonen, an die im Priorat Groseau in Malaucène erstellte Zusammenfassung, an die Eröffnung des Konzils und die Einsetzung der Großen Kommission, die tagelange Verlesung der Resümees der Ermittlungen vor der Versammlung, und schließlich erwähnt er die geheime Beratung der Kommissionsmitglieder und den Auftritt der neun Templer. Danach fügt er hinzu:

> Die Art, wie diese Frage behandelt wurde, schien bei der Mehrheit der Kardinäle und beinahe dem gesamten Konzil keinen Zweifel zu lassen, das heißt bei denjenigen, die von sämtlichen Mitgliedern gewählt worden waren, um das Konzil in dieser Angelegenheit zu vertreten, und auch bei der sehr großen Mehrheit, nämlich vier Fünftel ebendieser Personen, die aus allen Ländern auf dem Konzil vertreten waren: Die Prälaten und Ankläger waren der Meinung, der Orden müsse verteidigt werden; und was die Häresien anbelangt, deretwegen gegen ihn ermittelt wurde, so dürfe er auf Grundlage des bislang Bewiesenen, soweit es Gott nicht verhöhne noch das Recht beleidige, nicht verurteilt werden, zumal einige Templer sich anheischig gemacht hatten, ihren Orden zu verteidigen. Andere dagegen sagten, den Brüdern dürfe nicht gestattet werden, den Orden zu verteidigen [...]. Der Orden könne nicht nach kanonischem Recht verurteilt werden [...], aber er habe sich einen sehr schlechten Leumund erworben [...].

Dann erfolgt die Entscheidung:

> Nach langer und reiflicher Überlegung und allein im Gedanken an Gott und an das, was dem Heiligen Land nützen kann, ohne nach rechts oder links zu schwanken *[non declinantes ad dextera vel sinistram]*, haben Wir uns für den Weg der Provision [durch apostolische Verfügung] ent-

> schieden, der den Skandal ersticken, die Gefahren vermeiden und die Besitztümer im Dienste des Heiligen Landes bewahren wird.

Der Papst fügt hinzu, das Konzil billige diese Position und die Kirche habe bereits früher geistliche Orden auf diese Weise aufgehoben; dann schließt er mit den Worten: «Nicht durch richterlichen Schiedsspruch, sondern durch Provision und apostolische Verfügung *[non per modum difinitive sententie, sed per modum provisionis]* heben Wir diesen Orden des Tempels auf, seinen Status, sein Gewand und seinen Namen.»[21]

Aufgehoben, aber nicht verurteilt.

Der Druck von Clemens V. auf das Konzil sowie der des Königs auf den Papst und das Konzil führten dazu, dass die überwiegende Mehrheit der Mitglieder diesen Kompromiss zähneknirschend annahm. Der Bischof von Valencia war jedoch nicht überzeugt und verlangte, außerhalb des Konzils, man müsse unterscheiden zwischen guten und schlechten Templern und «der Orden des Tempels bestehe mit den Guten weiter; als solcher habe er sich nicht versündigt, er sei heilig und gerecht in seiner Verfassung».[22]

Am 3. April wurde in Anwesenheit von Philipp dem Schönen und dem französischen Hofstaat die Bulle *Vox in excelso* während der zweiten Vollversammlung des Konzils feierlich verlesen. Es bedurfte noch eines weiteren Monats harter Verhandlungen, bis der König und das Konzil die Übertragung der Templergüter an die Johanniter akzeptierten, was dann in der Bulle *Ad providam* entschieden wurde, die am 6. Mai auf der Abschlusssitzung veröffentlicht wurde.

Noch am selben Tag wurde in der Bulle *Considerantes dudum* das Schicksal der Templer beschlossen.[23] Wie zu erwarten war, wurden drei Fälle unterschieden:

- diejenigen, die von den Bischöfen die Absolution und Wiederaufnahme in die Kirche erlangt haben, also jene, die ein Geständnis ablegten und dabei geblieben sind, dürfen ihren jeweiligen Status beibehalten und von den Einkünften aus den Gütern des aufgelösten Ordens leben;
- diejenigen, die sich geweigert haben, ihre Verfehlungen anzuerkennen, werden ihrer gerechten Strafe zugeführt;

– die Unbußfertigen, das heißt diejenigen, die anfangs gestanden, danach aber ihr Geständnis widerrufen haben, werden ebenfalls nach Gesetz und kanonischem Recht verurteilt; bei ihnen spricht man nicht von Rückfall in die Häresie. Diese Frage wurde wohl nicht aufgeworfen, und falls doch (was angesichts der Haltung Jean de Pouillys durchaus denkbar ist, war er doch selbst auf dem Konzil), so wurde sie nicht dokumentiert. Die Bulle *Considerantes dudum* war jedenfalls nicht der Anlass, neue Scheiterhaufen zu errichten.

Die Chronisten jedoch, die über diese Bulle berichten, erwähnen Ketzerei und Feuertod. So auch Jean de Saint-Victor:

> Denjenigen Templern, die besagte Vergehen gestanden haben und bei ihrem Geständnis geblieben sind, wird eine Buße auferlegt; die anderen, die stets geleugnet haben, kommen ins Gefängnis; die an dritter Stelle stehen, die zuvor gestanden und danach behauptet haben, sie hätten aufgrund schwerer Folter gelogen, werden auf dem Scheiterhaufen verbrannt.[24]

Offenbar irrt sich Jean de Saint-Victor hinsichtlich zweier Sonderfälle im Jahr 1314: der Verbrennung des Großmeisters und Geoffroy de Charnays. *Considerantes dudum* bot einen Rahmen: Zum einen sollten diejenigen, die die Wahrheit gesagt, also gestanden hatten, nach einer leichten Buße auf freien Fuß gesetzt werden; diejenigen aber, die die Wahrheit (dauernd oder mit Unterbrechungen) geleugnet hatten, sollten lebenslang eingesperrt bleiben.

Es waren nämlich nicht alle Verfahren abgeschlossen, was im Übrigen auch der Papst in der Bulle *Vox in excelso* bestätigte: «Durch diese Maßnahme [die Aufhebung des Ordens] wollen Wir jedoch die von den Diözesanbischöfen und Provinzialkonzilien bereits geführten und noch zu führenden Prozesse gegen die einzelnen Templer nicht aufheben.»[25]

Am 9. November vermerkte Guillaume de Saint-Laurent in Nîmes den Erhalt eines auf den 28. Oktober datierten Briefes des Bischofs Bertrand de Languissel (mit der Abschrift eines Briefes des Kardinals von Tusculum, Beranger Frédol), abgeschickt am 25. Oktober in Avignon. Darin erklärt der Kardinal, er habe den Templern der

Diözese Nîmes, die auf der Burg von Alès festgesetzt waren, die Absolution erteilt und die Gewährung der Sakramente erlaubt. Guillaume de Saint-Laurent, dem der Brief am 8. November von einem Notar überbracht wurde, soll die Anweisung des Kardinals ausführen. Am 9. versammelt er daraufhin alle noch verbliebenen 22 Templer im großen Saal der Burg von Alès. Er fordert sie auf, ihr (unter der Folter gemachtes) Geständnis vom Vorjahr zu bestätigen, danach hebt er ihre Exkommunizierung auf, versöhnt sie mit der Kirche und nimmt sie wieder in die Gemeinschaft der Heiligen auf.[26] Daraus kann man schließen, dass diese 22 Templer wie alle anderen mit der Kirche versöhnten Brüder behandelt werden: nämlich «wohlwollend», doch verliert sich nach dem November 1312 ihre Spur.

Soviel zum Abschluss der bischöflichen Ermittlung. Offen ist noch die Entscheidung nach den in der Bulle *Considerantes dudum* festgeschriebenen Kriterien im Rahmen des Provinzialkonzils in Narbonne, das offensichtlich noch nicht zusammengetreten ist. Dies geschieht erst 1315, und auch dann können noch immer nicht alle Fälle geregelt werden. Im September verlangt nämlich Bernard de Farges, der (neue) Erzbischof von Narbonne und Neffe von Clemens V., von seinem Suffraganbischof von Elne im Roussillon, die 1310 von ihm verhörten Templer seiner Diözese vor das Provinzialkonzil zu laden.[27] Das Roussillon liegt nicht im französischen Königreich, es gehört Sanche, dem König von Mallorca, der sich weigert, «seine» Templer dem Erzbischof auszuliefern. Ein entsprechender Brief des französischen Königs hat keinerlei Wirkung. Johannes XXII., der neue Papst, fordert am 13. Januar 1317 den Erzbischof von Narbonne auf, einen Schlussstrich zu ziehen und das Urteil über die Templer von Elne in deren Abwesenheit zu fällen.[28] Entweder hat das Konzil bis dahin noch immer nicht getagt, oder falls doch, so hat es die Frage der Templer des Roussillon vorläufig ausgeklammert. Letzteres scheint der Fall zu sein, denn erst 1319 wurde die Affäre auf einem anderen Narbonner Provinzkonzil, das in Béziers stattfand, zum Abschluss gebracht. Auch jetzt waren die Beschuldigten nicht anwesend, es lagen nur die Ermittlungen von 1310 vor. Sie wurden nicht in Abwesenheit verurteilt; verurteilt wurden sie nach Aktenlage.[29]

Was wurde aus den Templern?

Nehmen wir es gleich vorweg: Die meisten Informationen über das Schicksal der Templer nach dem Konzil stammen nicht aus Frankreich, sondern aus Aragón-Katalonien und aus England.[30] Es gibt nur wenige Dokumente aus Frankreich, die uns Auskunft geben über die Templer, denen vergeben wurde, die eine Altersversorgung aus den ehemaligen Besitzungen der Templer, welche an die Hospitaliter übergegangen waren, bezogen.

Eine Aufstellung der Einkünfte der Ballei Bertaignemont, eines ehemaligen Templerhauses der Diözese Beauvais, aus dem Jahr 1319 zeigt auf, dass die einstigen Templer Adam, genannt Torchon, und Gautier de Sommereux 17 Sous 6 Deniers pro Woche für ihren Unterhalt und 6 Livres 5 Sous pro Jahr für Kleidung bekamen.[31] Vor diesem Datum ist nichts über die beiden bekannt. Erwähnt sind auch zwei Schwestern des Tempels, die eine Pension bezogen. Es wäre interessant zu wissen, was aus den Schwestern des Tempels zur Zeit des Prozesses wurde (dass es welche gab, ist hiermit bewiesen). Leider ist darüber nichts bekannt. In derselben Aufstellung erfahren wir auch etwas über eine Dependance des Hauses Bertaignemont in Thoni: Zwei Templerschwestern – Hermengarde, genannt La Pregace, und Œdea, genannt de Haute-Avesnes – erhalten jede 10 Tournosen Unterhalt in der Woche und 75 Sous im Jahr für Bekleidung, während Pierre de Bresle ebenso viel bezieht wie Adam, genannt Torchon. Man kennt Pierre de Bresle aus der Diözese Beauvais, weil er 1310 in Paris verhaftet, jedoch nicht verhört wurde; im Februar 1308 wurde er nach Dammartin-en-Goële verlegt, und von dort kam er am 16. Februar 1310 nach Paris, um den Orden vor der päpstlichen Kommission zu verteidigen. Anschließend kam er im Haus Blavot in Haft.[32] Man ist versucht, ihn mit seinem Namensvetter in Verbindung zu bringen, der vor dem Juni 1294 in die Bruderschaft aufgenommen worden war und zu dieser Zeit Komtur von Sommereux war. Aber wenn man Baudouin de Saint-Just glauben will, der an diesem Datum von ihm in den Orden aufgenommen wurde, dann war er bereits gestorben.[33]

Im Jahr 1313 beziehen in Toulouse zwei Ritter eine Pension von 18 Deniers pro Tag und sechs Sergeanten jeweils die Hälfte. Sie stehen immer noch unter Arrest, was vielleicht daran liegt, dass das Bistum Toulouse zu diesem Zeitpunkt noch dem Erzbistum Narbonne unterstand, wo das Provinzialkonzil immer noch nicht einberufen worden war.[34] In Narbonne gibt es noch immer Probleme: 22 Templer aus dieser Diözese sind in Sens eingekerkert. 1318 schreibt Papst Johannes XXII. an den Erzbischof von Narbonne und fordert ihn auf, das nötige Geld für ihre Pensionen aus dem Tempelgut seines Erzbistums aufzubringen.[35]

Abgesehen von den sechs in den Protokollen der päpstlichen Kommission genannten Fällen (Renaud de Provins und die anderen) wurden nur ganz wenige Templer zu lebenslanger Haft verurteilt. Freilich sind auch die auf der Burg von Domme eingesperrten unbekannten Templer zu erwähnen, die noch 1318 ihre Verzweiflung und ihren Hass auf den König und Clemens V. an die Wände ihres Gefängnisses kritzelten.[36] Und der Kaplan Pons de Bure aus der Diözese Langres, der am 10. Februar 1310 den Orden in Paris verteidigt hatte, war zwölf Jahre in Sens eingesperrt, wie aus einem Brief des Papstes vom 1. Mai 1321 hervorgeht. Er war zu lebenslanger Haft verurteilt, aber Johannes XXII. gestattet ihm, die Messe zu feiern. Bekam er zu diesem Anlass seine Freiheit wieder?[37]

Von besonderem Interesse ist der Fall des Priesters Gilles de Rotangi. Er war Kaplan des Tempels und zugleich Pfarrer der Gemeinde von Oisemont, einem Patronat des Tempels, was ihm das Recht zur Besetzung der Pfarrstelle gab. Er taucht häufig in den Prozessprotokollen auf, denn er wird in zahlreichen Zeugenaussagen unter verschiedenen Namen zitiert: als Rotangi/Rontangi, Rotengi/Rontengi, Botengy, Rotengny, aber auch als Gilles de Oisemont oder einfach als Gilles. Er stammte aus der Diözese Amiens, zu der auch Oisemont gehörte; geboren um 1250, trat er am 2. Februar 1285 in Sommereux, einer anderen Komturei der Diözese Amiens, in den Orden ein und leitete zwischen 1291 und 1307 ein Dutzend Aufnahmen neuer Brüder oder war als Gehilfe dabei. Vor dem 9. Februar 1310 taucht er in den Dokumenten nicht namentlich auf, erst dann erscheint er als Verteidiger des Tempels zusammen mit einer Gruppe von Ordensbrüdern, die in der Pariser Abtei Saint-Martin-des-Champs inhaftiert sind,[38] und legt eine Denkschrift im Namen seiner Mithäftlinge vor. Im Mai oder Juni 1310 tritt er vor das Provinzialkonzil in Reims. Hier wird seine Exkommunizierung aufgehoben; gleichzeitig wird er zu Gefängnis verurteilt, ohne dass ihm jedoch sein Amt abgesprochen wird. Ihm wird, vermutlich von Philippe de Voët, dem Prévôt von Poitiers, und Jean de Janville, den beiden Bewachern der Templer, «aus bestimmten Gründen»[39] Straferlass gewährt. Er trug den Ordensmantel, als er am 28. Januar 1311 vor die päpstliche Kommission geladen wurde.[40] Zu dieser Zeit war er in Asnières-sur-Oise in der Ballei Senlis in Haft, zusammen mit sieben anderen begnadigten Templern. Für dieses Verhör wurde er nach Paris gebracht und kehrte dann nach Asnières zurück, wo seine Anwesenheit von Februar bis mindestens Juni 1311 belegt ist.[41]

Trotz aller Widrigkeiten scheint Gilles de Rotangi seine Einkünfte aus der Pfarrei Oisemont behalten zu haben. Am 21. Januar 1311, gerade als sich Gilles anschickt, vor die Kommission zu treten, ist Clemens V. nämlich mit der Beschwerde von Oudard de Bellement, dem Rektor der Kirche Saint-Martin von Oisemont, befasst, der jedoch diese Stelle nicht antreten kann, da sie immer noch vom Ordensbruder Gilles d'Amiens besetzt ist (der niemand anders ist als unser Bruder Gilles de Rotangi). Laut dem Kläger ist dieser Gilles wegen Ketzerei verurteilt, was in der Verleihung der Pfründe zugunsten von Oudard de Bellement nicht erwähnt ist. Formal blieb Gilles de Rotangi trotz Verurteilung und Inhaftierung Gemeindepfarrer von Oisemont.[42] Wir wissen nicht, was später aus ihm wurde, ob er aus dem Gefängnis entkam und, was unwahrscheinlicher ist, ob er seine Pfarrei in Oisemont behalten konnte.

Aus diesen Beispielen geht hervor, dass sowohl vor als auch nach den Entscheidungen des Konzils von Vienne die beschlossenen Grundsätze hinsichtlich der Sanktionen nicht automatisch angewandt wurden. Renaud de Cugnières, Pierre de Clermont, Bernard de Sornay und Renaud de Provins wurden vom Konzil von Sens zu lebenslanger Haft «in bestimmter Form» verurteilt, was als Abmilderung der Strafe verstanden werden kann.

Zum Abschluss erwähne ich den Fall von Renaud de la Folie, der 1307 auf der Liste der königlichen Kanzlei als flüchtig verzeichnet ist. Am 27. November 1309 wird er von Ponsard de Gizy erwähnt, weil er auf einem Generalkapitel im Februar 1307 Gérard de Villiers, den Großmeister der Provinz Frankreich, für den Verlust der Insel Ruad im Jahr 1302 verantwortlich machte.[43] Auf seiner Flucht fand Renaud de la Folie Unterschlupf im Hospital von Saint-

Mammès in Langres, das Asyl gewähren durfte. Dort verbrachte er fünf Jahre, doch Ende 1312, als die Templeraffäre endgültig abgeschlossen schien, schickte der französische König zwei Beamte, Richard und Jean genannt Perceval, die den flüchtigen Templer ergreifen sollten. Das erfahren wir aus einem Brief Philipps aus Paris, der auf den 26. November 1312 datiert ist. Tatsächlich musste der König, der das Asylrecht des Hospitals Saint-Mammès ungeniert verletzt hatte, in Briefen an den Dekan des Kathedralkapitels in Langres, dem das Hospital unterstand, Abbitte leisten.[44] Großes Ehrenwort: Er würde es nie wieder tun!

Jacques de Molay auf dem Scheiterhaufen (März 1314)[45]

In Poitiers hatte sich der Papst das Urteil über die Würdenträger des Ordens vorbehalten; mehrfach und auch noch am 6. Mai 1312 in Vienne im Schlusswort auf dem Konzil bekräftigte er diese Absicht. Im August 1308 in Chinon hatte er durch drei Kardinäle die Ermittlung einleiten lassen. Nur das Urteil war noch zu fällen, und dies konnte erst nach den Beschlüssen des Konzils geschehen.

Inzwischen waren Jacques de Molay und Hugues de Pairaud dreimal vor der Kommission aufgetreten und hatten die Aussage verweigert. Deshalb nahmen sie auch nicht teil an der Revolte der Templer im Jahr 1310 und an deren Versuchen, den Orden zu verteidigen. Als der Großmeister am 2. März 1310 zum letzten Mal vor die Kommission trat, beschränkte er sich darauf, seine Forderung, dem Papst gegenübergestellt zu werden, zu wiederholen, dem einzigen, dem er Rede und Antwort stehen wollte.[46] Am 13. März taten es Hugues de Pairaud und Geoffroy de Gonneville ihm gleich.[47] Geoffroy de Charnay äußerte sich nie vor der Kommission; Raimbaud de Caromb wird nach Chinon nicht mehr erwähnt: Wahrscheinlich ist er gestorben.

Wo wurden nun diese Würdenträger festgehalten? 1307 in Pais festgenommen, wurden sie am 25. Januar 1308 verlegt: Jacques de Molay nach Corbeil, Hugues de Pairaud nach Rochefort-en-Yvelines, Raimbaud de Caromb nach Montlhéry und Geoffroy de Charnay nach Montereau-fault-d'Yonne; am 2. Februar 1308 wurde Geoffroy de Gonneville von Gisors nach Vernon verlegt.[48] Sehr wahrscheinlich führte man sie für die Reise nach Poitiers im Juni/Juli 1308 zusammen, doch der Trupp machte Halt in Chinon, wo sie in der königlichen Burg gefangen gehalten wurden; und dort wurden sie im August von den vom Papst entsandten Kardinälen verhört. Von dort aus führte man sie zu einem unbekannten Zeitpunkt in Gefängnisse der Île-de-France zurück, vielleicht sogar in das Gefängnis, in das sie im Januar 1308 gebracht worden waren, wenn nicht gar in den Pariser Tempel. Am Morgen des 26. November 1309 wurde der Bischof von Paris aufgefordert, Jacques de Molay unverzüglich den päpstlichen Kommissaren zu überstellen, und er führte die Anordnung am Nachmittag aus. Jacques de Molay hatte also keinen langen Anmarschweg. Nach dem März 1310 herrscht Schweigen. Als die vier überlebenden Würdenträger im März 1314 nach Paris gebracht wurden, um ihr Urteil anzuhören, sollen sie aus Gisors gekommen sein: «Die vier Gefangenen wurden aus dem Donjon von Gisors geholt», schreibt Georges Bordonove.[49] Gisors liegt in der Diözese Rouen. Ein Trupp von 58 Templern war hier noch im März 1310 eingekerkert.[50] Nach Andreas Beck, der sich auf Konrad Schottmüller bezieht, waren Jacques de Molay und seine Gefährten vom März 1311 bis März 1314 in Gisors in Haft gewesen. Allerdings sagt Konrad Schottmüller nur Folgendes: «Bis zum März 1310, wo er noch einmal gefragt wurde, ob er nicht die Verteidigung des Ordens übernehmen wolle, blieb der Großmeister in Paris; dann ward er nach Gisors gebracht, und wir hören von ihm nicht früher etwas, als bis er zur endgültigen Aburteilung am 11. März 1314 noch einmal in Paris erscheint.»[51] Leider kann sich diese Behauptung auf keinerlei Beleg stützen. Ein zugegeben schwaches Indiz verweist eher auf das Gegenteil: Hugues de Pairaud, der sich nicht mit Jacques de Molay solidarisierte, wurde, wie wir sehen werden, zu lebenslanger Haft verurteilt und in Montlhéry eingekerkert. War er da nicht bereits vorher? Warum sollte dann Jacques de Molay nicht nach Corbeil zurückgebracht worden sein?

Clemens V. ließ sich Zeit. Nach dem Vienner Konzil hatte er alle Hände voll zu tun mit Fragen, die mit der Übertragung der Tempelgüter an die Hospitaliter zusammenhingen, und erst am 22. Dezember 1313 befasste er sich endlich mit den Würdenträgern. An diesem Tag entsandte er drei Kardinäle nach Paris, die ihnen ihr

Urteil mitteilen sollten.[52] Für diese Mission bestimmte er seinen Neffen Arnaud de Farges, Erzbischof von Auch, Arnaud Novelli und Nicolas de Fréauville. Eine Gegenüberstellung von Würdenträgern und Papst kam nicht in Frage, es gab keinen Prozess, keine Diskussion. Der Pontifex erklärt in seinem Brief, dass die Untersuchung von den drei Kardinälen durchgeführt worden sei, die er 1308 in Chinon damit beauftragt habe. Es musste nur noch eine «heilsame Strafe» verhängt werden, worüber seine Gesandten entscheiden sollten. Diese würden natürlich vor ihrem Urteilsspruch die Angeklagten noch einmal zu Wort kommen lassen, aber nur, um der Form Genüge zu tun.

Die drei Kardinäle kamen im März 1314 in Paris an und ließen die vier Würdenträger auf der *échelle de justice*, der Schandleiter des Bischofs, vor dem Nordportal von Notre-Dame antreten.[53] Überlassen wir das Wort dem unbekannten Autor, der die Chronik von Guillaume de Nangis fortsetzte:

> Der Großmeister des Templerordens und drei weitere Templer, nämlich der Visitator des Ordens in Frankreich und die Meister von Aquitanien und der Normandie, über die das Urteil zu sprechen sich der Papst vorbehalten hatte, gestanden alle unumwunden und in aller Öffentlichkeit die Verbrechen, deren sie bezichtigt wurden, in Gegenwart des Erzbischofs von Sens [Philippe de Marigny] sowie einiger Geistlicher und Gelehrter des kanonischen und des göttlichen Rechts, die auf Anordnung des Papstes vom Bischof von Albano und von zwei anderen Kardinälen speziell in dieser Angelegenheit einberufen worden waren, damit sie ihnen die Ansicht des Rates zu den Angeklagten kundtaten. Da alle vier auf ihrem Geständnis beharrten und allem Anschein nach bis zuletzt darauf beharren wollten, verurteilte sie die Versammlung nach reiflicher Überlegung und nach dem Urteil des besagten Rates am Tag nach dem Fest des heiligen Gregor auf dem öffentlichen Vorplatz der Kirche von Paris zu lebenslanger Haft. Doch als die Kardinäle glaubten, die Sache schon endgültig abgeschlossen zu haben, setzten sich plötzlich zwei Templer, nämlich der Großmeister aus Outremer und der Großmeister der Normandie, hartnäckig zur Wehr gegen den Kardinal, der gerade geredet hatte, und gegen den Erzbischof von Sens und widerriefen zur großen Verwunderung der Menge und ohne jede Ehrfurcht alles, was sie gestanden hatten.
>
> Die Kardinäle hatten die vier dem anwesenden Prévôt von Paris wieder übergeben, der sie nur bis zum folgenden Tag in Gewahrsam

> nehmen sollte, bis sie ausführlich darüber beratschlagt hätten, was mit ihnen geschehen solle. Sobald aber dem König, der sich zu diesem Zeitpunkt im Palast aufhielt, die Sache zu Ohren gekommen war, beriet er sich mit den Seinen, und ohne mit den Geistlichen darüber zu reden, fasste er den weisen Entschluss, die beiden Templer am Abend desselben Tages auf einer kleinen Seine-Insel zwischen den Gärten des königlichen Palastes und der Eremitenkirche den Flammen zu übergeben. Sie schienen mit soviel Gefasstheit und Ruhe ihr Martyrium zu erdulden, dass ihre Entschlossenheit und ihre letzten Leugnungen bei allen Augenzeugen Bewunderung und Erstaunen hervorriefen. Die beiden anderen Templer wurden abgeführt und in ihren Kerker zurückgebracht, so wie es ihr Urteil vorsah.[54]

Wie ein anderer Chronist der Zeit, der Dominikaner Bernard Gui, bemerkte, «wartete der König nicht das weitere Urteil der Kirche ab, obwohl sich zur selben Zeit zwei Kardinäle in Paris aufhielten».[55]

Das Datum, das in der Chronik von Guillaume de Nangis angegeben wird, ist der Tag nach dem Fest des heiligen Gregor, also Montag, der 18. März (1314 fällt das Fest auf den 17. März); dieses Datum wird von den meisten Historikern des Templerprozesses anerkannt. Andere Chronisten haben jedoch den Montag vor dem Fest des heiligen Gregor, also den 11. März, genannt, insbesondere Bernard Gui, dessen Chronologie im Allgemeinen als sehr zuverlässig gilt.[56] Auf jeden Fall hält sich der König in Paris auf, denn er ist es ja, der ohne zu zögern die beiden Rebellen auf den Scheiterhaufen schickt. Das Itinerar Philipps liefert keinerlei Entscheidungshilfe, was die beiden Daten, den 11. oder den 18., betrifft, denn es gibt für den ganzen Monat März keinen bestimmten Eintrag. Der König ist im März in Paris, punktum.[57]

Der Scheiterhaufen wurde auf einer kleinen Insel errichtet, im 14. Jahrhundert «Île aux Juifs» (Judeninsel) genannt, unterhalb der Gärten des königlichen Palastes auf dem südlichen Arm der Seine, gegenüber der Rive gauche und der Eremitenkirche Saint-Augustin. Damals existierten weder der Pont-Neuf noch die Spitze der Insel mit dem Square du Vert Galant. Die Insel gehörte der Abtei von Saint-Germain-des-Prés, die wenige Tage darauf vom *Parlement,* dem obersten Gerichtshof von Paris, einen Brief bekam, in dem der König Abbitte leistete. Der König habe nicht beabsichtigt, heißt es darin, die Gerechtsame des Abtes zu verletzen, «als er auf der Seine-Insel neben dem Ende unserer Gärten, zwischen dem Flussufer und dem Ordenshaus der Brüder des heiligen Augustin von Paris am anderen Ufer des Flusses, über das er [der Abt von Saint-Germain] die hohe und niedere Gerichtsbarkeit innehatte, zwei Männer verbrennen ließ, die vormals Ritter des Templerordens gewesen waren».[58]

Hugues de Pairaud und Geoffroy de Gonneville, die das Urteil des Papstes nicht angefochten hatten, retteten ihre Haut, aber um den Preis lebenslanger Haft. Ein Beleg über eine Abrechnung lässt den Schluss zu, dass sich Hugues de Pairaud am 31. August 1321 in Montlhéry im Gefängnis befand: «An diesem Tag kam Monseigneur Guillaume Clignet [zum Finanzgerichtshof], um über verschiedene Aufträge abzurechnen, und besagter Guillaume berichtete aus dem Gedächtnis das Folgende: dass ihm Bruder Hugues de Peraut, einstiger Visitator des Tempels, von Montlhéry, wo er in Gewahrsam war, sagte, er habe einem Bruder namens Pierre Gaude, ehemals Komtur der Templerhäuser von Dormelles und Beauvoir sowie Moret, eine kleine Schatulle in Verwahrung gegeben, in der sich 1189 Goldstücke und 5010 Silberstücke im Wert von 20 Livres 17 Sous und 6 Deniers befanden [es sind die Silberstücke, die diesen Betrag in Geldwert haben].»[59]

Der Schatz von Hugues de Pairaud, der entgegen den Vermutungen nicht besonders bedeutend war, blieb nicht lange verborgen. Der Komtur Pierre Gaude, dem die Sache nicht geheuer war, vertraute ihn einem armen Fischer an, der ihn gleich nach der Verhaftung der Templer dem Bailli von Sens aushändigte, um keine Scherereien zu bekommen. Er gelangte also in die Schatzkammer des Königs, weshalb er auch dokumentiert ist: Man kann sagen, was man will, aber die Bürokratie hat auch ihr Gutes!

Postscriptum: Am 21. Juli 1773 löste Papst Clemens XIV. in dem kurzen *Dominus ac redemptor* den Jesuitenorden auf und rechtfertigte seinen Beschluss mit folgenden Worten:

> Andere Römische Pontifices, unsere Vorgänger, deren Dekrete alle aufzuzählen zu weit führen würde, haben je nach den Zeitumständen ebenfalls so gehandelt: unter anderem hat Papst Clemens V., auch er unser Vorgänger, durch seine bleiverplombten Briefe vom 2. Mai 1312 den Ritterorden der Templer aufgehoben und gänzlich ausgelöscht

wegen des schlimmen Rufes, den er damals hatte, obwohl dieser Orden rechtlich anerkannt war, obwohl er der christlichen Republik so außerordentliche Dienste geleistet hatte, dass der Heilige Stuhl ihn mit Gütern, Vorrechten, Befugnissen, Exemtionen ausgestattet hatte, und obwohl das Konzil von Vienne, das dieser Papst zur Untersuchung der Angelegenheit eingesetzt hatte, der Meinung war, man solle sich eines abschließenden formellen Urteils enthalten.[60]

SCHLUSS

Am Ende dieser Reise durch Zeit und Raum, auf der ich versucht habe, den von Schicksalsschlägen heimgesuchten Templern des französischen Königreichs zu folgen, hoffe ich, einige Tatbestände verdeutlicht zu haben, die in der Geschichte des Templerprozesses nicht immer gebührend berücksichtigt wurden. Dies ist sicher dem Umstand geschuldet, dass der Prozess immer im Kontext der Auseinandersetzung zwischen Papsttum und französischer Monarchie stand und die Versuchung daher groß ist, die Aufmerksamkeit auf diese beiden Mächte zu richten und die Rolle der Templer auf die von Komparsen oder von Prügelknaben zu reduzieren. Ich glaube, dass mein Vorgehen – von den Templern und ihrer Reaktion angesichts dieser beiden Mächte auszugehen – in dem Sinne fruchtbar war, dass damit gezeigt werden konnte, wie sie im Verlauf der Affäre als eigenständige Akteure auftraten. Am Ende war es ein Spiel mit drei Parteien. Dass die Templeraffäre fünf, ja sogar sieben Jahre andauerte und nicht in wenigen Wochen abgewickelt wurde, wie Philipp der Schöne sich das vorgestellt hatte, lag natürlich daran, dass der Papst das Spiel so nicht mitmachen wollte, aber auch am Widerstand der Templer selbst. Die Antwort auf die zweifache Frage «Was wollte der König, was der Papst?» fällt jeweils anders aus, je nachdem, ob man das Jahr 1307 oder aber das Jahr 1312 zugrunde legt. Denn die Templer ließen sich nicht alles gefallen.

Philipp der Schöne

In den Jahren 1307 bis 1308 bedrängten der König und seine Räte den Papst: Wann werdet Ihr endlich handeln, wann entschließt Ihr Euch, die Christenheit von dieser «Ketzerei der Templer» zu befreien? Clemens V. habe halbherzig agiert, wiederholen all jene, die meinen, mehr sei ihm nicht eingefallen. Das stimmt nicht: Er leistet Widerstand, mit seinen Mitteln. Abgesehen von der kurzen Phase Ende Dezember 1307, als der Großmeister sein Geständnis widerruft, scheinen die Templer in Schockstarre und sind in dieser Zeit tatsächlich im Abseits des Geschehens. Ende Juni 1308 gibt der König jedoch nach und akzeptiert einen Kompromiss. Er nimmt hin, dass sich die Sache hinzieht, und gibt dem Papst Zeit, nämlich die Zeit, um ein doppeltes Verfahren erfolgreich durchzuführen: mehrere Monate, mehrere Jahre, denn es wird ein Treffen für Oktober 1310 auf dem Generalkonzil vereinbart. Der König lenkt ein, weil er die Templersache in den größeren Kontext nicht nur der Beziehungen zwischen französischer Monarchie und Papsttum, sondern auch der Position der französischen Monarchie und ihres «allerchristlichsten Königs» in der gottgewollten Weltordnung stellt.[1]

Zwischen dem 5. und dem 13. Juli unternahm der König in Poitiers einen neuen Vorstoß, ging dabei aber weit über den Rahmen der Templeraffäre hinaus. Bereits erwähnt wurden die Forderungen, die er dem Papst «am Samstag nach der Translation des seligen Märtyrers Sankt Thomas», also am 7. Juli,[2] vorlegte. Er beauftragte Guillaume de Plaisians, diesen Forderungskatalog zu überbringen, was dieser auf einem Konsistorium am 13. Juli ausführte: 1. Der Papst und die Kurie hatten in Frankreich zu bleiben; 2. der Papst sollte die Templer nach erfolgtem Geständnis aburteilen; 3. ein allfälliges Generalkonzil hatte in Frankreich stattzufinden; 4. Coelestin V., Vorgänger von Bonifatius VIII., sollte heiliggesprochen werden; 5. die Verbrennung der Gebeine Bonifatius' VIII. war anzuordnen; 6. Guillaume de Nogaret sollte die Absolution erteilt und seine Exkommunizierung aufgehoben werden.

Nur eine einzige Forderung bezieht sich auf die Templer, die übliche: sie so schnell wie möglich abzuurteilen, da der Papst sie ja angehört habe. Drei Forderungen betreffen Bonifatius VIII. und die

Folgen des Anschlags von Anagni, zwei den Einfluss der französischen Monarchie auf das Papsttum. In den zwei auf den Prozess folgenden Jahren gewinnt das Bonifatius-Thema beinahe die Oberhand über die Templeraffäre. Hatte es der französische König bis dahin so eilig gehabt, den Orden auszulöschen, schiebt er nun die Angelegenheit auf die lange Bank.

Allen diesen Ersuchen erteilt der Papst eine Absage.

Clemens V.

Man darf sich hinsichtlich der Haltung Clemens' V. gegenüber den Templern keine falschen Vorstellungen machen: Sie ist weit komplexer, als es den Anschein hat. Gibt es einen Grund, ihm nicht zu folgen, wenn er in seinem Brief vom 24. August 1307, der den Weg für eine Untersuchung über den Orden ebnet, schreibt, er könne die Anschuldigungen nicht glauben? Und warum sollte man nicht akzeptieren, dass er nach heftigem Protest gegen das Vorgehen des Königs vom 13. Oktober 1307 danach «erschüttert» war über die Geständnisse, die derselbe König erwirkt hatte? Er weiß sehr wohl, wie sie zustande kamen, aber sie sind nun einmal in der Welt. Deshalb besteht er so beharrlich darauf, die Templer selbst zu vernehmen, was er schließlich Ende Juni 1308 dann auch tut. In der Sache können seine Zweifel nur bestärkt werden: Alle Templer, die er vernommen hat, haben sich schuldig bekannt, die fünf zwei Monate später in Chinon befragten Würdenträger ebenfalls. Einen Plan zur Rettung des Tempels gibt es nicht; Clemens V. hat den Orden und die Brüder nicht von jedem Zweifel reingewaschen: Er hat lediglich den Reuigen die Absolution erteilt und sie in den Schoß der Kirche aufgenommen. Sie haben ihre Verfehlungen zugegeben, doch dafür werden sie später bestraft werden.[3]

Clemens V. ist die Form wichtiger als der Inhalt, andernfalls hätte er Philipp dem Schönen durchaus nachgeben können. In Poitiers leitet er kein (doppeltes) Verfahren zur Rettung des Tempels und der Tempelbrüder ein, sondern eines, das der Kirche in der Sache der Templer und ganz allgemein in allen Angelegenheiten der Kirche wieder das Heft in die Hand gibt. In Poitiers – und das ist der Sinn eines Kompromisses! – stellt er Philipp den Schönen dadurch zufrieden, dass er ihm die baldige Eröffnung einer Untersuchung gegen Bonifatius VIII. ankündigt, während er gleichzeitig erklärt, er halte ihn nicht für einen Häretiker. Aber diese Untersuchung wird – ebenso wie von nun an die Templeraffäre – von der Kirche unter der Aufsicht des Papstes durchgeführt. Darum geht es auf diesem Konsistorium vom 13. Juli 1308. Die Antworten des Papstes, die im bereits erwähnten englischen Dokument und auch vom Chronisten Ptolemäus von Lucca überliefert sind, sind eindeutig:[4] 1. Der Papst wird nicht in Frankreich bleiben, er will nach Rom zurückkehren, weil von dort aus die Angelegenheiten der Christenheit weit besser zu regeln sind; 2. er wird sich mit Eifer der Tempelaffäre widmen, ohne jedoch von den Regeln abzuweichen, die er bekannt gegeben hat; 3. in der Frage eines möglichen Konzilorts ist er offen; 4. zur Heiligsprechung einer Person bedarf es der Wunder, darauf wartet er noch; 5. Bonifatius VIII. hat bewiesen, dass er ein guter Mensch und guter Katholik gewesen ist; Clemens V. bringt daher seine Verwunderung über diese Forderung zum Ausdruck und bittet Philipp, nicht mehr auf diesem Punkt zu insistieren. Aber er erklärt sich mit der Einleitung einer Ermittlung einverstanden; 6. das Ersuchen hinsichtlich Guillaume Nogarets wird abgelehnt.

Wir schreiben das Jahr 1308: Was bleibt vom Programm des Königs im Jahr 1312 nach dem Konzil von Vienne? Der Papst residiert in Avignon, außerhalb der Grenzen des französischen Königreichs; die Templeraffäre ist abgeschlossen, aber eigentlich nicht im Sinne des Königs: Das Konzil wurde in Vienne, nicht in Lyon abgehalten, wie der König gewünscht hatte; Vienne liegt außerhalb des Königreichs, Lyon zumindest dicht an seiner Grenze; nicht Coelestin V., sondern Pietro da Morrone wurde heiliggesprochen; Bonifatius VIII. wird nicht postum verdammt; Nogarets Exkommunikation wurde nur unter der Bedingung aufgehoben, dass er für fünf Jahre ins Heilige Land ginge. Dazu kam es nicht, doch weil er 1313 starb, spielte das keine Rolle mehr.[5]

So eindeutig Clemens' V. Haltung gegenüber dem König war, so zwiespältig war sie hinsichtlich der Templer.

Der Kompromiss von Poitiers sah vor, die Templer als Personen sowie ihren Besitz der Obhut der Kirche zu unterstellen. Formal geschah dies auch, doch *de facto* blieben die Templer ebenso wie ihre Güter unter der Kontrolle des Königs und seiner Beamten, auch wenn diese gelegentlich von Vertretern der Bischöfe begleitet waren. Und Clemens V. unterscheidet zwischen Personen und Gütern. Was die Personen anlangt, sind Schwierigkeiten vorhersehbar (und es sollte auch welche geben), aber sie scheinen leichter zu meistern zu sein als die Probleme bei der Kontrolle der Güter. Nach Poitiers befasst sich der Papst zunächst mit seiner Rückkehr nach Rom. Tatsächlich erreicht er in kurzen Etappen vom Herbst 1308 bis zum Winter 1309 Avignon, das er zum Sitz des Papsttums bestimmt, bis ihm die Umstände die Rückkehr gestatten (was nicht eintreten wird). So kann er den Templern weniger Zeit widmen, und in erster Linie geht es ihm um die Übertragung ihrer Besitztümer an die Kirche. Er ist vor allem darauf bedacht, dass sie nicht verschleudert werden. Zu diesem Thema findet ein reger Austausch zwischen ihm und dem König statt, vor allem weil er weiß, dass die von ihm bevorzugte Lösung für den Fall der Aufhebung des Tempels vom König abgelehnt wird: die Übergabe seiner Güter an die Hospitaliter.

Die Diözesankommissionen nehmen ihre Arbeit im Frühjahr 1309 auf, viele erst 1310; einige werden bis ins Jahr 1312 tagen (zum Beispiel in Nîmes). Die Einsetzung der päpstlichen Kommissionen, und zwar besonders die im französischen Königreich, erfolgt noch später.

Die päpstliche Kommission

In den vorangehenden Kapiteln habe ich die Arbeit der päpstlichen Kommission von Paris untersucht, um herauszufinden, was die Kommissare eigentlich von den Templern hören wollten, die sie vorgeladen hatten, und damit, was sich der Papst davon versprach. Obwohl die Kommissionen vom Papst und sogar mit Zustimmung des Königs benannt waren, entziehen sie sich doch dem königlichen Einfluss. Sie betonen wiederholt, dass sie die Vertreter des Papstes sind – und das ist keine reine Formsache. Sollte die Kommission die Templer entlasten? Wenn man hört, wie die Ordensbrüder die Vorwürfe abstritten und wie sie den Orden von Februar bis Mai 1310 vehement verteidigten, hätte sie dies tun können. Jedenfalls sind die Kommissionen von Ravenna und Tarragona so verfahren.[6] Die Pariser Kommission hatte immerhin die «Revolte» der Templer am Anfang bestärkt, und die Brüder hatten es sich nicht nehmen lassen, die gegen ihren Orden erhobenen Beschuldigungen in Bausch und Bogen zurückzuweisen, seine Qualitäten und Verdienste zu rühmen und seine Taten im Dienste des Heiligen Landes, der Kirche und der Christenheit zu preisen. Die Kommissare haben sich das angehört, aber haben sie es auch verstanden? Ihnen geht es um etwas anderes: Sie wollen, dass die in Paris anwesenden Templer Vertrauensleute wählen, die sie vertreten und auf die 127 Artikel der Anklage gegen den Orden im Rahmen des Verfahrens antworten sollen, das Clemens V. in der Bulle *Faciens misericordiam* vom 2. August 1308 angeordnet hatte.

Dieses Verfahren zielt nicht darauf ab, herauszufinden, ob die Templer schuldig oder unschuldig sind oder ob der Orden schuldig ist oder nicht. Es geht vielmehr darum, zu prüfen, ob der Orden schuldig ist, durch die üblen Praktiken, die ihm angelastet werden – und an denen die Kommissare nicht zu zweifeln scheinen –, das Verbrechen der Häresie begünstigt und gedeckt zu haben. Die Kommissare erwarten also von den Angeklagten Unterstützung: Sie sollen aufrichtig und wahrheitsgemäß auf den Anklagekatalog antworten, um zu klären, ob der Orden zur Ketzerei anstifte oder nicht.

Die päpstliche Kommission ist dem Papst und nicht etwa dem König verantwortlich. Die beiden Männer haben in Poitiers einen Kompromiss geschlossen, die Kommission ist mithin ein Instrument des Kompromisses. Es geht dem Papst nicht darum, den König dadurch zu brüskieren, dass er die Unschuld der Templer und des Ordens anerkennt, aber auch nicht darum, das Vorgehen des Königs und seiner Beamten dadurch zu rechtfertigen, dass er die Häresie der Templer feststellt. Gehalt und Form!

Letzten Endes bestand die Aufgabe der päpstlichen Kommission darin, Argumente zu liefern für eine Lösung, der der Papst auf dem Konzil von Vienne zustimmen wird: Der Templerorden kann nicht wegen Häresie verurteilt werden, weil er nicht häretisch ist; aber die Vergehen seiner Mitglieder beschädigen seinen Ruf (seine *fama*), so dass er seine Mission nicht mehr erfüllen kann. Deshalb wird er zerschlagen. Der französische König war sicherlich überzeugt, durch sein überstürztes Vorgehen im Sinne der Kirche zu handeln; ihm wird vergeben, aber dennoch war er im Unrecht.

Als Einzelpersonen konnten die Templer einen Fehltritt begangen haben. Wenn sie aber demütig ihre Irrtümer eingestanden, würde ihnen nach einer leichten Buße vergeben. Hatten sie aber hartnäckig geleugnet, dann waren sie nicht unschuldig, sondern halsstarrig, was zwar nicht todeswürdig war, aber eine harte und gerechte Strafe verlangte. Widerriefen sie ein Geständnis, weil es unter der Folter, durch Drohung und Misshandlung erpresst worden war, sollten sie nicht als rückfällige Ketzer gelten: Dem Erzbischof von Sens wurde damit eine Abfuhr erteilt. Dennoch verdienten die Templer eine gerechte Strafe nach kanonischem Recht. Aber welche war angemessen? Lebenslange Haft wahrscheinlich, wie für die verstockten Leugner. Nach den Entscheidungen von Vienne gab es keine Scheiterhaufen.[7] Die zwei Scheiterhaufen im Jahr 1314 für Jacques de Molay und Geoffroy de Charnay wurden vom König in Brand gesteckt.[8]

Henri de Harcigny oder Der Widerstand der Templer

Mit ihrer Haltung im Zeitraum von Februar bis Mai 1310 brachten die Templer vor der päpstlichen Kommission das laufende Verfahren gehörig durcheinander und machten den Kompromiss von Poitiers zunichte. Sie kamen, um ihre Unschuld zu verkünden und die Reinheit ihres Ordens zu verteidigen. Sie verlangten, damit auf dem Konzil in Vienne gehört zu werden, und einige wagten sich auch vor, wobei sie auf ihre Verbündeten, ihre Unterstützer unter den Konzilsvätern und sogar unter den französischen Bischöfen bauten.

Die Templer haben sich also gewehrt, nicht nur im Frühjahr 1310, sondern auch davor und danach. Mit der Zeit kam es zu einem breiteren und längeren Widerstand. Wir sind auf unsere Quellen angewiesen, und die geben eben nicht mehr her.

Am 13. September 1307 zählte der königliche Haftbefehl die Hauptverbrechen der Templer auf. Ergänzt, abgestimmt und neu zusammengestellt, führten sie im folgenden Jahr zu den beiden Anklagekatalogen der 88 und 127 Artikel. Die dem Haftbefehl beigefügten Anweisungen verlangten von den Beamten des Königs und den Inquisitoren, die Wahrheit herauszufinden – sprich: das Geständnis dieser Verbrechen –, falls nötig auch mittels der Folter: «Und wenn sie [die Beklagten] die Wahrheit gestehen, sollen sie [die Beamten und Inquisitoren] ihre Aussagen aufschreiben, nachdem sie die Zeugen aufgerufen haben.»[9] Am 22. September forderte der französische Großinquisitor seine Kollegen in Südfrankreich auf, die Aussagen der Templer aufzunehmen, und wenn sich ihre Verbrechen als wahr erwiesen, «die Niederschriften unverzüglich an den Herrn König von Frankreich und an uns zu senden».[10]

Am 23. November 1307 teilte Raoul de Ligny, Inquisitor der Bistümer Metz, Toul und Verdun, dem König mit, er habe am vergangenen 25. Oktober zwei deutsche Templer verhört, die auf der Heimreise in ihr Land in der Ballei Chaumont verhaftet worden waren. Konrad von Mainz und Bruder Heinrich stritten die Beschuldigungen rundweg ab. Raoul ließ die beiden Templer frei, die weiter Richtung Deutschland reisten. Wochenlang zögerte er, bevor er dem König den Bericht über das Verhör schickte: Da die beiden nichts gestanden hatten, war ihre Aussage nutzlos und machte ein Verhörprotokoll überflüssig. Er fertigte es dennoch auf Geheiß des Bailli von Chaumont an, aber das Schreiben enthielt nur sein eigenes Siegel und war nicht Gegenstand einer notariellen Urkunde.[11]

Es fällt auf, dass der König in den folgenden Monaten die Zahl der Geständigen hervorhebt, um sein Vorgehen absegnen zu lassen: Fünfhundert seien es im Januar 1308, vermeldet er dem König von Aragón.[12] Natürlich kein Wort über die, die nichts zugegeben haben. Auch Guillaume de Plaisians betont in seiner Rede am 29. Mai in Poitiers, um den Papst unter Druck zu setzen, dass Hunderte Geständnisse vorlägen.[13] Man weiß, dass vier der von den Inquisitoren verhörten 138 Templer nicht gestanden haben; auch weiß man, dass nicht alle im Tempel von Paris gefangen gehaltenen Templer verhört wurden, und falls doch, so wurde ihnen nicht die Ehre einer Aufzeichnung ihrer Aussage durch die Notare zuteil. Vielleicht sagten sie nicht die Wahrheit? In der Fortsetzung der Chronik des Guillaume de Nangis steht klipp und klar, «dass eine große Zahl [Templer] alles rundweg leugnete und etliche, die zuvor gestanden hatten, anschließend widerriefen und bis zum Schluss darauf beharrten».[14] In seiner oben erwähnten Rede beschuldigt Guillaume de Plaisians indirekt den Papst, durch sein Zögern die Templer zu ermutigen, ihr Geständnis zurückzunehmen.

Das vom Bischof von Clermont 1309 eingeleitete Verfahren gegen die Templer als Personen zeigt zweierlei: Zahlreich sind die in der Diözese flüchtigen, untergetauchten, von Verwandten oder Freunden beschützten Templer; die Bischöfe arbeiten nicht für den König oder die Inquisitoren: Der Bischof von Clermont befragt alle und erstattet über alle Aussagen Bericht, wenn auch in knapperer Form bei denen, die die Vorwürfe leugnen. In Clermont gestehen vierzig, 29 bestreiten die Beschuldigungen.[15]

Ich gehe nicht nochmals auf das regelrechte Aufbegehren der Templer vom Februar bis Mai 1310 ein und erinnere nur an die wichtigsten Zahlen: 659 Templer treten in Paris an, die überwältigende Mehrheit verteidigt den Orden. Etwa hundert geben nach dem Gewaltstreich des Erzbischofs von Sens am 11. Mai 1310 aus Angst klein bei und erneuern ihr zuvor abgelegtes Geständnis.[16] Und die anderen, was ist mit den fünfhundert anderen? Sind sie wie die siebzig der in den Gefängnissen der Ballei Sens zwischen Juni 1310 und 1312 eingesperrten Häftlinge nicht mehr in die Kirche aufgenommen worden?[17] Sagt keiner von ihnen 1311 vor der Kommission aus, während 37 von den anderen 52 rehabilitierten Templern, ebenfalls Häftlinge in der Ballei, eine Aussage machen?

Dazu kommen Ende 1311 die Versuche der Templer, den Orden vor dem Konzil von Vienne zu verteidigen; gewiss waren es keine tausendfünfhundert oder gar zweitausend, aber bestimmt mehr als die neun, die sich vor die große Kommission wagten und verhaftet wurden. Zu berücksichtigen sind auch die Worte von Jean de Pouilly, dem der Sache der Templer feindlich gesinnten Theologen, der auf dem Konzil erklärt, er habe «zahlreiche Templer gesehen und gehört, die sich bereit erklärt haben, den Orden zu verteidigen».[18]

Die Templer leisteten also nicht nur von Februar bis Mai Widerstand. Angesichts der Dimension dieser Revolte kann man von einem Aufstand sprechen, doch muss man ihn im Zusammenhang mit einer Widerstandsbewegung sehen, die sich durch die ganzen Jahre 1307 bis 1312 zieht. Den Templern fehlten die Oberhäupter – Jacques de Molay und die anderen Würdenträger zeigten sich der Situation nicht gewachsen. Das Opfer des Großmeisters und des

Tempelritters Geoffroy de Charnay im Jahr 1314 konnte nur zum Teil eine Haltung wettmachen, die sicher nicht fehlendem Mut zuzuschreiben ist, sondern eher mangelndem Urteilsvermögen in Bezug auf die Wahl einer Verteidigungsstrategie; auch vom Papst waren sie im Stich gelassen, obwohl man für ihn mildernde Umstände geltend machen kann – und dennoch boten die Templer ihren Widersachern die Stirn.

Die Schwierigkeit liegt darin, dass man diese Widerständler nicht oder kaum kennt. Sie tauchen nicht in den Verhörprotokollen auf, in denen die Historiker verbissen «das Wahre aus dem Falschen» zu lesen versuchen. Gewiss ist viel Wahres in diesen Protokollen, aber nicht dort, wo ständig herumgesucht wird, nicht in den «Geständnissen», sondern am Rande, in den zahllosen Informationen, die in den Nebensätzen, den kleineren (oder größeren) Abschnitten stecken, die den Alltag des Verfahrens beschreiben, in der Masse derer, deren Namen gewissenhaft von den Notaren der Kommission verzeichnet (und manchmal auch erfunden) wurden. Die meisten sind dazu verdammt, nichts als Namen zu bleiben, deren Schweigen beredter und wahrer ist als die kläglichen, unter der Folter erpressten Geständnisse.

Ein Beispiel gefällig?

Wer wird je wissen, wer Henri de Harcigny war, der Templer mit den sieben Namen: Hercigni (10. November 1307), Arsigni (5. Februar 1308), Li Abès (10. Februar 1310), Antinhi (13. März 1310), Archheim (28. März 1310), Hentingentis (4. April 1310), Arsegny (Januar 1312)? Gebürtig in der Diözese Laon, verdankt er seinen Namen dem Dorf Harsigny im Canton Vervins, Aisne. Henricus de Hersigni ist vierzig Jahre alt, als er am 10. November 1307 in Paris verhört wird; in den Orden wurde er kurz vor Mariä Lichtmess (2. Februar 1307) von Jean de Celle aufgenommen, dem Komtur des Hauses de Seraincourt in der Diözese Reims. Seine zwölfzeilige Aussage wird kurz wiedergegeben, und zwar aus gutem Grund: «Er beschwört, er habe mehrfach gelobt, die geheimen Ordensstatuten einzuhalten, und nichts Unehrenhaftes sei ihm befohlen oder gesagt worden; und er versichert, von nichts Unehrenhaftem im Orden zu wissen.»[19] War hier Erpressung, Gewalt oder Folter im Spiel? Man wird es nicht erfahren. Da er es ablehnt, den Orden zu belasten, ist er für seine Richter völlig uninteressant.

Zunächst ist Henri de Arsigni im Tempel inhaftiert, wird dann zusammen mit neun anderen Templern am 5. Februar 1308 nach Peiners oder Peavers in der Diözese Sens verlegt; der Ort ist nicht identifiziert, es könnte Pers-en-Gâtinais im Canton Ferrières im Loiret sein.[20] Von seinen neun Mithäftlingen haben sieben vor den Inquisitoren ein Geständnis abgelegt, doch Jean de Paris ist wie er standhaft geblieben; der neunte, Gilles de Valenciennes, wurde nicht verhört. Die zehn Templer bleiben zwei Jahre lang an diesem Inhaftierungsort. Alle zehn, unter ihnen Anricus Li Abès, kommen am 10. Februar 1310 nach Paris, um den Orden zu verteidigen.[21] Sie sind auf der Versammlung der neunzig Templer am 13. März zugegen (Henricus de Antinhi) und am 28. März (als Anricus de Archeim) im Obstgarten des Bistums.[22] Die zehn – unser Mann Henricus de Hentingentis ist wieder dabei – sind am 23. Februar im Haus von Penne Vayrié, Rue de Lieudelle, zusammen mit 13 anderen Templern aus Trappes in Arrest; dort sind sie am 4. April 1310 erfasst worden.[23] Danach zerstreut sich die Gruppe.

Von Jean de Paris sowie mehreren anderen, die nicht gestanden, verliert sich jede Spur. Jean de Nivelles (oder de Borletta) blieb nicht bei seiner Verteidigung des Tempels und sollte vor der päpstlichen Kommission am 15. Februar 1311 auf sein erstes Geständnis zurückkommen.[24] Henry de Arsegny, Gilles de Valenciennes und Nicolas d'Amiens werden nach Senlis ins Hôtel von Pierre de la Cloche geschafft, wo ihre Anwesenheit zusammen mit einer Gruppe von zehn nicht begnadigten Templern im April 1311 und Januar 1312 belegt ist.[25] Nicolas d'Amiens hatte im November 1307 gestanden; er wurde vermutlich vor eine Diözesankommission geladen, widerrief dort sein früheres Geständnis und blieb dabei, was bedeuten würde, dass er nicht wieder in die Kirche aufgenommen wurde.

Henri de Harcigny, der in der Fastenzeit, acht Monate vor seiner Verhaftung, in den Orden aufgenommen worden war, bewies eine bemerkenswerte Standhaftigkeit: Von 1307 bis 1312 hat er nie irgendetwas zugegeben. Danach blieb er wohl lebenslang in Haft. Niemand wird bezweifeln, dass er einen schweren Lebensweg hatte, einen Weg, den er mit vielen anderen teilte und der in hervorragender Weise zeigt, wie der hartnäckige Widerstand eines beträchtlichen Teils der Templer beschaffen war.

ANHANG

ANHANG 1

EIN IDENTIFIZIERUNGSPROBLEM: THIERS-SUR-THÈVE (DIÖZESE SENLIS)

Zwischen dem 6. Februar und dem 2. Mai 1310 erscheinen 43 Templergruppen aus verschiedenen Orten des Königreiches, um den Orden zu verteidigen. Eine einzige lässt sich nicht identifizieren, das heißt, nicht auf der Landkarte lokalisieren.[1]

Am 14. Februar 1310 werden elf Templer aus Tyers in der Diözese Sens vor die Kommission gebracht. Auf dem damaligen Gebiet der Diözese Sens konnte ich diesen Ort nicht ausfindig machen, er lässt sich allenfalls mit Turri bzw. Thoury im heutigen Département Loiret in Verbindung bringen, was jedoch ziemlich willkürlich ist. Prüft man die Zusammensetzung der Gruppe aufmerksam, kann man ihren Herkunftsort vielleicht anders bestimmen. Acht der elf Templer aus dieser Gruppe stammen aus Diözesen in der Picardie und der Champagne: aus Tournai, Laon, Beauvais, Troyes, Langres (zwei) und Reims (zwei); ein weiterer, der aus der Diözese Vienne stammen soll, stammt in Wahrheit aus Châlons-en-Champagne (vgl. Anhang 2). Die letzten beiden kommen aus den Diözesen Paris und Sens, doch Jean de Montmélian (Johannes de Monte Meliandi), auch genannt Jean Lochan, Loychon, Louton oder Lozon, kommt aus Montmélian in der Oise, südlich von Senlis. Dieser Ort gehört zur königlichen Ballei Senlis, zugleich aber zur Diözese Paris.

Diesen in zwei Gruppen aufgeteilten Templern begegnen wir auch in anderen Dokumenten aus den Jahren 1308 und 1310 bis 1311. Fünf von ihnen werden am 31. Januar 1308 aus dem Pariser Tempel nach Montmélian verlegt: Es sind dies Jean Lochon oder Jean de Montmélian, Jean Malvenu (oder Malip, Malvo), Pierre de Landres, Bertrand de Saint-Paul und Pierre Mambresis (oder Maubretis).[2] Dort sind sie, nachdem sie im Februar 1310 nach Paris gekommen waren, noch immer als widerspenstige Templer inhaftiert; sie sind zwischen Juli 1310 und 1311 namentlich belegt.[3] Die anderen sechs, die ebenfalls nicht gestanden haben, sind im gleichen Zeitraum in Thiers-sur-Thève (Ballei Senlis) in Gewahrsam:[4] Es handelt sich um Jean Poitevin (oder Peitavin), Bertrand de Bissy (oder Bernard de Bissy), Laurent de Provins, Hugues de Villers, Jacques de Saci; einer fehlt, er lässt sich nicht eindeutig identifizieren. Sowohl Montmélian, das zur Gemeinde Plailly gehört, als auch Thiers-sur-Thève befinden sich im Canton Senlis in der Oise. 1310 bis 1311 gehörten beide Orte zur Ballei Senlis, doch Thiers war Teil der Diözese Senlis, Plailly und Montmélian gehörten zur Diözese Paris.

Könnte das Tyers der Diözese Sens nicht das Thiers-sur-Thève der Diözese Senlis sein? Dann hätte der Schreiber, der die Namen der Gruppe am 14. Februar vermerkte, einfach Sens und Senlis verwechselt.[5] Diese Hypothese wird von einem anderen Dokument gestützt. Am selben Dienstag, dem 31. Januar, wird eine Gruppe von Templern, deren Namen leider nicht genannt sind, vom Pariser Tempel nach Thiais überführt, das man schon früh als Thiais in der Gemeinde Val-de-Marne bei Paris identifiziert hat. Der für den Transport und die Bewachung der sechs Gefangenen abgestellte Offizier heißt «Jehan Le Chervoisier». Nun heißt der Mann, der die Templer von Thiers-sur-Thève zwischen 1310 und 1311 bewachte, «Jehan Le Sernoizier», Chevalier am Châtelet von Paris. Jehan Le Chervoisier und Jehan Le Sernoizier ist offensichtlich ein und dieselbe Person. Es handelt sich also weder um Tyers noch um Thiais. Es ist Thiers-sur-Thève.

Die elf Templer vom 14. Februar 1310 wurden 1308 aus Paris in zwei benachbarte Orte in der Ballei Senlis verbracht, der eine liegt in der Diözese Senlis (Thiers-sur-Thève), der andere in der Diözese Paris (Montmélian). Gemeinsam reisten sie vor dem 14. Februar von Thiers-sur-Thève Richtung Paris. Als sich Ende Mai 1310 die päpstliche Kommission auf den 3. November vertagte, wurden sie in ihr jeweiliges Gefängnis zurückgebracht, wo ihr Aufenthalt von Juli 1310 bis Mitte 1311 belegt ist. Sie haben weder gestanden noch frühere Geständnisse bestätigt, und dabei sind sie geblieben, denn sie wurden nicht wieder in den Schoß der Kirche aufgenommen.

ANHANG 2

DIE SELTSAME DIÖZESE VIENNE AN DER GRENZE ZU DEN ARGONNEN

Die Diözese Vienne in der gleichnamigen Kirchenprovinz gehörte nicht zum französischen Königreich, sondern zum Dauphiné, das damals Teil des Heiligen Römischen Reiches war. Daher wurden die in dieser Diözese verhafteten Templer nicht vor die päpstliche Kommission geladen, die in Paris tagte. Dagegen ist es denkbar, dass die Templer, die aus dieser Diözese stammten und im französischen Königreich festgenommen worden waren, vor der Kommission in Paris erschienen. Dann wäre es nicht verwunderlich, wenn in den von den Notaren der Kommission erstellten Listen oder unter den verhörten Templern einige aus der Diözese Vienne auftauchen. Über den Templern aus dieser Diözese, die in den Listen und Verhörprotokollen aufgeführt sind, braut sich indes etwas zusammen. Sieben von ihnen werden von Michelet erwähnt, ein weiterer taucht in den Prozessprotokollen von Zypern auf.

Bei Michelet:

- Petrus de sancto Maniero oder Mamerto, verhört, M. I, 71, 566, 586–588.
- Humbertus de Torbone, verhört 1307 und 1310, M. I, 65, 107, 114, 282, 377, 406–409; M. II, 366.
- Petrus de Moydies, Modies, verhört, M. II, 263, 265–267.
- Johannes de Chali, verhört, M. II, 263–265.
- Bertrandus (oder Bernardus) de sancto Paulo, Verteidiger des Ordens, kommt aus Thiers-sur-Thève, nicht verhört, M. I, 69,104, 129, 130.
- Petrus de Symeyo, Surref, Sivref, Syare, nicht verhört, M. I, 65, 108, 114, 282.
- Ancherius de Suete, Sivré, Syare, nicht verhört, M. I, 70, 137, 282.

Schottmüller zitiert in *Untergang*, Bd. 2, 81: Aymo de Gala oder de Claramonte, 1310 verhört auf Zypern.

Erwähnen wir noch einen gravierenden, aber vielsagenden Schnitzer in punkto Geographie: Gérard de Passage aus der Diözese Metz, der am

27. April 1310 vernommen wurde, gibt an, er habe den Komtur von Trier begleitet, der sich auf dem Weg zum Kapitel in Paris befand, und sei zur gleichen Zeit zum Templerhaus von Valloysia (es handelt sich um Avalleur, Aube) in der Diözese Vienne geschickt worden, in der er zu einer Ordensaufnahme nach Chalon (Saône) gegangen sein will (M. I, 216).

Nach all dem müssen wir die «viennische» Herkunft dieser Templer hinterfragen.

Der Sergeant Pierre de Saint-Mamert, der am 20. Februar 1311 verhört wurde, war in der Osterzeit 1305 in Mormant (Diözese Langres) in den Orden aufgenommen worden.

Humbert de Torbone wurde am 9. November 1307, danach am 15. Januar 1311 in Paris verhört; am Johannistag 1290 oder 1292 war er in La Neuville bei Châlons in den Orden eingetreten und war bei seiner Verhaftung Komtur der Ballei Châlons. Am 10. Februar 1310 trat er als Verteidiger des Tempels vor die päpstliche Kommission, gab diese Haltung jedoch am 19. Mai 1310 auf. Er taucht unter verschiedenen Namen und Schreibweisen auf: Torbone (M. I, 65), Torvono, sancto Jocro (M. I, 114), sancto Jorio (M. I, 406), sancto Jorre (M. I, 377), sancto Jorgio (M. I, 282) oder auch Lambertus de Tornon (M. I, 107).

Jean de Chali, verhört am 26. Mai 1311, trat an Weihnachten 1301 in Bure, Diözese Langres, in den Orden ein (M. II, 263–265).

Pierre de Modies, am gleichen Tag wie Jean de Chali verhört, trat an Weinachten 1303 in Thors, ebenfalls Diözese Langres, in den Orden ein (M. I, 265–267).

Aymon de Gala oder de Clermont (in den Argonnen), 1310 in Zypern vernommen, wurde an Weihnachten 1303 oder 1304 von Gaucher de Liancourt, Komtur der Ballei Reims, in Gegenwart von Humbert de Torbone und von Andrea, Kaplan von La Neuville, in La Neuville in den Orden aufgenommen (Schottmüller, *Untergang*, Bd. 2, S. 181).

Diese fünf Templer wurden demnach in den Diözesen Reims, Châlons-en-Champagne und Langres aufgenommen, also in einer Gegend, die nichts zu tun hat mit der Diözese Vienne und dem Dauphiné.

Humbert de Torbone oder Saint-Joire ist der Onkel von Aymo de Gala-Clermont und eines Tempelritters namens Pierre de Torbone oder Tolvo, der um 1303 in La Neuville dem Orden beigetreten ist; Humbert war bei dieser Aufnahme dabei, die von Aymon de Oiselay, der in den folgenden Monaten Marschall des Tempels auf Zypern wurde, vollzogen wurde. Ein anderer Pierre de Torbone, auch er Tempelritter und am Tag der Aussage verstorben, wird von Pierre de Janz, Sergeant der Diözese Beauvais, erwähnt (M. II, 32–34): Pierre de Janz und Gérard de La Chape aus der Diözese Châlons wurden von ebendiesem Pierre de Torbone «am nächsten Johannistag vor 28 Jahren», also 1283, gemeinsam in La Neuville in den

Orden aufgenommen; unter den bei dieser Zeremonie Anwesenden befindet sich ein Jacques de Vienne, Sergeant, ein Bruder Andrea, Kaplan des Hauses von La Neuville, der in den Protokollen mehrmals als Andrea, Andrea de Roche oder Andrea de Vienne zitiert wird (M. II, 32–34; I, 406–407; K. Schottmüller, *Untergang* S. 207).

Der Blick auf eine gewöhnliche Michelinkarte klärt uns über diese merkwürdige Diözese Vienne auf: An der Grenze zur früher als «verlauste» Champagne verschriene Gegend und zum Argonnerwald fließt die Tourbe, die in Somme-Tourbe entspringt, Richtung Norden durch Ville-sur-Tourbe fließt und dann in die Aisne mündet; parallel zur Tourbe fließt die Brionne, die in Somme-Brionne entspringt, ebenfalls Richtung Norden, durch Vienne-la-Ville, wo ein Bach aus Vienne-le-Château in sie mündet. Etwas östlich davon, auf der anderen Seite des Argonnerwalds, liegt Clermont-en-Argonne. Die Komturei La Neuville-au-Temple befindet sich etwa vierzig Kilometer westlich davon, zehn Kilometer nördlich von Châlons-en-Champagne; es ist die heutige Gemeinde Dampierre-au-Temple.

Schreiber und Notare verfügten in den Jahren 1310 und 1311 über keine Michelinkarte. Als die fraglichen Templer ihre Herkunft buchstabierten, sagten sie vielleicht, sie seien aus Vienne, was fraglos stimmte. In ihren Aufzeichnungen machten die Protokollanten daraus die Diözese Vienne, und das war falsch.

Es würde mich nicht wundern, wenn der gleiche Fehler nicht auch bei Amblard de Vienne passiert wäre, der als Chevalier de Vienne bezeichnet wurde und mindestens von 1283 bis 1295 im Orden aktiv war. Seine ganze Laufbahn verbrachte er im Poitou-Aquitaine, wo er in dieser Zeit Meister war. Die Vienne fließt dort durch!

ANHANG 3

DIE ANKLAGEPUNKTE

Hier folgt die Liste der 88 Anklagepunkte gegen die Templer als Individuen samt den 127 Punkten gegen den Orden. In Grundschrift sind die Artikel gedruckt, die in beiden Katalogen identisch sind, kursiv die, welche nur dem Orden gelten. In Klammern () steht die Liste der 88 Artikel, nach einem Abstand – zwischen 76 (77) und 77 –, der der Teilung des gemeinsamen Artikels 61 in der Liste der 88 geschuldet ist.

Obwohl die Templer versichern, dass ihr Orden heiligen Motiven entspreche und vom Apostolischen Stuhl bestätigt worden sei, wurden bei der Aufnahme in den Orden die folgenden Riten eingehalten:

1 Bei seiner Aufnahme und manchmal danach, jedenfalls so bald wie möglich und nach dem Gutdünken dessen, der die Aufnahme vollzog, verleugnete der Kandidat bald «Christus», bald «den Gekreuzigten», bald «Gott» oder gar die Heilige Jungfrau, manchmal auch die Heiligen. Dies geschah auf Geheiß derer, welche die Aufnahme durchführten.
2 Solche Riten vollzogen die Brüder gemeinsam.
3 Die Mehrheit von ihnen.
4 Manchmal sogar nach ihrer Aufnahme.
5 Diejenigen, welche die Kandidaten aufnahmen, lehrten, Christus sei nicht der wahre Gott (oder Jesus oder der Gekreuzigte).
6 Dieser sei ein falscher Prophet.
7 Er habe die Passion und am Kreuz nicht für die Errettung der Menschheit erlitten, sondern sei für seine Verbrechen bestraft worden.
8 Die Aufnehmenden wie auch die Aufgenommenen hofften nicht auf das Heil durch Christus; dies versicherten sie sich gegenseitig.
9 Die Kandidaten mussten auf das Kreuz spucken, auf ein Kreuzeszeichen, auf ein geschnitztes Kreuz oder auf das Bild Christi (allerdings spuckten die Kandidaten gelegentlich auch daneben).
10 Man forderte sie manchmal auf, das Kreuz mit Füßen zu treten.
11 Manchmal traten die Neulinge auch unaufgefordert auf das Kreuz.

12 Sie urinierten auf das Kreuz und traten es dabei mit Füßen; und dies geschah manchmal an Karfreitag.
13 Einige pflegten sich an diesem Tag oder die ganze Karwoche hindurch zu solchen Praktiken zu versammeln.
14 Sie beteten eine Katze an, die sich bei diesen Versammlungen manchmal zeigte.
15 Sie hielten diese Zeremonie zur Verhöhnung Christi und des katholischen Glaubens ab.
16 Sie glaubten nicht an das Sakrament des Heiligen Abendmahls.
17 Manche von ihnen.
18 Die Mehrheit von ihnen.
19 Sie glaubten auch nicht an die anderen Sakramente der Kirche.
20 Die Ordenspriester ließen während der Messgebete die Weiheformeln aus.
21 Manche von ihnen.
22 Die Mehrheit von ihnen.
23 Dies geschah auf Geheiß der aufnehmenden Brüder.
24 Sie glaubten – zumindest versicherte man ihnen dies –, der Großmeister könne ihnen die Absolution von ihren Sünden erteilen.
25 Desgleichen der Visitator.
26 Desgleichen die Komture, die häufig Laien waren.
27 Und daher erteilten sie auch die Absolution.
28 Zumindest einige unter ihnen.
29 Der Großmeister des Ordens hatte solches vor bedeutenden Personen und sogar vor seiner Verhaftung gestanden[1].
30 Bei der Aufnahme der Brüder oder kurz danach küssten sich beide manchmal auf den Mund, den Nabel oder den nackten Bauch, manchmal auch auf den Hintern oder das Steißbein.
31 Nur auf den Nabel.
32 Auf das Steißbein.
33 Auf die Rute.
34 Bei dieser Zeremonie mussten die Kandidaten schwören, den Orden niemals zu verlassen.
35 Danach hielt man sie sofort für geweiht.
36 Die Aufnahmerituale wurden hinter verschlossener Tür vollzogen.
37 Außer den Brüdern gab es keine Zeugen.
38 Dies löste lang anhaltenden und heftigen Verdacht gegen den Orden aus.
39 Der Verdacht breitete sich überall aus.
40 Man sagte den neuen Brüdern, sie dürften sich körperlich miteinander vereinigen.

41 Dass es ihnen freistehe, dies zu tun.
42 Dass sie dies erlauben und gegenseitig dulden mussten.
43 Dass dies für sie keine Sünde sei.
44 Sie taten es selbst, oder jedenfalls viele von ihnen.
45 Manche taten es.
46 In jeder Provinz hatten sie Götzenbilder, Köpfe mit drei Gesichtern, andere mit nur einem, wieder andere in Form eines menschlichen Schädels.
47 Diese Götzen, ob einen oder mehrere, beteten sie besonders bei ihren großen Kapiteln und Versammlungen an.
48 Sie verehrten sie.
49 Wie Gott.
50 Als ihren Retter.
51 Einige.
52 Die Mehrheit der Mitglieder des Kapitels.
53 Sie behaupteten, dieser Kopf könne sie erlösen.
54 Er mache sie reich.
55 Er verschaffe ihnen alle Reichtümer des Ordens.
56 Er bringe die Bäume zum Blühen.
57 Er bringe die Erde zum Keimen.
58 Sie umwanden den Kopf dieser Götzen mit Bändchen oder berührten ihn damit und trugen diese anschließend unter dem Hemd auf der nackten Haut.
59 Jeder der Brüder erhielt bei seiner Aufnahme ein solches Bändchen; oder ein Stück davon.
60 Dies taten sie aus Verehrung des Götzen.
61 Sie wurden aufgefordert, diese Bändchen ständig und auch nachts zu tragen.
(62) Sogar nachts.
62 (63) Dies war das übliche Aufnahmeritual.
63 (64) Überall.
64 (65) Meistens.
65 (66) Wer diese Rituale bei seiner Aufnahme oder danach verweigerte, wurde getötet oder ins Gefängnis geworfen.
66 (67) Manche.
67 (68) Die meisten.
68 (69) Unter Eid mussten sie geloben, nichts von diesen Zeremonien zu verraten.
69 (70) Andernfalls drohte Tod oder Gefängnis.
70 (71) Es war ihnen verboten, zu verraten, wie sie in den Orden aufgenommen worden waren.

71 (72) Sie wagten nicht, untereinander darüber zu sprechen.

72 (73) Wenn offenbar wurde, dass einer es dennoch verriet, wurde er mit dem Tode oder mit Gefängnis bestraft.

73 (74) Man befahl ihnen, nur bei Ordensbrüden die Beichte abzulegen.

74 (75) Die Brüder, die von diesen Verfehlungen wussten, unterließen es, sie zu korrigieren.

75 (76) Sie unserer Heiligen Mutter Kirche anzuzeigen.

76 (77) Sie brachen weder mit der Befolgung dieser Regeln noch mit der Gemeinschaft mit den Brüdern, obwohl sie die Möglichkeit dazu gehabt hätten.

77 *All dies wurde Outremer, an den Orten, an denen der Großmeister und der Konvent zeitweise residierten, eingehalten.*

78 *Manchmal wurde Christus in Gegenwart des Großmeisters und des Konvents verleugnet.*

79 *Auf Zypern wurde es allgemein so gehalten.*

80 *Ebenso diesseits der Meere, in allen Königreichen und an allen Orten, wo Aufnahmen in den Orden erfolgten.*

81 *Es wurde im gesamten Orden allgemein eingehalten.*

82 *Schon seit langem.*

83 *Nach altem Brauch.*

84 *Gemäß den Ordensstatuten.*

85 *Diese Regeln, Bräuche, Vorschriften und Statuten galten für den gesamten Orden, diesseits und jenseits der Meere.*

86 *Sie waren Teil des Regelwerks, das nach der Bestätigung durch den Apostolischen Stuhl eingeführt worden war.*

87 *Die Aufnahme der Brüder erfolgte allgemein und im ganzen Orden in dieser Weise.*

88 *Der Großmeister achtete auf die Einhaltung dieses Regelwerks.*

89 *Ebenso der Visitator.*

90 *Ebenso die Komture.*

91 *Ebenso die anderen Würdenträger des Ordens.*

92 *Sie selbst befolgten sie und wachten über deren Einhaltung.*

93 *Einige von ihnen.*

94 *Es gab keine andere Form der Aufnahme.*

95 *Kein noch lebendes Ordensmitglied kann sich erinnern, je eine andere Form gekannt zu haben.*

96 *Der Großmeister, die Visitatoren, die Komture und andere Ordensmeister bestraften diejenigen streng, die diese Rituale nicht befolgten oder sich weigerten, sie zu befolgen.*

97 *In diesem Orden wurde weder das Almosengeben noch die Gastfreundschaft gepflegt, wie es sich geziemte.*

98 (79) In diesem Orden galt es nicht als Sünde, sich erlaubt oder unerlaubt Rechte Dritter anzueignen.

99 (78) In diesem Orden legte man den Schwur ab, an der Bereicherung des Ordens mit allen erlaubten und unerlaubten Mitteln zu arbeiten.

100 *Es galt dabei nicht als Sünde, seinen Eid zu brechen.*

101 *Die Kapitel tagten im Geheimen.*

102 *Im Geheimen, entweder zur Stunde des ersten Schlafs oder während der ersten Nachtwache.*

103 *Im Geheimen, denn alle Personen, die nicht zum Orden gehörten, waren aus dem Haus und seiner Umfriedung verbannt.*

104 *Im Geheimen, denn die Templer ziehen sich zum Kapitel zurück und schließen alle Türen des Hauses und der Kirche so fest, dass jeder Zugang ausgeschlossen und es unmöglich ist, zu sehen und zu hören, was drinnen geschieht.*

105 *Alles ist so geheim, dass sie Wachen auf dem Dach des Hauses oder der Kirche aufstellen, wo sie ihre Kapitel abhalten, um jede Annäherung [eines Fremden] zu verhindern.*

106 *Insbesondere halten sie die Aufnahme neuer Brüder geheim.*

107 *Seit langem besteht im Orden die irrige Überzeugung, der Großmeister könne die Brüder von ihren Sünden lossprechen.*

108 *Schlimmer noch: Der Großmeister könne den Brüdern die Absolution auch ohne Beichte erteilen, wenn sie versäumt haben, aus Angst vor Strafe ihre Sünden zu gestehen.*

109 *Diese Vergehen hat der Großmeister vor seiner Verhaftung freiwillig in Gegenwart von Männern der Kirche und glaubwürdigen Laien bekannt.*

110 *In Gegenwart der Hauptwürdenträger des Ordens.*

111 *Sie alle verharrten in diesen Verfehlungen, nicht nur der Großmeister, sondern auch die anderen Komture und vor allem der Visitator des Ordens.*

112 *Alles, was der Großmeister, insbesondere sein Generalkapitel, tat und beschloss, musste vom Orden als Ganzem befolgt werden.*

113 *Diese Macht beanspruchte er und hatte sie sich seit langem schon angemaßt.*

114 *Diese widernatürlichen Bräuche und diese Abweichungen vom rechten Weg dauerten bereits so lange, dass der Orden seit ihrer Einführung einmal, zweimal oder mehrmals hätte reformiert werden können, was die Personen betraf.*

115 *Alle, die im Orden sowohl im Orient als auch im Okzident von diesen Abweichungen Kenntnis hatten, weigerten sich, diese zu korrigieren.*

116 *Oder sie unserer Heiligen Mutter Kirche anzuzeigen.*

117 *Sie brachen weder mit der Befolgung dieser Vergehen noch mit der Gemeinschaft der schuldigen Brüder, obwohl sie die Möglichkeit dazu gehabt hätten.*

118 *Zahlreiche Brüder haben den Orden wegen dieser Schändlichkeiten und Abweichungen verlassen, die einen, um in einen anderen Orden einzutreten, die anderen, um ein weltliches Leben zu führen.*

119 *Aus allen diesen Gründen hat eine tiefe Entrüstung die Herzen hochgestellter Persönlichkeiten, von Königen und Fürsten, erschüttert und gegen den Orden aufgebracht und hat sich auf beinahe das gesamte Christenvolk ausgebreitet.*

120 (80) Alle diese Dinge sind den Ordensbrüdern wohlbekannt.

121 (81) Dies alles liegt offen zu Tage, und jedermann weiß darum, Ordensbrüder ebenso wie alle außerhalb des Ordens.

122 *Zumindest die Mehrheit.*

123 *Einige.*

124 *Der Großmeister des Ordens, der Visitator, die Großmeister von Zypern, der Normandie und von Poitou ebenso wie zahlreiche andere Komture* (82) und etliche Ordensbrüder haben diese Dinge anerkannt, sowohl vor Gericht und auch anderswo, vor hohen Persönlichkeiten, an verschiedenen Orten und vor mehreren Personen der Öffentlichkeit.

125 (83) Etliche Ordensbrüder, Ritter, Priester und noch andere haben in Anwesenheit unseres Herrn Papst und der Kardinäle diese Dinge zumindest zum Großteil gestanden.

126 (84) Sie haben unter Eid ausgesagt.

127 (85) Einige sogar vor versammeltem Konsistorium.

(86) Die Brüder werden als einfache Personen befragt über ihre Aufnahme, den Ort derselben, den Zeitpunkt und wer dabei zugegen war, sowie über die Form ihrer Aufnahme

(87) Ebenso, ob sie wissen oder gehört haben, wann und durch wen die besagten Vergehen begonnen und wo sie sich festgesetzt haben; und über die Gründe und Umstände …

(88) Ebenso werden die einfachen Brüder befragt, ob sie wissen, wo die genannten Köpfe oder Götzenbilder und andere Dinge sind und wie sie behandelt und aufbewahrt wurden und von wem.

ANHANG 4

STAMMDIÖZESE DER TEMPLER, DIE VOM 6. FEBRUAR BIS 2. MAI 1310 IN PARIS VORGELADEN WAREN

Provinz Reims		**Provinz Rouen**[1]	
Reims	14	Rouen	13
Châlons-en-Champagne	9	Évreux	10
Laon	25	Lisieux	1
Noyon	12	Sées	2
Amiens	40	Bayeux	6
Soissons	25	Coutances	5
Senlis	2	**Zusammen**	37
Beauvais	26		
Thérouanne	5	**Provinz Tours**[2]	
Cambrai	8	Tours	14
Arras	4	Le Mans	1
Tournai	13	Saint Brieuc	1
Zusammen	**183**	**Zusammen**	**16**
Provinz Sens		**Provinz Lyon**	
Sens	22	Lyon	3
Auxerre	7	Mâcon	1
Nevers	4	Chalon-sur-Saône	3
Troyes	19	Autun	19
Meaux	11	Langres	74
Paris	36	**Zusammen**	**100**
Chartres	18		
Orléans	7		
Zusammen	**124**		

Provinz Bordeaux[3]		**Provinz Bourges**[4]	
Bordeaux	0	Bourges	15
Poitiers	10	Limoges	33
Angoulême	3	Clermont	29
Périgueux	3	Le Puy	2
Zusammen	**16**	Cahors	15
		Rodez	6
		Albi	4
		Zusammen	**104**

Provinz Auch[5]		**Provinz Narbonne**[6]	
Auch	3	Narbonne	5
Lectoure	1	Toulouse	5
Tarbes	3	Carcassonne	3
Couserans	6	Pamiers	2
Zusammen	**13**	Béziers	3
		Agde	6
		Maguelonne	4
		Nîmes	3
		Uzès	2
		Zusammen	**33**

Verteilung nach größeren geographischen Einheiten

Norden (Erzbistümer Reims, Rouen, Sens, dazu Langres und Autun)	437
Westen (Tours)	16
Zentrum (Bordeaux, Bourges, Lyon, außer Langres und Autun)	127
Süden (Auch, Narbonne)	46

Diözesen anderer Kirchenprovinzen

Viviers[7]: 1; Genf: 1; Besançon: 5;
Elne: 1; Aix-en-Provence: 1; Asti: 1; Bologna: 1;
Salisbury: 1; Lüttich: 4;
Toul: 1; Verdun: 1; Mainz: 1; Magdeburg: 1;
Trier: 1
Trajenctensis (Utrecht?): 1
Die sogenannte Diözese Vienne[8]: 5

ANHANG 5

DIE BEI DEN PROVINZIALKONZILIEN VON SENS UND REIMS ANWESENDEN TEMPLER

Die Templer, die am Provinzialkonzil von Sens in Paris teilnahmen:

Gautier de Bure (I, 296)
Odo de Dona Petra (I, 306)
Garnier de Venesi (I, 311)
Aimeri de Burez (I, 316)
Jean Quentin (I, 334)
Jean de Branlis (I, 337)
Jean de Saint-Quest (I, 338)
Simon de Corbon (I, 350)
Jean de Viviers (I, 355)
Simon de Lyons-en-Santerre (Lechuno) (I, 364)
Gérard de Caus (I, 379)
Humbert de Torbone ou Saint-Joire (I, 406)*
Guy Dauphin (I, 415)
Renaud de Tremblay (I, 421)*
Philippe Agate (I, 428)
Jean de Saint-Leu (I, 431)*
Barthélemy de Troyes (I, 433)*
Othon de Anone (I, 436)
Lambert de Cormeilles (I, 439)
Robert de Cormeilles (I, 441)
Raynier de Larchant (I, 494)*
Pierre d'Herblay (I, 496)*
Guillaume d'Herblay (I, 498)
Jacques Le Verjus (I, 503)*
Jean de Romprey (I, 506)
Jean de Buffavent (I, 509)
Robert Vigier (I, 512)
Pierre de Blois (I, 514)*

Simon de Commercy (I, 517)*
Jean de Cormele (I, 520)*
Pierre Picard (I, 522)*
Christian de Bicey (I, 524)*
Pons de Benèvre (I, 538)*
Jean de Bessu St-Germain (I, 541)*
Thibaud de Basimont (I, 543)*
Thomas Quintin (I, 554)*
Humbert de Germila (I, 560)*
Nicolas de Troyes (I, 571)*
Pierre de Cercellis (I, 574)*
Gilles de Chevru (I, 578)*
Jean de Nici (I, 581)
Raoul de Saulx (I, 583)*
Jean de l'Aumône (I, 588)
Jean de Tour, trésorier [Schatzmeister] (I, 595)
Renaud de Provins (II, 3–4)
Jean de Mortefontaine (II, 3)
Guillaume de Hoymont (II, 3)
Renaud de Cugnières (II, 4)
Pierre de Clermont-en-Beauvaisis (II, 4)
Bernard de Sornay (II, 4)
Pierre de Grumesnil (II, 23)*
Guillaume Boncelli (II, 26)*
Baudouin de Gisa (II, 28)
Jean de Pont-l'Évêque (II, 30)*
Pierre de Janz (II, 32)*
Etienne de Tour (II, 35)*
Jean de Frégeville (II, 37)
Eudes de Bure (II, 109)
Jean de Noyon (II, 261)*

Die Templer, die am Provinzialkonzil von Reims in Senlis (Mai–Juni 1310) teilnahmen:

Thomas de Jamvalle (I, 443)
Robert Le Brioys (I, 447)
Guillaume de la Place (I, 450)
Gilles de Rotengi (I, 463)
Foulques de Neuilly (I, 477)
Alliaume (Adelinus) de Lignères (I, 479)
Nicolas de Meanny (I, 482)

Thomas de Rochancourt (Boncourt) (I, 485)
Jean de Grèz (Gressibus) (I, 487)
Hugues d'Oisemont (I, 490)
Mathieu de Cressonessart (I, 535)
Pierre de Sainte-Maxence (I, 621)
Raoul de Taverny (I, 626)
Bono de Voulaines (Vollenis) (I, 630)
Dominique de Dijon (I, 632)
Henri de Faverolles (I, 634)
Virmundus de Sanconi (I, 637)
Nicolas de Compiègne (I, 639)
Pierre de Lagny (II, 1)
Robert Le Verrier (II, 41)
Jean Peynet (Pernet) (II, 71)
Robert de Ramboval (Reinheval, alias Preposito) (II, 74)
Jean Bocher de Grandvillers (II, 77)
Gilles de Lovencourt (Lana Curia) (II, 112)
Guy de Belleville (II, 114)
Jean de Canes (II, 116)
Henri de Compiègne (II, 118)

* Die Templer, die am 19. Mai 1310 auf die Verteidigung verzichteten.

ANHANG 6

LISTE DER TEMPLER, DIE AUF DIE VERTEIDIGUNG DES ORDENS VERZICHTEN (19. MAI 1310)

Darauf versammelten sich am Dienstag, dem 19. Tag im Mai, in besagter Kapelle des heiligen Eligius die oben genannten Herren Kommissare, mit Ausnahme der Herren von Narbonne und Bayeux, die sich wie oben erwähnt entschuldigen ließen; ihnen wurden die unten namentlich aufgeführten Brüder vorgestellt, die einzeln *(sigillatim)* von den genannten Herren Kommissaren aufgefordert wurden, zu sagen, warum sie gekommen seien; jeder antwortete, da sie sich früher vor den Herren Kommissaren bereit erklärt hätten, den Orden der Templer zu verteidigen, so wollten sie jetzt von dieser Verteidigung Abstand nehmen und darauf verzichten. Es folgen die Namen dieser Brüder:

Namen	**Diözese**	**Tag der Vorstellung vor der Kommission**
Humbertus de sancto Jorgio	Vienne *[sic]*	16. 01. 1311 (I, 402)
Ancherius und	Vienne *[sic]*	
Petrus de Syare Ritter	Vienne *[sic]*	
Petrus de sancta Gressa	Amiens	
Johannes de Ponte Episcopi	Noyons	11. 03. 1311 (II, 30)
P. de Jans	Beauvais	11. 03. 1311 (II, 32)
Philippus de Villa Selva	Noyon	
Egidius de Cheruto	Sens	19. 02. 1311 (I, 578)
Otho de Anona	Langres	22. 01. 1311 (I, 436)
P. de Cheruto	Sens	11. 02. 1311 (I, 529)
Aymo de Perbona	Troyes	
Robertus de Monboin	Sens	
Thomas de Martinhiaco, Priester	Laon	
Symon de Cormissiaco	Reims	09. 02. 1311 (I, 517)
Poncius de Bono Opere	Langres	12. 02. 1311 (I, 538)
Johannes de Noviomo	Soissons	22. 05. 1311 (II, 261)
Nicolaus de Trecis	Soissons	18. 02. 1311 (I, 571)

Namen	Diözese	Tag der Vorstellung vor der Kommission
Johannes de Bersi de sancto Germano	Soissons	12. 02. 1311 (I, 541)
Guillelmus Ardoini	Orléans	
Thomas Quintini	Bayeux	16. 02. 1311 (I, 554)
P. de Sarcellis	Paris	19. 02. 1311 (I, 574)
Johannes de sancta Genefa	Liège	
P. de Grumenilio, Priester	Beauvais	10. 03. 1311 (II, 23)
P. de Blesis, Priester	Chartres	08. 02. 1311 (I, 154)
Christianus de Bice	Langres	10. 02. 1311 (I, 524)
P. le Picart de Buris	Langres	09. 02. 1311 (I, 522)
Jacobus genannt Vergus	Meaux	05. 02. 1311 (I, 503)
Gerardus de Belna	Autun	
Johannes de Corvella Cormelle	Soissons	09. 02. 1311 (I, 520)
Albertus de Corvella	Châlons-en-Champagne	17. 02. 1311 (I, 560)
Bartholomaeus de Trecis	Besançon	22. 01. 1311 (I, 433)
Guillelmus de Gi	Besançon	17. 02. 1311 (I, 564)
Theobaldus de Basmonte	Chartres	13. 02. 1311 (I, 543)
Tonzsanus de Lenhivilla	Beauvais	
Johannes de Ellemosina	Paris	20. 02. 1311 (I, 588)
Radulphus de Salicibus	Laon	20. 02. 1311 (I, 583)
Nicolaus de la Gella	Laon	
Raynerius de Larchamp	Sens	04. 02. 1311 (I, 494)
Raynaudus de Tremplayo, Priester	Paris	20. 01. 1311 (I, 421)
Stephanus de Turno	Paris	12. 03. 1311 (II, 35)
Guillelmus Bocelli	Évreux	10. 03. 1311 (II, 26)
Richardus de Caprosia	Paris	
Johannes de sancto Lupo und	Paris	21. 01. 1311 (I, 431)
P. de Arbleya	Paris	04. 02. 1311 (I, 496)

So geschah es an besagtem Tag und Ort durch die genannten Herren Kommissare in Gegenwart von mir, Floriamonte Dondedei, Hugone Nicolai, Guillelmo Radulpho und weiteren bereits genannten Notaren.

ANHANG 7

DIE TEMPLER, DIE IN PARIS VON OKTOBER BIS NOVEMBER 1307 UND VOR DER PÄPSTLICHEN KOMMISSION 1311 VERHÖRT WURDEN

Thibaud de Basemont (II, 288; I, 542)
Pons de Benèvre (Bono Opere) (II, 408; I, 538)
Pierre de Blois (II, 333; I, 514)
Gautier de Bure (II, 344; I, 296)
Gérard de Caus (Gauche, Cancer) (II, 290, I, 379)
Gilles de Chevru (Cantuco, Chamino) (II, 387; I, 578)
Nicolas de Compiègne (II, 417; I, 639)
Jacques de Crumellis (II, 351; I, 545)
Guy Dauphin (II, 280; I, 415)
Dominique de Dijon (II, 368; I, 632)
Étienne de Domont (II, 323; I, 566)
Jean de *Elemosina* (l'Aumône) (II, 308; I, 588)
Gilles *de Encreyo*, de Ecci (II, 373; I, 249)
Guillaume de Gii *(Giaco)* (II, 289; I, 564)
Jean de Gizy (II, 414; I, 566)
Raoul de Gizy (II, 363; I, 394)
Pierre de Grumesnil (II, 318; II, 23)
Guillaume d'Herblay (Arramblay) (II, 299; I, 498)
Pierre d'Herblay (II, 307; I, 496)
Hélie de Jocro (II, 389; I, 531)
Humbaud de Laboyssade (Besseyta) (II, 303; II, 85)
Renier de Larchant (II, 278; I, 494)
Jacques Le Verjus (II, 397; I, 503)
Jean de Nivelle (Borletta) (II, 281; I, 548)
Jean de Pont-l'Évêque (II, 378; II, 30)
Humbert de Saint-Joire (Torbone) (II, 366; I, 406)
Jean de Saint-Leu (II, 287; I, 431)

Raoul de Saulx *(Salicibus)* (II, 406; I, 583)
Raoul de Taverny (II, 375; I, 626)
Jean de Tour (II, 315; I, 595)
Renaud de Tremblay (II, 279; I, 421)
Nicolas de Troyes (II, 405; I, 571)
Jean de Valbellent (II, 558; I, 550)
Guillaume de Vernège (Varnage) (II, 302; II, 178)
Bono de Voulaines *(Vollenis)* (II, 402; I, 630)

ANHANG 8

LISTE DER IN DER BALLEI VON SENLIS INHAFTIERTEN TEMPLER (1310–1312)

Haftorte:

V: Haus des Abtes von Auchy in Villers-Saint-Paul, Oise. 12 Templer begnadigt (b).

A: Hôtel von Guiart d'Asnières, Asnières-sur-Oise. 8 Templer b.

B: Turm oder Haus des Bischofs von Beauvais, Beauvais, Oise. 12 Templer nicht begnadigt (nb).

C: Schloss von Saint-Aubin (oder Bergfried) in Crépy. 10 Templer b.

L: Schloss von la Mote de Luzarches, Luzarches, Val-d'Oise. 10 Templer b.

M: Schloss von Montméliant, Plailly, Oise. 11 Templer nb.

P: Haus von Pierre de Plailly, Plailly, Oise. 11 Templer nb (16 zu Anfang, 5 flüchtig, 1 wieder eingefangen).

Po: Stadt und Festung von Pont, Compiègne, Oise. 9 Templer nb.

S1: Haus oder Landsitz von Jean Le Gagneur, Senlis, Oise. 12 Templer b.

S2: Haus von Pierre de la Cloche, in Crépy, Senlis, Oise. 10 Templer nb.

(S3 ein anderes Haus, Senlis, Oise). Siehe Beauvais.

T: Haus des Bischofs von Beauvais oder Festung von Thiers, Thiers-sur-Thève, Oise. 12 Templer nb.

Dokumente:

BnF, franz. Manuskript 20334
BnF, lat. Manuskript 9800
BnF, Clairambault 1313
ANF K 37 C, Nr. 40 ter und K 38 Nr. 8/2

b: begnadigt
nb: nicht begnadigt
V: Verteidiger (Februar–April 1310)
NV: Nichtverteidiger (Februar–April 1310)

117 identifiziert, plus 5 auf der Flucht, nicht genannt
52 begnadigt
65 nicht begnadigt (plus 5 flüchtig)

Haus: Kloster von Auchy in Villers-Saint-Paul (V)

Name	Datum	b oder nb	V oder NV	Verweis	Verhör	Verweis
Thomas de Janvalle	07/10–03/11	b	V	M. I, 64	ja	M. I, 460
Jean de Bollencourt	07/10–03/11	b	V	M. I, 63	ja	M. I, 461
Robert Le Brioys	07/10–03/11	b	V	M. I, 68	ja	M. I, 447
Henri de Compiègne	07/10–03/11	b	V	M. I, 63	ja	M. II, 118
Robert de Gorrenflos	07/10–03/11	b	V	M. I, 62	ja	M. II, 56
Adam d'Inferno	07/10–03/11	b	V	M. I, 68	ja	M. II, 61
Philippe de Lavercines	07/10–03/11	b	V	M. I, 68	ja	M. II, 63
Martin de Marselhes	07/10–03/11	b	V	M. I, 63	ja	M. II, 69
Philippe de Manin	07/10–03/11	b	V	M. I, 63	ja	M. II, 66
Guillaume de la Place	07/10–03/11	b	V	M. I, 63	ja	M. I, 450
Jean Canes (des Quesnes)	07/10–03/11	b	V	M. I, 68	ja	M. II, 116
Bertrand de Sommereux	07/10–03/11	b	V	M. I, 63	ja	M. II, 59

Haus: Asnières (A)

Name	Datum	b oder nb	V oder NV	Verweis	Verhör	Verweis
Hugues d'Alli	07/10–12/10	b	V	M. I, 83	nein	
Colart de Bornel, Le Monnier	07/10–06/11	b	NV			
Jean Bras-de-Fer	07/10–01/12	b	V	M. I, 64	nein	
Guill. du Mesnil-Aubry	07/10–01/12	b	V	M. I, 68	nein	
Michel Musset	07/10–01/12	b	V	M. I, 63	nein	
Gilles de Rotangi	07/10–06/11	b	V	M. I, 62	ja	M. I, 463
Jean de Saint-Just	07/10–01/12	b	V	M. I, 63	ja	M. I, 468
Pierre de Saint-Leu	07/10–06/11	b	V	M. I, 77	nein	

Haus: Beauvais (September 1310 bis Juni 1311), dann Senlis (Oktober bis November 1311), schließlich Asnières (April 1312) (B)

Name	Datum	b oder nb	V	Verweis	Verhör	Verweis
Arnoul Arbia (Lambre)	09/10–04/12	nb	V	M. I, 60	nein	
Henri d'Ardenbourt Erden.)	09/10–04/12	nb	V	M. I, 60	nein	
Henri de Brabant*	09/10–03/11	nb	V	M. I, 60	nein	
Pierre Capoin	09/10–04/12	nb	V	M. I, 60	nein	
Bernard de Castres	09/10–04/12	nb	V	M. I, 60	nein	
Jacques Candebur (Cadibeuf)	09/10–04/12	nb	V	M. I, 60	nein	
Philippe de Douai (Vignes)	09/10–04/12	nb	V	M. I, 60	nein	
Gilles de Perbone	09/10–04/12	nb	V	M. I, 60	nein	
Henri de la Plache**	09/10–11/11	nb	V	M. I, 60	nein	
Hélie de Templemars	09/10–04/12	nb	V	M. I, 60	nein	
Jean de Vercinare	09/10–04/12	nb	V	M. I, 60	nein	
Nicolas de Versequin	09/10–04/12	nb	V	M. I, 60	nein	

* Henri de Brabant wurde weder nach Senlis noch nach Asnières verlegt.

** Verschwand im November 1311. Dafür taucht ein Jean du Sac in der Gruppe auf, als sie nach Asnières verlegt wird. Alle bis auf Henri de Brabant wurden in Paris im Haus der Abtei von Saint-Magloire gefangen gehalten, M. I, 136.

Haus: Crépy (C)

Name	Datum	b oder nb	V oder NV	Verweis	Verhör	Verweis
Nicolas de Compiègne	08/10–04/11	b	V	M. I, 77	nein*	
Mathieu de Cressonessart	08/10–04/11	b	V	M. I, 74	ja	M. I, 535
Renaud de Cugnières	08/10–04/11	b**	V	M. I, 63	nein	
Dominique de Dijon	08/10–04/11	b	V	M. I, 68	ja	M. I, 632*
Henri de Faverolles	08/10–04/11	b	V	M. I, 68	ja	M. I, 634
Hélie de Jouarre (Jocro)	08/10–04/11	b	V	M. I, 77	ja	M. I, 531*
Pierre de Lagny	08/10–04/11	b	V	M. I, 74	ja?	M. II, 1
Virmundus de Sanconi	08/10–04/11	b	V	M. I, 60	ja	M. I, 637
Raoul de Taverny	08/10–04/11	b	V	M. I, 77	ja	M. I, 626*
Bono de Vollenis	08/10–04/11	b	V	M. I, 77	ja	M. I, 630

* Wurde aber 1307 verhört (M. II, 417, 368, 389, 374).

** Soll beim Konzil von Senlis begnadigt worden sein; wurde aber durch das Konzil von Sens zu lebenslanger Haft verurteilt (M. II, 3-4).

Haus: Luzarches (L)

Name	Datum	b oder nb	V oder NV	Verweis	Verhör	Verweis
Jean Le Bouchier (Bocherii)	08/10–10/11	b	V	M. I, 74	ja	M. II, 77
Jean Fort de Vin	08/10–10/11	b	V	M. I, 68	nein	
Jean Le Ganbier	08/10–06/11	b	V	M. I, 65	ja	M. I, 471
Gilles de Lana curia (Louvencourt, Louvaincourt)	08/10–06/11	b	V	M. I, 74	ja	M. II, 112
Pierre de Maison Vignier	08/10–10/11	b	V	M. I, 60	nein	
Gaubert de Marle	08/10–10/11	b	NV	M. I, 79	nein	
Jean Pernet (Peynet)	08/10–10/11	b	V	M. I, 74	ja	M. II, 69–71
Robert de Rabanval	08/10–10/11	b	V	M. I, 74	ja	M. II, 74
P. de Saint-Just	08/10–05/11	b	V	M. I, 74	ja	M. I, 474
Barthélemy de Voulaine	08/10–10/11	b	V	M. I, 68	nein	

Haus: Montmélian (M)

Name	Datum	b oder nb	V oder NV	Verweis	Verhör	Verweis
Pierre d'Acies	07/10–03/11	nb	V	M. I, 86	nein	
Guillaume de Beauvais	07/10–03/11	nb	V	M. I, 74	nein	
Pierre de Landres	07/10–03/11	nb	V	M. I, 69	nein	
Jean Lochon	07/10–03/11	nb	V	M. I, 69	nein	
Pierre de Mambressis	07/10–03/11	nb	V	M. I, 69	nein	
Jean de Mannen (Malip)	07/10–03/11	nb	V	M. I, 69	nein	
André Mederarii (Le Mortier)	07/10–03/11	nb	V	M. I, 74	nein	
Raoul Morant (Grandivilliers)	07/10–03/11	nb	?	?		
Bertrand de Saint-Paul	07/10–03/11	nb	V	M. I, 69	nein	
Gérard de Songeons	07/10–03/11	nb	V	M. I, 64	nein	
Thierry de Valle Bellant	07/10–03/11	nb	V	M. I, 60	nein	

Haus: Plailly (P)

Name	Datum	b oder nb	V oder NV	Verweis	Verhör	Verweis
Gossoyn de Bruges	07/10–11/11	nb	V	M. I, 64	nein	
Thomas d'Escamps (Cames)	07/10–03/12	nb	V	M. I, 64	nein	
Eudes Coclarius (Le Culherier)	07/10–03/12	nb	V	M. I, 83	nein	
Nicolas de Marra	07/10–03/12	nb	V	M. I, 68	nein	
Pierre de Monte Goyni	07/10–03/12	nb	V	M. I, 68	nein	
Eudes de Nanteuil	07/10–03/12	nb	V	M. I, 60	nein	
Pierre Le Picart	07/10–03/12	nb	V	M. I, 71	nein	
Pierre Le Prévot (Prepositi)	07/10–03/12	nb	V	M. I, 83	nein	
Philippe de Troisfon (Crespen)	07/10–03/12	nb	V	M. I, 68	nein	
Gautier de Villesavoir	07/10–11/11	nb	V	M. I, 83	nein	
Jean Waubert (Vomberti)	07/10–03/12	nb	V	M. I, 64	nein	

Haus: Compiègne, Festung von Pont (Po)

Name	Datum	b oder nb	V oder NV	Verweis	Verhör	Verweis
Dreux de Chevru	07/10–05/11	nb	V	M. I, 85	nein	
Henri Zelot (Chapelins)	07/10–05/11	nb	V	M. I, 85	nein	
Geoffroy de la Fère	07/10–05/11	nb	V	M. I, 85	nein	
Robert Harlé (Ermenonville)	07/10–05/11	nb	V	M. I, 85?	nein	
Robert de Monts-de-Soissons	07/10–05/11	nb	V	M. I, 85?	nein	
Robert de Mortefontaine	07/10–05/11	nb	V	M. I, 85?	nein	
Anceaux de la Rochelle	07/10–05/11	nb	V	M. I, 85	nein	
Guillaume de Roy	07/10–05/11	nb	V	M. I, 85	nein	
Evrard de Valdencia	07/10–05/11	nb	V	M. I, 85	nein	

Haus: Senlis 1, Haus von Jean Le Gagneur (S1)

Name	Datum	b oder nb	V oder NV	Verweis	Verhör	Verweis
Guy de Belleville	09/10–10/11	b	V	M. I, 79	ja	M. II, 114
Jean de Grès (Grez?)	09/10–10/11	b	NV		ja	M. I, 487
Nicolas de Ancinimonte	09/10–10/11	b	NV	M. I, 78	nein	
Thomas de Roquencourt, Boncourt, Hennencourt	09/10–10/11	b	V	M. I, 73	ja	M. I, 485*
Guillaume de Lafons, Clefons	09/10–10/11	b	V?	M. I, 108	ja	M. I, 619
Aliaume de Linières	09/10–10/11	b	NV		ja	M. I, 479
Nicolas de Meannay	09/10–10/11	b	NV		ja	M. I, 482
Gérard de Moineville	09/10–10/11	b	V	M. I, 78	ja	M. I, 624
Foulque de Neuilly	09/10–10/11	b	NV		ja	M. I, 477
Hugues d'Oisemont	09/10–10/11	b	NV		ja	M. I, 490
Étienne de Provins	09/10–10/11	b	V	M. I, 78	nein	
Pierre de St-Maxence	09/10–10/11	b	NV		ja	M. I, 621

* Verhör 1307 (II, 416).

Haus: Senlis 2, Haus von Pierre de la Cloche (S2)

Name	Datum	b oder nb	V oder NV	Verweis	Verhör	Verweis
Nicolas d'Amiens	04/11–01/12	nb	V	M. I, 64	nein	
Jean de Cormeles	04/11–10/11	nb	V	M. I, 85	nein	
Henri de Harsegni (Li Abès)	04/11–01/12	nb	V	M. I, 63	nein*	
Henri de la Place	04/11–10/11	nb	V	M. I, 60	nein	
Thibaud de Plomion	04/11–01/12	nb	V	M. I, 64	nein	
Henri de Percigny	04/11–01/12	nb	V	M. I, 64	nein	
Jean du Sac (Ausato)	01/11	nb	V	M. I, 59**	nein	
Gilles de Valencienne	04/11–01/12	nb	V	M. I, 63	nein	
Jean de Verneuil	01/12	nb	V	M. I, 59	nein	
Gautier de Villers	04/11–01/12	nb	V	M. I, 59	nein	

* Verhört 1307 (M. II, 375).

** im April und im Oktober 1311 nicht in dieser Gruppe aufgeführt; in Senlis erwähnt in einer Gruppe von 11 Templern unter der Bewachung von Daniel Grant, dann im April 1312 nach Asnières verlegt.

Haus: Thiers-sur-Thève (T)

Name	Datum	b oder nb	V oder NV	Verweis	Verhör	Verweis
Bernard de Bissi (Bicey)	07/10–10/11	nb	V	M. I, 69	nein	
Robert de Charmes	07/10–10/11	nb	V	M. I, 85	nein	
Jean de la Haie (Malip?)	07/10–10/11	nb	V	M. I, 69	nein	
Robert de Montreuil	07/10–10/11	nb	V	M. I, 84	nein	
Jean de Maison Dieu	07/10–10/11	nb	V	M. I, 86	nein	
Renaud de Paris	07/10–10/11	nb	V	M. I, 77	nein	
Renaud de Ploisy	11/10	nb	V	M. I, 67	nein	
Jean Peitavin (Poitevin)	07/10–10/11	nb	V	M. I, 69	nein	
Laurent de Provins	07/10–10/11	nb	V	M. I, 69	nein	
Pierre Regis (LeRoy)	07/10–10/11	nb	V	M. I, 86	nein	
Jacques de Sacy (Sanceyo)	07/10–10/11	nb	V	M. I, 69	nein	
Hugues de Villers	07/10–10/11	nb	V	M. I, 69	nein	

ANHANG 9

DIE PRÄSENTATION DER TEMPLER VOR DER KOMMISSION IN PARIS UND IHRE VERHÖRE (APRIL–MAI 1310 UND 17. DEZEMBER 1310–MAI 1311)

*: Verhört, aber nicht in der Gruppe präsent
**: in der Gruppe präsent, aber nicht verhört
kursiv: Nichttempler

A. April–Mai 1310		
11.04.1310		I, 174
	Johannes de Scivriaco**	
	Johannes de Fallegio**	
	Johannes de Juvenii**	
	Johannes de Capricordio**	
	Johannes Thaiafer (de Gene)	I, 187
	Huguetus de Buris	I, 205
	Guaufredus (de) Thantan	I, 222
	Johannes Anglicus	I, 193
	Nicolaus de Capella**	
	Johannes de Bollena**	
	Johannes de Cathalona**	
	Arnulphus de Marnayo**	
	Robertus de Layme**	
	Johannes de Valle Bruandi**	
	Henricus de Landesi**	
	Galterus de Belna**	
	Johannes de Henesi**	
	Guillelmus de sancto Suppleto**	
	P. de Montaont**	
	Girardus de Passagio	I, 212
	Radulphus de Praellis	I, 175

	Guichardus de Marciaco	I, 182, 186
	*Johannes de Vassegio***	
	Nicolaus Symonis	I, 176
11.–13.04.1310	Johannes de sancto Benedicto	I, 177, 178
05.05.1310	8	I, 232
	Raymundus de Versinacho	I, 233
	Baudoynus de S. Justo	I, 241
	Thomas de Chamino**	
	Johannes Buchandi (Bertaldi)	I, 270
	Ancherius (Amerius) de Villa Ducis	I, 275
	Ambertus de Ros (Humbertus de Podio)	I, 264
	Jacobus de Trecis	I, 254
	Giletus de Encreyo	I, 249

B. 17. Dezember 1310–26. Mai 1311

17.12.1310	12	I, 287
	Galterus de Buris	I, 296
	Stephanus de Doimont (Divione)	I, 301
	Odo de Doura Petra (Dona Petra)	I, 306
	Enricus (Aimericus) de Buris	I, 316
	Johannes (de) Thara	I, 290
	Garnerius de Vernefraaco (Venesi)	I, 311
	Albertus de Columbis (Arbertus de Columpnis)	I, 320
	Theobaldus Tavernarii (de Taverniaco)	I, 324
	P(etrus) de Loyson	I, 328
	P(etrus) de Bello Monte	I, 331
	Johannes Quintini (Quentini) de Benna	I, 334
	Johannes de S. Questo	I, 338
31.12.1310	8	I, 337-338
	Johannes de Branlis	I, 341
	Bartholomeus de Glevon (de Glano)	I, 344
	Reginaldus de la Lopière (Renandus de Villa Mostrue)	I, 348
	Symon de Corbon(e)	I, 350
	Gaubertus de Silli (de Silhi)	I, 353
	Johannes de Vivariis (Viveriis)	I, 355
	Matheus de Tille (de Tilleyo)	I, 358
	Symon de Lions (de Lechuno)	I, 364

09.01.1311	3	I, 367-368
	Johannes de Boilhencort (Pollencourt)	I, 368
	Petrus de Bolhencourt (Poignencort, Polheicourt)	I, 371, 377
	Petrus (de) Boucheures	I, 374
11.01.1311	7	I, 377
	Guido Delphini	I, 415
	Addam de Valamanut (Vollencourt)	I, 409
	Humbertus de s. Jorre (Jorio)	I, 406
	Gerardus de Causo (Causso)	I, 379
	Petrus de Boneli (Bocli)	I, 412
	Hugo de Gamone (Calmonte)	I, 402
	Radulphus de Enesi (Gisi)	I, 394
20.01.1311	7	I, 421
	Raynardus (Raynaudus) de Tremplayo (Tremplaio)	I, 421
	Albertus de Canellis	I, 424
	Philippus Agate	I, 428
	Johannes de s. Lupo	I, 431
	Bartholomeus de Trecis	I, 433
	Otho de Ayrone (Anone)	I, 436
	Robertus de Cormelhes (Cormeliis)	I, 441
	(Lambertus de Cormellis*)	I, 439[1]
	* in der Gruppe nicht genannt	
26.01.1311	6	I, 443
	Egidius d'Oysimont (Rotangi)	I, 463 et II, 132
	Guillelmus de Platea	I, 450
	Thomas de Jemville (Jamvalle, Janvalle)	I, 443, 460
	Robertus de Brioys (le Brioys)	I, 447
	Johannes de Bolencourt (Bollencourt)	I, 461
	Johannes de s. Justo	I, 468

Das Verhör der Mitglieder dieser Gruppe wird am selben Tag durch das Erscheinen der acht Templer von der folgenden Liste unterbrochen; dann am nächsten Tag, dem 27. Januar, durch das Verhör des Minoritenbruders Stephanus de Nereaco aus Lyon.

26.01.1311	8	I, 446
	Johannes le Gambier de Grandi Villarii	I, 471
	Thomas de Bonnencourt (Boncourt)	I, 485
	Allemanus de Ligneriis (Alelinus de Lineriis)	I, 479

	Nicolaus de Meanvoy (Meannay)	I, 482
	Hugo d'Oysemont (Oysimont)	I, 490
	Petrus de s. Justo	I, 474
	Johannes de Gressibus	I, 487
	Fulco de Nulliaco	I, 477
27.01.1311	*Stephanus de Nereaco*	I, 454–459
27.01.1311	7	I, 459
	Guillelmus de Aramblay (Arreblayo)	I, 498
	Johannes de Turno jr (très.)	I, 595
	Petrus de Reblay (Arbleyo)	I, 496
	Renerius (Raynerius) de Larchant	I, 494
	Jacobus de Vernis (Le Verjus)	I, 503
	Johannes Ruffemont (Buffavent)	I, 509
	Johannes de Rompre (Rumpreyo)	I, 506
08.02.1311	10	I, 511
	Petrus de Blesis	I, 514
	Robertus Vigerii	I, 512
	Christianus de Biceyo	I, 524
	Petrus Picardi de Buris	I, 522
	Poncius de Bono Opere	I, 538
	Symon de Cormersci (Cormessi)	I, 517
	Helias de Jotro	I, 531
	Johannes de Cionriucle (de Cormele)	I, 520, 527
	Matheus de Cresson Essart	I, 535
	Petrus de Chevruto (Cherruto)	I, 529
11.02.1311	10	I, 540
	Jacobus (de) Cormele	I, 545
	Johannes de Valbellant (Vanbellant)	I, 550
	Johannes de Besu s. Germani (Bessu)	I, 541
	Odo de Castroduni	I, 558
	Theobaldus de Basimont(e)	I, 542
	Stephanus d'Omont (de Domont)	I, 556
	Guillelmus de Gi(i)	I, 564
	Johannes de Barleta (Nivella)	I, 548
	Albertus de Grevilla (Humbertus de Germilla)	I, 560
	Thomas Gancin (Quintini)	I, 554

17.02.1311	9	I, 566
	Johannes de Gisi	I, 566
	Radulphus de Salicibus	I, 583
	Petrus de s. Mamerto	I, 586
	Reginaldus le Bergerot (Raynandus Bergeron)	I, 591
	Johannes de Niciaco (de Nici)	I, 581
	Gilo de Cheruto (Egidius de Cheuruto)	I, 578
	Nicolaus de Trecis	I, 571
	Petrus de Cercellis	I, 574
	Johannes de Elemosina	I, 588
25.02.1311	6	I, 601
	Gerardus de Rupe Amatoris	I, 602
	Stephanus de (las) Gorsolas	I, 604, 614
	Ahimericus (Aymericus) de Premi	I, 608
	Petrus Maysorilier (Poncius de Masualier)	I, 611
	Johannes Fabri	I, 614
	Hugo la Hugonia	I, 616
27.02.1311	3 + 1	I, 619
	Anthonius Syci (Sici) de Vercellis	I, 641
	Guillelmus de Fonte	I, 619
	Petrus de s. Mayencio (Maxencio)	I, 621
	Girardus de Monachivilla (Manachivilla)	I, 624
01.03.1311	7	I, 624
	Radulphus de T(h)averniaco	I, 626
	Bono de Vollenis	I, 630
	Dominicus de Divione	I, 632
	Enricus (Anricus) de Faverolis	I, 634
	Gyronundus de Saccommin (Virmudus de Sanconi)	I, 637
	Nicolaus de Compendio	I, 639
	Petrus de Latinhiaco	II, 1
08.03.1311	6	II, 6
	Guillelmus de Torrage	II, 11
	Guillelmus deu Liege	II, 6
	Petrus Theobaldi	II, 18
	Helias Raynaudi	II, 21
	Guillelmus Terice (d'Errée)	II, 13
	Thomas de Panpalona	II, 15

10.03.1311	5	II, 23
	Petrus de Grimenilio (Grumenil)	II, 23
	Petrus Janz	II, 32
	Guillelmus Boncelli	II, 26
	Baudoynus de Gisi (Gisa)	II, 28
	Johannes de Ponte Episcopi	II, 30
11.03.1311	5	II, 35
	Robertus Le Verrier	II, 41
	Johannes de Bali (Baali)	II, 44
	Stephanus de Turno	II, 35
	Jacobus de villa Parisia	II, 39
	Johannes de Fregevilla	II, 37
13.03.1311	4	II, 47
	Symon lo Begue	II, 50
	Garinus de Corbon	II, 53
	Stephanus de Brolio	II, 54
	Adam de sancto Johanne in Brocuria	II, 47
15.03.1311	19	II, 52
	Robertus de Correnflos	II, 56
	Bertrandus de Somorens	II, 59
	Johannes Rocherii de Grandi Villarii	II, 77
	Adam de Inferno	II, 61
	Philippus de Manin (Manni)	II, 66, 77
	Robertus de Rambeval (Reinheval alias dictus prepositus)	II, 74
	Philippus de Lavercines	II, 63
	Martinus de Marselhes	II, 69
	Johannes Peynet	II, 71
	Petrus de Siven (Siveu)	II, 80
	Geraldus Judicis (de Augnihaco)	II, 82
	Martinus de Monte Trichardi	II, 88, 107
	Johannes Durandi	II, 91, 108
	Johannes de Raans (de Ruivans)	II, 94, 109
	Bartholomeus de Podio Revelli	II, 101
	Petrus de sancto Benedicto	II, 96
	Petrus de Monte Chalveti	II, 99
	Andreas de Monte Laudato	II, 103
	Raynaudus Larchier	II, 105
	(Humbaudus de la Boyssada*)	II, 85
	* nicht genannt in der Gruppe	

26.03.1311	6	II, 109
	Egidius de Lovencort	II, 112
	Johannes de Gaenes (de Canes)	II, 116
	Guido de Bellavilla (Bella Villa)	II, 114
	Anricus de Compendio (Conpendio)	II, 118
	Oddo de Buris	II, 109
	Philippus Griselli (Grisselli)	II, 119
29.03.1311	9	II, 121
	Bertrandus de Villaribus	II, 122
	Guillelmus Textoris	II, 129
	Guillelmus de Mazayas (Masayas)	II, 125
	Guido (de) la Chastaneda	II, 127
	Johannes de Mendaco (de Menat)	II, 133
	Johannes Senandi	II, 136
	Johannes Adam	II, 141
	Hugo Charnerii	II, 143
	Rogerius La Rocha (de Rupe)	II, 148
	Bertrandus de Ansonio (Bernardus de Alsonio)	II, 146
02.04.1311	9	II, 151
	Renardus de Bort	II, 151
	Bernardus Ademari	II, 156
	Durandus Passerion (Passarion)	II, 160
	Petrus Almavini (Amalini)	II, 165
	Raymundus Amalini (Amalvini)	II, 167
	Guigo de Rupe Talhada (Ruppe Talhata)	II, 154
	Petrus Gontandi	II, 158
	Bertrandus (Bernardus) Boni Hominis	II, 162
	Guibertus Rogerii	II, 169
04.04.1311	11	II, 165
	Petrus de Turonis	II, 172
	Matheus de Montelupello	II, 175
	Petrus de Lanneis (de Lanoys)	II, 188
	Bartholomeus Bartholeti	II, 186
	Guillelmus de Plexeyo	II, 184
	Guillelmus Talheboys	II, 182
	Gaufredus de Monchanson (Montchausit)	II, 181
	Arnaudus Brucgeon (Breion de Goerta) Johannes Picardi**	II, 189
	Audebertus de Porta	II, 171
	Parisius de Buris	II, 177

** wird danach nicht verhört.

06.04.1311	1	
	Guillelmus de Vernegia	II, 178
19.04.1311	2	II, 191
	Bartholomeus Bocherii	II, 191
	Radulphus Louveti	II, 196
19.04.1311		
	Pierre de La Palud, Dominikaner	II, 195-196
07.05.1311	7	II, 198
	Hugo de Narzac (Narsac)	II, 205
	Guillelmus de Sermoya (Soromina)	II, 199
	Petrus de Nobiliaco	II, 214
	Guillelmus Audeberti (Audenbon)	II, 202
	Helias de Chasac, dictus Cotati (Costati)	II, 209
	Petrus de Vernhia (la Vernha)	II, 216
	Petrus Geraldi alias dictus de Meleduno (de Mursac)	II, 211
11.05.1311	6	II, 217
	Guido de Rupe	II, 219
	Hugo de Fauro	II, 220
	Guido Las Chassandas (las Chaussandas)	II, 225
	Jordanus Pauta	II, 227
	Boso de Masualier	II, 228
	Petrus Piffandi (Pufandi)	II, 231
19.05.1311	10	II, 233
	Hugo de Janzac	II, 234
	Guillelmus Aprilis	II, 236
	Petrus Maurini	II, 238
	Durandus Charnerii	II, 241
	Petrus Blavi	II, 245
	Stephanus de Cellario	II, 243
	Michael de Podio	II, 252
	Petrus Bonafont, Bono Fonte	II, 248
	Johannes Sarraceni	II, 250
	Stephanus Glotonis	II, 254
22.05.1311	3	II, 256
	Johannes de Noviomo	II, 261
	Bertrandus Guasc	II, 258
	Guillelmus de Cardalhac	II, 256

26.05.1311	3	II, 263
	Johannes de Chali	II, 263
	Petrus de Moydies (Modies)	II, 265
	Raynaldus Belli Pili de Capella de Daminhie	II, 267

6 Templer werden vor dem 11. April 1310 verhört.
7 Templer (von den 8, die am 5. Mai erscheinen) vor der Vertagung vom 31. Mai 1310.
211 Templer werden ab dem 17. Dezember verhört.[2]

Total: 6 + 7 + 211 = 224

6 Nichttempler werden verhört, 3 vor dem 12. Mai 1310 (von den 4 Vorgeführten) und 3 nach dem 17. Dezember.

ABKÜRZUNGEN

AN	Archives nationales de France.
BnF	Bibliothèque nationale de France.
M. Barber, *Templerprozess*	BARBER, Malcolm, *Der Templerprozess. Das Ende eines Ritterordens,* Düsseldorf, Patmos, 2008.
J. Burgtorf, *Central Convent*	BURGTORF, Jochen, *The Central Convent of Hospitallers and Templars: History, Organization and Personnel (1099/1120-1310),* Leiden, Brill, 2008.
M.-A. Chevalier, *La fin*	CHEVALIER, Marie-Anna (Hrsg.), *La fin de l'ordre du Temple,* Paris, P. Geuthner, 2012.
CTHS	Comité des travaux historiques et scientifiques.
Debate	BURGTORF, J., CRAWFORD, P., NICHOLSON, H., *The Debate on the Trial of the Templars (1307–1314),* Farnham, Ashgate, 2010.
H. Finke, AA, I, II, III	FINKE, Heinrich, *Acta aragonensia, Quellen zur Kirchen- und Kulturgeschichte aus der diplomatischen Korrespondenz Jaymes II. (1291–1327),* 3 Bde., Berlin, W. Rothschild, 1908.
H. Finke, *Papsttum,* Bd. 1 und Bd. 2	FINKE, Heinrich, *Papsttum und Untergang des Templerordens,* 2 Bde., Münster, Aschendorffsche Buchhandlung, 1907.
B. Frale, *Il papato*	FRALE, Barbara, *Il papato e il processo ai Templari,* Rom, Viella, 2003.
Guillaume de Nangis	*Chronique latine de Guillaume de Nangis de 1113 à 1300 avec les continuations de cette chronique de 1300 à 1368,* Hercule Géraud (Hrsg.), 2 Bde, Paris, SHF, 1843.

H.L.F.	*Histoire littéraire de la France.*
Jean de Saint-Victor	Jean de SAINT-VICTOR, «Excerpta e memoriali historiarum auctore Johanne Parisiensi Sancti Victoris Parisiensis canonico regulari», *Recueil des historiens des Gaules et de la France,* Bd. XXI, Paris 1855.
E. Lalou, *Itinéraire*	LALOU, Élisabeth, *Itinéraire de Philippe IV le Bel (1285-1314),* Bd. 2: *Routes et résidences,* Mémoires de l'Académie des inscriptions et belles-lettres, Paris, De Boccard, 2007.
G. Lizerand, *L'affaire*	LIZERAND, Georges, *L'affaire des templiers,* Paris, Les Belles-Lettres, 1923.
L. Ménard, *Nîmes*	MÉNARD, Léon, *Histoire civile, ecclésiastique et littéraire de la ville de Nismes,* 7 Bde., Paris 1750; Bd. 1, *Preuves.*
M. I, M. II	MICHELET, Jules, *Le procès des templiers,* Collections des documents inédits sur l'Histoire de France, 1841–1851; Neuaufl. CTHS, Paris 1987.
H. Prutz, *Entwicklung*	PRUTZ, Hans, *Entwicklung und Untergang des Tempelherrenordens, mit Benutzung bisher ungedruckter Materialien,* Berlin 1888 (Neudr. 1972).
F. Raynouard, *Monumens*	RAYNOUARD, François Just Marie, *Monumens historiques relatifs à la condamnation des chevaliers du Temple et à l'abolition de leur ordre,* Paris 1813.
RHGF	*Recueil des historiens des Gaules et de la France,* 21 Bde.
Registres de Clément V	*Regestum Clementis papae V ex Vaticanis archetypis, editio, cura et studio monachorum ordinis sancti Benedicti,* 9 Bde., Rom 1885–1892.
K. Schottmüller, *Untergang*	SCHOTTMÜLLER, Konrad, *Der Untergang des Templer-Ordens,* 2 Bde., Berlin, E. S. Mittler & Sohn, 1887; Bd. 2, *Urkunden.*
Sève, *Templiers d'Auvergne*	SÈVE, Roger et Anne-Marie, *Le Procès des Templiers d'Auvergne, 1309–1311,* Édition du CTHS, 1986.

ANMERKUNGEN

EINFÜHRUNG

1 J. Loiseau, *Les Mamelouks, XIIIe–XVIe siècle,* Paris, Seuil, 2014.
2 M. Barber, *Der Templerprozess. Das Ende eines Ritterordens.* Deutsch von Harald Ehrhard, Düsseldorf, Patmos Verlag, 2008.
3 J. Michelet veröffentlichte diese Ermittlungen nach dem Pariser Manuskript (BnF). Es handelt sich nicht um eine Kopie des Vatikan-Manuskripts, sondern um eine Originalfassung desselben. Vgl. auch Kap. 14, S. 271 und Anm. 3.
4 Pierre Dupuy, *Traittez concernant l'histoire de France: sçavoir la condamnation des Templiers, avec quelques actes; l'histoire du schisme, les papes tenans le siège en Avignon et quelques procez criminels,* Paris, 1654; ein Jahrhundert später neu aufgelegt unter dem Titel: *Histoire de l'ordre militaire des Templiers ou chevalerie du Temple de Jérusalem depuis son établissement jusqu'à sa décadence et sa suppression,* Brüssel, 1751 (Reprint dieser Ausgabe erschien in Nîmes, 2002); deutsche Ausgabe: *Historischer Tractat von dem Process wider den Ritterorden der Tempel-Herrn,* Frankfurt, 1665; J. R. Strayer, *The Reign of Philip the Fair,* Princeton, Princeton University Press, 1980; J. Favier, *Philippe le Bel,* Paris, Fayard, Neuausgabe 1999; als Taschenbuch in «Texto», Paris 2013.
5 J. Riley-Smith, «Were the Templars Guilty?» und «The Structures of the Orders of the Temple and the Hospital in c. 1291», in: Susan J. Ridyard (Hrsg.), *The Medieval Crusade,* Woodbridge, Boydell Press, 2004.
6 A. Luttrell, «Observations on the Fall of the Temple», in: P. Josserand, L. F. de Oliveira, D. Carraz (Hrsg.), *Elites et Ordres militaires au Moyen Âge,* Madrid, Casa de Velázquez, 2015, S. 365–372.
7 Vgl. P. Partner, *The Murdered Magicians. The Templars and their Myth,* Oxford, Oxford University Press, 1982, ins Französische übersetzt v. Marie-Louise Navarro, *Templiers, franc-maçons et sociétés secrètes,* Paris, Pygmalion, 1992; Sève, *Templiers d'Auvergne,* S. 88; A. Demurger, *Die Templer,* München, C.H.Beck, 2007.
8 Sève, *Templiers d'Auvergne,* S. 88.

9 A. Forey, «Could alleged Templar Malpractices have remained undetected for decades?», in: *Debate*, S. 11–20.
10 J. Théry, «Une hérésie d'Etat. Philippe le Bel, le procès des ‹perfides templiers› et la pontificalisation de la royauté française», in: M.-A. Chevalier, *La fin*, S. 80.
11 S. L. Field, «La fin de l'ordre du Temple à Paris: le cas de Mathieu de Cressonessart», in: M.-A. Chevalier, *La fin*, S. 108.
12 J. Théry, «Procès des templiers», in: N. Bériou, P. Josserand (Hrsg.), *Prier et combattre.* Dictionnaire européen des ordres militaires au Moyen Âge, Paris, Fayard, 2009, S. 743.
13 A. Demurger, *Die Templer*, a. a. O., S. 273 f.
14 R.-H. Bautier, «Diplomatique et histoire politique. Ce que la critique diplomatique nous apprend sur la personnalité de Philippe le Bel», in: *Revue historique*, CCLIX (1978); M. Barber, «The World Picture of Philip the Fair», *Journal of Medieval History*, 8 (1982).
15 J. Théry, «Une hérésie d'Etat ...», a. a. O.; S. Nadiras, *Guillaume de Nogaret en ses dossiers: Méthodes de travail et de gouvernement d'un conseiller royal au début du XIVe siècle*, Dissertation an der Universität Paris-1 (14. März 2012, noch nicht erschienen); A. Provost, *Domus Diaboli. Un évêque en procès au temps de Philippe le Bel*, Paris, Belin, 2010.

1
VORSPIEL (1305–1307)

1 Gizy, im heutigen Département Aisne, bei Laon.
2 M I, 36–37; es ist nicht bekannt, ob er im Zuge der inquisitorischen Ermittlung vorgeladen worden war oder im Rahmen des Verfahrens, das Papst Clemens V. gegen die eingeweihten Personen angestrengt hatte (vgl. Kap. 7).
3 *Ce sont le treytour, li quel ont proposé fauseté et délauté contra este de la religion deu Temple: Guillalmes Roberts Moynes, qui les mitoyet à geine, Esquius de Floyrac de Biterris, cumprior de Montfaucon, Bernardus Peleti, prieus de Maso de Genois, et Geraues de Boyzol, cehalier, veneus à Gisors.* M. I, 36–37; G. Lizerand, *L'affaire*, S. 157.
4 D. Bryson, «Three *[sic]* Traitors of the Temple. Was their Truth the whole Truth?», in: *Debate*, S. 97–103.
5 Genauer: aus dem Brulhois: *Biterris*, ein Ort namens Marmont-Pachas im Kanton Laplume, Lot-et-Garonne; vgl. J. Clemens, «La rumeur agenaise de l'enfermement templier au début du XIVe siècle», in: *Revue de l'Agenais*, 123 (1996), S. 219–235 und 124 (1997), S. 23–40.

6 H. Finke, *Papsttum*, Bd. 2, S. 318–319; J. Clémens, «La rumeur agenaise ...», a. a. O., S. 230–232; C. V. Langlois, «L'affaire des templiers», *Journal des savants* (1908), S. 423–425.

7 M. I, 28.

8 AN, J 413, Nr. 28.

9 *Registres de Clément V*, Bd. 6, Nr. 7183; vgl. A. Demurger, *Der letzte Templer*, München, C.H.Beck, 2002, S. 320.

10 E. Boutaric, «Documents relatifs à l'histoire de Philippe le Bel», *Notices et extraits des manuscrits de la Bibliothèque impériale*, Bd. XX, 1861, S. 161–162.

11 C. R. Cheney, «The Downfall of the Templars and a Letter in their Defence», in: *Medieval Miscellany presented to Eugène Vinaver*, Medieval Texts and Studies, Oxford, Clarendon Press, 1973, S. 71.

12 H. Finke, *Papsttum*, Bd. 2, S. 83–84; M. Barber, *Templerprozess*, S. 85–86.

13 E. Lalou, *Itinéraire*, Bd. II, S. 305.

14 A. Demurger, «Clément V», in: Ph. Levillain (Hrsg.), *Dictionnaire historique de la papauté*, Paris, Fayard, 2006, S. 367–369; S. Menache, *Clement V*, Cambridge, Cambridge University Press, 1998; A. Paravicini Bagliani, *Boniface VIII, un pape hérétique?*, Paris, Payot, 2003.

15 S. Menache, «Chronicles and Historiography: the Interrelationship of Fact and Fiction», in: *Journal of Medieval History*, 32 (2006), S. 333–345; ders., *Clement V*, a. a. O., S. 18–19.

16 E. Boutaric, «Clément V, Philippe le Bel et les Templiers», in: *Revue des questions historiques*, Bd. X (1871) und Bd. XI (1872), S. 3–4.

17 E. Lalou, *Itinéraire*, Bd. II, S. 265–266.

18 Baluze, *Vitae Paparum Avenionensium*, neu hrsg. von G. Mollat, Bd. 3, S. 60.

19 M. I, 2–3.

20 H. Finke, *Papsttum*, Bd. 2, S. 46.

21 M. I, 192.

22 H. Finke, *Papsttum*, Bd. 2, S. 145; M. Barber, *Templerprozess*, a. a. O., S. 86.

23 M. I, 168; G. Lizerand, *L'affaire*, S. 185.

24 M. II, 192.

25 M. II, 200.

26 M. II, 358; M. I, 550–554.

27 R. Oursel, *Le procès des templiers*, Paris 1955, S. 194 u. Anm. 105, S. 250–251; der Autor macht ihn zu einem jener «Maulwürfe», die Nogaret in den Orden eingeschleust hatte. Das ist nicht ganz richtig: Er ist ein abtrünniger Templer.

28 M. II, 277–278; Schottmüller, *Untergang*, Bd. 2, S. 35–36; M. Barber, *Der Templerprozess*, S. 86.

29 M. I, 253–259; es muss heißen: fünfzig Jahre.

30 Ch. Vogel, «Templar Runaways and Renegades before, during and after the Trial», in: *Debate*, S. 317–326.

31 M. I, 76.

32 J. Riley-Smith, «Were the Templars Guilty?» a. a. O.

33 M. I, 254.

34 Präzise Zahlen, gewiss, die jedoch bis auf einige Dutzend falsch sind. Manche Unsicherheit, die bei Durchsicht der Angaben aufgetaucht ist, konnte noch nicht behoben werden: gleichlautende Verdoppelungen, Verwechslungen und Gedächtnislücken der Zeugen etc. Bis heute sind sie wohl die richtigsten der falschen Zahlen!

35 Die Zahl 231, die von der päpstlichen Kommission selbst genannt wird, wird von den Historikern im Allgemeinen übernommen. Nach mehrmaligem Rechnen komme ich auf die Zahl 230, von denen man sechs Aussagen von Nichttemplern abziehen muss. Vgl. Kap. 13, S. 255–256.

36 J. Favier, *Philippe le Bel*, a. a. O., S. 9.

37 138 Templer wurden 1307 verhört; 224 zwischen 1310 und 1311; 35 haben in beiden Verfahren ausgesagt. Macht zusammen: 138 + 224 – 35 = 327 Templer.

38 M I., 564 f. Guillaume de Gi wurde zusammen mit Jacques de Coublans, Richard und Jean de Montclar und etlichen anderen 1303 in Marseille registriert, die sich alle «einschifften». Vgl. A. Demurger, *Der letzte Templer*, a. a. O., S. 161–187; ders., «Outre-mer. Le passage des templiers en Orient d'après les dépositions du procès», in: *Chemins d'outre-mer. Etudes sur la Méditerranée médiévale offertes à Michel Balard*, 2 Bde., Paris, Publications de la Sorbonne, 2004, S. 217–230; ders., «Between Barcelona and Cyprus: The Travels of Berenguer of Cardona, Templar Master of Aragón and Catalonia (1300–1301)», in: J. Burgtorf, H. Nicholson (Hrsg.), *International Mobility in the Military Orders (Twelfth to Fifteenth Centuries): Travelling on Christ Business*, Cardiff, University of Wales Press, 2006, S. 65–74.

39 X. Hélary, *La Bataille de Courtrai*, Paris, Tallandier, 2012.

40 Vgl. A. Demurger, *Der letzte Templer*, a. a. O., S. 196–208.

41 H. Finke, *Papsttum*, Bd. 2, S. 35.

42 Ebd., S. 36, Dokument Nr. 23.

43 Ebd., S. 38, Dokument Nr. 25.

44 Guillaume de Nangis, S. 358; *Chronicon Girardi de Fracheto*, RHGF, Bd. XXI, S. 28.

45 H. Finke, *Papsttum*, Bd. 2, S. 149. M. Barber liefert eine detaillierte Analyse des Briefs von Jean Bourgogne, in: *Templerprozess*, S. 132–143.

46 Registres de Clément V, Bd. VI, S. 280–288; dieser Brief ist nachträglich einem Brief von Clemens V. vom 1. Juli 1311 beigegeben und mit obi-

gem Vermerk versehen; zit. in: A. Demurger, *Der letzte Templer*, a. a. O., S. 227 u. 367.

47 Vgl. A. J. Forey, «Letters of the Last Two Masters», *Nottingham Medieval Studies*, XLV (2001), S. 166–167.

48 H. Finke, *Papsttum*, Bd. 2, S. 149; G. Lizerand, *L'affaire*, S. 117.

49 Baluze, *Vitae Paparum*, a. a. O., Bd. 3, S. 60; M. Barber, K. Bate, *The Templars*, Manchester, Manchester University Press, 2002, S. 243–245.

50 H. Finke, *Papsttum*, Bd. 2, S. 149.

51 Baluze, *Vitae paparum*, a. a. O., Bd. 3, S. 60; E. Boutaric, «Clément V. Philippe le Bel et les Templiers», a. a. O., S. 24–25.

52 M. II, 373; vgl. A. Demurger, *Der letzte Templer*, a. a. O., S. 238.

53 So jedenfalls stellt es B. Frale, *L'Ultima Battaglia dei Templari*, Rom, Viella, 2001, S. 77–78, dar, ohne dafür irgendeinen Beweis zu erbringen.

54 H. Finke, *Papsttum*, Bd. 2, S. 58, Dokument Nr. 39; A. Forey, «Were the Templars Guilty?», *Viator*, 42 (2011), S. 130–131.

55 G. Bordonove, *La tragédie des Templiers*, Paris, Pygmalion, 1993, S. 21, zitiert den Umstand kommentarlos.

2
13. OKTOBER 1307: DIE VERHAFTUNG

1 AN, J 413, Anm. 22; beide Texte ins Französische übersetzt von G. Lizerand, *L'affaire*, S. 16–29.

2 Baillis und Seneschalle sind die unmittelbaren Repräsentanten des Königs in einer Ballei (meist in der Nordhälfte des Reichs) oder einer Sénéchaussée (meist in den südlichen Bereichen).

3 AD Nord, B 1458 (4589); L. Ménard, *Nîmes*, Bd. 1, Anm. 136, S. 195–197; AN, J 413, Anm. 22: Der Text ist veröffentlich in G. Lizerand, *L'affaire*, S. 19–29.

4 AD Nord, B 1458 (4589); das Schreiben wird erwähnt bei E. Lalou, *Itinéraire*, S. 298.

5 AN, JJ 44, f. 3; E. Lalou, *Itinéraire*, S. 297; J. A. MacNamara, *Gilles Aycelin, the Servant of two Masters*, Syracuse (New York), Syracuse University Press, 1973, S. 171–172, erwähnt, dass Pierre de Belleperche am 22. September das Amt des Siegelbewahrers abgab, woraufhin Guillaume de Nogaret ernannt wurde. Belleperche war krank, er starb am 17. Januar 1308. Gilles Aycelin hat später mehrfach in Vertretung für Guillaume de Nogaret die Siegel übernommen; vielleicht vertrat er auch Belleperche im Jahre 1307?

6 Zu Bernard Gui: B. Guenée, *Entre l'Église et l'État. Quatre vies de prélats français à la fin du Moyen Âge*, Paris, Gallimard, 1987, S. 49–86, S. 62.

7 A. Palès-Gobilliard (Hrsg.), *L'Inquisiteur Geoffroy d'Ablis et les cathares du comté de Foix (1308–1309)*, Paris, éditions du CNRS, 1984.
8 BnF, lat. Manuskript 10919, f. 52; H. Finke, *Papsttum*, Bd. 2, S. 44–46, Dokument Nr. 29.
9 Guillaume de Nangis, S. 360.
10 M. Bertrand, «Les templiers en Normandie», *Heimdal, Revue d'art et d'histoire de Normandie*, 26 (1978) nennt, allerdings ohne Beleg, den 6. Oktober.
11 L. Delisle, *Études sur la condition de la classe agricole et l'état de l'agriculture en Normandie au Moyen Âge*, Paris, H. Champion, 1851, S. 721–728. Die Komtur von Frémeaux «siet suiz monseigneur Charles en la conté d'Alençon»; der König hat demnach nicht unmittelbar die Oberhoheit, und seine Beamten müssen wohl diplomatisch mit dem Grafen umgehen.
12 Abbé Petel, *Templiers et hospitaliers dans le diocèse de Troyes*, P. Nouel, 1908, S. 12 (zit. bei G. Lizerand, *L'affaire*, S. 26).
13 A. Trudon des Ormes, *Etude sur les possessions de l'ordre du Temple en Picardie*, Amiens, Éditions Yvert et Tellier, 1892, S. 197.
14 M. Miguet, *Templiers et hospitaliers en Normandie*, Paris, CTHS, 1995, S. 49.
15 Ebd., S. 44.
16 Ebd., S. 44–45.
17 A. Higounet-Nadal, «L'inventaire des biens de la commanderie du Temple de Sainte-Eulalie du Larzac en 1308», *Annales du Midi*, 68 (1956), S. 255–262.
18 M. Wilmart, «Salariés, journaliers et artisans au service d'une exploitation agricole templière. La commanderie de Payns au début du XIVe siècle», in: A. Baudin, G. Brunel, N. Dohrmann (Hrsg.), *L'Économie templière en Occident*, Troyes, Éditions D. Guéniot, 2013, S. 279.
19 J. Burgtorf, «The Trial Inventories of the Templar's Houses in France. Select Aspects», in: *Debate*, S. 105–115; A. du Bourg, *Histoire du Grand Prieuré de Toulouse, avec les pièces justificatives*, Toulouse, Louis Sistac et Joseph Boubée, 1883, S. XV–XVII.
20 M. I, 320, 324, 331.
21 M. II, 180.
22 M. I, 223.
23 M. I, 458.
24 K. Schottmüller, *Untergang*, Bd. 2, S. 44–45.
25 J. Juillet, *Templiers et hospitaliers du Quercy*, Cahors, Éditions du Laquet, 1999, S. 118; er bezieht sich (unvollständig) auf *Te igitur*, 1232–1655, Cahors 1888, S. 67, Nr. 73; dieses Dokument war unauffindbar; der angegebene Ort ist La-Chapelle-Livron (Capella), Gemeinde Caylus, Tarn-et-Garonne, Diözese Cahors.
26 P. Josserand, «Les templiers en Bretagne au Moyen Âge: mythe et réalité», *Annales de Bretagne et des Pays de l'Ouest*, 119 (2012), S. 15.

27 M. I, 310.
28 E. Boutaric, *Notices et extraits des documents inédits relatifs à l'histoire de France sous Philippe le Bel*, Paris, Imprimerie impériale, 1861, Anm. XXIV.
29 F. Hooghe, «The Trial of the Templars in the County of Flanders», in: *Debate*, S. 292–293; zit. nach P. Rogghe, *De orde van de Tempelridders en haar geschiedenis in het oude graafschap Vlaanderen*, Gent, 1973, S. 148.
30 AN, J 413; faksimiliert und transkribiert von M. Miguet, *Templiers et Hospitaliers en Normandie*, a. a. O., S. 138 (ausgelassen wurde Bruder Thomas).
31 Jean de Saint-Victor, S. 649.
32 AN, J 413, Nr. 28.
33 L. Ménard, *Nîmes*, Bd. 1, S. 195–209.
34 M. I, 250, 369, 71–72, 350, 353, 364–365, 328; M. II, 181; M. I, 264; M. II, 185, 202, 186.
35 M. I, 334.
36 M. II, 23.
37 *Chronographia Regnum Francorum*, hrsg. v. H. de Moranvillé, Paris, SHF, 1891, Bd. 1, S. 180, Anm. 1.
38 H. Finke, *Papsttum*, Bd. 2, S. 114.
39 M. I, 223–224.
40 K. Schottmüller, *Untergang*, Bd. 2, S. 67.
41 BnF, lat. Manuskript, 10919, f. 84. Hrsg. v. H. Finke, *Papsttum*, Bd. 2, S. 74–75 (les nons des freres qui sen sunt fouy = die Namen der geflohenen Brüder).
42 Seine Flucht wird auch in den Aussagen von Jean de Buffavent erwähnt (M. I, 509), Eudes de Bure (M. II, 110).
43 Wahrscheinlich handelt es sich um Barralus de Grasilhano, Ritter und Komtur von Puy von 1300 bis 1307; D. Carraz, unveröffentlichter Anhang seiner Dissertation, IV, S. 111.
44 Grignan in der Grafschaft Venaissin.
45 M. I, 409: Er wurde wieder aufgegriffen unter unklaren Umständen; in seiner Vernehmung am 18. Januar 1311 sagt Adam de Vollencourt *[sic]* aus, er habe vor seiner Verhaftung seinen Mantel abgelegt und den Bart rasiert, als er von der Festnahme der anderen erfahren habe, und er sei im Kaiserreich gewesen, wo er volle Bewegungsfreiheit genoss.
46 M. I, 412; nach seiner Aussage vom 18. Januar 1311 wurde er wieder gefasst; auch er hatte vor seiner Verhaftung den Mantel abgelegt und sich rasiert, um nicht erkannt zu werden.
47 M. I, 30–31; vgl. Kap. 8, S. 166.
48 Vgl. Kap. 14, S. 285–286.
49 M. Barber, *Templerprozess*, S. 78.
50 Sève, *Templiers d'Auvergne*, S. 99; vgl. dazu Kap. 7, S. 143–144.
51 H. Finke, *Papsttum*, Bd. 2, S. 339.

52 P.-V. Claverie, *L'ordre du Temple en Terre sainte et à Chypre*, Nicosia, Centre de Recherche Scientifique, 2005, Bd. II, S. 281, bezieht sich auf *Chroniques d'Amadi et de Strambaldi*, hrsg. v. L. de Mas-Latrie, Collection des documents inédits sur l'histoire de France, 2 Bde., Paris, Imprimerie nationale, 1891–1893, Bd. 1, S. 290–291. Amadi ist nicht so ausführlich und gibt an, dass der Marschall des Ordens auf Zypern (Aymé d'Oiselay) mit seinen Freunden in Genf Kontakt aufnahm, um Hilfe zu bekommen.

53 Vgl. Anm. 39.

54 Vgl. Kap. 14, S. 290.

55 Vgl. Kap. 4, S. 83–84.

3
DER KÖNIG UND DIE INQUISITION (OKTOBER–NOVEMBER 1307)

1 A. Baudin, G. Brunel, «Les templiers en Champagne. Archives inédites, patrimoines et destin des hommes», in: *Les Templiers dans l'Aube*, Troyes, La Vie en Champagne, 2013, S. 63–69.

2 M. II, 4.

3 H. Prutz veröffentlicht auch Auszüge aus einem Verhörprotokoll aus Bayeux, das auf den 28. Oktober datiert ist; allerdings tauchen die Namen der dort erwähnten sechs Templer auch unter den dreizehn Protokollen von Caen auf. Tatsächlich lag hier eine Verwechslung der beiden Fassungen des Protokolls von Caen vor: Die eine war auf Lateinisch, die andere auf Französisch verfasst. H. Prutz führt die lateinische Fassung an (AN., J 413, Nr. 17) und bezieht sie auf Bayeux; die zweite (AN., J 413, Nr. 20) hat H. Finke unvollständig veröffentlicht. Hierzu genauer: Sean L. Field, «Torture and confession in the Templar Interrogations at Caen, 28–29 octobre 1307», in: Speculum, 91 (2016), S. 297–327.

4 45 sind aufgeführt, 44 anwesend, doch nur 43 wurden verhört.

5 AN, J 413, Nr. 15; S. L. Field, «The Inquisitor Ralph of Ligny, two German Templars and Marguerite Porète», *Journal of Medieval Religious Cultures*, 39 (2013), S. 1–22.

6 M. II, 304.

7 M. II, 398–400.

8 M. II, 279, 299–300.

9 M. II, 363–364.

10 M. II, 369 *Castro Villari*.

11 M. II, 375.

12 M. I, 501; M. II, 386.

13 M. I, 64, 103, 561; M. II, 388, 394–395; AN, J 413, Nr. 28.

14 AN, J 413, Nr. 28 und K 38, Nr. 8/2; M. I, 64.
15 D. Carraz, *L'Ordre du Temple dans la basse vallée du Rhône*, Lyon, Presses Univ. de Lyon, 2005, S. 523–528; V. Challet, «Entre expansionnisme capétien et relents d'hérésie: le procès des templiers du Midi», in: *Les ordres religieux militaires dans le Midi (XIIe–XIVe siècle)*, Cahiers de Fanjeaux, Nr. 41, Toulouse, Éd. Privat, 2006, S. 139–143; T. Kramer, «Terror, Torture and the Truth: The Testimonies of the Templars revisited», in: *Debate*, S. 71–85.
16 L. Ménard, *Nîmes*, S. 195.
17 *Sine comissariis inquisitoris domini pape.*
18 L. Ménard, *Nîmes*, S. 197–205.
19 Ebd., S. 206.
20 Ebd., S. 207–208.
21 B. Frale, «Du catharisme à la sorcellerie: les inquisiteurs du Midi dans le procès des templiers», in: *Les ordres religieux et militaires dans le Midi (XIIe–XIVe siècle)*, Cahiers de Fanjeaux, Nr. 41, Toulouse, Éd. Privat, 2006, S. 169–186.
22 AN, J 413^B, Nr. 23; Sean L. Field, «Royal Agents and Templar Confession in the Bailliage de Rouen», French Historical Studies, 39 (2016), S. 35–70; M. Miguet, *Templiers et hospitaliers en Normandie*, a. a. O., S. 138.
23 AN, J 413, Nr. 17 und 20; Sean L. Field, «Torture and confession in the Templar Interrogations at Caen, 28–29 octobre 1307», *Speculum*, 91 (2016), S. 297–327; A. Gilbert-Dony, «Les derniers templiers du bailliage de Caen», *Bulletin de la Société des Antiquaires de Normandie*, LXII (1994–1997), Caen, 2003, S. 190–193.
24 Es handelt sich um Hugues Morel, möglicherweise der Nachfolger von Esquieu de Floyrac de Biterris.
25 H. Finke, *Papsttum*, Bd. 2, S. 316–321.
26 AN, J 413, Nr. 21.
27 M. I, 69–70, 130–131.
28 AN, J 413, Nr. 25; A. Nicolotti, «L'interrogatorio dei Templari imprigionati a Carcassonne», *Studi Medievali*, 52 (2011), S. 703–712.
29 M. I, 241.
30 M. II, 4.
31 M. I, 225, 296.
32 M. I, 224.
33 M. I, 270 und 262. Dieses Kloster von Poitiers (oder im Poitou) war nicht ausfindig zu machen: Vielleicht war es das Priorat Montreuil-Bonnin in der Diözese Poitiers, das zur Abtei Saint-Cyprien in Poitiers gehörte. Vgl. H. L. Cottineau, *Répertoire topo-bibliographique des abbayes et prieurés*, 3 Bde., Mâcon, Protat, 1935, Bd. 1, S. 1973.
34 H. Finke, *Papsttum*, Bd. 2, S. 332 (Verhör von Poitiers am 30. Juni 1308).

35 K. Schottmüller, *Untergang*, Bd. 2, S. 31–32.
36 M. I, 276 und M. II, 86.
37 H. C. Lea, *Geschichte der Inquisition im Mittelalter*, Bd. 2, Frankfurt, Eichhorn, 1997.
38 Sean L. Field, «Torture et Confession ...», a. a. O., S. 306–314.
39 M. Barber, *Templerprozess*, S. 40.
40 J.-M. Carbasse, *Introduction historique au droit pénal*, Paris, PUF, 1960, S. 138.
41 Ebd., S. 163.
42 Manchmal wird ihnen nach der ersten Einvernahme, bevor sie erneut zum Verhör geführt werden, das Protokoll vorgelesen: so geschehen im Fall von Pons de Castelbon in Nîmes im Jahr 1308 (vgl. Kap. 5, S. 112).
43 M. II, 373; M. I, 249.
44 Gefoltert wurden: Ademar d'Esparre in Toulouse, Jean de Cugy in Paris, Itier de Rochefort in Cahors, Raymond Étienne in Carcassonne, Géraud de Saint-Martial, Déodat Jafet, Raymond Massol (K. Schottmüller, *Untergang*, Bd. 2, S. 31–32, 40–42, 47–48, 48–50, 65, 68, 71); Humbert de Comborn (H. Finke, *Papsttum*, Bd. 2, S. 332–333). Vor der Folter gestanden haben: Jean de Juvigny, Pierre de Conders, Pierre de Montsoult (oder Monte Seudi), Pierre de Broce (K. Schottmüller, *Untergang*, Bd. 2, S. 42–44, 48–50, 59–61, 61–62). Misshandelt worden sind: Simon Chrétien de Provins, Guillaume Haynueies, Atho de Sauvignac (a. a. O., S. 39, 63, 69).
45 K. Schottmüller, *Untergang*, Bd. 2, S. 52–53.
46 Ebd., S. 40–42.
47 Ebd., S. 47–48.
48 Ebd., S. 68.
49 H. Finke, *Papsttum*, Bd. 2, S. 332.
50 Unmittelbar nach der Verhaftung wurden gefoltert: Gérard de Passage, Bernard de *Vado*, Baudouin de Saint-Just, Gillet de *Encreyo*, Humbert du Puits, Jean Bertaud, Jean de Villiers-le-Duc, Jean de Cormele. Vor dem Bischof: Ponsard de Gizy, Aymon de Barbone, Jean de Furno oder Tortavilla, Consolin de *Jorio* und siebzehn Templer aus Périgueux, Raymond de Vassignac, Jean de Pollencourt, Raynier de Larchant, Robert Vigier, Étienne Las Gorsolas, Guillaume de Errée, Thomas de Pampelune, Pierre Thibaud, Hélie Raynaud, Audebert de Porte; für einige andere gibt es keine genaueren Hinweise.
51 M. I, 40, 67, 230, 240, 264.
52 M. I, 218, 75, 40.
53 M. I, 527, 42.
54 M. I, 69, 512–514.
55 Guillaume de Nangis, S. 362.

4
NOTRE-DAME DE PARIS (?),
24. ODER 26. DEZEMBER 1307

1 H. Finke, *Papsttum*, Bd. 2, S. 58–60.
2 M. Barber, *Templerprozess*, S. 100, Anm. 265.
3 H. Finke, *Papsttum*, Bd. 2, S. 60–61.
4 M. II, 295–296.
5 A. Demurger, *Der letzte Templer*, a. a. O.
6 Jean de Saint-Victor, S. 649.
7 Guillaume de Nangis, S. 362.
8 H. Finke, *Papsttum*, Bd. 2, S. 46–47.
9 J. Burgtorf, *Central Convent*, S. 529–532 (Charnay), S. 668–670 (Liancourt); P.-V. Claverie, *L'ordre du Temple en Terre sainte …*, a. a. O., Bd. II, S. 326; Brief von Jacques de Molay, datiert vom 9. Juni 1307 in Poitiers, beigelegt einem Brief von Clemens V. vom 1. Juli 1311, in *Registres de Clément V*, Bd. 6, S. 280–288, Nr. 7138.
10 B. Frale, *Il papato*, S. 159–166; sie berücksichtigt nicht den Umstand, dass die anderen Würdenträger des Ordens, die in Paris inhaftiert sind, noch gar nicht verhört sind.
11 H. Finke, *Papsttum*, Bd. 2, S. 307–308.
12 Ebd., S. 309–313.
13 Und nicht 38, vgl. M. Barber, *Templerprozess*, S. 102.
14 H. Finke, *Papsttum*, Bd. 2, S. 47–48.
15 Ebd., S. 48–49.
16 Vgl. Anm. 3.
17 Jean de Saint-Victor, S. 651; Guillaume de Nangis, S. 362.
18 Jean de Saint-Victor, S. 651; zit. von G. Lizerand, «Les dépositions du grand maître Jacques de Molay», *Le Moyen Âge*, XXVI (1913), S. 85–86.
19 E. Boutaric, «Clément V, Philippe le Bel et les Templiers», a. a. O., S. 32–33; E. Boutaric veröffentlicht und übersetzt diesen Brief nach dem Original (AN, J 416, Nr. 2) und betont, dass Baluze ihn in seiner Veröffentlichung (Baluze, Bd. 3) weder abgedruckt noch erwähnt und damit «das Recht auf Wahrheit in der Geschichte verraten» habe.
20 M. Barber, *Templerprozess*, S. 116; übersetzt nach der Bulle, die dem englischen König gesandt wurde, hrsg. von T. Rymer und R. Sanderson, *Foedera, Conventiones, Litterae …*, 2 Bde., Den Haag, 1745, Bd. 1, S. 99–100.
21 Baluze, *Vitae paparum*, a. a. O., Bd. 3, S. 90; M. Barber, *Templerprozess*, S. 116–117.
22 Ebd., Bd. 3, S. 91–94, und Bd. 2 (Anmerkungen), S. 113.
23 H. Finke, *Papsttum*, Bd. 2, S. 110–111 und 115–119.

24 Ebd., S. 114–115.
25 B. Frale, *Il papato*, S. 86 und Anm. 76.
26 H. Finke, *Papsttum*, Bd. 2, S. 111.
27 Schwer zu glauben, umso mehr, als vier dieser Kardinäle Verwandte des Papstes waren!
28 Baluze, *Vitae paparum*, a. a. O., Bd. 3, S. 91–92.
29 B. Frale, *Il papato*, S. 97.
30 Ebd., S. 98: Die Autorin gibt den Tag nach dem 22. November an; doch es muss nach dem 1. Dezember gewesen sein, dem Datum des Papstbriefes, den sie dem König zu überbringen hatten.
31 H. Finke, *Papsttum*, Bd. 2, S. 116.
32 Baluze, *Vitae paparum*, a. a. O., Bd. 3, S. 92–94.
33 B. Frale, *Il papato*, S. 97–98.
34 P. Dupuy, *Traitez concernant l'histoire de France …*, Brüssel 1685, Preuves, S. 91–92, Nr. 34.
35 K. Schottmüller, *Untergang*, Bd. 2, S. 37.
36 H. Finke, *Papsttum*, Bd. 2, S. 338–339.
37 Ebd., S. 144. Der Vergleich mit der «ersten Fassung» des Textes, den G. Lizerand veröffentlichte (*L'affaire*, S. 118–119), ist ein gutes Beispiel dafür, wie sich der Ton des königlichen Rates anlässlich seines Auftritts am 29. Mai verhärtet hat.
38 Ebd., S. 116–117.
39 Ebd., S. 102.
40 AN, J 413, Nr. 28: «Item a celui jour meismes [vendredi 3 février], monseigneur H. de la Celle mist hors du Temple touz les serganz qui i avoient demoré en la garde fors que XIIII qui demorent leens et R. Toroelle et ses compaignons, frère G. Robert et sa maisnie.» (Am selben Tag [Freitag, den 3. Februar] brachte Monseigneur H. de la Celle alle Sergeanten aus dem Tempel bis auf 14, die dort blieben, sowie R. Toroelle und seine Gefährten und G. Robert und seine Leute).
41 AN, J 413, Nr. 28; dieses Dokument wurde bereits bei der Schilderung der Verhaftung zitiert.
42 Folglich wurde Jacques de Molay nicht vor diesem Datum ins Gefängnis von Corbeil verbracht. Viele Berichte über den Templerprozess behaupten, er sei vorher in die Stadt gekommen. Jean de Saint-Victor und drei weitere Ordensbrüder bestätigen aber die Angabe (Jean de Saint-Victor, S. 649).
43 Der Text nennt den Ort Peauers im Gâtinais. Identifiziert als Pers-en-Gâtinais, Gemeinde Ferrières, Loiret.
44 Im Text steht Thieis; ich identifiziere den Ort als Thiers-sur-Thève in der Diözese Senlis; vgl. hierzu Anhang 1.
45 Vielleicht Conflans-Sainte-Honorine oder Conflans bei Vincennes, wo

die Comtesse Mahaut d'Artois ein schönes Herrenhaus besaß: P. Hartmann, «Conflans près Paris», *Mémoires de la société de l'histoire de Paris et de l'Ile-de-France*, 35 (1908), S. 1–188.

46 Jean de Tour, Schatzmeister, und Geoffroy de Gonneville, Meister von Aquitanien, wurden von Gisor in die nahe bei Goulet und Vernon gelegenen Burgen verbracht.

47 Eigentlich sind es 29, denn in Saint-Martin-des-Champs wurde Jean de Senlis, der erste für das Gefängnis zuständige Mann, bald von Geoffroy de Reims abgelöst.

48 Vgl. Kap. 12.

5
DIE MACHTPROBE (JANUAR–JUNI 1308)

1 H. Finke, AA, III, S. 173.

2 Vgl. Kap. 2, S. 63.

3 H. Finke, *Papsttum*, Bd. 2, S. 59.

4 Ebd., S. 114; J. Théry, «La fuite du commandeur des templiers de Lombardie (nuit du 13 février 1308)», in: *Les trente nuits qui ont fait l'Histoire*, Paris, Belin 2014, S. 105–115; E. Bellomo, *The Templar Order in North-West Italy (1142–c. 1330)*, Leiden, Brill, 2008, S. 204–206.

5 H. Finke, *Papsttum*, Bd. 2, S. 114; Datum des Briefes ist der 10. März 1308.

6 C. Port, *Le Livre de Guillaume Le Maire, Mélanges historiques.* «Choix de documents», in: Collection de documents inédits sur l'histoire de France», Paris, Imprimerie nationale, 1877, Bd. 2, S. 418–423 und 424.

7 E. Boutaric, «Clément V, Philippe le Bel et les Templiers», a. a. O., S. 41–42.

8 G. Lizerand, *L'affaire*, S. 57.

9 Ebd., S. 56–71.

10 Vgl. Kap. 11, S. 236–237.

11 G. Lizerand, *L'affaire*, S. 71–83.

12 Vgl. Kap. 11, S. 236–237.

13 G. Lizerand, *L'affaire*, S. 84–95 und 96–101.

14 P. Dubois, *De recuperatione Terrae sanctae*, hrsg. v. Angelo Diotti, Florenz, Leo Olschki, 1977. In seiner Abhandlung schneidet P. Dubois zahlreiche Fragen an, auf die er teils originelle Antworten liefert; auch von der Templeraffäre ist darin die Rede.

15 M. Barber, *Templerprozess*, S. 120.

16 G. Bordonove, *La tragédie des Templiers*, a. a. O., S. 187, hat diese Chronologie vorgeschlagen.

17 C. R. Cheney, «The Downfall of the Templars and a Letter in their Defence», a. a. O., S. 65–79. Diese Datierung wird vorgeschlagen von P. F. Crawford, «The University of Paris and the Trial of the Templars», in: V. Mallia-Milanes (Hrsg.), *The Military Orders*, Bd. 3, History and Heritage, Aldershot, Ashgate, 2008, S. 116.

18 Sie kann also nicht von diesen selbst stammen; vgl. M. Barber, *Templerprozess*, S. 123, Anm. 311.

19 M. I, 40.

20 C. R. Cheney, «The Downfall of the Templars and a Letter in their Defence», a. a. O., S. 74.

21 Natürlich vorausgesetzt, dass diese neue Datierung richtig ist.

22 Vgl. hierzu G. Picot, *Documents relatifs aux états généraux et assemblées réunis sous Philippe le Bel*, Paris, Imprimerie nationale, 1901.

23 Ebd., S. 490–491; G. Lizerand, *L'affaire*, S. 102–107: Vorladungsbescheid vom 25. März 1308, Melun.

24 Ebd., S. 106–109.

25 M. Barber, *Templerprozess*, S. 122–125; M. Satora, «The social Reception of the Templar Trial in Early Fourteenth Century France: Transmission of Information», in: *Debate*, S. 161–168.

26 S. Menache, «The Templar Order: A failed Ideal?», *The Catholic Historical Review*, 79 (1993), S. 16.

27 G. Lizerand, *L'affaire*, S. 108–109.

28 E. Lalou, *Itinéraire*, S. 311; Jean Bourgogne gibt auch dieses Datum an in einem Brief vom selben Tag: H. Finke, *Papsttum*, Bd. 2, S. 134.

29 L. Menard, *Histoire de Nîmes*, S. 181–182: Dieses Verhör vom April 1308, in das jenes vom November 1307 nachträglich aufgenommen wurde, ist seinerseits in die Verhöre von 1310 aufgenommen worden.

30 V. Challet, «Entre expansionnisme capétien et relents d'hérésie: le procès des templiers du Midi», a. a. O., S. 145.

31 G. Picot, *Documents relatifs …*, a. a. O., S. 540, Anm. 734.

32 Vgl. Kap. 7.

33 Sève, *Templiers d'Auvergne*, S. 44 und 117.

34 M. I, 264, 270.

35 M. I, 212.

36 M. I, 249.

37 E. Lalou, *Itinéraire*, S. 311; H. Finke, *Papsttum*, Bd. 2, S. 134; M. Barber, *Templerprozess*, S. 126; er meint, der König sei nach Paris zurückgekehrt, bevor er nach Poitiers ging, was das Itinerar jedoch nicht bestätigt.

38 H. Finke, *Papsttum*, Bd. 2, S. 140–150.

39 Veröffentlicht bei G. Lizerand, *L'affaire*, S. 110–124.

40 Ebd., S. 124–137.

41 M. Barber, *Templerprozess*, S. 134–135.

42 «Documents relatifs au procès des Templiers en Angleterre rapportés par L. Blanchard», *Revue des sociétés savantes*, VI (1867), S. 418–419.

6
DER KOMPROMISS: POITIERS–CHINON (JUNI–AUGUST 1308)

1 G. Lizerand, *Clément V et Philippe le Bel*, Paris, Hachette, 1910, Pièces justificatives Nr. 10 und 11, S. 440, 442 (die Originale befinden sich in den *Archives nationales*, J 413, Nr. 6 und 7).
2 «Documents relatifs au procès des Templiers en Angleterre rapportés par L. Blanchard», a. a. O., S. 418 (British Museum, Bibl. Harley, Nr. 247, Fol. 144).
3 B. Frale, «The Chinon Chart. Papal Absolution of the Last Templar Master Jacques de Molay», *Journal of Medieval History*, 30 (2004), S. 109–134, besonders die Seiten 110–112.
4 K. Schottmüller, *Untergang*, Bd. 2, S. 14–17; H. Finke, *Papsttum*, Bd. 2, S. 329–340.
5 M. I, 70.
6 M. I, 73, 74.
7 M. I, 271.
8 M. I, 231–232.
9 M. Barber, *Templerprozess*, gibt die Zahl 54 an; mir ist unklar, wie er auf diese Zahl kommt.
10 K. Schottmüller, *Untergang*, Bd. 2, S. 44–45.
11 M. I, 76.
12 Vgl. Anm. 2.
13 B. Frale, *Il papato*, S. 114 und 130.
14 K. Schottmüller, *Untergang*, Bd. 2, S. 45–46.
15 Ebd., S. 35–38; H. Finke, *Papsttum*, Bd. 2, S. 330.
16 Pierre de Brana, Robertus de Gay, Déodat Jafet, Raymond Mossel, Ithier de Roquefort, Gérard de Saint-Martial, Adhémar d'Esparre und Raymond Étienne geben an, gefoltert worden zu sein.
17 M. I, 73.
18 M. I, 70.
19 H. Finke, *Papsttum*, Bd. 2, S. 152.
20 «Documents relatifs au procès des Templiers en Angleterre rapportés par L. Blanchard», a. a. O., S. 419.
21 M. I, 174.
22 M. I, 229.
23 M. I, 70.

24 M. I, 76.
25 M. II, 123 und 127.
26 E. Boutaric, «Clément V, Philippe le Bel et les Templiers», a. a. O., S. 46–49; zit. nach BnF, lat. Manuskr. 10919, Fol. 11 und 12.
27 AN, JJ 43, XXXIX–XL; C. Port, *Le Livre de Guillaume le Maire, évêque d'Angers*, a. a. O., S. 418–423.
28 Ebd., S. 423–424.
29 Ebd.
30 Vgl. Anm. 20, S. 419–420. Ms Harley, Nr. 252, Fol. 113, British Museum.
31 Die Feier findet am 3. Juli statt, der 1308 auf einen Dienstag fällt.
32 Ptolemaeus Lucensis, *Vita Clementis papae V*, 2d. Baluze, Bd. 1, S. 130; vgl. das Kapitel von J. Coste, *Boniface VIII en procès. Articles d'accusation et dépositions des témoins (1303–1311), édition critique, introduction et notes*, Rom, L'Erma, 1995, S. 368–370.
33 G. Lizerand, *Clément V et Philippe le Bel*, a. a. O., Nr. 12, S. 443 und 444.
34 E. Boutaric, «Clément V, Philippe Le Bel et les Templiers», a. a. O., S. 53–54, zit. nach AN, J 415, Nr. 10.
35 H. Finke, *Papsttum*, Bd. 2, S. 155.
36 C. Port, *Le Livre de Guillaume Le Maire …*, a. a. O., S. 398–416; zu diesem Hospitaliter-Projekt vgl. A. Demurger, *Les Hospitaliers; de Jérusalem à Rhodes (vers 1050–1317)*, Paris, Tallandier, 2013, S. 470–475.
37 C. Port, *Le Livre de Guillaume Le Maire …*, a. a. O., S. 428–423 *(Regnans in coelis)* und 435–441 *(Faciens misericordiam)*.
38 In dieser Form ist der Text *Faciens misericordiam* von C. Port, *Le Livre de Guillaume Le Maire …*, a. a. O., S. 435–441, ediert (es handelt sich um das an den Erzbischof von Tours gerichtete Exemplar) und in Sève, *Templiers d'Auvergne*, a. a. O., S. 93–98 (Exemplar für den Erzbischof von Bourges). Vgl. den Fragenkatalog im Anhang 3.
39 Diese Version ist ediert in M. I, S. 2–7; in R. Oursel, *Le Procès des Templiers*, a. a. O., auf S. 47–50 liegt eine französische Übersetzung vor.
40 Vgl. Anhang 3.
41 B. Frale, *Il papato*, S. 147, zit. nach Registres de Clément V, Nr. 3584.
42 H. Finke, *Papsttum*, Bd. 2, S. 155.
43 B. Frale, «The Chinon Chart …», a. a. O., S. 109–133.
44 H. Finke, *Papsttum*, Bd. 2, S. 324–329.
45 B. Frale, *Il papato*, S. 198–215.
46 Die Archive des Vatikan enthalten die Archive des Papsttums; unter diesen befindet sich auch das *Archivio segreto* mit den persönlichen Archiven der Päpste, die nur deshalb *segreto* (geheim) sind, weil sie mit dem Siegel des Sekretärs (!) verschlossen waren. In Wahrheit stehen die «geheimen» Archive schon seit langem der Forschung offen.
47 Vgl. die jüngsten Entwicklungen dieser müßigen medialen Aufregung:

B. Frale, «1308. Il piano di Clemente V per salvaguardare l'ordine dei templari»; in scharfem Widerspruch dazu: M. Heiduk, «Die Chinon-Charta von 1308 – die Wende im Templerprozess? Ein archivalischer Fund und sein publizistisches Echo», beide in: A. Speer, D. Wirmer (Hrsg.), *1308. Eine Topographie historischer Gleichzeitigkeit*, Berlin–New York, De Gruyter, 2010, bes. S. 125–139 und 140–160.

48 A. Demurger, «‹Manuscrit de Chinon› ou ‹Moment Chinon›? Quelques remarques sur l'attitude du pape Clément V envers les templiers à l'été 1308», in: M. Montesano (Hrsg.), *«Come l'orco della fabia.» Studi per Franco Cardini*, Florenz, Sismel, Edizione del Galuzzo, 2010, S. 111–112. Dieser Artikel enthält einige Irrtümer in der Untersuchung der Papstbullen; sie sind im vorliegenden Band korrigiert.

49 B. Frale, *Il papato*, S. 144–150.

50 Le Puy-en-Velay de la Haute Loire und nicht Annecy, wie B. Frale schreibt, ebd., S. 213.

51 Veröffentlicht von B. Frale, ebd., S. 216–219.

52 P. Viollet, «Les interrogatoires de Jacques de Molai, grand maître du Temple. Conjectures», *Mémoires de l'Académie des inscriptions et belles lettres*, Bd. XXXVIII (1911). Um ihr Schweigen zu erklären, hat der Autor eine raffinierte Theorie aufgestellt, was gar nicht notwendig ist.

53 So B. Frale, *Il papato*, S. 154–158.

54 Vgl. Kap. 8, S. 169–171.

55 J. Coste, *Boniface VIII en procès*, a. a. O., S. 368; er zitiert dort den Brief von Jean Bourgogne vom 19. August 1308: H. Finke, *Papsttum*, Bd. 2, S. 157. Clemens musste auf den Einzug in Rom verzichten und blieb in Avignon.

7
CLERMONT (JUNI 1309): DIE DIÖZESANKOMMISSIONEN

1 C. Port, *Le Livre de Guillaume Le Maire …*, a. a. O., S. 418.

2 AN, J 416, Nr. 17, veröffentlicht von G. Lizerand, *Clément V et Philippe le Bel*, a. a. O., S. 450; vgl auch J. M. Roger, *Le Prieuré de Champagne des «chevaliers de Rhodes», 1317–1522*, unveröffentl. Diss. an der Universität Paris-IV-Sorbonne, 2001, S. 204, Anm. 8–9.

3 Ebd., S. 213–220.

4 Das heißt, die Konzession an einen Pächter, der gegen eine bestimmte Summe für einen festgelegten Zeitraum (ein Jahr, drei Jahre …) die Nutzung der landwirtschaftlichen Erträge übertragen bekommt.

5 A. Demurger, «Dal Tempio all'Ospedale. Il destino delle commande templari nella contea di Auxerre (sec. XIV)», in: F. Tommasi (Hrsg.), *Acri*

1291. La fine della presenza degli ordini militari in Terra Santa e i nuovi orientamenti nel XIV secolo, Perugia, Quattroemme, 1996, S. 93–96.

6 A. Demurger, *Der letzte Templer*, a. a. O., S. 124–125.

7 AN, JJ 40, Nr. 64 für den Brief des Königs; *Registres de Clément V*, Bd. 3, Nr. 2938, S. 137–138 für den Brief des Papstes; dieser enthält eingeschoben das Schenkungsschreiben Jacques de Molays; veröffentl. von J.-B. de Vaivre, *La Commanderie d'Épailly et sa chapelle templière*, Mémoires de l'Académie des inscriptions et belles lettres, Paris, De Boccard, 2005, S. 197–198.

8 Vgl. A. Demurger, «Les ordres religieux-militaires et l'argent», in K. Borchardt u. a. (Hrsg.), *The Templars and their sources*, Oxford, Routledge, 2017. (Entstanden im Rahmen der internationalen Konferenz «Die Templer (1119–1314). Bilanz und Perspektiven der Forschung», München, 24.–27. Februar 2014.)

9 J.-B. de Vaivre, *La Commanderie d'Épailly et sa chapelle templière* a. a. O., S. 195–197.

10 H. Finke, *Papsttum*, Bd. 2, S. 183.

11 Ebd., S. 189–201.

12 B. Frale, «The Chinon Chart ...», a. a. O.

13 C. Port, *Le Livre de Guillaume Le Maire ...*, a. a. O., S. 446–448.

14 G. Lizerand, *L'affaire*, S. 138–145.

15 Es gibt noch ein weiteres Protokoll aus der Diözese Elne im Roussillon, also außerhalb der Reichsgrenzen; überlebt hat auch ein verstümmeltes Protokoll, das weder datier- noch lokalisierbar ist, von 25 Templern aus dem Rhônetal und dem Dauphiné, beides ebenfalls außerhalb des Königreichs. Das Elner Protokoll ist veröffentlicht von J. Michelet im Anschluss an die Protokolle von Paris der Jahre 1309–1311 und 1307; das zweite findet sich bei H. Finke, *Papsttum*, Bd. 2, S. 342–364 und wurde neu publiziert von Barbara Frale, «L'interrogatorio ai templari nella provincia di Bernardo Gui: un'ipotesi per il frammento del Registro Avignonese 305», *Dall'Archivio segreto vaticano. Miscellanea di testi, saggi e inventari*, Città del Vaticano, Archivio Segreto I (2006), S. 199–272.

16 Sève, *Templiers d'Auvergne*, a. a. O., S. 99.

17 Vgl. Kap. 9, S. 175–177.

18 Sève, *Templiers d'Auvergne*, S. 98–106.

19 M. I, 144: «Viele kamen, um die Templer zu verteidigen, das aber wurde ihnen verwehrt, was von den in Clermont festgesetzten Brüdern ausdrücklich gesagt wurde»; M. II, 125, 134, 138, 147 (Riom).

20 Sève, *Templiers d'Auvergne*, S. 99.

21 Ebd., S. 105–106.

22 Ebd., S. 38–39.

23 Vgl. Anhang 3.

24 (Vorgetragen in ihrer eigenen Muttersprache); nach der von A.-M. Chagny-Sève übernommenen Aufzählung: Bertrand de Sartiges (Nr. 41); Bertrand Amblard (Nr. 43); Pierre Rose (Nr. 46), der allerdings Priester ist; Guillaume de Puy-Minaud (Nr. 49); Jean de Bellefaye (Nr. 50); Guillaume de Chamborand (Nr. 53), *in romana lingua expositis;* Jean Limousin (Nr. 54); Durand Aldebalt (Nr. 57); Boson Coheta (Nr. 58); Pierre de Brion (Nr. 60); Audin de Vendat (Nr. 61); Jean de l'Orto (Nr. 62); Étienne Lajarousse (Nr. 63), auch er ein Priester; Jean de Malemort (Nr. 65); Andrea Jacob (Nr. 67); Étienne de la Roussille (Nr. 69).
25 Jean de Saint-Victor, S. 654–655.
26 Die meisten Belege finden sich in M. I und II.
27 M. I, 499.
28 M. I, 241. Im Jahre 1309 fällt Ostern auf den 30. März; die Fastenzeit beginnt 6 Wochen vorher, also am 16. Februar; das Mittfasten (Mitte der Fastenzeit) fällt auf Sonntag, den 9. März.
29 M. I, 402.
30 M. I, 556.
31 M. II, 523.
32 M. I, 229–230.
33 M. I, 368, 371, 374, 461, 477, 479, 482, 485, 487, 490; M. II, 41, 44, 47.
34 P. Desportes, *Fasti ecclesiae gallicanae,* Bd. 1, *Diocèse d'Amiens,* Turnhout, Brepols, 1996, S. 58–60.
35 M. I, 443; M. II, 69.
36 M. I, 303.
37 M. I, 517.
38 M. I, 254, 296, 316.
39 M. I, 334.
40 V. Tabbagh, *Fasti Ecclesiae gallicanae,* Bd. 11, *Diocèse de Sens,* Turnhout, Brepols, 2009, S. 122–126.
41 L. Ménard, *Nîmes,* S. 171–181 und 183–194 für die Verhöre vor den Kommissaren der Diözese Nîmes; vgl. V. Challet, «Entre expansionnisme capétien et relents d'hérésie: le procès des templiers du Midi», a. a. O., S. 146.
42 M. I, 63, 98, 106.
43 L. Ménard, *Nîmes,* S. 173–174, 176, 177.
44 Ebd., diese Aussage vom November 1307 wird zweimal wiedergegeben in der Veröffentlichung von L. Ménard: zum einen auf S. 207 im Zusammenhang mit den Verhören vom 16. November 1307, zum zweiten auf S. 182, 1. und 2. Abteilung, oben interpoliert in die Aussage von 1308, die wiederum interpoliert ist in die Aussage vom Juni 1310.
45 Ebd., S. 183, 1. Abt.
46 Vgl. Kap. 14, S. 272–273 und 271–282.
47 M. II, 172: *quod fuerat ante tortus.*

48 M. I, 37, 42.
49 M. I, 220–230; H. Finke, *Papsttum*, Bd. 2, S. 319–321.
50 M. I, 71–72; G. Lizerand, *L'affaire*, S. 170–175.
51 M. I, 592.
52 M. I, 70–72.

8
DER SCHLEPPENDE ANFANG DER PÄPSTLICHEN KOMMISSION (AUGUST–NOVEMBER 1309)

1 Der Brief wird zitiert in M. I, 8–9; H. Finke, *Papsttum*, Bd. 2, S. 189–201; M. Barber, *Templerprozess*, S. 162.
2 M. I, 6.
3 M. I, 7.
4 M. I, 10.
5 M. I, 14–15.
6 M. I, 15.
7 B. Galland, *Deux archevêchés entre la France et l'Empire. Les archevêques de Lyon et les archevêques de Vienne du milieu du XIIe siècle au milieu du XIVe siècle*, Rom, École française de Rome, 1994.
8 Alle diese Texte sind veröffentlicht in: A. Demurger, «Encore le procès des templiers. À propos d'un ouvrage récent», *Le Moyen Âge*, 97 (1991), S. 35–39; Kommentar zu diesem Dossier in J.-B. Marquette, «À propos d'un document bazadais inédit concernant le procès des templiers», *Les cahiers du Bazadais*, 94 (1991), S. 35–40.
9 M. I, 23.
10 M. I, 46.
11 M. I, 24–25.
12 M. I, 25–26.
13 M. I, 27.
14 AN, J 413, Nr. 28 (wo Gérard de Caus als Gérard du Cancer auftaucht); vgl. Kap. 4, S. 95–98.
15 Er heißt dort Cretis, wahrscheinlich ein Schreibfehler für Trecis.
16 M. II, 290, 288, 278–279, 279–280, 406, 405.
17 M. I, 77–78 (Tremblay, Larchant, Saulx), 80 (Troyes), 81 (Basemont, Caus).
18 M. I, 28.
19 M. I, 28–29.
20 M. I, 30–32.
21 Vgl. Kap. 1, S. 27–29.

22 M. I, 36–39. In diesem Abschnitt wie auch im folgenden, der sich mit der Aussage Jacques de Molays beschäftigt, lehnt sich mein Bericht, beginnend mit den Erklärungen der beiden Männer, an die zwei exzellenten Kapitel von G. Bordonove, *La tragédie des templiers*, a. a. O., S. 235–240 und 227–234, an.

23 M. II, 363–364, 397, 285, 408.

24 AN, J 413^B, Nr. 23; M. Miguet, *Templiers et hospitaliers en Normandie*, a. a. O., S. 138.

25 M. I, 78.

26 M. I, 80.

27 Diese beiden Aussagen finden sich in Übersetzung bei G. Lizerand, *L'affaire*, S. 146–155 und 162–171, und bei G. Bordonove, *La tragédie des Templiers*, a. a. O.; P. Viollet, «Les interrogatoires de Jacques de Molai, grand maître du Temple. Conjectures», a. a. O.; G. Lizerand, «Les dépositions du grand maître Jacques de Molay au procès des Templiers (1307–1314)», in *Le Moyen Âge*, Bd. XXVI (1913), S. 81–106.

28 M. I, 32–35.

29 Er wird ähnliche Worte auf dem Scheiterhaufen sprechen.

30 In den *Chroniques de Saint-Denis* findet sich nichts dergleichen.

31 M. I, 46.

32 M. I, 47.

33 M. I, 52–53.

34 J. Coste, *Boniface VIII en procès*, a. a. O., S. 370.

35 E. Boutaric, «Clément V, Philippe le Bel et les templiers», a. a. O., S. 59–77; der Text ist vom Autor vollständig übersetzt. Er irrt jedoch im Datum: Statt Dezember 1309 muss es November 1309 heißen, was belegt wird durch die Anwesenheit des Bischofs von Bayeux bei dieser Mission. Guillaume de Bonnet, Bischof von Bayeux und Mitglied der Pontifikalkommission, entschuldigt sich nämlich bei seinen Kommissionskollegen für seine Abwesenheit im November und Dezember 1310; vgl. P. Viollet, «Beranger Frédol, canoniste», *H.L.F.*, Bd. 34, Paris 1915, S. 87.

9
DIE PÄPSTLICHE KOMMISSION BEI DER ARBEIT

1 So kürzlich D. R. Streeter, «The Templars face the Inquisition: the papal Commission and the diocesan Tribunals in France, 1308–1311», in: *Debate*, S. 87–95.

2 M. Barber, *Templerprozess*, S. 169.

3 D. R. Streeter, «The Templars face the Inquisition …», a. a. O., S. 90: *G. A. was totally the creature of the king.*

4 J.-A. MacNamara, *Gilles Aycelin …*, a. a. O., S. 160, 171–172. Vgl. Kap. 2, S. 52, Anm. 5.

5 J. Favier, *Philippe le Bel*, a. a. O., S. 28–29. F. Pegues, *The Lawyers of the Last Capetians*, Princeton, Princeton University Press, 1962, teilt diese Ansicht, im Gegensatz zu J.-A. MacNamara, *Gilles Aycelin …*, a. a. O., S. 173: «Aycelin handelte nicht naiv oder schüchtern, sondern wie ein höchst kompetenter Richter, der genau wusste, was er wollte.»

6 M. Barber, *Templerprozess*, S. 169; P. Maurice, *Fasti Ecclesiae Gallicanae*, Bd. 8, *Diocèse de Mende*, Turnhout, Brepols, 2004, S. 92; D. R. Streeter, «The Templars face the Inquisition …», a. a. O., S. 93.

7 Erlass von Clemens IV. von 1265 (Bulle *Licet ecclesiarum*).

8 J. K. Bulmann, *The Court Book of Mende and the Secular Lordship of the Bishop*, Toronto, University of Toronto Press, 2008.

9 Zit. bei J. Théry, «Une hérésie d'État …», a. a. O., S. 88, Anm. 55.

10 Laut P. Maurice, *Le diocèse de Mende*, a. a. O.; doch wie man noch sehen wird, wurde diese Lösung von einem Anonymus, vielleicht 1310, vorgebracht.

11 S. Menache, *Clément V*, Cambridge, Cambridge University Press, 1998, S. 81.

12 E. Boutaric, «Clément V, Philippe le Bel et les Templiers», a. a. O., nennt irrtümlich das Jahr 1309; vgl. P. Viollet, «Beranger Frédol, canoniste», a. a. O., Bd. 34, S. 87.

13 B. Gams, *Series episcoporum, archiepiscoporum ecclesiae catholicae*, Regensburg 1873, S. 507.

14 Ebd., S. 565.

15 Eine *camera post aula* oder *propinqua aula* oder *adherente aula episcopali*.

16 M. I, 89–97.

17 M. I, 99–111.

18 M. I, 178.

19 M. I, 217.

20 M. I, 277.

21 M. I, 285–286.

22 M. I, 443.

23 M. II, 88.

24 Vgl. Kap. 13, S. 259–262, zu diesen Bewegungen von den Haftorten der Ballei Senlis aus.

25 *Registres de Clément V*, Bd. 3, Nr. 3524 und 3531 für die Bischöfe von Limoges und von Mende; Nr. 3517 und 3527 für Jean de Montlaur und Johann von Mantua; Nr. 3523 für Guillaume Agarni.

26 Bei jeder Sitzung erfolgt eine allgemeine Angabe: «in Anwesenheit von besagten Herren Kommissaren». Das Fehlen jeder anderen Angabe deutet m.E. darauf hin, dass man sich auf die vorhergegangene Sitzung

bezieht und nicht etwa, dass alle sieben Kommissare anwesend sind, denn wenn dies der Fall ist, wird es auf die eine oder andere Weise erwähnt und meistens mit dem Wort *omnes* (alle) betont. Nehmen wir als Beispiel die aufeinanderfolgenden Sitzungen: 2. Januar 1311: in Anwesenheit der Bischöfe von Mende und Limoges, von Matthias von Neapel und Johann von Mantua, Erzdiakon von Trient – abwesend sind also der Erzbischof von Narbonne, der Bischof von Bayeux und Jean de Montlaur; 4. Januar: in Anwesenheit aller Kommissare außer dem Erzbischof von Narbonne – der Bischof von Bayeux und Jean de Montlaur sind also an die Seite der vier am 2. Januar Aufgeführten zurückgekehrt; 5. bis 11. Januar: in Anwesenheit besagter Kommissare; dies bezieht sich auf die Anwesenden vom 4. Januar, also ohne den Erzbischof von Narbonne, denn am 11. Januar versammeln sich der Erzbischof von Narbonne und die übrigen Kommissare; am 12. Januar: in Anwesenheit der genannten Kommissare ...

27 M. I, 284.

28 M. I, 485.

29 M. II, 252.

30 M. II, 198; vgl. auch M. I, 371, 443, 459.

31 M. I, 560: *coram eisdem commissariis, hoc salvo quod, cum dictus frater Odo deposuit de abnegacione Jhesu Christi, dictus dominus Matheus ex causa recessit.*

32 M. I, 82, 277, 443, 459; M. I, 198.

33 M. I, 73, 86.

34 M. I, 82.

35 M. I, 63, 68; M. II, 252.

36 M. I, 68, 84.

37 M. I, 314, 377, 554–558; M. II, 74.

38 M. I, 20.

39 M. I, 289–290, 344–350.

40 M. I, 484.

41 M. I, 484.

42 M. I, 49, 87.

43 M. I, 197.

44 M. I, 288.

45 M. I, 344.

46 M. I, 7: *vel tres, duo videlicet de prelate predictis, cum altero saltem de aliis.*

47 M. I, 285.

48 Hier liegt ein Chronologieproblem vor: «Eröffnung des nächsten *Parlement* am Vortag von Saint-Vincent». Das wäre der 22. Januar!

49 M. II, 74 und 77.

50 M. I, 41.

51 M. I, 82.
52 M. I, 87.
53 M. I, 229, 232.
54 M. I, 39.
55 M. I, 88.

10
DER AUFSTAND DER TEMPLER (FEBRUAR–MAI 1310)

1 M. I, 144–145.
2 M. I, 57–58.
3 M. I, 59; Sève, *Templiers d'Auvergne*, S. 65–66 und 175–178, 160–163 und 154–157.
4 In dieser Gruppe werden zehn Templer genannt, aber einer von ihnen, Jean de Mamberchin, liegt im Sterben, fehlt also.
5 Tyers, Diözese Sens: ein Schreibfehler des Protokollanten: gemeint ist Thiers-sur-Thève in der Diözese Senlis. Vgl. Anhang 1.
6 M. I, 70, 105, 136.
7 Vgl. die eingehende Untersuchung des Verfahrens, mit dem die Listen erstellt wurden in: A. Demurger, «Élements pour une prosopographie du ‹peuple templier›: la comparution des templiers devant la commission pontificale à Paris (février-mai 1310)», in: P. Josserand, L. F. de Oliveira, D. Carraz (Hrsg.), *Élites et ordres militaires au Moyen-Âge*, a. a. O., S. 17–36.
8 M. I, 96–98.
9 M. I, 67 und 110.
10 M. I, 105, 136, 150; Pierre de Cortemple ist zusammen mit der Gruppe erfasst, die am 14. Februar aus Sens gekommen war, M. I, 70.
11 M. I, 57.
12 M. I, 85–86.
13 M. I, 77–78.
14 M. I, 79–80.
15 M. I, 75–77, 111.
16 AN, J 413, Nr. 28; M. I, 63, 97, 107, 153.
17 Vgl. Anhang 8 (Senlis); F. Hooghe, «The Trial of the Templars in the County of Flanders (1307–1312)», in: *Debate*, S. 297.
18 Vgl. Kap. 8, S. 165.
19 J. Hillairet, *Dictionnaire historique des rues de Paris*, 2 Bde., Paris, Éditions de Minuit, 1963; Hercule Géraud, *Paris sous Philippe le Bel*, Reprint Tübingen, Niemeyer, 1991; P. Lorentz, D. Sauchon, *Atlas de Paris au Moyen Âge*, Paris, Parigrame Éditions, 2006.

20 Heute Rue de la Cité.
21 Oder Stephanus Le Bergonho de Serena, rue de la Cithare.
22 Oder Leuragé, Rabiosse, de la Ragera, Henregea, in vico Calino: Rue de Chaume.
23 Richard des Poulies, reicher Pariser Kurzwarenhändler, seit 1282 Besitzer eines Areals von 3000 m^2 an der Ecke Rue du Temple und Rue Richard des Poulies, das kurz zuvor in der Villeneuve du Temple parzelliert worden war. Poulies: Über ein Gerüst aus Stangen wurden Leintücher gespannt. Vgl. Geneviève Étienne, «La Villeneuve du Temple aux XIIIe et XIVe siècle», Actes du 100e congrès national des sociétés savantes (Paris, 1975), *Études sur l'histoire de Paris et de l'Île-de-France,* Bd. 2, Paris, Bibliothèque nationale de France, 1978, S. 87–99.
24 Die Zisterzienserabtei von Preuilly in der Diözese Sens (heute Diözese Meaux, Gemeinde Égligny, Seine-et-Marne).
25 Rue Lieudelle, nicht identifiziert.
26 Oder Guilleri, Rue de la Coutellerie.
27 M. I, 145.
28 M. I, 128. Ist er der Eigentümer des Hauses von Guillaume de Latigny, in dem die Templer in Haft sind?
29 M. I, 128.
30 M. I, 151.
31 M. I, 87–88.
32 M. I, 88.
33 M. I, 89–96.
34 Es ist denkbar, dass die letzten beiden – unter anderen Namen – zu der Gruppe aus Mâcon gehören: Pierre de La Limaye könnte Pierre de Lalhaval, Jean de Cisseyo könnte Jean de Fusihac sein.
35 M. I, 99–102.
36 M. I, 101.
37 M. I, 102; ins Französische übertragen von G. Bordonove, *La tragédie des Templiers,* a. a. O., S. 247.
38 M. I, 112.
39 M. I, 112, 75.
40 M. I, 124.
41 M. I, 114.
42 M. I, 118.
43 M. I, 124.
44 M. I, 126.
45 M. I, 138.
46 M. I, 113.
47 M. I, 113–114.
48 M. I, 137.

49 M. I, 117, 134, 135.
50 M. I, 129–130.
51 M. I, 120.
52 M. I, 75.
53 M. I, 139.
54 M. I, 139–144.
55 M. I, 145–146.
56 M. I, 147–149.
57 M. I, 149–150.
58 M. I, 162–163.
59 M. I, 130, 147.
60 M. I, 152–153.
61 M. I, 154.
62 Ebd.
63 M. I, 157–164.
64 M. I, 157.
65 M. I, 115–116, 120–124, 128–129, 145, 150–151, 152, 170–171.
66 M. I, 139–144.
67 M. I, 126–128, 165–169.
68 M. I, 150.
69 M. I, 130.
70 M. I, 133, 134, 153, 154.
71 M. I, 170.
72 Anspielung auf den heiligen Bernhard, der gelegentlich – zu Unrecht – als Verfasser der Ordensregeln gilt.
73 M. I, 120–124. Siehe G. Bordonove, *La tragédie des Templiers*, der das Gebet zitiert und vollständig ins Französische übersetzt, a. a. O., S. 251–254. Ich weise darauf hin, dass der Autor zahlreiche Texte aus dieser kurzen Phase der Verteidigung des Ordens zitiert und übersetzt hat; auf diese Arbeit stütze ich mich in diesem Kapitel weitgehend.
74 Jean de Montréal hat auch die (Okzitanisch verfasste) Eingabe der im Haus von Richard des Poulies inhaftierten Templer vorgelegt.
75 Tatsächlich nur recht wenige, doch nicht, weil der Orden verdächtig gewesen wäre.
76 Man kann darin eine Anspielung auf den berühmten Guillaume le Maréchal sehen, der auf dem dritten Kreuzzug gelobte, in den Orden einzutreten, und sein Gelöbnis dreißig Jahre später auf dem Totenbett einlöste und sich mit dem Templermantel bedecken ließ, den er eigens zu diesem Zweck hatte anfertigen lassen. Vgl. G. Duby, *Guillaume le Maréchal oder Der beste aller Ritter*, Frankfurt, Suhrkamp, 1997, S. 16–21.
77 M. I, 126–128.
78 M. I, 165–169.

79 Vgl. die Analyse dieses Schreibens in T. Burrows, «The Templars' Case for their Defence in 1310», *The Journal of Religious History*, 13 (1984–1985), S. 248–260.

80 M. I, 169–171.

81 M. I, 172–173.

82 G. Bordonove, *La tragédie des Templiers*, a. a. O., S. 266, hat es herausgearbeitet: Die Kommissare sind schlicht Ermittler, die die Zeugenaussagen und Dokumente sammeln, um ein Dossier anzureichern, das sie dem Urteil des Papstes und des Konzils überlassen.

83 M. I, 286.

84 Donato Calvi, *Effemeride sagro-profana di quando memorabile sia successo in Bergamo*, 3 Bde., Mailand, Bd. 1, 1676, S. 22; E. Bellomo, *The Templar Order in North-West Italy (1142–1330)*, Leiden, Brill, 2008, S. 206–207.

11
DAS KONZIL VON SENS UND DIE ZERSCHLAGUNG DES AUFSTANDS (11.–12. MAI 1310)

1 Auch bekannt als *Johannes Anglicus* von Hinquemate.

2 M. I, 174.

3 M. I, 182.

4 M. I, 182–185.

5 M. I, 193–201.

6 M. I, 205–228.

7 M. I, 233–259.

8 M. I, 259–264.

9 M. I, 75. Beide kamen mit einer Gruppe aus Poitiers.

10 M. I, 87. Zweite Gruppe aus dem Tempel von Paris.

11 M. I, 101–102. Kam allein.

12 M. I, 204.

13 M. I, 409.

14 M. I, 233.

15 M. I, 263.

16 M. I, 263–264.

17 V. Tabbagh, *Fasti Ecclesiae gallicanae*, Bd. 11, *Diocèse de Sens*, a. a. O., S. 126–128.

18 M. I, 197.

19 M. I, 264–268.

20 M. I, 268–274.

21 M. I, 274–275.

22 M. I, 275–276.

23 Laut Jean de Pouilly, *Quodlibet V*, Frage 15, zit. von K. Ubl, «Haeretici Relapsi. Jean de Pouilly und die juristischen Grundlagen für die Hinrichtung der Tempelritter», in: A. Speer, D. Wirmer (Hrsg.), *1308. Eine Topographie historischer Gleichzeitigkeit*, Berlin, de Gruyter, 2010, S. 165.

24 M. I, 60.

25 Jean de Saint-Victor, S. 654; Guillaume de Nangis, S. 377–378.

26 C. Guyon, *Les Écoliers du Christ. L'ordre canonial du Val des Écoliers, 1201–1539*, Saint-Étienne, Publication de l'université de Saint-Étienne, 1998, S. 208.

27 Zu den 54 am 12. Mai verbrannten Templern zählt der Chronist die fünf, die am 27. Mai das gleiche Schicksal erlitten.

28 Guillaume de Nangis, S. 377–378. Die anderen ausführlichen Berichte sind: *Les Grandes Chroniques de France*, hrsg. von J. Viard, Bd. VIII, Paris, Société de l'Histoire de France, 1934, S. 272; Bernard Gui, *Des Gestes glorieux des Français de l'an 1202 à l'an 1311*, Collection des mémoires relatifs à l'histoire de France, hrsg. von F. Guizot, Bd. 15, Paris, Briere, 1824, S. 406–407.

29 L. Delisle, «Guillaume d'Ercuis, précepteur de Philippe le Bel», *H.L.F.*, Bd. 32, Paris 1898, S. 166.

30 *Grandes Chroniques de France*, a. a. O., Bd. VIII, S. 273: «Daraufhin wurden am Tag vor Christi Himmelfahrt [27. Mai] die übrigen Templer an ebendieser Stelle verbrannt. Einer von ihnen war der Almosenier des Königs von Frankreich.»

31 Bernard Gui, *Des Gestes glorieux …*, a. a. O., S. 406; *Chronique et annales Gilles Le Muisit (1272–1352)*, hrsg. von H. Lemaître, Société de l'Histoire de France, Paris, 1906, S. 79; Gilles Le Muisit irrt in der Jahreszahl: Er gibt das Datum 1309 für das Konzil von Senlis ebenso wie für das von Sens an.

32 F. Raynouard, *Monumens*, S. 109–111. Er nennt die Namen, die durch andere Templer belegt sind: acht Namen, von denen einer nicht auf der Liste steht, nämlich Gaucerand de Bures; doch er vergisst Lucho de Sernoy, der in Senlis verbrannt wurde. Er führt eine Liste mit 38 Namen von Templern an, die seines Erachtens als Verteidiger des Ordens antreten und in verschiedenen Zeugnissen von Templern als verstorben genannt werden (*quondam* etc.). Aber nicht alle, die in den Jahren 1310–1311 gestorben sind, sind zwangsläufig verbrannt worden.

33 L. Delisle, «Guillaume d'Ercuis …», a. a. O., S. 166; *Grandes chroniques de France*, a. a. O., Bd. VIII, S. 273. Jean de Taverny oder Jean de Tour? Man weiß, dass es außer den beiden Jean de Tour, die Schatzmeister des Pariser Tempels und des Königs waren, noch einen anderen Jean de Tour, Almosenier des Königs, gab. In den Dokumenten, die die Verlegung der Ordensbrüder vom Pariser Tempel in Inhaftierungsorte in der gan-

zen Île-de-France (Januar / Februar 1308) betreffen, tauchen «der junge Almosenier», der am 25. Januar nach Moret, und der «alte Almosenier» auf, der am 3. Februar 1308 nach Beaumont-sur-Oise gebracht wird. Der «junge» ist Raoul d'Herblay, der «alte» Jean de Tour; AN, J 413, Nr. 28. Eine Verwechslung Tour/Taverny ist leicht möglich, denn die Seigneurie von Tour liegt unweit von Taverny.

34 M. I, 70.

35 Guillaume de Nangis, S. 381. Es handelt sich um den älteren Jean de Tour.

36 Bernard de Gui, *Des gestes glorieux …*, a. a. O., S. 406.

37 *Grandes chroniques de France*, a. a. O., Bd. VIII, S. 272 f.

38 G. Lizerand, *L'affaire*, S. 71–73; M. Barber, *Templerprozess*, S. 193–194.

39 BnF, lat. Manuskript 15372, Fol. 181–185; N. Valois, «Jean de Pouilly, théologien», *H.L.F.*, Bd. 34, Paris, 1915, S. 224 ff.; N. Valois, «Deux nouveaux témoignages sur le procès des templiers», *Compte-rendus des séances de l'année 1910 de l'Académie des Inscriptions et Belles Lettres*, Paris, 1910, S. 230–238.

40 K. Ubl, «Haeretici relapsi», a. a. O., S. 163.

41 Ebd., S. 163–164; W. J. Courtenay, «The Role of the University Masters and Bachelors at Paris in the Templar Affair, 1307–1308», in: *1308. Eine Topographie …*, a. a. O., S. 179–180. Zwischen dem 24. und dem 26. Dezember 1307 (Datum des Widerrufs von Jacques de Molay) und dem 18. April 1308, Anfang 1308 nach dem damals in Frankreich üblichen Paschalstil (dem Jahresbeginn an Ostern).

42 Jean de Pouilly hat seine Beweisführung in der Frage 15 des fünften Bandes seines *Quodlibet* vorgelegt: BnF, lat. Manuskript 15372, Fol. 181r: *Utrum, si aliquis sit confessus haeresim et postea revocet in facie Ecclesiae dicendo se falsum dixisse, talis debat dici relapsis* (Wenn einer Ketzerisches gestanden hat und danach vor der Kirche widerruft und sagt, er habe falsch ausgesagt, so muss ein solcher Ketzer genannt werden). Vgl. N. Valois, «Jean de Pouilly, théologien …», a. a. O., S. 265. Obiger Text sowie andere Texte von Jean de Pouilly über den Rückfall in die Häresie sind veröffentlicht in: W. J. Courtenay, K. Ubl, *Gelehrte Gutachten und königliche Politik im Templerprozeß*, Hannover, Hahn, 2010, S. 85–146.

43 M. Barber, *Templerprozess*, S. 192–193; vgl. die bereits zitierten Artikel von N. Valois (Anm. 39) und W. Courtenay (Anm. 41).

44 Paul F. Crawford vergleicht die Liste der 14 von 1308 mit den 21 Theologen, die Marguerite Porète 1310 wegen Häresie verurteilten (sie wurde am 1. Juni verbrannt), und entwickelt eine These zum Zusammenhang zwischen der Templeraffäre und den häufigen Konflikten zwischen weltlichen und geistlichen Doktoren der Pariser Universität

zum Thema des Privilegs der Exemtion. P. F. Crawford, «The University of Paris and the Trial of the Templars», in: V. Mallia-Milanes (Hrsg.), *The Military Orders* Bd. 3, History and Heritage, Aldershot, Ashgate, 2008, S. 115–122.

45 Vgl. Anm. 40.

46 Guillaume de Nangis, S. 378.

47 M. I, 278.

48 M. I, 281.

49 Ebd.

50 E. Bellomo, *The Templar Order in North-West Italy*, a. a. O., S. 206–207.

51 M. I, 282–283.

52 Es sind dies Pierre de sancta Gressa (M. I, 65) und Renaud de Tremblay (M. I, 77).

53 M. I, 286–287.

54 V. Tabbagh, *Fasti Ecclesiae gallicanae*, Bd. 11, *Diocèse de Sens*, a. a. O., S. 126–128. Die Sitzung vom August 1311 wird im Aufruf an die Bischöfe (für den 18. August) angekündigt; abgedruckt in: Abbé Lebeuf, *Mémoires concernant l'histoire civile et ecclésiastique d'Auxerre et de son ancien diocèse*, hrsg. von A. Challe, M. Quantin, 4 Bde., Auxerre, Editions A. Challe et M. Ruantin, 1855, Bd. IV, S. 156, Nr. 258. Das Stück ist datiert auf den Donnerstag vor Saint-Arnoul (18. Juli).

55 M. II, 3–4. Neben Renaud de Provins handelt es sich um Jean de Mortefontaine und Guillaume de Hoymont, Priester, und Renaud de Cugnières, Ritter, Pierre de Clermont-en-Beauvaisis und Bernard de Cernay (in der Diözese Paris).

12
ZWISCHENSPIEL: IN DEN KERKERN VON SENLIS (JUNI 1310–1312)

1 Vgl. Anhang 8.

2 M. I, 85–86.

3 M. I, 132–133.

4 BnF, französ. Manuskript, 20334, Nr. 58.

5 Er ist der Bauer, der die Tempelgüter der Stadt zu festem Pachtzins, zahlbar an den König, übernommen hat.

6 BnF, französ. Manuskript 20334, Nr. 54.

7 BnF, Clair. 1313, Nr. 28; M. I, 84–86.

8 BnF, französ. Manuskript 20334 (69 Stücke); lat. Manuskript 9800 (12 Stücke); Clair. 1313 (40 Stücke); AN, K 37C Nr. 40 ter; K 38 Nr. 8/2; H. Prutz, *Entwicklung*, hat zwölf davon z. T. veröffentlicht; Raynouard,

Monumens, a. a. O., S. 107, nimmt kurz Bezug auf diese Dokumente, denen die Historiker des Templerprozesses kaum Aufmerksamkeit geschenkt haben.

9 BnF, Clair. 1313, Nr. 24.

10 Ebd., Nr. 37; französ. Manuskript 20334, Nr. 56 und 57.

11 BnF, lat. Manuskript 9800, Nr. 10, 11, 12.

12 Ebd., Nr. 13. Dieser Guillaume de Gisors ist derjenige, der verfügt hatte, die neun Templer dem Pierre Proventel in Compiègne anzuvertrauen.

13 BnF, französ. Manuskript 20334, Nr. 28 und 30.

14 Raoul Morant, einer der in Montmélian inhaftierten Brüder.

15 M. I, 151.

16 BnF, Clair. 1303, Nr. 36.

17 BnF, französ. Manuskript 20334, Nr. 7.

18 BnF, Clair. 1313, Nr. 46.

19 Ebd., Nr. 39.

20 Ebd., Nr. 45.

21 Ebd., Nr. 14.

22 BnF, französ. Manuskript 20334, Nr. 49.

23 Ebd., Nr. 26, 68, 70; lat. Manuskript 9800, Nr. 9.

24 Henri de Brabant verschwindet von den Listen im April 1311.

25 Im Haus von Jean Le Gagneur ist es einer weniger, doch das Dokument verzeichnet nicht die Liste der im Oktober 1311 in Haft befindlichen Templer (BnF, französ. Manuskript 20334, Nr. 67).

26 Pierre de Saint-Just im Juni, Jean Gambier im Oktober 1311.

27 BnF, lat. Manuskript 9800, Nr. 7.

28 Hugues d'Ailly, danach Gilles d'Oisemont, Pierre de Saint-Leu und Nicolas Le Monnier.

29 BnF, französ. Manuskript 20334, Nr. 80.

30 M. I, 622.

31 M. I, 443, 459; M. II, 132.

32 M. I, 443, 468.

33 M. I, 446, 471, 474.

34 BnF, lat. Manuskript 9800, Nr. 15 und französ. Manuskript 20334, Nr. 47.

35 Ebd., lat. Manuskript 9800, Nr. 11.

36 Ebd., französ. Manuskript 20334, Nr. 50; Clair. 1313, Nr. 45.

37 Ebd., lat. Manuskript 9800, Nr. 18.

38 Ebd., Nr. 10.

39 Ebd., lat. Manuskript 9800, Nr. 7.

13
PARIS 1311
DIE ZWEITE PHASE DER VERHÖRE

1 M. I, 286–290.
2 M. II, 165; er gehört zu der am 4. April 1311 vorgeführten Gruppe.
3 M. I, 439; M. II, 85.
4 Antonio Sicci da Vercelli (M. I, 641–648), Étienne de Nérac, Minoritenbruder aus Lyon (M. I, 4564), und Pierre de la Palud, Ordensgeistlicher, ebenfalls aus Lyon (M. II, 195).
5 Die gewöhnlich genannte Zahl von 231 Templern umfasst die Gesamtheit der Einzelverhöre im Zeitraum von April 1310 bis zum 26. Mai; tatsächlich sind es nur 230, einschließlich 6 Nichttemplern.
6 M. I, 433.
7 Wir kennen aus den Jahren 1309–1312 kein Urteil des Konzils der Kirchenprovinz Bourges (der Clermont unterstand); es gab eins im Jahr 1315, dessen Gegenstand nicht genannt ist. Man darf vermuten, dass es sich mit den Templern befasste, was tatsächlich auf einem Provinzkonzil in Narbonne im selben Jahr der Fall war. Vgl. dazu Sève, *Templiers d'Auvergne*, S. 71–86.
8 Die drei «Geständigen» sind Guillaume d'Espinasse, Gilbert Laporte und Guillaume Brughat.
9 M. II, 151–154.
10 M. II, 121, 233.
11 M. II, 198.
12 A. Trudon des Ormes, *Liste des maisons et de quelques dignitaires de l'Ordre du Temple en Syrie, en Chypre et en France d'après les pièces du procès*, Paris 1900, S. 202.
13 M. II, 199–217.
14 M. II, 6–23.
15 Andererseits haben wir keinerlei Hinweise über den «Transport» der in Paris und Umgebung inhaftierten Templer zwischen ihrem Gefängnis (im Tempel von Paris z. B.) und dem Sitzungssaal der Kommission.
16 BnF, französ. Manuskript 20334, Nr. 56 und 57.
17 M. I, 468: *in domo fratrum Minorum quam juxta eorum ecclesiam consuevit inhabitare dominus episcopus Laudunensis* (im Haus der Minoritenbrüder, welches neben ihrer Kirche liegt und in dem der Herr Bischof von Laudun zu wohnen pflegte); Aussage von Jean de Saint-Just am 29. Januar 1311.
18 M. I, 619.
19 M. I, 619, 621, 624.

20 Bevor er das Provinzialkonzil von Reims und Senlis im Mai 1310 leitete, war der Erzbischof von Reims Mitglied der Untersuchungskommission über die einzelnen Personen in seiner Diözese (wahrscheinlich 1309).

21 M. I, 461.

22 BnF, französ. Manuskript 20334, Nr. 63.

23 Ebd., Nr. 64.

24 M. I, 446, 477, 479, 482, 485, 487, 490. Es ist kaum anzunehmen, dass dieser Hue d'Oisemont, bei dem die sieben Templer aus Senlis untergebracht sind, identisch ist mit dem Templer Hugues d'Oisemont, der am 4. Februar verhört wurde.

25 M. I, 446, 471, 474.

26 BnF, Clair. 1313, Nr. 37.

27 Sève, *Templiers d'Auvergne*, S. 72–85.

28 M. I, 379–384; M. II, 290–291.

29 M. I, 377.

30 M. I, 460; vgl. auch I, 511; II, 151.

31 S. L. Field, «La fin de l'ordre du Temple à Paris: le cas de Mathieu de Cressonessart», in: M.-A. Chevalier, *La fin*, S. 101–132.

32 Cressonsacq, Canton Estrées-Saint-Denis, Oise.

33 Bellinval, Gemeinde Brailly-Cornehotte, im Canton Crécy, Somme, Diözese Amiens.

34 Das vermutet Sean L. Field, der hervorhebt, dass Mathieu Latein konnte. Aber es ist genauso gut möglich, dass Mathieu nichts mit dieser Familie zu tun hatte und einfach aus Cressonessart stammte.

35 Die von Sean L. Field vorgeschlagene geographische Verortung ist falsch.

36 M. I, 145–146.

37 M. I, 165–167.

38 M. I, 511 und 535–538.

39 M. I, 367, 368–370. Nicht zu verwechseln mit einem Bruder ähnlichen Namens, Jean de Bolencourt oder Bollencourt aus der Diözese Beauvais, der am 27. Januar verhört wird; M. I, 443, 461–463.

40 La Ronzière: Les Rosières, Gemeinde Neuville-Coppegueule, Canton Oisemont, Somme, Diözese Amiens.

41 M. I, 377–379.

42 M. II, 15–18, 18–22.

43 M. II, 88–89 und 107–109.

44 M. II, 3–4.

45 M. I, 174.

46 Die spezifische Templerbekleidung besteht aus einem Mantel, weiß für die Ordensritter, dunkel für die dienenden und die Kaplanbrüder, mit

einem roten Kreuz auf der linken Schulter. Vgl. A. Demurger, «Habit», in: N. Bériou, P. Josserand (Hrsg.), *Prier et combattre, Dictionnaire européen des Ordres religieux militaires*, Paris, Fayard, 2009, S. 421.

47 Die Barttracht der Templer: dicht, aber kurz geschnitten. Der lange Rauschebart auf den Abbildungen des 18. und 19. Jhs. ist reine Phantasie: Diese wilden Kämpfer wären darüber gestolpert!

48 M. I, 187.

49 Näheres zu Kleidung und Barttracht in den Prozessakten der Templeraffäre vgl. A. Demurger, «La barbe et l'habit dans l'affaire du Temple: adhésion, rupture, résistance», noch unveröffentlichte Festschrift für Alan Forey.

50 M. I, 368, 371, 374, 447, 461, 479, 532, 535, 619, 624, 532; M. II, 39, 44, 56, 74, 105, 112, 182, 218, 220, 225, 227, 228, 231; abgesehen von den vier oben genannten, ist dies eine recht bequeme Ausrede, bei der man nicht allzu viel riskiert.

51 M. I, 344.

52 M. I, 634.

53 M. II, 220.

54 M. I, 301.

55 M. I, 320, 324, 331.

56 M. I, 334, 348, 353, 358, 364.

57 M. I, 586.

58 M. I, 461, 548; 402, 424, 591.

59 M. I, 348.

60 M. I, 402.

61 M. I, 424–425.

62 M. I, 112.

63 M. I, 67.

64 M. I, 137.

65 H. Finke, *Papsttum*, Bd. 2, S. 152.

66 M. I, 3–4.

67 G. Alberigo (Hrsg.), *Les Conciles œcuméniques*, Bd. 2: *Les décrets*, I. *De Nicée à Latran V*, Paris, Éditions du Cerf, 1994, S. 711.

14
DAS KONZIL VON VIENNE UND DER FEUERTOD VON JACQUES DE MOLAY (1311–1314)

1 M. II, 263, 265, 267.

2 M. II, 269.

3 M. II, 272–273. Eine Vorbemerkung zeichnet den Weg dieses Doku-

ments bis zu seiner Ablage in der Bibliothèque nationale im Jahre 1793 auf: BnF, lat. Manuskript 11796. Diese Vorbemerkung hält fest, dass das in Notre-Dame befindliche Dokument in Papierform nicht ohne ausdrückliche Genehmigung des Papstes ausgehändigt werden darf. Es wird oft als etwas flüchtige Kopie des pergamentenen Originals in den Archiven des Vatikan betrachtet; das ist es mitnichten. Papier ist fraglos weniger kostbar als Pergament, und die Bibliothèque nationale de France besitzt nicht das (angemaßte) Mysterium des «Archivio segreto» der Vatikanischen Archive. Trotzdem handelt es sich um ein zweites Original. Allerdings unterscheiden sich die beiden Dokumente in einem Punkt: Das Exemplar in den Archiven des Vatikan, das an Clemens V. geschickt wurde, diente als Arbeitsgrundlage für die Sonderkommission, die die Ermittlungen in Hinblick auf die Arbeit des Konzils zusammenfasste. Daher enthält es zwar wertvolle Randnotizen, ist aber nicht «originaler» als das in Paris verbliebene Dokument. Die am Schluss des Protokolls von den Anwälten gelieferten Angaben sind meines Erachtens eindeutig. Vgl. S. Field, «La fin de l'ordre du Temple à Paris», in: M.-A. Chevalier, *La fin*, S. 109; A. Luttrell, «The Election of the Templar Master James de Molay», in: *Debate*, S. 23, Anm. 18; B. Frale, *Il papato*, S. 141.

4 Außerhalb Frankreichs tagten die päpstlichen Kommissionen bis in den August hinein.

5 Vgl. Kap. 7.

6 L. Ménard, *Nîmes*, S. 125: *Et est sciendum quod quidam de predictis tres fuerunt questionate moderate, tres septimanae et plus sunt elapsi, et ex tunc citra questionati non fuerunt.*

7 AN, J 490, Nr. 778: Im Brief vom 14. Februar 1311 (der nicht abgeschickt wurde, aber als ein Exemplar in den Archiven des Vatikan aufbewahrt wird) verzichtet der König auf eine weitere Verfolgung der Sache Bonifatius' VIII.; vgl. J. Coste, *Boniface VIII en procès*, a. a. O., S. 754, Anm. 5–7.

8 *Registres de Clément V*, Bd. 7, 1, Nr. 7493–7498; 7523–7529; Raynouard, *Monumens*, S. 167.

9 *Registres de Clément V*, Bd. 7, 1, Nr. 7517.

10 Ebd., Nr. 7512.

11 J. Lecler, *Le Concile de Vienne, 1311–1312*, Paris, Fayard, 2005; E. Müller, *Das Konzil von Vienne*, Münster, 1934; R. Lauxerois (Hrsg.), *Vienne au crépuscule des Templiers*, Grenoble, Presses Universitaires de Grenoble, 2014.

12 B. Frale, *Il papato*, S. 147–148, zit. nach *Registres de Clément V*, Bd. 3, Nr. 3584; M. Barber, *Templerprozess*, S. 291.

13 M. I, 115.

14 M. I, 157; M. I, 164, 165.

15 M. I, 171.
16 Raynouard, *Monumens*, S. 176–177; G. Lizerand, *Clément V et Philippe le Bel*, a. a. O., Anhang Nr. 30, S. 472–473.
17 BnF, lat. Manuskript 15372, Fol. 185; hier die Frage 15 des *Quodlibet V*, das bereits in Kap. 11 genannt wurde und von N. Valois, «Jean de Pouilly, theólogien», a. a. O., S. 230–231 erwähnt wird.
18 Ptolemaeus Lucensis, «*Seconda vitae Clementis V*», in: Baluze, *Vitae paparum*, S. 42. Die drei französischen Metropoliten sind Pierre de Courtenay, Erzbischof von Reims, Philippe de Marigny, Erzbischof von Sens, und Gilles Aycelin, Erzbischof von Rouen. Ihre Haltung überrascht nicht, aber dass sie unter den französischen Prälaten derart isoliert waren, erstaunt dann doch! Sage noch einer, Philipp der Schöne habe den französischen Episkopat im eisernen Griff gehabt.
19 V. Langlois, «Notices et documents relatifs à l'histoire des XIIIe et XIVe siècles», *Revue historique*, 87 (1905), S. 75–76.
20 C. Port, *Le Livre de Guillaume Le Maire …*, a. a. O., S. 471–474.
21 G. Alberigo, *Les Conciles œcuméniques*, a. a. O., Bd. 2, 1, *Les décrets*, S. 709–713.
22 H. Finke, *Papsttum*, Bd. 2, S. 287–288.
23 Beide Bullen sind übersetzt bei G. Alberigo, *Les Conciles œcuméniques*, a. a. O., S. 712–719 und 720–725.
24 Jean de Saint-Victor, S. 658.
25 G. Alberigo, *Les Conciles œcuméniques*, a. a. O., S. 713.
26 L. Ménard, *Nîmes*, a. a. O., S. 212–216.
27 Das Verhörprotokoll wurde von Jules Michelet im Anschluss an die Protokolle der päpstlichen Kommission in Paris vom Jahr 1310 und die Vernehmungen von Paris von 1307 veröffentlicht: M. II, 421–515. Vgl. R. Vinas, *Le Procès des templiers en Roussillon*, Perpignan, Tdo Éditions, 2009.
28 Johannes XXII., *Lettres communes*, hrsg. von G. Mollat, Paris, 1904–1946, Bd. 1, Nr. 2510.
29 R. Vinas, *Le Procès des templiers en Roussillon*, a. a. O., S. 153.
30 G. Mollat, «La dispersion des templiers après leur suppression», *Compte-rendus des séances de l'Académie des inscriptions et belles-lettres*, 96 (1952), S. 376–380. A. J. Forey, *The Fall of the Templars in the Crown of Aragon*, Aldershot, Ashgate, 2001, Kap. 6; ders., «The ex-Templars in England», *Journal of Ecclesiastical History*, 53 (2002), S. 18–37; ders., «Templars after the Trial. Further Evidence», *Revue Mabillon*, 84 (2012), S. 89–110.
31 AN, S 4951A, I, 42, Nr. 6, in: V. Bessey, *Les commanderies de l'Hôpital en Picardie au temps des chevaliers de Rhodes 1309–1522*, Millau, Éditions Conservatoire Larzac, 2005, S. 316.
32 Ebd., S. 323; M. I, 73, 104, 135; AN, J 413, Nr. 28.
33 M. I, 242.

34 A. du Bourg, *Ordre de Malte. Histoire du Grand Prieuré de Toulouse*, Toulouse, 1883, S. 74. Toulouse wird 1317 zum Erzbistum erhoben.
35 Johannes XXII., *Lettres secrètes et curiales relatives à la France*, hrsg. von A. Coulon, S. Clémencet, Paris 1906–1967, Bd. I, Nr. 236; A. J. Forey, «Templars after the Trial ...», a. a. O., S. 95, Anm. 41.
36 P. M. Tonnelier, «À Domme en Périgord, le message des prisonniers», *Archeologia* 32 (Jan.–Feb. 1970), S. 24.
37 Johannes XXII., *Lettres communes*, a. a. O., Bd. 3, Nr. 13307; A. J. Forey, «Templars after the Trial ...», a. a. O., (2012), S. 102.
38 M. I, 62, 97, 107, 128.
39 M. I, 463.
40 M. I, 463–468.
41 Vgl. Anhang 8; BnF, französ. Manuskript 20334 (9–16); Clair. 1313 (17, 28, 42).
42 *Registres de Clément V*, Bd. 6, Nr. 6493.
43 M. I, 39.
44 *Musée des Archives départementales.* Recueil de fac-similés de documents tirés des archives des préfectures, mairies et hospices, Paris, Imprimerie nationale, 1878, S. 221, Nr. 104 de la Haute-Saône.
45 Vgl. A. Demurger, *Der letzte Templer*, a. a. O.
46 M. I, 87–88.
47 M. I, 88.
48 AN, J 413, Nr. 28; vgl. Kap. 4, S. 95–99.
49 G. Bordonove, *La tragédie des Templiers*, a. a. O., S. 343.
50 M. I, 84–86.
51 A. Beck, *Der Untergang der Templer*, Freiburg, Herder, 1992, S. 173; K. Schottmüller, *Untergang*, Bd. 1, S. 623.
52 *Registres de Clément V*, Bd. 8, Nr. 10337.
53 J. Hillairet, *Dictionnaire historique des rues de Paris*, a. a. O., Bd. II, S. 232.
54 Guillaume de Nangis, S. 402–403.
55 B. Gui, *Flores Chronicorum*, französ. Übers. von 1316, BnF, französ. Manuskript 1409, Anm. 157. Vgl. Elizabeth A. R. Brown, «Philip the Fair, Clement V and the End of the Knights Templar: The Execution of Jacques de Molay and Geoffroi de Charny in March 1314», *Viator*, 47, 2016, S. 229–292. Die Autorin zweifelt die Fassung der zuvor zitierten Fortsetzung der Chronik von Guillaume de Nangis in einem Punkt an: Die Kardinäle hätten Jacques de Molay und Geoffroi de Charnay nicht dem Prévôt von Paris überstellt und nicht abgewartet, dass das durch deren Widerruf entstandene Problem anderntags gelöst würde; da der Rückfall in die Ketzerei klar zutage getreten war, sollten die beiden Würdenträger auf der Stelle dem «weltlichen Arm», so die übliche Formel, übergeben werden. Die Initiative zur Auslieferung an die Henker

sei also von den Kardinälen und nicht von Philipp dem Schönen ausgegangen. Der von der Lage unterrichtete König habe nur den Ort der Hinrichtung bestimmt. Werden dadurch nicht die Texte von Bernard Gui ein wenig vorschnell in Zweifel gezogen?

56 Vgl. dazu die unveröffentlichte Arbeit von G. Delépinay: «Le 11 mars 1314, sur l'île aux Juifs.» Auch Elizabeth Brown bestätigt in dem in der Anmerkung 55 zitierten Artikel dieses Datum.

57 E. Lalou, *Itinéraire*, S. 417.

58 E. Boutaric, *Actes du Parlement de Paris*, Paris 1863, Bd. II., S. 122, Nr. 4272.

59 C. V. Langlois, «Extrait du 2ᵉ journal de la chambre des comptes», *Notices et extraits des manuscrits de la Bibliothèque nationale*, Paris, Bd. 40 (1917), S. 258; M. Bompaire, «Trésor de Templiers et trésors de Juifs au XIVᵉ siècle», *Bulletin de la Société française numismatique*, September 1998, S. 185–186; J.-B. Vaivre, *La Commanderie d'Épailly et sa chapelle templière*, a. a. O., veröffentlicht dieses Dokument im Anhang, S. 188–189, Nr. XXXI.

60 F. Raynouard, *Monumens*, S. 196–197; P. Boutry, Art. «Clément XIV», in: P. Levillain (Hrsg.), *Dictionnaire historique de la papauté*, Paris, Fayard, 1994, S. 394–297.

SCHLUSS

1 Ich erinnere an den schon älteren, aber bahnbrechenden Artikel von Malcolm Barber, «The World Picture of Philip The Fair», *Journal of Medieval History*, 8 (1982), in dem weitere Forschungen und Studien unter anderem von Julien Théry angekündigt werden («Une hérésie d'État, Philippe le Bel, le procès des ‹perfides templiers› et la pontificalisation de la monarchie française», in: M.-A. Chevalier, *La fin*, S. 63–100).

2 Die Feier findet am 3. Juli statt, der 1308 auf einen Dienstag fällt. Vgl. «Documents relatifs au procès des templiers en Angleterre rapportés par L. Blancard, *Revue des sociétés savantes*, VI (1867), S. 419–420. Dokument des British Museum, Ms Harley, Nr. 252, Fol. 113.

3 B. Frale, «1308. Il piano di Clemente V per salvaguardare l'ordine dei templari», und dagegen: M. Heiduk, «Die Chinon-Charta von 1308 – die Wende im Templerprozess? Ein archivalischer Fund und sein publizistisches Echo», a. a. O., S. 125–139 und 140–160.

4 Ptolemaeus Lucensis, *Vita Clementis papae V*, 2d. Baluze, Bd. 1, S. 130; vgl. das entsprechende Kapital bei J. Coste, *Boniface VIII en procès*, a. a. O., S. 368–370.

5 Eine normannische Chronik des 14. Jahrhunderts schildert den Tod Nogarets: «Dann starb Guillaume de Longaret und wütete gar grauenhaft mit heraushängender Zunge, was den König und viele andere, die gegen den Papst Bonifatius waren, höchlich erstaunte.» *Chronique normande du XIVe siècle*, hrsg. von A. und E. Molinier, Société de l'Histoire de France, Paris, 1872, S. 29.
6 R. Caravita, *Rinaldo da Concorezzo, arcivescovo di Ravenna (1303–1321) al tempo di Dante*, Florenz, Leo Olschky, 1964, und spätere Artikel desselben Autors; J.-M. Sans i Travé, *La fi dels Templers catalans*, Barcelona, Pagés, 2008, S. 316–323.
7 Allzu oft findet man in einer Geschichtsliteratur, die sehr sorglos mit den Quellen umgeht, die Angabe, zweitausend Templer seien nach dem Konzil von Vienne verbrannt worden. Auch wenn man Papier verkaufen will, sollte man nicht mit dem Feuer spielen!
8 Ein letzter Gewaltstreich! Doch täuschen wir uns nicht: Wenn es nach den Regeln gegangen wäre, hätten die Kardinäle am Tag nach dem Protest des Großmeisters die Sache in die Hand nehmen müssen; und wenn, wie es jetzt abzusehen war, Jacques de Molay und Geoffroy de Charnay ihre letzten Worte bestätigt hätten, dann wären sie als rückfällige Ketzer eingestuft, dem weltlichen Arm ausgeliefert und verbrannt worden.
9 G. Lizerand, *L'affaire*, a. a. O., S. 26–27.
10 H. Finke, *Papsttum*, Bd. 2, S. 173.
11 S. L. Field, «The Inquisitor Ralph of Ligny, two German Templars and Marguerite Porète», *Journal of Medieval Religious Cultures*, 39 (2013), S. 12–22.
12 H. Finke, AA, III, S. 173.
13 Vgl. Kap. 5, S. 114.
14 Guillaume de Nangis, S. 362.
15 Vgl. Kap. 7, S. 143–145.
16 Von diesen 659 ziehen 44 ihre Verteidigung des Ordens am 19. Mai öffentlich zurück (31 von ihnen werden daraufhin von der Kommission vernommen und bestätigen ihr Geständnis), 56 weitere folgen ihnen, ohne es jedoch öffentlich zu verkünden.
17 Vgl. Anhang 8.
18 Vgl. Kap. 14, S. 277–278 und Anm. 17.
19 M. II, 375.
20 AN, J, 413, Nr. 28.
21 M. I, 36.
22 M. I, 97, 107. Jedenfalls wird Thierry de Reims am 28. März nicht erwähnt.
23 M. I, 153.

24 M. I, 548–550; er kommt ursprünglich aus der Diözese Liège (Lüttich) und wird auch Borletta, de Barletta genannt, weil er einen Teil seiner Karriere in Süditalien machte.

25 BnF, französ. Manuskript 20334 (65, 69); vgl. Anhang 8.

ANHANG 1
EIN IDENTIFIZIERUNGSPROBLEM: THIERS-SUR-THÈVE (DIÖZESE SENLIS)

1 M. I, 69.

2 AN, J 413, Nr. 28.

3 BnF, französ. Manuskript 20334 (41–45); vgl. Anhang 8.

4 Ebd.

5 Nach Überprüfung am Original, BnF, lat. Manuskript 11796, kann man Jules Michelet, der das Dokument veröffentlicht hat, kein Versehen unterstellen. Der Fehler liegt also beim Schreiber, der Sens und Senlis verwechselt.

ANHANG 3
DIE ANKLAGEPUNKTE

1 Anspielung auf das angebliche Eingeständnis Jacques de Molays bei einer Begegnung mit dem König vor seiner Verhaftung, diese Praxis habe es gegeben. Guillaume de Plaisians erwähnte dies in den Reden, die er im Mai und Juni 1308 in Poitiers hielt.

ANHANG 4
STAMMDIÖZESE DER TEMPLER, DIE VOM 6. FEBRUAR BIS 2. MAI 1310 IN PARIS VORGELADEN WAREN

1 Es fehlt die Diözese Avranches.

2 Es fehlen die Diözesen Angers, Nantes, Rennes, Dol, Saint-Malo, Tréguier, Saint-Pol-de-Léon, Quimper, Vannes.

3 Es fehlt die Diözese Saintes.

4 Es fehlt die Diözese Mende.

5 Es fehlen die Diözesen Bazas, Dax, Aire, Lescar, Bayonne, Oloron und Comminges.

6 Es fehlt die Diözese Lodève.

7 Die Diözese Viviers liegt auf dem Gebiet des französischen Königreichs, ist aber dem Erzbistum Vienne untergeordnet, ebenso wie die Diözese Genf.

8 Vgl. Anhang 2.

ANHANG 9
DIE PRÄSENTATION DER TEMPLER VOR DER KOMMISSION IN PARIS UND IHRE VERHÖRE (APRIL–MAI 1310 UND 17. DEZEMBER 1310–MAI 1311)

1 Angegeben als Zeuge *supra juratus*, obwohl er in der Liste oben fehlt.

2 Zwei werden verhört, obwohl sie in den Gruppen nicht aufgeführt sind: Lambert de Cormeilles aus der Diözese Paris (I, 439) und Humbaud de la Boyssade (II, 85); einer ist in der Gruppe verzeichnet, wird aber nicht verhört: Johannes Picardi (II, 165). Die Summe aller verhörten Templer ergäbe also: 210 (– 1 + 2) = 211.

BIBLIOGRAPHIE

Die vorliegende Studie stützt sich insbesondere auf die Protokolle der im französischen Königreich geführten Templerprozesse. Die Liste führt die archivalischen Quellen und die Publikationen auf.

Quellen – Protokolle der Templerprozesse

Troyes (1307), AN, J 413, Nr. 16; Edition: Arnaud Baudin, Ghislain Brunel, «Les Templiers en Champagne. Archives inédites, patrimoines et destins des hommes», in: *Les Templiers dans l'Aube*, textes réunis et édités par «La vie en Champagne», Troyes 2013, S. 62–69.

Pont de l'Arche et Roche d'Orival (1307), AN, J 413, Nr. 23; Edition: Michel Miguet, *Templiers et hospitaliers en Normandie*, Paris, CTHS, 1995, S. 138; Sean L. Field, «Royal Agents and Templar Confession in the bailliage of Rouen», French Historical Studies, 39 (2016), S. 35–70.

Paris (1307), AN, J 413, Nr. 18; Edition: Jules Michelet, *Le procès des templiers*, Bd. 2, Paris 1851, S. 275–420.

Caen (1307), AN., J 413, Nr. 17 (latein. Fassung) und 20 (französ. Fassung); Edition: Sean L. Field, «Torture and confession in the Templar Interrogations at Caen, 28–29 octobre 1307», *Speculum*, 91 (2016), S. 297–327. Der Autor bringt beide Versionen, damit erübrigt sich ein Rückgriff auf Heinrich Finke, *Papsttum* Bd. 2, S. 313–316 (dort unvollständig zitiert) und auf A. Gilbert-Dony «Les derniers Templiers de Caen: étude des documents relatant leur tribulations (1307–1311)», in: *Bulletin de la société des Antiquaires de Normandie*, LXII (1994–1997), Caen, 2003, S. 190–193. Beide Verfasser bringen nur die französische Fassung.

Cahors (1307), Barcelona, ACA, Pergamenos, Nr. 2486; Teiledition: Heinrich Finke, *Papsttum*, Bd. 2, S. 316–321.

Cahors (2./3. Januar 1308), AN, J 413, Nr. 21; Hans Prutz, *Entwicklung*, S. 327.

Carcassonne, AN, J 413, Nr. 25; Edition: Andrea Nicolotti, «L'interrogatorio dei Templari imprigionati a Carcassonne», *Studi Medievali*, 52 (2011), S. 703–712.

Aigues-Mortes, Alès, Nîmes (1307–1312), BnF, Baluze, 396, Nr. 6 und 7; Léon Ménard, *Nîmes*, Bd. 1, S. 166–216.

Poitiers (1308), Vatikan, Reg. Aven. Nr. 48, Benoît XII, Bd. I, fol. 438–451; Edition: Konrad Schottmüller, *Untergang*, Bd. 2, S. 1–71 (fol. 438–448); Heinrich Finke, *Papsttum*, Bd. 2, S. 329–340 (fol. 448–451).

Chinon, Originalversion: Vatikan, Archivio Segreto, *Archivum Arcis, Armarium* D 217; Edition: Barbara Frale, *Il papato*, S. 198–220. Traditionelle Version: Vatikan, Reg. Aven. Nr. 48, Benoît XII, fol. 437–438; Edition: Heinrich Finke, *Papsttum*, Bd. 2, S. 320–329.

Clermont (Juni 1309), BnF, Baluze, 395, Nr. 5; Edition: Sève, *Templiers d'Auvergne*.

Paris (1310–1311), BnF, lat. Manuskript 11796; Vatikan, Archivio Segreto; Edition: Jules Michelet, *Le procès des templiers*, Paris, 1841–1851, Bd. 1, S. 1–681; Bd. 2, S. 1–276.

Weitere Quellen

ALBERIGO, Giuseppe (Hrsg.), *Les Conciles œcuméniques*, Bd. 1: *L'Histoire;* Bd. 2: *Les décrets*, I. *De Nicée à Latran V*, II, Paris, Éditions du Cerf, 1994 (Übersetzung der italienischen Ausgabe, Bologna 1972).

BALUZE, Étienne, *Vitae paparum Avenionensium*, 4 Bde., neu hrsg. von Guillaume Mollat, Paris, Letouzey & Ané, 1913–1922.

GUI, Bernard, *Fleur des chroniques* RHGF, Bd. 21; Übersetzung unter dem Titel «Des gestes glorieux des Français de l'an 1202 à l'an 1311», in: François Guizot (Hrsg.), *Collection des mémoires relatifs à l'histoire de France*, Bd. 15, Paris, Briere, 1824, S. 333–410.

BLANCARD, Louis, «Documents relatifs au procès des Templiers en Angleterre», *Revue des sociétés savantes*, 4e série, VI (1867), S. 416–420.

Chronique latine de Guillaume de Nangis de 1113 à 1300 avec les continuations de cette chronique de 1300 à 1368, hrsg. von Hercule Géraud, 2 Bde., Paris, SHF, 1843.

Chronique métrique attribuée à Geoffroi de Paris, 1312–1316, hrsg. von Armel Diverrès, Paris, 1956.

COSTE, Jean (Hrsg.), *Boniface VIII en procès. Articles d'accusation et dépositions des témoins (1303–1311)*, édition critique, édition et notes par Jean Coste, Rom, L'Erma, 1995.

FINKE, Heinrich, *Acta aragonensia, Quellen zur Kirchen- und Kulturgeschichte aus der diplomatischen Korrespondenz Jaymes II. (1291–1327)*, Berlin, Rothschild, 1908.

– *Papsttum und Untergang des Templerordens*, 2 Bde., Münster, Aschendorffsche Buchhandlung, 1907.

Les Grandes Chroniques de France, hrsg. von Jules Viard, Société de l'Histoire de France, 10 Bde., Paris, Champion, 1932, Bd. 7 und 8.

JEAN XXII (1316–1324), *Lettres communes analysées d'après les registres dits d'Avignon et du Vatican*, hrsg. von Guillaume Mollat, 16 Bde., Paris, Fontemoing, 1904–1946 (Bibliothèque des Écoles françaises d'Athènes et de Rome).

JEAN XXII, *Lettres secrètes et curiales relatives à la France extraites des registres du Vatican*, hrsg. von A. Coulon, S. Clémencet, 3 Bde., Paris, Fontemoing, 1906–1967 (Bibliothèque des Écoles françaises d'Athènes et de Rome).

Jean de SAINT-VICTOR, «Excerpta e memoriali historiarum auctore Johanne Parisiensi Sancti Victoris Parisiensis canonico regulari», *Recueil des historiens des Gaules et de la France*, Bd. 21, Paris, Libraires Associés, 1855.

LIZERAND, Georges, *L'affaire des templiers*, Paris, Les Belles-Lettres, 1923, Neuaufl. 2006.

MÉNARD, Léon, *Histoire civile, ecclésiastique et littéraire de la ville de Nismes*, 7 Bde., Bd. 1, *Preuves* (interrogatoire des templiers du diocèse de Nîmes), Paris, Chaubert, 1750, S. 166–219.

MICHELET, Jules, *Le procès des templiers*, Collections des documents inédits sur l'Histoire de France, 1841–1851; Neuaufl. Paris, CTHS, 1987.

NICOLOTTI, Andrea, «L'interrogatorio dei Templari imprigionati a Carcassonne», *Studi Medievali*, 52 (2011), S. 697–729.

OURSEL, Raymond, *Le Procès des templiers*, Paris, Denoël, 1955.

PICOT, Georges (Hrsg.), *Documents relatifs aux États généraux et assemblées réunis sous Philippe le Bel*, Paris, Imprimerie Nationale, 1903.

PORT, Célestin, *Le Livre de Guillaume Le Maire*, in: *Mélanges historiques*, Bd. 2, Collection de documents inédits sur l'histoire de France, Paris, Imprimerie Nationale, 1877.

PRUTZ, Hans, *Entwicklung und Untergang des Tempelherrenordens, mit Benutzung bisher ungedruckter Materialien*, Berlin, Grote, 1888.

Regestum Clementis papae V ex Vaticanis archetypis, editio, cura et studio monachorum ordinis sancti Benedicti, 9 Bde., Rom, Typographia Vaticana, 1885–1892.

SCHOTTMÜLLER, Konrad, *Der Untergang des Templer-Ordens*, 2 Bde., Berlin, Mittler, 1887; Bd. 2, *Urkunden*.

Literatur

The Debate on the Trial of the Templars (1307–1314), hrsg. von Jochen BURGTORF, Paul CRAWFORD, Helen NICHOLSON, Farnham, Ashgate, 2010.

Élites et ordres militaires au Moyen Âge, Rencontre autour d'Alain Demurger, hrsg. von Philippe JOSSERAND, Luis F. de OLIVEIRA, Damien CARRAZ, Madrid, Casa de Velázquez, 2015.

La Fin de l'ordre du Temple, hrsg. von Marie-Anna CHEVALIER, Paris, Geuthner, 2012.

Prier et combattre. Dictionnaire européen des ordres militaires au Moyen Âge, hrsg. von Nicole Bériou, Philippe Josserand, Paris, Fayard, 2009.

Einzelstudien

Barber, Malcolm, Der Templerprozess. Das Ende eines Ritterordens, Düsseldorf, Patmos, 2008.

Beck, Andreas, Der Untergang der Templer, Freiburg, Herder, 1992.

Bessey, Valérie, *Les Commanderies de l'Hôpital en Picardie au temps des chevaliers de Rhodes (1309–1522)*, Millau, Conservatoire Larzac Templier et Hospitalier, 2005.

Bordonove, Georges, *La Tragédie des templiers*, Paris, Pygmalion, 1993.

Boutaric, Edgard, «Clément V, Philippe le Bel et les Templiers», *Revue des questions historiques*, 10 / 11 (1871–1872).

Brown, Elizabeth A. R., «Philip the Fair, Clement V and the end of the Knights Templar: The Execution of Jacques de Molay and Geoffroi de Charny in March 1314», viator 47 (2016), S. 229–292.

Bulman, Jan K., *The Court Book of Mende and the Secular Lordship of the Bishop*, Toronto, University of Toronto Press, 2008.

Burgtorf, Jochen, *The Central Convent of Hospitallers and Templars: History, Organization and Personnel (1099/1120–1310)*, Leiden, Brill, 2008.

Carraz, Damien, *L'Ordre du Temple dans la basse vallée du Rhône. Ordres militaires, croisades et sociétés méridionales*, Lyon, Presses universitaires de Lyon, 2005.

Cazelles, Raymond, *Nouvelle Histoire de Paris*, Bd. 3: *De la fin du règne de Philippe Auguste à la mort de Charles V*, Paris, Hachette, 1972.

Cerrini, Simonetta, *La Passione dei Templari. La via crucis dell'ordine cavallaresco più potente del Medioevo*, «oscar Storia», Mailand, Mondadori, 2016.

Challet, Vincent, «Entre expansionnisme capétien et relents d'hérésie: le procès des templiers du Midi», *Les Ordres religieux militaires dans le Midi (XIIe-XIVe siècle), Cahiers de Fanjeaux*, Nr. 41, Toulouse, 2006, S. 139–161.

Cheney, Christopher R., «The downfall of the Templars and a letter in their defence», in: F. Whitehead, A. H. Diverrès, F. E. Sutcliffe (Hrsg.), *Medieval Miscellany presented to Eugène Vinaver*, Manchester, Manchester University Press, 1965, S. 65–79.

Claverie, Pierre-Vincent, *L'Ordre du Temple en Terre sainte et à Chypre au XIIIe siècle*, 3 Bde., Nicosie, Centre de recherche scientifique, 2005.

Clemens, Jacques, «La rumeur agenaise de l'enfermement templier au début du XIVe siècle», *Revue de l'Agenais*, 123 (1996), S. 219–233 und 124 (1997), S. 23–40.

Courtenay, William J., «Marguerite's Judges. The University of Paris in 1310», in Sean L. Field, Robert E. Lerner, Sylvain Piron (Hrsg.), *Mar-*

guerite Porete et le «Miroir des simples âmes»: Perspectives historiographiques, philosophiques et littéraires, Paris 2013, S. 215–231.

– «The Role of University Masters and Bachelors at Paris in the Templar Affair, 1307–1308», in: Andreas Speer, David Wirmer (Hrsg.), *1308. Eine Topographie historischer Gleichzeitigkeit*, Berlin–New York, De Gruyter, 2010, S. 171–181.

Courtenay, William J., Ubl, Karl, *Gelehrte Gutachten und königliche Politik im Templerprozeß*, Hannover, Hahnsche Buchhandlung, 2010 (mit der Edition der Texte des Theologen Jean de Pouilly über den Rückfall).

Crawford, Paul, «The Involvement of the University of Paris in the Trials of Marguerite Porete and of the Templars, 1308–10», in: *Debate*, S. 129–143.

– «The University of Paris and the Templars», in: Victor Mallia Milanes (Hrsg.), *Military Orders*, Bd. 3, History and Heritage, Aldershot, Ashgate, 2008, S. 115–122.

Demurger, Alain, *Der letzte Templer. Leben und Sterben des Großmeisters Jacques de Molay*, München, C.H.Beck, 2015.

– *Les Templiers, Une chevalerie chrétienne au Moyen Âge*, Paris, Éditions du Seuil, 2005; Neuaufl. «Point-Seuil», 2014 (mit einem Nachwort).

– «Éléments pour une prosopographie du ‹peuple templier›: la comparution des templiers devant la commission pontificale de Paris (février-mai 1310)», in: Philippe Josserand, Luis F. de Oliveira, Damien Carraz (Hrsg.), *Élites et ordres militaires au Moyen Âge*, Madrid, Casa de Velázquez, 2015, S. 17–36.

Dupuy, Pierre, *Histoire du différend d'entre le pape Boniface VIII. et Philippes le Bel, roy de France*, Paris, 1685.

Fasti Ecclesiae Gallicanae, Turnhout, Brepols:

1 – Diocèse d'Amiens, hrsg. von Pierre Desportes, 1996.

2 – Diocèse de Rouen, hrsg. von Vincent Tabbagh, 1998.

3 – Diocèse de Reims, hrsg. von Pierre Desportes, 1998.

8 – Diocèse de Mende, hrsg. von Philippe Maurice, 2008.

11 – Diocèse de Sens, hrsg. von Vincent Tabbagh, 2009.

Favier, Jean, *Philippe le Bel*, Paris, Fayard, 1978, Neuaufl. 1999; als Taschenbuch in «Texto», Paris, 2013.

Field, Sean L., «Torture and Confession in the Templar Interrogations at Caen, 28–29 october 1307», *Speculum*, 91 (2016), p. 297–327.

– «Royal Agents and Templar Confession in the Bailliage of Rouen», *French Historical Studies*, 39 (2016), S. 35–70.

– «La fin de l'ordre du Temple à Paris: le cas de Mathieu de Cressonessart», in: Marie-Anna Chevalier (Hrsg.), *La Fin de l'ordre du Temple*, Paris, Geuthner, 2012, S. 101–132.

Forey, Alan, *The Fall of the Templars in the Crown of Aragon*, Aldershot, Ashgate, 2001.

– «Towards a profile of the Templars», in: Malcolm Barber (Hrsg.), *The Military Orders*, Bd. 1, *Fighting for the Faith and Caring for the Sick*, Aldershot, Ashgate, 1994.

– «Could alleged Templar Malpractices have remained indetected for Decades?», in: *Debate*, S. 11–20.

– «Were the Templars Guilty, even if they were not Heretics or Apostates?», *Viator*, 42 (2011), S. 115–141.

– «Templars after the Trial. Further Evidence», *Revue Mabillon*, 84 (2012), S. 89–110.

FRALE, Barbara, *L'ultima battaglia dei Templari. Dal codice ombra d'obbedienza militare alla costruzione del processo per eresia*, Rom, Viella, 2001.

– *Il papato e il processo ai Templari. L'inedita assoluzione di Chinon alla luce della diplomatica pontifica*, Rom, Viella, 2003.

– «The Chinon chart. Papal absolution of the last Templar, Master Jacques de Molay», *Journal of Medieval History*, 30 (2004), S. 109–134.

– «L'interrogatorio ai Templari nella provincia di Bernardo Gui: un'ipotesi per il frammento del registro Avignonese 305», in: *Dall'Archivio segreto vaticano. Miscellanea di testi, saggi e inventari*, Bd. 1, Città del Vaticano, Archivio Segreto Vaticano, 2006, S. 199–272.

– «1308. Il piano di Clemente V per salvaguardare l'ordine dei Templari», in: Andreas SPEER, David WIRMER (Hrsg.), *1308. Eine Topographie historischer Gleichzeitigkeit*, Berlin–New York, De Gruyter, 2010, S. 125–139.

GALLAND, Bruno, *Deux archevêchés entre la France et l'Empire. Les archevêques de Lyon et les archevêques de Vienne du milieu du XIIe siècle au milieu du XIVe siècle*, Rom, École française de Rome, 1994.

GÉRAUD, Hercule, *Paris sous Philippe le Bel*, Tübingen, Niemeyer, 1991 (Neuaufl. der Ausgabe von 1837).

GILBERT-DONY, Anne, «Les derniers templiers du bailliage de Caen», *Bulletin de la Société des antiquaires de Normandie*, LXII (1994–1997), 2003, S. 175–196.

HEIDUK, Matthias, «Die Chinon-Charta von 1308 – die Wende im Templerprozeß? Ein archivalischer Fund und sein publizistisches Echo», in: Andreas SPEER, David WIRMER (Hrsg.), *1308. Eine Topographie historischer Gleichzeitigkeit*, Berlin–New York, De Gruyter, 2010, S. 140–160.

HIGOUNET-NADAL, Arlette, «L'inventaire des biens de la commanderie des templiers de Sainte-Eulalie du Larzac en 1308», *Annales du Midi*, 68 (1956), S. 255–262.

KRAMER, Thomas, «Terror, Torture and the Truth: The Testimonies of the Templars revisited», in: *Debate*, S. 71–85.

LALOU, Élisabeth, *Itinéraire de Philippe IV le Bel (1285–1314)*, 2 Bde., Bd. 1: *Introduction*; Bd. 2: *Routes et résidences, mémoires de l'Académie des inscriptions et belles-lettres*, Paris, De Boccard, 2007.

LANGLOIS, Charles-Victor, «Le procès des templiers», *Revue des Deux Mondes*, 103 (1891), S. 382–421.

LAUXEROIS, Roger (Hrsg.), *Vienne au crépuscule des templiers*, Grenoble, Presses universitaires de Grenoble, 2014.

LECLER, Joseph, *Le Concile de Vienne, 1311–1312*, Paris, Fayard, 2005.

LIZERAND, Georges, *Clément V et Philippe IV le Bel*, Paris 1910.

MACNAMARA, Jo-Ann, *Gilles Aycelin, the Servant of two Masters*, Syracuse (New York), Syracuse University Press, 1973.

MARQUETTE, Jean-Baptiste, «À propos d'un document bazadais inédit concernant le procès des templiers», *Cahiers du Bazadais*, 94 (1991), S. 35–40.

MENACHE, Sophia, *Clement V*, Cambridge, Cambridge University Press, 1998.

MIGUET, Michel, *Templiers et hospitaliers en Normandie*, Paris, Éditions du CTHS, 1995.

MÜLLER, Ewald, *Das Konzil von Vienne*, Münster, 1934.

PARAVICINI BAGLIANI, Agostino, *Boniface VIII, un pape hérétique?*, Paris, Payot, 2003.

PEGUES, Frank J., *The Lawyers of the Last Capetians*, Princeton, Princeton University Press, 1962.

RAYNOUARD, François Just Marie, *Monumens historiques relatifs à la condamnation des chevaliers du Temple et à l'abolition de leur ordre*, Paris, 1813.

RILEY-SMITH, Jonathan, «Were the Templars Guilty?», in: S. J. RIDYARD (Hrsg.), *The Medieval Crusade*, Woodbridge, The Boydell Press, 2004, S. 107–124.

ROGOZINSKI, Jan, «The Counsellors of the Seneschal of Beaucaire and Nîmes, 1250–1350», *Speculum*, 44 (1969), S. 421–439.

SCHMIDT, Tilmann, *Der Bonifaz Prozess*, Köln–Wien, 1989.

STRAYER, Joseph R., *The Reign of Philip the Fair*, Princeton, Princeton University Press, 1980.

THÉRY, Julien, «Une hérésie d'État. Philippe le Bel, le procès des ‹perfides templiers› et la pontificalisation de la royauté française», *Médiévales*, 60 (2011), S. 157–186. Überarbeitete Fassung in: Marie-Anna CHEVALIER (Hrsg.), *La Fin de l'ordre du Temple*, Paris, S. Geuthner, 2010.

TONNELIER, P.-M., «À Domme en Périgord: le message des prisonniers», *Archeologia*, 32 (1970), S. 25–37.

PERSONENREGISTER

Adam de Montreno 71
Adam de Vallencourt, Valencourt 61, 223
Adam, genannt Torchon 283
Adelin de Lignières 261
Adémar d'Esparre, de Sparros 76, 119 f., 122, 124
Adémar de Peyrusse 220
Agnelo, Agnolo di Tura 30 f.
Aimeri de Villiers-le-Duc 227, 263
Aimeri du Cros 75
Albert de Canellis 150, 268 f.
Albert von Österreich, römisch-deutscher König 40
Alexander IV., Papst (Rinaldo Conti di Segni) 78
Amisse d'Orléans, genannt Le Ratif 134, 210, 226, 237, 272
Anceau de Rocheria 242
Ancherius de Sivré 239
Arbert de Thinières 143
Arnau de Banyuls 90
Arnaud de Farges 288
Arnaud Novelli 288
Arnaut Durant 55
Astorg de Mareugheol, Marvejols 143
Atho de Sauvagnac 57, 120, 122
Aubert Aycelin 113, 142
Aubin Langlois 54
Audebert de Porte 153
Aymeri Chamerlent 56, 120 f., 124
Aymeri de Bure 148
Aymeri George 62
Aymon de Barbone 80, 167 f.
Aymon de Pratemi 207

Balduin II., König von Jerusalem 14
Baraus 61
Barber, Malcolm 17, 24 f., 61, 110, 179
Barthélemy Bocherii 33
Barthélemy Chevrier 56
Barthélémy de Clusel 71
Barthélemy de Gandeire 74
Barthélemy de Glans 268
Barthélemy de Troyes 239, 256
Baudouin de Gizy 267
Baudouin de Saint-Just 75, 147, 222 f., 283
Bautier, Robert-Henri 25
Beck, Andreas 287
Beranger Frédol 88, 90 f., 117, 122, 131, 134, 281
Bérard de Bolano 134
Bernard (Bertrand) de Saint-Paul 208
Bernard (Bertrand) de Villars 113, 124
Bernard de Bort 62
Bernard de Farges 282
Bernard de Fenouillède 139
Bernard de la Tour 151
Bernard de Sornay 266, 285
Bernard de Vado 80
Bernard Filliol 206, 210

Bernard Gui 52, 73, 231, 233, 289
Bernard Humbaud 206, 209
Bernard Pelet 27–29
Bernard Saisset 21
Bernat de Banyuls 90
Bernhard von Clairvaux 14, 213
Bertin du Coisel 54
Bertrand (Bernard) de Bissy 295
Bertrand Arnaud 71, 150
Bertrand de Belda, de Périgord 62
Bertrand de Languissel 109, 111 f., 149, 272, 281
Bertrand de Sartiges 33, 205, 220, 264
Bertrand de Trabes 161
Bertrand Jourdain de l'Isle 51, 71, 112
Blanca von Kastilien 47
Blanche von Burgund, Königin von Frankreich 101
Boniface Lombard 34
Bonifatius VIII., Papst (Benedetto Caetani) 21, 25, 30 f., 41, 43, 84, 104, 106, 109, 112, 114, 124, 127, 136, 173, 175–178, 273, 294–296
Bordonove, Georges 287
Boutaric, Edgard 104

Carbasse, Jean-Marie 78
Chagny-Sève, Anne-Marie 22, 113, 262
Clairembaud de Conflans 61
Clemens V., Papst (Bertrand de Got) 17, 25 f., 30–32, 39–41, 43–46, 51 f., 56, 83, 88–90, 101 f., 104, 107, 113–115, 122, 124, 128, 130 f., 133, 136, 140, 148, 157, 160, 162, 175 f., 179, 182, 218, 225 f., 235, 237, 273 f., 276–278, 280, 282, 284 f., 287, 294–298
Clemens XIV., Papst (Giovanni Vincenzo Ganganelli) 290
Clément de Saint-Hilaire 56
Coelestin V., Papst (Pietro da Morrone) 41, 127, 294, 296
Colard d'Évreux 200, 209
Colin Alart, de Gisors 244, 246, 248, 259–261
Colin d'Arras (Colinus de Atrebato) 159
Consoline de Saint-Joire 80, 147, 154

Daniel Grant 244, 248 f.
Denis d'Aubigny 54
Déodat (Dorde) Jafet 79, 119, 122, 124
Déodat Catalan 72, 112
Déodat Hugo 62
Dreux de Chevru 242
Drohet de Paris 150
Dupuy, Pierre 20, 46, 92
Durand de Saint-Pourçain 68
Durand Vassal 113

Eduard I., König von England 39
Eduard II., König von England 29 f., 39 f., 101
Énard de Valdencia 242
Enguerrand de Marigny 176, 225
Enguerrand de Villers 53, 74
Esquieu de Floyrac (Floyran), de Biterris 27–30, 45
Étienne Bécart 148, 225
Etienne Bourdon 113
Étienne Chausit 143
Étienne de Caumont 269
Étienne de Dijon 57, 148, 268
Étienne de Domont 147
Étienne de Nérac 56
Étienne de Provins 168
Étienne de Suisy 88, 90 f., 117, 122, 131, 134
Étienne de Troyes 121
Étienne Trobati 119, 124
Eudes de Châteaudun 184
Euphemia (Heilige) 215

Favier, Jean 20, 177
Felix de Fayo 68
Field, Sean L. 24, 264 f.
Finke, Heinrich 89 f., 118 f., 123, 132
Florimond Dondedieu 206, 210, 272
Forey, Alan 23 f.
Foulques de Milly 61 f.
Foulques de Neuilly 261
Foulques de Villaret 17, 21, 40, 128
Frale, Barbara 22, 73, 132, 134
Fricon de Béarn 161
Friedrich II., römisch-deutscher Kaiser 103

Gaillard de Fasenis 161
Garnier de Moissac 55
Gaubert de Marle 168
Gaubert de Silhi 59
Gaucelm de Barjac 151
Gaucerand de Montpezat 119
Gaucher de Liancourt 86, 97, 120
Gautier de Bois Gilout 53
Gautier de Bullens 53, 231
Gautier de Bure 76, 148, 231
Gautier de Sommereux 283
Geoffroy d'Ablis 52, 75
Geoffroy de Cera, de La Fère-en-Champagne 242
Geoffroy de Charnay 14, 86, 97, 120, 131, 281, 286, 299, 302
Geoffroy de Gonneville 68 f., 120, 131, 188, 201, 208, 286 f., 290
Geoffroy de Montchausit 59
Geoffroy de Thathan, Tatan 56, 60, 76, 221 f., 267
Geoffroy du Plessis 43, 173, 272
Gérard de Beaune 239
Gérard de Boyzol 27 f.
Gérard de Caus, Gauche, Cancer, Basoez 28, 86, 96, 164 f., 188, 263
Gérard de Fore Agula 119
Gérard de Laon 62
Gérard de Lorraine 191, 196
Gérard de Monacheville (Moineville) 259
Gérard de Passage 75, 80, 113, 221 f., 267
Gérard de Saint-Martial 120
Gérard de Villiers 61, 63 f., 167, 285
Géraud de Châteauneuf 61
Géraud de Lavergne 28
Géraud de Mursac 258
Géraud, Hercule 197
Geraudon de Châteauneuf 61
Giacomo da Montecucco 102, 239
Gilbert Laporte 191
Gilles Aycelin 52, 109, 111 f., 115, 127, 142, 149, 172, 176–178, 184 f., 217, 237, 271, 274
Gilles Colonna 115
Gilles de Rotangi, de Oisemont 59, 249, 265, 284 f.
Gilles de Valenciennes 303
Gilles Le Muisit 231
Gillet de Encreyo (Ecci) 59, 79, 113, 222
Giraud Béraud 60
Gossoyn de Brabant 195, 198, 210
Gossuin von Brügge 249, 251
Gratian 178
Guiard Cressonessart 264
Guiard d'Asnières 244, 248 f.
Guichard de Marciac 221 f.
Guichard de Troyes 21, 136
Guillaume Agarni 158, 162, 179, 182 f., 185
Guillaume Arnaud de la Motte 160
Guillaume Audebon 258
Guillaume Aymeri 124
Guillaume Bonnet 173, 179, 271
Guillaume Bouchel, Boscelli 168
Guillaume Brughat 192
Guillaume Canteil 54
Guillaume Chandelier 59
Guillaume Clignet 290
Guillaume d'Ercuis 230 f.

Guillaume d'Espinasse 192
Guillaume d'Herblay (de Arreblyo) 69, 97, 147, 201
Guillaume d'Oisneval 73
Guillaume de Baufet 140, 163, 268
Guillaume de Beaujeu 170, 214
Guillaume de Bléré, de Chatallone 208
Guillaume de Chambonnet, Chamborand 33, 205, 207 f., 220, 238 f., 255, 264
Guillaume de Chanteloup 46
Guillaume de Choques 68
Guillaume de Domont 198, 209, 212
Guillaume de Flavacourt 138
Guillaume de Gisors 242 f.
Guillaume de Givresay 191
Guillaume de Glatigny 244, 248
Guillaume de Houdetot 73
Guillaume de Hoymont 266
Guillaume de la Huce 198, 207, 210
Guillaume de la Roque, Rocha 161
Guillaume de Lafons (Fonte, Clefons) 259
Guillaume de Latingi, Latigny 198, 200, 210
Guillaume de Légé (Lüttich) 258
Guillaume de Limeriis 71
Guillaume de Limoges 79, 120
Guillaume de Lins (Lurs) 61
Guillaume de Mâcon 147
Guillaume de Marcilhiaco 198
Guillaume de Marcilly 76, 96 f., 209, 213
Guillaume de Nangis 53, 81, 229, 231, 288 f., 300
Guillaume de Nogaret 26, 32 f., 41, 49, 52, 58, 85 f., 114, 121, 127, 135 f., 170 f., 176 f., 294, 296
Guillaume de Noves 218
Guillaume de Paris 28, 48, 51 f., 65 f., 68, 72, 85 f., 96, 126, 211
Guillaume de Pizdoe 138, 243
Guillaume de Plaisians 41 f., 49, 52, 93, 107 f., 114 f., 117, 127, 135 f., 169, 171, 173, 176, 178, 225, 234 f., 272, 294, 300 f.
Guillaume de Plessis (Plexeyo) 59
Guillaume de Ranc 150
Guillaume de Resis 121
Guillaume de Romans 72
Guillaume de Roy 242
Guillaume de Sainte-Euverce 68
Guillaume de Saint-Just 71 f.
Guillaume de Saint-Laurent 149 f., 152, 272, 274, 281 f.
Guillaume de Saint-Supplet 124
Guillaume de Soromina, Sorolme 33, 258
Guillaume de Trèbes 120
Guillaume de Vassinhac 74
Guillaume de Vernège (Varnage) 56
Guillaume Durant der Ältere 177
Guillaume Durant der Jüngere 177–179
Guillaume Gatz 62
Guillaume La Gayte 59
Guillaume Le Maire 141, 276, 278
Guillaume Le Raure 54
Guillaume Raoul 206, 209
Guillaume Robert 27 f.
Guillaume Vital 143
Guillot de Senlis 244, 248
Guy Brughat 124
Guy d'Arzac 62
Guy Dauphin 86, 93
Guy de Belleville 260
Guy de La Chastaneda 124
Guy de Neuville 258
Guy de Nicey 231
Guy de Villars-Montroyer 66
Guy, Comte de Saint-Pol 272

Heinrich (Templer) 300
Heinrich II., König von England 176

Hélie Aymeri 206, 208, 213
Hélie Costati 258
Hélie Raynaud 258
Hennequin Villane 166
Henri d'Aulisi, de Anglesi 231
Henri de Brabant 249
Henri de Faverolles 231, 268
Henri de Harcigny, de Harsigni, Hercigni, Arsigni, Li Abès, Antinhi, Archheim, Hentingentis, Arsegny, Anricus Li Abès, Henricus de Antinhi, Anricus de Archeim, Henricus de Hentingentis 69 f., 299, 302 f.
Henri de la Place 249
Henry Ffykers 278
Herbert de Colombe 56
Hermengarde, genannt La Pregace 283
Hillairet, Jacques 197
Hugues Aycelin 142
Hugues d'Ailly 249, 260
Hugues d'Oisemont 261
Hugues Daray 61
Hugues de Caumont 147, 268
Hugues de Chalon(-sur-Saône) 61, 63 f.
Hugues de Faur 268
Hugues de Frey 62
Hugues de la Celle, Selle 58, 68, 71, 76, 96
Hugues de Lata Peira (de la Depère) 62
Hugues de Limousin 161
Hugues de Narsac 258
Hugues de Pairaud 32, 43, 45 f., 60, 63 f., 67, 69, 92 f., 97, 120 f., 131, 134 f., 163–165, 171, 201, 286 f., 290
Hugues de Payns 14, 27
Hugues de Scosia 71
Hugues du Chastel, de Châtel 53 f., 74
Hugues Magon 74
Hugues Morel 75
Hugues Nicolas 206, 209
Hugues Raynaud 59, 258
Huguet de Bure 221 f., 267
Humbaud de la Boyssade 76, 256
Humbert Blanc 61, 63
Humbert de Cayneyo 62
Humbert de Charnier 62
Humbert de Comborn 76, 79, 120
Humbert de Reffiet 196
Humbert du Puits 59, 76, 80, 113, 226
Humbert Valhant 62

Innozenz IV., Papst (Sinibaldo Fieschi) 78
Isabelle d'Orléans 69
Isabelle de France, Königin von England 30, 40, 95, 101
Itier de Rochefort 79

Jacquemard de l'Île (Jacomardus de Insula) 159
Jacques Caputii 161
Jacques de Bergnicourt 121
Jacques de Châtillon 121
Jacques de Molay 17 f., 21, 28, 40, 42, 44 f., 47, 58, 64, 69, 80, 83–87, 90–94, 96 f., 101, 105 f., 118, 120, 131, 133–136, 139, 164, 166, 169–171, 180, 188, 201, 225, 234, 271, 286 f., 299, 301
Jacques de Mosderio 72
Jacques de Parvocayo (Jacobus de Parvocayo) 159
Jacques de Saci 231
Jacques de Troyes 35–37, 148, 222
Jacques Gaillard 150
Jacques Le Verjus 167 f.
Jakob II., König von Aragón 29, 41 f., 85, 87, 101
Janserandus 62
Jean Agricola 151

Jean Alamandini 151
Jean Atger 62
Jean Aycelin 142
Jean Bertaud, Bochandi 76, 113, 223, 226
Jean Bochier 231
Jean Bourgogne 32, 41–43, 114 f., 123, 127, 131
Jean Coccard 238
Jean Costa 119
Jean d'Arrabloy 74
Jean de Alneto 75
Jean de Bar 80
Jean de Bollencourt 260, 268
Jean de Buffavent 231
Jean de Chali (Johannes de Chali) 61 f., 271
Jean de Châlons-en-Champagne 63, 93
Jean de Chaminis, Chaume 198, 209, 213
Jean de Châteauvillars 69 f.
Jean de Cissey 191
Jean de Cormele 80
Jean de Couchy, Cochiaco 59, 154 f.
Jean de Crèvecœur 221, 267
Jean de Cugy 79, 120
Jean de Fallegio 221, 267
Jean de Fellines 206, 210
Jean de Fontenay 56
Jean de Fouilloy 34, 92, 120 f.
Jean de Genèfle 65 f.
Jean de Grèz 261
Jean de Hulles 55
Jean de Janville 76, 135, 154 f., 164, 166 f., 172, 205, 207, 226, 238, 241, 251, 259 f., 269, 285
Jean de Joinville 47
Jean de Juvigny 119, 124, 188, 221 f., 267
Jean de l'Isle 65 f., 68, 75
Jean de Melot 164
Jean de Milly 61
Jean de Montlaur 179, 182–185, 187, 222, 255
Jean de Montréal 209, 211 f., 214–216, 276
Jean de Mortefontaine 266
Jean de Nivelles, Borletta 303
Jean de Picquigny 51
Jean de Pluvaleh 165
Jean de Polhencourt, Pollencourt, Boilhencourt 59, 265 f.
Jean de Pouilly 235–237, 277, 281, 301
Jean de Rinhac 143
Jean de Ruivans 266
Jean de Sacy 80
Jean de Saint-Benoît 180, 221
Jean de Saint-Leu 239
Jean de Saint-Victor 145, 229, 281
Jean de Scivriaco 221, 267
Jean de Seraincourt, de Celle 167 f., 302
Jean de Taverny 231
Jean de Thara 255
Jean de Tonneville 73
Jean de Tour 67, 87, 201
Jean de Tréviers 150
Jean de Valbruan 119 f., 124
Jean de Varenne 51
Jean de Vassegio 221
Jean de Vaubellant, Valbellant 34
Jean de Vaujaloux, Valle Gelosa 119
Jean de Verretot 53
Jean de Villarcel 54
Jean de Villars 121
Jean de Villaserva 168
Jean de Villiers-le-Duc 76
Jean du Bois (Johannes de Bosco) 159
Jean du Chastel 53
Jean du Four, Torteville 80, 154, 167 f., 187
Jean du Sac 249
Jean Durand 266

Jean Gambier 249 f.
Jean l'Anglais, von Hinquemate 221 f., 267
Jean Larchevâque 73
Jean le Boc 75
Jean le Bourguignon, Bergonhons 36
Jean Le Gagneur 244, 246, 248, 259
Jean Le Gambier 261
Jean Le Grant, Legrant 198, 212, 239, 241, 243
Jean Le Moine de Cœuvres 87
Jean Le Sarnoizier 244, 248
Jean Louet 206, 209
Jean Lozon, Lochon 208
Jean Pesnée 74, 77
Jean Picard 255
Jean Pilavoine, Johannes Pilavena 159
Jean Quentin 60, 148
Jean Rossel 198, 207, 209, 211
Jean Ruffaut 98
Jean Supin 154
Jean Thaiafer 32, 221 f., 267
Jean, genannt de Paris 69, 303
Jean, genannt de Tour 232
Jean, genannt Perceval 286
Jean, Herzog von Brabant 57
Jeannot de Bertranfosse 248
Johanna I., Königin von Frankreich und Navarra 47
Johannes von Mantua 179, 183–186, 221, 271
Johannes XXII., Papst (Jacques Duèze) 179, 282, 284

Karl II., König von Sizilien 29
Karl IV., der Schöne, König von Frankreich und Navarra 95, 101
Karl von Valois (Bruder von Philipp dem Schönen) 40, 45
Katharina von Courtenay 45, 58
Konrad von Mainz 300

Lambert de Cormeilles 256
Lambert de Cormelles 66, 75, 240
Lambert de Thoisy 69 f.
Lambert de Thury 75
Landolfo Brancacci 122, 131
Laurent de Beaune 59, 154 f., 231
Laurent de Nanterre (Laurencius de Nanterre) 159
Laurent de Nantes 68
Laurent de Provins 208
Lea, Henry C. 76
Lenoir, Albert 197
Lizerand, Georges 104, 106, 141, 234
Lucas de Sernay, Sornayo 231
Ludwig IX., der Heilige, König von Frankreich 47, 213 f.
Ludwig X., König von Frankreich und Navarra 47
Ludwig XIV., König von Frankreich 26
Luttrell, Anthony 21

Mahaut d'Artois 101
Marguerite Porète 264
Martin (Heiliger) 268
Martin de Marseille-en-Beauvaisis 147
Martin de Montrichard 266
Martin de Nicey 231
Martin Derecha 29
Mathieu de Clichy 202, 204
Mathieu de Cressonessart 24, 231, 264
Mathieu de l'Étang 59, 204
Mathieu de Mantina 71 f.
Mathieu de Tillay 231
Matthias von Neapel 179, 184–186, 271
Matthieu d'Arras 45
Michel Gosselin (Michelet) 244, 246, 248, 259–261
Michel Mauconduit 238
Michelet, Jules 24, 158

Müller, Ewald 274

Nadiras, Sébastien 25
Nicholson, Helen 24
Nicola (Benevent) 134
Nicolas d'Amiens 303
Nicolas d'Ennezat 68
Nicolas d'Évreux 244, 248
Nicolas de Celle 168
Nicolas de Fréauville 288
Nicolas de Sarte 166
Nicolas de Serre 65 f.
Nicolas de Troyes 164
Nicolas Hondrée 198, 209
Nicolas Le Monnier, de Méanvoy, Méannoy 249, 261
Nicolas Simon 221
Nûr-al-Dîn 16

Œdea, genannt de Haute-Avesnes 283
Othon de Châteaudun 268
Othon de Grandson 138 f.
Othon de Hainaut 239
Othon, Graf von Burgund 101
Oudard de Bellement 285
Oudard de Maubuisson 71 f., 111 f.

P. de Lac 161
P. de Passinhaco 161
Penne Vayrié 70, 196, 198, 209, 212, 303
Philipp II. Auguste, König von Frankreich 264
Philipp IV., der Schöne, König von Frankreich und Navarra 13, 18, 20 f., 24–26, 30–32, 40 f., 44–48, 52, 56, 78, 85, 88 f., 95, 101, 103 f., 106, 110, 115, 117, 124, 127–129, 140, 172 f., 175 f., 178, 197, 214, 231, 236, 273, 278, 280, 289, 293–296
Philipp VI., König von Frankreich 179
Philipp von Tarent 158
Philippe Agate 57, 201
Philippe de Manin (Manni) 187
Philippe de Marigny 148, 225 f., 231, 238, 270, 288
Philippe de Tréfons, Treffon 250 f.
Philippe de Voët 155, 164, 166 f., 172, 205, 226, 237 f., 241, 251, 285 f.
Picot, Georges 110
Pierre (Templer) 79
Pierre Aureille 144
Pierre Auriol 258
Pierre Cochard (Petrus Cochardi) 159
Pierre d'Aguzan 150
Pierre d'Auriac 71
Pierre d'Herblay 239
Pierre d'Acre, de Safed 96, 171
Pierre de Beaumont 56
Pierre de Bologne 33, 167, 200, 202, 204 f., 207, 209–211, 215–219, 223 f., 238–240, 255 f., 264, 269, 276
Pierre de Bouche, Boucli 61
Pierre de Bresle 283
Pierre de Chalus 143
Pierre de Claustre 121
Pierre de Clermont-en-Beauvaisis 266, 285
Pierre de Cortemple 193, 196
Pierre de Ferrières 55
Pierre de Hangest 51, 57, 73
Pierre de Juneau 66
Pierre de la Baille 54
Pierre de la Chapelle 123, 127, 130, 269, 276
Pierre de la Cloche 244, 248, 250, 265, 303
Pierre de Lagny 62
Pierre de Landres 208
Pierre de Loison 59
Pierre de Lugni 208
Pierre de Modiès 61 f., 271

Pierre de Montignac 59
Pierre de Montsoult 120
Pierre de Mossa 238
Pierre de Nobiliac 258
Pierre de Plailly 244, 247 f., 250 f.
Pierre de Sainte-Maxence 249, 259
Pierre de Saint-Just 249 f., 261
Pierre de Saint-Leu 249
Pierre de Saint-Mamert 268
Pierre de Sarcelles 231
Pierre de Savoie 181 f.
Pierre de Soire 134
Pierre de Sornay 61 f., 165 f.
Pierre de Toulouse 150
Pierre Dubois 106 f.
Pierre Fabre 72
Pierre Gaude 290
Pierre Jean 71 f.
Pierre Jubin 150
Pierre La Barda 74
Pierre Lavergne 258
Pierre Malian 208
Pierre Peytavin, Poitevin 75
Pierre Proventel, Provenchère 241 f., 244, 248
Pierre Raymond 151
Pierre Thibaud 266
Pietro Colonna 122, 179
Pons de Benèvre 167 f.
Pons de Bure 284
Pons de Castelbon 72, 112, 151 f.
Pons de Fisco 151
Pons Imbert (Neffe des Priors von Saint-Germain) 151
Pons Imbert (Prior von Saint-Germain) 151
Pons Pisani 150
Pons Plancuti 72
Pons, Bischof von Lerida 139
Ponsard de Gizy 27 f., 108, 154, 166–168, 171, 188, 285
Ptolemäus von Lucca 127, 296
Raimbaud de Caromb 97, 120, 131, 286
Raimond de Rossan 151
Rainard de Bort 256
Rainier de Larchant 69, 164
Raoul de Boset 134
Raoul de Frénoy 231
Raoul de Gizy 27 f., 65 f., 69, 167 f.
Raoul de Ligny 300
Raoul de Pérouse 54
Raoul de Presles 221
Raoul de Saulx 164
Raoul du Plessis 73
Raoul Gloi 53
Ratier de Limousin 161
Raymond Dacuig 151
Raymond de Fayheto 151
Raymond de Fertumentières 151
Raymond de Gladio 119
Raymond de Vassignac 80, 202, 204, 222 f., 269
Raymond Étienne 120
Raymond Finel 119
Raymond Girart 151
Raymond Guilhelm 119
Raymond Guillaume de Bencha 205
Raymond La Barda 74
Raymond Massol 120
Raymond Rixendes 151
Raymond, Abt von Saint-Theoffrède 134
Raynouard, François Just Marie 231
Regnaud de Tremblay 164
Renaud (Templer) 93
Renaud Beaupoil 61 f., 271
Renaud Bergeron 268
Renaud Bourdon 138
Renaud d'Aubigny 68
Renaud de Cugnières 266, 285
Renaud de Dompierre 62
Renaud de la Folie 61, 285
Renaud de la Porte 179

Renaud de Picquigny 54
Renaud de Provins, d'Orléans 33, 93, 167, 202–205, 207, 209 f., 211, 215, 219, 237–240, 255 f., 264, 266, 270, 284 f.
Renaud de Royat 68
Renaud de Thoisy 70
Renaud de Villemoison 269
René de Ploisy 249
Renier de Creil 242 f., 246, 251
Richard (Beamter) 286
Richard de Bretteville 53
Richard de Moncler 61, 63
Richard des Poulies 198, 209, 211 f., 216, 264, 276
Richard I. Löwenherz, König von England 16, 214
Richard Mauduit 54
Riley-Smith, Jonathan 21, 36
Rinaldo da Concorrezzo 219
Robert Anudei 198, 207, 209, 212 f.
Robert Bernard (Robertus Bernardi) 159
Robert Condet 134
Robert d'Oisneval 73
Robert de Charnier 62
Robert de Fouilloy 147
Robert de Layme, de Yma 119, 124
Robert de Monts-de-Soissons 242
Robert de Mortefontaine 242
Robert de Vernon 241
Robert Harlé, de Hermenonville 242
Robert Vigier 80, 206
Roland (Maître Roland) 184
Romeu de Bruguera 84 f., 87
Rossignol de Taleyson 160

Saladin, Sultan 16, 170
Sanche, König von Mallorca 282
Satora, Magdalena 110
Schottmüller, Konrad 118 f., 123, 132, 287
Simon Chrétien 120
Simon de Commercy 148
Simon de Corbone 59
Simon de Lyons en Santerre (Lechuno in Sanguine Terra) 59
Simon de Montigny 68
Simon de Saint-Pierreavy 244, 248
Strayer, Joseph R. 20

Théry, Julien 23–25, 178
Thibaud d'Angers (Theobaldus de Andegavis) 159 f.
Thibaud de Basemont 96, 164
Thibaud de Plomion 70
Thibaud de Taverny 56
Thomas (Templer) 57
Thomas Alapenne 53
Thomas Becket 176
Thomas de Boncourt 261
Thomas de Chamino 223
Thomas de Jamvalle 147
Thomas de Pampelune 266
Thomas de Ville Savoir 249, 251
Thomas Jorz 122
Thomas Quentin 73

Ubl, Karl 236
Umberto Vercellani 134

Valois, Noël 236
Villani 30 f.
Voltaire 11

Wirmond den Sanconi 229

Zappellans (Chapelain), Henri 242

ORTSREGISTER

Agen 27–29
Ägypten 16 f.
Aiges-Mortes 59, 67, 71–73, 113, 149
Aisne 302
Aix-en-Provence 158, 179, 182
Akkon 16 f., 39, 214
Albano 288
Alès 59, 72, 111, 149 f., 152, 272, 282
Amiens 51, 54, 75, 120, 146 f., 165, 192, 196, 198, 201, 207, 210, 228, 249, 264–266, 268, 276, 284
Anagni 25 f., 30, 112, 114, 117, 295
Andrivaux 28
Angers 141, 276
Antiochia (Fürstentum) 13, 16
Aquileia 275
Aquitanien 15, 29, 60, 68, 131, 188, 194, 208, 288
Aragón 14 f., 29 f., 32, 39, 41 f., 83–85, 87, 101 f., 114, 123, 127, 131, 139, 275, 278, 283, 300
Arles 138, 158
Arras 57, 228
Ascó 83
Asnières-sur-Oise 244, 246, 249, 253, 260, 285
Asti 102
Athis-sur-Orge 40
Auch 122, 124, 158–160, 193, 274, 288
Auchy (Abtei in Villers-Saint-Paul) 244, 248, 253, 260
Auge 242 f.
Autun 70, 120
Auvergne 15, 60 f., 142, 176, 194, 205, 218, 220, 256
Auxerre 47, 227
Auzon 143 f.
Avignon 31, 114, 136 f., 139, 160, 173, 179, 186, 271, 281, 296 f.

Bagnols 71
Barbeau, Barbel 58 f., 96, 197
Barcelona 29, 84, 87
Bastit, Basoez 28
Baugy 53 f.
Bayeux 53, 159, 173, 179, 182–186, 203 f., 210, 222, 226, 271
Bazas 160–163, 172
Beaucaire 51, 59, 71, 112
Beaumont-sur-Oise 98
Beaune 85
Beauvais 120, 167, 192, 196, 198, 228, 244, 247–249, 253, 255, 264, 283
Beauvoir-en-Gâtinais 290
Belda 62
Bellinval 264
Benevent 134
Bergamo 218 f.
Bergerac 28
Berry 47, 58
Bertaignemont 283
Besançon 164
Béziers 28, 75, 134, 282
Bigorre 67
Bologna 218 f., 239
Bordeaux 30, 90, 158 f., 257, 274

Boulancourt (Abtei) 66
Boulogne-sur-Mer 30, 96, 101
Bourges 56, 68, 115, 145 f., 158 f., 179, 193, 201, 257, 274
Brabant 57
Bray-sur-Seine 98
Bretagne 57, 194
Bretteville-le-Rabet 53 f.
Brie 27, 167, 194
Brionne 311
Bure 62
Burgund 40, 57, 60 f., 101, 120, 138 f., 194, 268
Buzet-sur-Baïse 28

Cabaret 75
Caen 18, 53–55, 57, 67, 74 f., 77 f.
Cahors 18, 28, 56 f., 67, 74, 120, 154, 193
Caltabellotta 39
Cambrai 134, 148, 225, 228
Carcassonne 18, 52, 67, 75, 119 f., 122, 124, 192
Chaillot 97
Chailly 97
Châlons-en-Champagne / Châlons-sur-Marne 58 f., 63, 96, 120, 146, 197, 228, 242
Chalon-sur-Saône 113
Champagne 14, 27, 54, 60, 120, 122, 167
Chartres 146, 227
Château Pèlerin 16
Château-Landon 56, 268
Chaumont 66 f., 269, 300
Chinon 37, 60, 76, 106, 114, 117 f., 120 f., 128, 130–136, 140, 165, 169, 175, 188, 234, 286 f., 295
Civrac 258
Clairvaux (Abtei) 198, 201
Clermont 19, 37, 62, 113, 137, 142–146, 148 f., 153, 159, 172, 177, 191 f., 201, 206, 220, 232, 256 f., 262, 268, 301
Compiègne 242–244, 248, 253
Conflans-Saint-Honorine 70, 98 f., 192
Corbeil 28, 86, 96 f., 120, 164, 192, 269, 286 f.
Cordoba (Kalifat) 14
Corneilla 90
Cotentin 55
Coulours-en-Othe 139
Courtai 40
Courval 53 f.
Coutances 106
Crabannat 56
Crécy-en-Brie 47
Creil 97 f., 242 f., 246, 251
Crépy-en-Valois 97 f., 193, 244–248, 250, 253, 265
Cressonsacq 264
Creuse 56, 220
Crèvecœur-en-Brie 193, 221, 264, 267

Damaskus 16
Dammartin-en-Goële 98, 192, 283
Dauphiné 19
Deutschland 15, 19, 29, 40, 61, 67, 84, 273, 300
Dijon 57, 148, 268
Domme 60, 284
Domont 47, 147, 198, 209, 212
Dormelles 56, 290
Durfort 149

Edessa (Grafschaft) 13, 16
Elne 19, 282
Embrun 138, 158
Emilia-Romagna 219
England 15 f., 19, 28–30, 39, 61, 63, 84 f., 101, 122, 149, 176, 214, 273, 278, 283
Épailly 61, 139, 154
Escaut 159
Europa 11, 15, 41, 85, 175
Evry 110

Fagia 75
Fécamp 181 f., 255
Fénier 56
Ferney-Voltaire 11
Ferrières 303
Flandern 31, 121
Fontainebleau 31, 47
Frankreich 13, 15, 17–19, 22–24, 26, 28–32, 35 f., 37–40, 42–45, 48 f., 51–54, 56 f., 61, 63, 65–67, 72–76, 81, 86, 89–91, 94, 96, 99, 101, 103 f., 109, 112, 123, 126 f., 129–131, 134, 137, 139–142, 145, 147, 149, 152, 157, 159, 163 f., 166 f., 175 f., 193 f., 214, 216, 218, 231, 242 f., 257, 259, 261, 274 f., 277 f., 282 f., 285, 288, 293–297, 300
Frémeaux 53

Gabian 124
Gardeyn 90
Gâtenais 56
Genua 32,63
Gévaudan 177 f.
Gien 110
Gisors 27, 59, 193, 196, 241–243, 248, 259, 287
Goulet 98
Grand-Bourg 220
Groseau 275, 279
Grusignan 61
Guyenne 28–30, 39

Hainaut (Hennegau) 166
Harsigny 302
Hattin 16, 170
Hay-les-Roses 192
Heiliges Land 15–17, 21, 39 f., 91, 105, 114, 125, 127–129, 140, 165, 213–215, 279 f., 296, 298
Heiliges Römisches Reich 40, 159
Hesdin 101

Île-Bouchard 56, 60, 221
Île-de-France 31, 47, 58–60, 96, 287
Irland 278
Isle-Aumont 65
Issoudun 56, 225
Italien 15, 19, 30 f., 39, 102, 121, 134, 149, 219, 238, 273, 278

Jalès 72
Jamville 193
Jerusalem (Königreich) 13 f., 16, 140
Jerusalem (Stadt) 13–17, 26, 38, 170

Kairo 108, 214
Kastilien 14 f., 47
Katalonien 84, 87, 89, 91, 95, 101, 283
Korsika 29
Krak des Chevaliers 16

La Bruyère 56
La Chapelle 57
La Rochelle 60, 258
La Ronzière 265
Lagny-le-Sec 167, 198, 208, 212
Langres 69, 93, 120, 139, 154, 227, 284, 286
Languedoc 28, 73, 122
Laon 69, 146, 168, 228, 242, 259, 302
Lauzerte 74
Le Mans 146, 193, 222
Le Puy 61, 72, 134, 159, 220
Lérida 29, 102, 139
Liège (Lüttich) 66, 258
Ligugé 130 f., 139
Limassol 220
Limoges 28, 56, 60, 75 f., 120, 124, 146, 158 f., 179, 182–184, 186 f., 202, 207, 213, 220, 222, 268, 271
Limousin 76, 79, 220
Lisieux 242 f.
Livland 15
Loches 31, 46 f., 60
Loiret 303

Lombardei 102, 150, 218
London 221
Lothringen 62, 159, 271
Loudun 60, 76
Louvagny 53 f.
Lusignan 76, 79, 120
Luzarches 244, 246–249, 253
Lyon 30–32, 42, 44, 56, 86, 128, 139, 158 f., 181 f., 257, 277 f., 296

Mâcon 59, 75, 113, 146 f., 191 f., 195 f., 201, 271
Magdeburg 319
Maguelonne 179, 182, 185, 255
Mainz 300
Malaucène 273, 279
Mallorca 19, 90, 282
Marseille 39 f., 56
Mas-d'Agenais 27–29
Maubuisson (Abtei) 47 f., 52, 271
Mauriac 220
Meaux 58, 120, 225, 227 f., 264
Mende 158 f., 177 f., 182–187, 271
Metz 113, 300
Meuse (Maas) 159
Miravet 84 f., 87
Moissac 193
Molendines 56, 76
Molesmes 181 f.
Montargis 47, 59
Montargis 47, 59
Montbéliard (Mömpelgard) 61
Montereau-fault-d'Yonne 97, 120, 286
Montfaucon 27 f., 74 f.
Montferrand 143 f.
Montlhéry 70, 97, 120, 195, 286 f., 290
Montmélian 98, 244, 248, 252 f.
Montpellier 150, 185, 255
Montreuil-sur-Mer 59, 265
Moret-sur-Loing 98, 290
Mormant 69
Mota 71

Najac 55, 60
Nanteuil-le-Haudouin 98
Narbonne 52, 109, 111 f., 115, 127, 142, 149, 158–160, 176–178, 180, 182–186, 202, 217, 224, 238, 257, 274, 282, 284
Neapel 179, 183–186, 271
Neuchâtel 139
Nevers 111, 227
Nîmes 18 f., 59, 67, 71–73, 75, 110–113, 142, 146, 149–152, 162, 192, 195, 201, 232, 245, 272–274, 281 f., 297
Niort 59
Nonette 143 f.
Normandie 73, 86, 96, 106, 126, 131, 193 f., 288
Noyon 146, 228, 250 f., 265

Oisemont 249, 284 f.
Orléans 68, 96–98, 106, 134, 146, 148, 154 f., 172, 193 f., 202, 210, 227 f., 238, 268
Outremer (Kreuzfahrerstaaten) 35, 86, 121, 126, 128, 131, 135, 215, 272, 288

Paris 18–21, 27 f., 31, 34, 37, 39, 42, 44–47, 53, 57–60, 64, 66–70, 73, 75, 78 f., 83–99, 101–106, 108, 113, 115, 119–121, 130, 134 f., 138–142, 145–147, 150, 152 f., 157–159, 161–168, 171–173, 179 f., 182, 184–186, 189, 191–202, 210 f., 217–223, 225–228, 230–232, 235–239, 241–243, 245–249, 251–253, 255–262, 264–266, 268–271, 273, 276, 283–290, 297 f., 300–303
– Sainte-Geneviève (Abtei 96 f., 180–182, 186, 197, 204, 206–208, 211–213, 228, 255
– Saint-Germain-des-Prés (Abtei) 151, 184, 289 f.

– Saint-Martin-des-Champs (Abtei) 96, 192, 197, 200 f., 211, 213, 284
Paulhac 76, 220
Payns 14, 27, 54 f., 166
Pays de Caux 225
Périgord 60, 62, 74
Périgueux 28, 74, 80, 119, 146–148, 154, 193, 222
Pers-en-Gâtinais (Peiners, Peavers) 98 f., 196, 303
Persien 17, 39
Perugia 30
Picardie 27, 60, 96, 120, 194
Plailly 243 f., 248–253
Poissy 34, 43, 47
Poitiers 28, 32, 36 f., 39, 41 f., 44 f., 47, 49, 56, 58, 60, 67, 76, 78, 80, 83, 86 f., 92 f., 95, 99, 102 f., 107, 111, 113 f., 116–122, 124, 126–128, 130–134, 136 f., 139 f., 146, 152–155, 164, 175 f., 188, 193, 196, 204, 208, 218, 222, 226, 232, 255, 268 f., 272, 276, 285–287, 294–300
Poitou 15, 47, 60, 76, 79, 113, 126, 131, 180, 188, 194, 208, 226, 266
Pont (Compiègne) 244, 248, 253
Pont-de-l'Arche 57, 67, 73, 168
Ponthieu 264
Pontigny (Abtei) 60
Pontoise 47 f., 51, 271, 273
Portugal 14 f.
Povomaco (Abtei) 60
Preuilly / Pruylli 58 f., 96, 196–198, 207, 209, 212, 239, 269
Preußen 15
Provence 15, 19, 55, 126, 138, 194
Provins 96, 219
Psalmodi 72

Quercy 74

Ravenna 219, 298
Reims 109, 113, 146, 154, 158 f., 172, 226–228, 230, 232 f., 242, 245, 257, 259, 263–265, 268, 274, 278, 284, 302
Renneville 57, 73, 75
Rhône 159
Riom 143 f., 256
Roche-d'Orival 57 f., 67, 73
Rochefort-en-Yvelines 97, 120, 286
Rodez 146, 268
Rom 31, 41, 45, 56, 88, 112, 114, 127, 132, 136 f., 176–179, 202, 214, 218, 224, 239, 278, 290, 296 f.
Romestaing 160
Rouen 51, 57 f., 60, 67, 73, 109, 138, 154, 158 f., 172, 177, 186, 226, 232, 274, 278, 287
Rouergat 147
Rouergue 55, 60, 164, 269
Roussillon 19, 90, 282
– Saint-Benoît-sur-Loire 185
Ruad 167, 285

Saint-Cloud 180, 221 f.
Saint-Denis 47, 53, 65, 97, 170, 192, 195
Sainte-Eulalie du Larzac 55
Saintes 59 f., 120, 146, 184, 257 f., 262, 268
Sainte-Vaubourg 57, 75
Saint-Germain-en-Laye 47
Saint-Gilles 72, 111, 151
Saint-Jean-d'Angély 30 f., 59
Saint-Maixent 76
Saint-Maur-des-Fossés 97, 99
Santiago 15
Saône 159
Sardinien 29
Sartiges 220
Saulx 75
Savoyen 198
Sées 53
Seine 180, 182, 213, 289 f.

Senlis 70, 99, 200, 228–231, 241–244, 246–253, 259–261, 265, 272, 285, 303
Sénonais 96
Sens 20, 59 f., 75, 80, 96 f., 120, 130, 139, 141, 145–148, 150, 154 f., 157–159, 172, 180, 189, 192–196, 201, 219, 221 f., 224–228, 230–233, 236–242, 245, 257 f., 263, 266–270, 274, 278, 284 f., 288, 290, 299, 301, 303
Seraincourt 69, 302
Serre-les-Monceaux 66
Sizilien 15, 39
Soissons 75, 134, 146, 228 f., 242, 259
Sommereux 283 f.
Sommières 149
Sourniac 220
Spanien 15, 84, 149, 214, 273
Syrien 16 f., 167, 220

Tarbes 193
Tarragona 298
Thérouanne 228
Thiers-sur-Thève 98, 244, 248 f., 253
Thoni 283
Thors 139
Tiron 193, 196, 198, 200, 209, 211 f., 246
Tortosa 220
Toul 113, 159, 242, 300
Toulouse 52, 55, 73, 76, 80, 109, 115, 120, 138, 172, 193, 283 f.
Touraine 56, 60, 76
Tours 59, 102, 106, 109–112, 114, 138, 146, 158 f., 192, 201, 204, 268, 274
Trappes 98, 193, 303
Tremblay 47, 164
Trient 179
Trier 242
Tripolis (Grafschaft) 13, 16
Troia 134
Troyes 14, 27, 37, 54, 65–69, 75, 110, 120, 139, 227
Tusculum 281
Tyers 192
Tyrus 16

Uncey-le-Franc 70

Vacy 53
Val-des-Écoliers 229
Valencia 29, 101, 280
Vatikan 19, 132
Velay 71
Veneci (Grafschaft) 61
Venedig 218
Verberie 47
Verdun 300
Vernon 98, 120, 193, 241, 287
Vertaizon 143 f.
Vervins 302
Vienne 17, 61, 129 f., 153, 158 f., 179, 232, 235 f., 239, 265, 270–272, 274, 277 f., 285–287, 291, 296, 298 f., 301
Villemoison 61, 269
Villencourt 62
Villeneuve-de-Berg 71
Villeneuve-le-Roi 97, 120, 164
Villers-Saint-Paul 244, 246–248, 253, 260
Villiers-les-Verrières 37, 66
Vincennes 47, 97, 219
Vire 53
Vitry-le-Francois 192
Viviers 159
Voismer 53 f.

Yonne 61

Zypern 17–19, 21, 38–40, 63, 85, 149, 179, 273